钱穆与二十世纪中国史学

陈勇 著

九州出版社
JIUZHOUPRESS

图书在版编目（CIP）数据

钱穆与20世纪中国史学 / 陈勇著. -- 北京 ：九州
出版社，2017.7（2019.4重印）
ISBN 978-7-5108-5780-5

Ⅰ．①钱… Ⅱ．①陈… Ⅲ．①钱穆（1895-1990）—
史学思想－研究 Ⅳ．①K092

中国版本图书馆CIP数据核字(2017)第200568号

钱穆与20世纪中国史学

作　　者	陈勇 著	
出版发行	九州出版社	
地　　址	北京市西城区阜外大街甲 35 号（100037）	
发行电话	(010)68992190/3/5/6	
网　　址	www.jiuzhoupress.com	
电子信箱	jiuzhou@jiuzhoupress.com	
印　　刷	北京九州迅驰传媒文化有限公司	
开　　本	787 毫米×1092 毫米　16 开	
印　　张	19.5	
字　　数	320 千字	
版　　次	2017 年 8 月第 1 版	
印　　次	2019 年 4 月第 2 次印刷	
书　　号	ISBN 978-7-5108-5780-5	
定　　价	52.00 元	

本书得到教育部人文社会科学研究
规划基金项目"钱穆与 20 世纪中国史学"
（编号：12YJA770008）的立项资助，
谨致谢忱！

目　录

绪　论

钱穆是中国现代著名历史学家，他一生致力于中国史学和学术文化的研究，在先秦子学、两汉经学、隋唐佛学、宋明理学、清代学术史、中国通史、中国文化史、中国思想史、中国政治制度史等诸多领域都有精湛的研究和建树，在中国现代史学史和学术史上占有重要的地位。然而近代以来，中国一直处在西方学术文化的强力冲击和笼罩之下，钱穆的治史理论和方法与当时主流学派的观点不甚合拍，长期受到冷遇和排斥而处于边缘。1949 年钱穆离开大陆，寓居港台，由于海峡两岸的隔膜，以至于在一个相当长的时期内，人们对他的史学思想和治史成就缺乏一个应有的了解和客观的评价。20 世纪 80 年代中期以来，随着国内文化热、国学热的兴起和不断升温，钱穆研究逐渐受到了人们的关注和重视。

目前学术界对钱穆史学的研究主要集中在他的历史观、国史观、治史理论和方法上。罗义俊是大陆较早研究钱穆的学者，他把钱氏视为现代新儒家在史学领域的代表人物，侧重对其新儒学史观作分析，其观点主要体现在《论〈国史大纲〉与当代新儒学》《经国济世，培养史心——钱宾四先生新儒学史学观论略》和《钱穆学案》中。[①] 徐国利把钱穆的历史观概括为以儒家文化为本位的民族文化生命史观，并对其所包含的内容，如钱穆对历史本质、历史动力、历史构成、历史发展形态等方面的认识作了较为细致的分析。[②] 陈勇从历史的过去与未来交织于现

---

① 罗义俊：《论〈国史大纲〉与当代新儒学——略及钱宾四先生史学的特性与意义》，《史林》1992 年第 4 期；《经国济世，培养史心——钱宾四先生新儒学史学观论略》，《史林》1995 第 4 期；《钱穆学案》，方克立、李锦全主编《现代新儒家学案》（中），中国社会科学出版社，1995 年。

② 徐国利：《钱穆史学思想研究》，台湾商务印书馆，2004 年。

在的历史时间观、以学术思想为核心的文化史观、治史首贵识变的历史渐变观、学贵致用的史学目的论、历史客体与史家的主体精神等方面对钱穆的历史思想与史学思想作过梳理和分析。[①]陈其泰主编的《20世纪中国历史考证学研究》一书有专节论及钱穆的古史考证,对其古史研究的成就、贡献及其局限作过分析和讨论。[②]王晴佳有专文讨论过钱穆与民国时期主流派史学科学考证派的关系,认为钱穆早年治史受过科学史学派的影响,以"考史"成名,抗战时钱穆由"考史"向"著史"转变,以弘扬中华文化的传统价值为己任,逐渐与该派分道扬镳。[③]翁有为也有文章论及钱穆与科学派领袖傅斯年的治史分歧,认为傅斯年是科学派的领军人物,治学主实证求真;钱穆则是新儒家学派的中坚,治学主经世。[④]

台湾学者黄俊杰、胡昌智,马来西亚学者黄文斌,对钱穆的国史观、民族主义思想作过研究。黄俊杰认为钱穆的国史观实以"主客交融"为其方法论特征,其历史写作特别突显中国历史精神的特殊性。[⑤]胡昌智把《国史大纲》与西方史学中的历史主义,尤其是德国的历史主义史学作过比较研究,认为在历史叙述的内容、结构等方面,两者有许多类似之处。[⑥]黄文斌探讨了近代中国民族主义与钱穆民族思想的关联,认为"民族救亡"或"民族自救"是钱穆关怀的核心问题。基本上,钱氏尝试通过研究"历史"及阐发"文化"来建立民族的认同感与信心。[⑦]华裔学者余英时从民族认同、文化认同的角度对钱穆的民族主义史学进行过有价值的阐述。[⑧]陈启云则对钱穆人文主义史学进行过讨论,认为钱穆的思想、文化、历史学的若干观念和立场,与最近西方人文学的理论,尤其是后现代

---

① 陈勇:《略论钱穆的历史思想和史学思想》,《史学理论研究》1994年第2期。

② 陈其泰主编:《20世纪中国历史考证学研究》,北京师范大学出版社,2005年。

③ 王晴佳:《钱穆与科学史学的离合关系》,《台大历史学报》第26期,2000年12月。

④ 翁有为:《求真乎? 经世乎?——傅斯年与钱穆学术思想之比较》,《文史哲》2005年第3期。

⑤ 黄俊杰:《钱宾四史学中的"国史"观——内涵、方法与意义》,《台大历史学报》第26期,2000年12月。

⑥ 胡昌智:《钱穆的〈国史大纲〉与德国历史主义》,《史学评论》第6期,台北华世出版社,1983年9月。

⑦ 黄文斌:《论近代中国民族主义与钱穆的民族观》,收入张丽珍、黄文斌合编:《钱穆与中国学术思想研究》,马来亚大学中文系,2007年。

⑧ 余英时:《文化认同与中国史学——从钱穆先生的〈国史大纲〉引论说起》,《钱宾四先生百龄纪念会学术论文集》,香港中文大学新亚书院,2003年。

主义，有不少共通之处。①美国学者邓尔麟对钱穆早年的乡居生活与他后来治史观形成的关系，以及他终身对中国历史文化所持"温情与敬意"的原因作过分析和论述。②

另外，在一些钱穆的学术传记中也涉及到他的史学思想和治史方法，如郭齐勇、汪学群合著的《钱穆评传》（江西百花洲文艺出版社1995年），陈勇的《钱穆传》（人民出版社2001年）、《国学宗师钱穆》（北京大学出版社2007年），印永清《百年家族——钱穆》（河北教育出版社、广东教育出版社2003年）等书对钱穆的治史理论和方法作过评述。在钱穆的弟子和再传弟子所写的年谱和回忆性的文字中也涉及他的史学，重要者如严耕望《钱穆宾四先生与我》（台湾商务印书馆1992年）、余英时《犹记风吹水上鳞——钱穆与现代中国学术》（台北三民书局1991年）、李木妙《国史大师钱穆教授生平及其著述》（香港新亚研究所1994年）、韩复智《钱穆先生学术年谱》（台北五云图书出版公司2005年）等。还有一些纪念文集，如江苏无锡县政协编的《钱穆纪念文集》（上海人民出版社1991年），香港中文大学新亚书院编的《钱宾四先生百龄纪念会学术论文集》（香港中文大学新亚书院2003年），台北市立图书馆编的《钱穆先生纪念馆馆刊》（1—8期），台湾东吴大学钱穆故居管理处编印的《钱穆思想学术研讨会论文集》（东吴大学2005年）、《钱穆先生思想行谊研究论文集》（黄兆强主编，东吴大学2009年）、《钱穆研究暨当代人文思想国际学术研讨会论文集》（黄兆强主编，东吴大学2010年）等对钱穆的史学也有涉及。

上述研究对本书的写作有很大启发，但也存在一些不足。其一，不少研究重在对钱穆史学和史学思想的某些方面进行梳理和评述，在全面、系统、深入的研究上尚有较大的拓展空间。其二，目前的研究大多集中在发掘钱穆史学思想的合理性和积极意义上，多为肯定性评价，在批评审视的研究视角上仍有作更为全面考察的必要。其三，港台学者从比较研究的角度将钱穆的史学与近代欧洲的民族

---

① 陈启云：《中国人文学术的近代转型——胡适、傅斯年和钱穆个案》，收入陈勇、谢维扬主编：《中国传统学术的近代转型》，上海人民出版社，2011年。

② （美）邓尔麟著、蓝桦译：《钱穆与七房桥的世界》，中国社会科学出版社，1998年。

主义史学进行比较分析，这无疑是一个新的研究视野，然而两者之间是否具有可比性，也需要作进一步思考。第四，已出版的钱穆论著，传记和纪念性的文章较多，重在介绍钱穆的人生经历和学思历程，对其史学思想及其成就的分析性研究相对薄弱。另外，对钱穆史学思想的核心内容文化民族主义思想的形成过程、主要内容及其时代价值，目前尚无专文论及。

钱穆学问广博，其治学涉及经学、史学、子学、佛学、理学、清学等众多领域。但他一生的主要贡献还是在史学上，史学是他一生治学的出发点和立足点。钱穆的史学体系是怎样形成的？他史学思想的核心是什么？他的治史理论和方法有何特点？与同时代其他史学流派及其代表人物相比较，他们的治史理论异同何在？在中国现代史学中，钱穆的史学究竟占怎样的地位？这些问题都是需要加以具体研究和论证的。然而遗憾的是，史学界对钱穆的史学却缺乏深入的研究，除一些论文和著作涉及他的史学思想外，迄今尚无专门的著作对其史学作系统的梳理和论述。因此，把钱穆的史学置放到 20 世纪中国史学发展变迁的大背景中进行具体的研究，确有必要。

钱穆的史学可以 1949 年为界线划为大陆前期史学和港台后期史学两个时期。居大陆时期，钱穆主要从事先秦诸子、汉代经学、清代学术史和中国通史的研究，《刘向歆父子年谱》（1930 年）、《先秦诸子系年》（1935 年）、《中国近三百年学术史》（1937 年）、《国史大纲》（1940 年），是他前期史学的代表作，尤其是《国史大纲》，在 1949 年以前的中国史学界影响甚大，是他史学体系形成的重要标志。自 1949 年寓居港台（1949—1990 年）以来，钱穆主要从事学术思想史方面的研究，重要著作有《中国思想史》《宋明理学概述》《朱子新学案》《中国学术思想史论丛》（八册）《中国学术通义》等。史学方面的著作有《中国历史精神》《国史新论》《中国史学名著》《史学导言》《中国史学发微》《从中国历史来看中国民族性及中国文化》等。若以学术研究的方向重点来划分，可以 1940 年为界线划为两个阶段，《国史大纲》出版以前以历史研究为主，此后即由历史研究转入文化研究，《中国文化史导论》一书的撰写则是他"学问思想先后转折一大要点所在"。钱穆居港台以来，其著述始终围绕着阐释中国历史文化精神和复兴中华文化、重建儒学传统而展开，而有关历史方面的文字，"则一皆以文化为中心"。而就他研究中国文化的方法言，主要采取的是历史考察的研究方法，即以历史实证作为文化研究的基础。

作为一位著名的历史学家，钱穆对中国现代史学的贡献是多方面的。本书把钱穆的史学置放到 20 世纪中国史学发展变迁的大背景中，运用历史实证方法、比较研究方法、宏观整体研究与微观个案考察相结合的方法，对其治史理论、方法及其史学成就进行梳理和评析，既着眼于大处，从宏观层面对钱穆史学体系的形成过程作整体性的动态考察；又用功于细微，从微观层面对其具体的史学成就及其贡献作深入的个案剖析，并将其治史主张与同时代其他史学流派（如古史辨派、新考据派）的治史理论作比较研究，力图在此基础上对其史学思想及其在中国近现代史学史上的地位作出一个符合实际的评价。

本书除绪论外，由 10 篇个案研究文章构成。为了使读者能总揽大要，兹将各篇的主要内容介绍如下。

第一篇：论钱穆史学体系的形成。在 20 世纪的中国史学中，钱穆的史学既与民国时期的主流史学新考据派互异，也与 20 后半期居于主导地位的马克思主义史学不同，他在新考据派和唯物史观派之外别树一帜，是 20 世纪中国文化民族主义史学一派的代表人物。本篇把文化民族主义思想视为钱穆史学思想的核心所在，认为只有从文化民族主义的角度去考察钱穆的史学思想才会对钱穆有真正的认识，才会对 20 世纪中国史学流派中文化民族主义一派的存在价值有具体的理解，才会对中国现代史学史、学术史获得一完整系统的说明。基于这一理解，本篇在论述钱穆史学体系的形成时，主要是以他文化民族主义史学思想的形成为考察中心进行分析论证的。

钱穆早年以考据扬名学界，1930 年他进入中国学术中心北平后，得到当时新考据派巨子的认同，得到顾颉刚、胡适、傅斯年的欣赏，主要得益于他的考据之作。30 年代中期以后，钱穆的治学方向发生了转变，由先前崇尚考据转移到"竟体触及"民族文化精神这一根本问题上，最终与主流学派分道扬镳。钱穆的文化民族主义思想，发轫于 30 年代中期，形成于 30 年代末，以《国史大纲》的完成为其标志。在《国史大纲·引论》中，他第一次明确地把文化、民族与历史三者联系起来考察，认为历史就是民族文化精神的展开和演进，研究历史不仅仅在于弄清历史事实的真实，更重要的在于弄清历史事实背后所蕴藏的民族精神和文化精神。换一句话说，历史学家的责任不仅仅在于复原历史的结构，追求一个个事实的真实，更重要的在于追寻民族文化传承的血脉，肩负起一种文化托命的责任。钱穆以鲜明的民族文化立场表明了自己的学问宗主和人生的终极关怀，即关心中国文化的传承，为民族的文化追寻意义。

以考据起家的钱穆最终转向对考据学风的批判，是因为他认识到一味埋首考据，不利于民族精神的发扬，所以他站在民族文化本位的立场上对新考据派作不遗余力的批判，这是他文化民族主义思想产生的内在动因；基于民族危机的刺激而产生的救亡意识则是他文化民族主义思想产生的现实动因。自《国史大纲》完成后，钱穆学问研究的重点发生了转变，由历史研究转向文化研究，为中国文化招魂续命遂成为他一生的学问宗主和志业所在。本篇对钱穆文化民族主义史学的形成过程、所包含的内容，以及这一思想形成的背景作了分析，具体考察了他是如何由一个考据史家转变成一个文化民族主义史家的，探讨了史家与社会、与时代的互动关系，同时对他具体的史学成就及其贡献也兼有叙及。

第二篇：论钱穆的历史思想与史学思想。钱穆是中国现代著名历史学家，严耕望把他与陈寅恪、陈垣、吕思勉并称为中国现代史学四大家。钱穆之所以能在中国现代史学中独树一帜，主要在于他有一套对中国历史的解释体系和史学思想。本篇主要从以下六个方面对钱穆的历史思想与史学思想作了具体分析。

其一，历史的过去与未来交织于现在的历史时间观，从历史时间的持续变动着眼，把历史的过去与现在、将来联系起来考察。其二，以学术思想为核心的文化史观，主张以文化学术为中心来考察和分析问题，大力凸显学术思想在社会历史变迁中的作用。其三，治史首贵识变的历史渐变观，主张用连续发展的眼光去分析和研究历史，力图从历史的变化发展中去探索历史事件、人物思想演变的发展脉络和变迁轨迹。其四，重史心、史德的史家素质论。其五，学贵致用的史学目的论。重视史学的历史借鉴功能，强调史贵鉴古知今；立足现实考察历史，强调治史应"求以合之当世";提出了一切历史都是现代史、当代史的主张。其六,历史客体与史家的主体精神。在中国现代史学中,钱穆不仅是一位考据大家,而且也是一位比较重视史家主体意识的学者,他不仅重视对史料的整理和史实的考订,更重视在此基础上对史料作主体性的诠释和解读。所以,钱穆对现代中国史学的贡献不单是"史料"的,更是真正意义上的"史学"的,他追求主客互溶、情理合一的史学路向,与排除史家主观理解、追求绝对客观的"史料考订派"(即钱穆《国史大纲·引论》中所称的"科学考订派")的治史方法截然异趋。钱穆对史家主体精神的重视主要体现在:重视史家主体对历史材料的解释所获取的历史知识;提出史家的主观推想亦为治史一重要方法;强调追寻史料的意义应借助于史家的主观体验。

第三篇:钱穆评古史辨派的古史理论。20世纪二三十年代,以顾颉刚为首的古史辨派所掀起的疑古思潮,是当时最有影响力的学术思潮。自1923年顾颉刚发表《与钱玄同先生论古史书》,提出古史层累造成说引发古史大讨论以来,对古史辨派古史理论的评价便不绝于书,其中钱穆的评价就颇具有代表性。

钱穆对古史辨派的评价大致经历了一个从"基本肯定"到"基本否定"再到"全盘否定"的发展过程。钱穆受过古史辨派主将顾颉刚的提携,他早年考辨古史的方法曾受到古史辨派的影响,对其古史理论多有赞同。这时的钱穆在学术上认同古史辨运动及其方法,还没有自觉意识到古史辨运动有批判和否定中国历史文化取向的一面。钱穆在把古史辨派的古史理论引为同调的同时,他早年的名作《刘向歆父子年谱》却意在肯定古典文献所载历史的真实可信,这又显示了他与当时疑古史学不同的文化价值取向。所以,钱穆早年对顾颉刚的"层累造成的中国古史"说表示了"相当地赞同"的同时,对其引"晚清今文学家那种辨伪疑古的态度和精神"为其古史观张目又提出了批评,主张用自然的演变说来取代刘歆造伪说。但是随着他自己史学理论和治学方法的日渐成熟,逐渐超越了古史辨派的古史理论,由基本肯定、"相当赞同"转为总体性的批评。钱穆晚年居港台以来,对古史辨派的批评愈趋激烈,迹近全面否定,那主要是出自文化意义的批评了,即他对古史辨派否定性的评价,主要是从民族文化立场着眼立论的。本篇比较具体地分析了钱穆是如何从古史辨派的"赞同者"转为"诤友",再变为"劲敌"的发展过程及其转变的原因。

第四篇：钱穆与新考据派关系略论——以钱穆与傅斯年的交往为考察中心。钱穆早年以考据著作扬名史坛,他的考据名作《刘向歆父子年谱》得到了当时新考据派巨子的击节称道。钱穆进入北平学术界后,与新考据派学者一度保持了较为密切的交往,史料学派的舵手、新考据派的领袖傅斯年曾视他为同道,钱穆对傅斯年倡导和主持的地下考古发掘和甲骨文字研究也有"确然示人以新观念、新路向"的积极评价。然而,治史理论和方法的相异和不甘逐人后的强者个性,最终导致二人失和,关系有同水火。本篇通过对钱穆、傅斯治史异同和离合关系的分析,凸显"科学史学"和"人文史学"的不同发展路径,力图展现20世纪中国史学多元并进、分途发展的历程和多彩多姿的面相。

第五篇：钱穆与《先秦诸子系年》。《先秦诸子系年》是钱穆撰写的一部考证诸子年代、行事的考据名作,是他早年也是他一生中最为重要的学术代表作。该书"以诸子之书,还考诸子之事",以古本《竹书纪年》订《史记》之误,不仅对先秦诸子的学术源流与生卒年代有了一个细致的考证,重建了先秦诸子的学脉,而且也考订了战国时代的重要史实,澄清了不少悬而未决的问题,奠定了战国史研究的基础,至今仍是研究先秦诸子学术和战国史的经典著作。但是由于直接材料的缺乏,钱穆考证诸子年世主要采取了博综典籍、会通文献的方法,这种只依重传世文献材料的研究方法,其局限性也是明显的,这一方面表现为在考证方法上过多运用理证法,另一方面则表现出对新出土材料的忽视,因而他考证的某些结论也容易被地下出土的新材料所否定。

第六篇：钱穆与《刘向歆父子年谱》。清末民初以来,今文学派垄断学坛,刘歆伪造古文经几成定论。钱穆轰动学术界的成名作《刘向歆父子年谱》即是针对这股学风而发的。该文以年谱的著作形式具体排列了刘向、刘歆父子生卒、任事年月及新莽朝政,用具体史事揭橥康有为《新学伪经考》不可通者有"二十八端",凡康文曲解史实、抹杀证据之处,均一一"著其实事",开辟了以史治经的新路径,在近代经学史的研究上具有划时代的贡献,钱穆在20世纪中国古代史学的名家地位也由此而奠定。本篇对《刘向歆父子年谱》的学术贡献、影响及其在 20 世纪中国古代史学中的地位作了具体分析，并对文中有待进一步解决的问题提出了看法。

第七篇：钱穆与清代学术史研究。近人研究清代学术史较早者，首推章太炎。章氏撰有《清儒》一篇，是近代学者总结清代学术史的开山之作。稍后刘师培著《南北考证学不同论》《近儒学术统系论》《清儒得失论》《近代汉学变迁论》等文，对清代学术作了富有价值的总结。继章、刘之后对清代学术史研究最有贡献者，当推梁启超和钱穆二人，他们的同名著作《中国近三百年学术史》，各领风骚，与稍后侯外庐出版的《中国近世思想学说史》鼎足而立，并行于世，为清代学术史研究奠定了基本格局，今人研究清代学术史，不能不注意他们的研究成果。本篇以钱穆的《中国近三百年学术史》为考察重点，对他治清代学术史的理论、方法及其学术贡献作了具体的考察。文中首先对近代学术界关于清代汉学的渊源及其与宋学的关系作了分析，梁启超的"反动说"、胡适的"消歇说"，把汉学、宋学对为两橛，主要是从反宋学着眼去谈清代学术，旨在强调清代学术的创新意义。钱穆的清学渊源于宋学，"不识宋学，则无以评汉宋之是非"的主张，主要是从宋明理学的角度来谈清代学术，重在强调宋明学术在清代的延续性和清代学风对宋明的继承性。在论清代学术发展变迁时，本文重视比较研究，把钱穆的观点与近代其他学者的看法进行比较分析，以凸显他的学术贡献。比如在论清初学术时，梁启超对顾炎武推崇有加，尊之为清代汉学开山。钱穆并不否认顾炎武对乾嘉考据学风有极其重要的影响，但与梁氏所不同的是，钱穆对顾炎武治音韵学方法的源头与"经学即理学"的思想渊源作了一番穷原竟委的考证和解释，认为顾炎武治古音承袭明人陈第遗绪，经学即理学之说亦非亭林首创，清初钱谦益已开其先，而钱氏之说又源自明代归有光。在论乾嘉学术时，也将钱穆与章太炎、梁启超等人的观点进行比较。把乾嘉考据学分为吴、皖两派并将两派学术异同作区分而加以论述的首起于章太炎。梁启超继承章氏之说而加以发挥，认为吴派为学淹博，拘守家法，专宗汉说；皖派治学不仅淹博，且重"识断""精审"。于是惠、戴之学中分乾嘉学派，遂成定论。吴、皖两派分峙对立之说创立以来，学术界多遵章、梁之说，不免忽略了两派之间的学术联系。钱穆在研究乾嘉学术时，不仅看到了吴、皖两派的学术区别，更重要的是看到了两派之间的学术联系及其相互影响，这体现了他治学的敏锐和识见精深之处。

钱穆治清代学术史，发清学导源于宋学之见，对清代学者的学术渊源、师承及其思想抉发精微，不少见解很有价值。但是他的观点也并非没有可商榷之处。这集中体现在：其一，基于尊朱崇宋的立场，对戴震晚年批宋攻朱深致不满，对其思想评价偏低。其二，从纯学术的层面对晚清今文经学的批评，不免忽略了晚清今文思潮崛起的时代背景及其在社会政治层面的贡献。其三，在《中国近三百年学术史》中未言及对近代疑古史学有重大影响的清人崔述及其著作。其四，信奉"例不载生人"的撰述原则，在书中对清末学术界有重要影响的章太炎只字不提。其五，论晚清学术较少谈到西学的影响。

第八篇：钱穆与中国文化史研究——以《中国文化史导论》为考察中心。在西方文化的强烈震荡、冲击下，中国传统文化究竟何去何从？这始终是近现代学人魂牵梦绕的问题。钱穆一生学贯经、史、子、集四部，著述达千万言以上，但是他研究学问的最后归旨则落在文化问题上，他学问的宗主和人生的终极关怀是关心中国文化的传承。他一再告诫后人："你是中国人，不要忘了中国，不要一笔抹杀自己民族的历史与文化。"他也从不掩饰他教授学生的目的就是要为中国文化招魂，为中国文化招义勇兵。可以说，钱穆一生都是在为中国文化而战，为守卫中国文化而战，他毕生的著述、讲学之宗旨，刻刻不离于对国家前途与民族文化之关怀。所以，在钱穆一生的史学实践中，他对中国传统文化历史价值的论证和弘扬是一个极为重要的方面。钱穆在中国文化史的研究上著述甚多，《中国文化史导论》则是他撰写的第一部系统阐述他对中国文化看法的著作，也是他一生中重要的学术代表作之一。本篇主要以《中国文化史导论》一书为考察重点，对该书的一些重要问题，如中国文化发展的地理背景、中国文化史的分期、中国文化的融合精神、中西文化两类型说以及中西文化会通融合问题作了具体的探讨和分析。

第九篇：钱穆对中国传统政治的研究——以"传统政治非专制论"为考察中

心。钱穆对中国传统政治的研究见解独到，提出了自秦以来中国传统政治非专制的著名论断。钱氏这一观点，学术界颇多非议，著名学者胡绳、萧公权、张君劢、徐复观、蔡尚思等人皆有激烈批评。本文认为在评价钱穆"非专制说"这一问题上，不能简单采取"非此即彼"的两极对立方法去加以评判，在具体研究中起码应注意这样一些问题：钱穆的"非专制论"是在什么背景下提出来的？他主要是针对近现代哪一派思想主张而言的？钱穆面对各方面的批评、责难，为什么一以贯之地坚持下去而不变初衷？依据儒家理念建立起来的科举制、台谏制、封驳制、铨选制是助长了君权，还是限制了君权？中国传统政治是否仅可用"专制黑暗"一词来加以概括？这种观点是否有将传统政治的理解简单化、片面化之嫌？钱穆对中国传统政治的研究是否有合理的因素？如果有，这些合理的因素又是什么？怎样去发掘、整合，作出合理的解释？他对传统政治理解的失误又在何处？怎样去加以分析？在此基础上，才能对钱穆研究传统政治所包含的合理因素及其失误作客观的叙述和评说。本文认为，钱穆的这一观点既可以引发学术界反思常论，对中国传统政治作进一步的思考，也可为今后研究这一问题提供一个新的视角和思路，将中国传统政治这一研究课题进一步引向深入。

第十篇：钱穆与近现代史家交往述略。钱穆的一生与20世纪中国同行，差不多可以说是20世纪中国学术的全部见证人。在钱穆一生的学术历程中，他与当时的著名学者皆有交往，这其中包括"新汉学运动"的领袖胡适，古史辨派的主将顾颉刚，史料学派的舵手傅斯年，学衡派的灵魂人物柳诒徵、吴宓，著名历史学家陈寅恪、吕思勉、蒙文通、张荫麟、张其昀、缪凤林，著名哲学史家汤用彤，哲学家冯友兰、贺麟，现代新儒家的代表人物张君劢、梁漱溟、熊十力、唐君毅、徐复观、牟宗三……本篇主要选取与钱穆治史理念大体相近的几位著名史家柳诒徵、吕思勉、陈寅恪、张荫麟、汤用彤为研究对象，透过他们的交往及其论学的叙述，展现他们各具特色的治史风格和共同的文化理想，这不仅有助于加深对钱穆治学特征及其为学宗旨的理解，也可为全面认识20世纪的中国学术史、史学史提供一个新的观察角度。

论钱穆史学体系的形成

——以钱穆文化民族主义史学的形成为中心的考察

在 20 世纪的中国史学流派中，文化民族主义史学独树一帜，对当时史学有重要影响。文化民族主义史家认为，历史学家的责任不仅仅在于复原历史的结构，追求一个个历史事实的真实，更重要的在于追寻民族文化传承的血脉，肩负起为中国文化续命的责任。[①]20 世纪初的国粹史学是文化民族主义史学的发轫阶段，章太炎、刘师培是这一时期的代表人物；20 年代的南高史学、学衡派史学是其发展阶段，代表人物有柳诒徵等人；文化民族主义史学在抗日战争时期得到了长足发展，钱穆是这一阶段的代表人物。钱穆的史学体系形成于抗战时期，而文化民族主义史学思想的形成则是他史学体系完成的标志。本文拟对他文化民族主义史学的形成过程作一番考察。

---

① 文化民族主义是一种强调民族精神和文化传统的民族主义，它把文化精神作为民族精神的灵魂，以文化复兴作为民族复兴的路径，通过振兴民族文化、培育民族精神来凝聚国家的民族文化认同，与政治民族主义、经济民族主义一道构成整全的民族主义谱系。国外学者较早注意近代中国文化民族主义的是美国学者费正清，他在《美国与中国》（第四版）一书中说中国人"对自身文化或'文化素养'的世代相传的自豪感已经激起了一股新的'文化民族主义'，这在将来很可能会胜过那发生在欧洲的单纯政治上的民族主义"（张理京译，世界知识出版社 2003 年版，第 94 页）。中国学者对这一问题较早作研究的是郑师渠，他在《近代中国的文化民族主义》一文中认为，近代中国文化民族主义的发展大致经历了戊戌时期、辛亥时期和五四前后三个阶段（《历史研究》1995 年第 5 期）。关于20 世纪文化民族主义史学，盛邦和在《20 世纪上半叶中国史学的流程与流派》（《学术月刊》2005 年第 9 期）一文中有论述，可参阅。

一、以求真为职志的考据派史家

钱穆（1895—1990），字宾四①，1895年7月30日（农历六月初九）生于江苏省无锡县荡口镇七房桥村。七房桥钱家素以诗书传家，钱穆的祖父钱鞠如长于音韵，又勤治《史记》，家中藏有大字木刻本《史记》一部，上面有其五色圈点，并附有批注，眉端行间皆满。钱鞠如圈点《史记》，大体皆采之归（有光）方（苞）本，批注旁采他书，亦有己见，略似《史记菁华录》。钱穆自幼时起即对文史发生兴趣，祖父留下来的这部《史记》评点本对他影响甚深。他晚年回忆说："余自知读书，即爱《史记》，皆由此书启之。"②钱穆的父亲钱承沛常为他和长兄钱挚讲史书，如讲《国朝先正事略》诸书，讲湘军与太平军战事。家庭教育的熏陶对他后来走上治史之路当有一定影响。

钱穆7岁入私塾，10岁入荡口新式小学果育学校，13岁考入常州府中学堂，师从吕思勉等人。18岁时，因家贫辍学而为人师，在老家无锡乡间辗转十年。钱穆虽然蛰居乡间，但笃志苦学，遍览经史百家之书，为他日后治史打下了坚实的基础。③1922年秋，钱穆执教中学，先后在厦门集美学校、无锡江苏省立第三师范、苏州中学担任教职。在教学之余，又勤于笔耕，开始了著述生涯。钱穆早年主要治诸子学，在中学任教时，已出版了《论语文解》《论语要略》《孟子要略》等著作，《墨子》《王守仁》《国学概论》以及早年的名著《先秦诸子系年》也已

---

① 语出《尚书·舜典》："宾于四门，四门穆穆。"

② 钱穆：《八十忆双亲·师友杂忆》，生活·读书·新知三联书店，1998年版，第12页。

③ 钱穆在《苦学的回忆》（1935年）一文中说他早年在无锡乡间任教，"早晨读经籍诸子，如《易经》《尚书》等较艰深者为精读；晚间治史籍，如《汉书》《资治通鉴》等为泛览。下午课余读诗文集，如《十八家诗钞》《经史百家杂钞》等，为转换与发舒。其它不成整段之时间，乃至每日上厕苟有五分、十五分之空隙，则浏览新书、杂志及旧小说、笔记等为博闻。先后三四年，得读《五经》《四书》《老》《庄》《荀》《韩》《墨》《吕》淮南诸子；《左》《国》《四史》《通鉴》诸史；《文选》《古文词类纂》《经史百家杂钞》《十八家诗钞》，以及韩、柳、欧阳、东坡、荆公诸集；《近思录》《宋元学案》《明儒学案》及象山、阳明诸家，每读必从头至尾竟体读之。一书毕，再及他书。有一读者，有再读者，有三四读者，并有三四读以上者。如此轮流读之，节衣缩食，皆以购书，毕心一力，皆以读书。余之稍知古今学术之门径与流别，胥于此数年树其基"。参见陈勇、孟田整理：《钱穆佚文〈苦学的回忆〉》，《近代史资料》第134号，中国社会科学出版社2016年8月，第306页。

完稿，一些篇目已见诸杂志、报刊，一些观点也为学界名家征引①，在江南学术界，也小有名气，一时有"子学专家"之誉。

真正使钱穆名动学术界的，是他的成名作《刘向歆父子年谱》（以下简称《年谱》）。该文是应古史辨派主将顾颉刚之约而写的，大约完成于1929年底，全文1930年6月发表在《燕京学报》第7期上。该文以年谱的著作形式具体排列了向歆父子生卒及任事年月，用具体事实揭橥康有为《新学伪经考》不可通者有二十八处，一扫清末民初风靡学术界的刘歆伪造群经说，使晚清以来经学上激烈的今古文之争顿告平息，在近代经学史的研究上具有划时代的贡献。钱氏也因此文在学术界一炮打响，崭露头角。

1930年9月，钱穆告别了江南古城苏州，乘海轮北上，来到了人文荟萃的文化古都北平，任燕京大学国文系讲师，开始了他人生道路上的重大转折。在燕大朗润园中，他完成了早年最重要的学术著作《先秦诸子系年》（以下简称《系年》）的写作。《系年》是一部考证诸子年代、行事的考据名作，早在来北平之前，该书初稿就已写成。到燕大后，钱穆又以半年之力对旧稿加以增补修改，成4卷160余篇，30多万字，1935年底由商务印书馆付印出版。该书对先秦诸子年代、行事及学术渊源，以及对战国史的研究都作出了极大贡献，深得学术界的好评。蒙文通称《系年》"体大思精"，是"乾嘉以来，少其匹矣"②的大著作，陈寅恪则称该书"极精湛"，"自王静安后未见此等著作矣"③，顾颉刚则把该书誉为"民国以来战国史之第一部著作也"④。

---

① 比如冯友兰在撰写《中国哲学史》时就引用过他的《论语要略》《墨子》等书的观点，详见冯著第四章"孔子及儒家之初起"、第五章"墨子及前期墨家"和第七章"战国时之百家之学"等处叙述。

② 钱穆：《八十忆双亲·师友杂忆》，第146页。

③ 钱穆：《八十忆双亲·师友杂忆》，第160页。

④ 《顾颉刚日记》第四卷，台北联经出版公司，2007年版，第249页。顾颉刚一生细读《先秦诸子系年》约有三次，第一次是1931年推荐钱著给清华，申请列入"清华丛书"，在当年3月18日顾颉刚给胡适的信中称："诸子系年"，洋洋三十万言，实近年一大著作。"（《顾颉刚书信集》卷一，中华书局2011年版，第473页）第二次是1939年在云南昆明，写下了"宾四《诸子系年》作得非常精炼，民国以来战国史之第一部著作也，读之羡甚，安得我亦有此一部书耶"的感言。第三次是在1953年，写下了"宾四《先秦诸子系年考辨》一书实甚精密，为不朽之作"的赞语。（《顾颉刚日记》第七卷，第474页）

20世纪上半期，居于主流的史学派别毫无疑问是新考据学派，该派又可细分为两派，一是以顾颉刚为首的古史辨派，一是以傅斯年为首的史料学派。两派都是在胡适"以科学方法整理国故"口号下而创生的。在五四时期，胡适提出"用历史演变的眼光追求传说的演变"，"用严格的考据方法来评判史料"。在胡适的倡导下，20年代前期有以顾颉刚为首的古史辨派的异军突起，20年代后期有以傅斯年为首的史料学派崛起史坛，成为了20世纪上半期声势最盛的史学主流派。

钱穆早年以考据起家，其治学深受乾嘉考据学风的影响。1930年进入北平学术界后，得到了当时新考据派巨子的认同，得到了顾颉刚、胡适、傅斯年的欣赏，也主要是得益于他的考据之作。事实上，在1930年代前半期，钱穆与新考据派保持了相当不错的关系。古史辨派的主将顾颉刚对钱穆有知遇之恩，他的《刘向歆父子年谱》以康有为《新学伪经考》为批驳对象，其议论与顾氏恰好相反，顾颉刚不但刊出了这篇"不啻与颉刚诤议"的文章，而且还推荐他到燕京大学任教，帮助没有正式文凭的钱穆走向大学讲台。1931年秋，钱穆之所以能转入北大史学系任教，除顾颉刚的鼎力相荐外，还与史料学派舵手傅斯年的有意相邀，新汉学运动领袖胡适的接纳有关。[①] 傅斯年对《刘向歆父子年谱》极尽称赞，史语所宴客，常邀请钱穆参加，俨然视其为同道。在北大共事期间，钱穆对胡适颇为尊重，胡适对钱穆的博学和考证精微也深为推崇。两人对先秦诸子深有研究，钱穆把自己在商务印书馆出版的著作《墨子》（1930年）、《惠施公孙龙》（1931年）送给胡适指正[②]，胡适对钱穆治诸子学的成绩也多有肯定。有人问胡适先秦诸子事，胡适说可去问钱穆，不要再问他。胡适甚至将自己私藏的孤本潘用微的《求仁录》借给钱穆研究，以至于他的论敌、清华大学教授张君劢都认为钱穆是在随胡适做考据之学。[③]

---

① 参见陈勇：《钱穆传》，人民出版社，2001年版，第145页。

② 钱穆在给胡适的信中说："昨奉小书《墨子》一册，谅已邀览。顷商务又寄来新出《惠施公孙龙》一种，敬再呈教。此书乃逐年积稿，历时数载，用心较细，所得较密。公孙子五篇新解，颇谓超昔贤以上，倘荷卒读，详赐诲正，尤所盼幸。"《钱宾四先生全集》第53册《素书楼余渖》，台北联经出版事业公司，1998年版，第193页。

③ 参见钱穆：《八十忆双亲·师友杂忆》，第188页、第183页。

不过在新考据派三巨子中，对钱穆的欣赏又不尽相同。顾颉刚欣赏钱穆，不遗余力地举荐钱穆，固然与他在学术上的雅量和宽广的胸怀有关，但更重要的原因恐怕是钱穆早年治史与他当时所推崇的方法有相通之处。事实上，在钱穆早年的论著中，顾颉刚欣赏的是《先秦诸子系年》，而非《刘向歆父子年谱》。钱穆称自己"疑《尧典》、疑《禹贡》、疑《易传》、疑《老子》出庄周后，所疑皆超于颉刚"。在钱氏的诸"疑"中，最有名的莫过于"疑《老子》出庄周后"。胡适称"（钱）宾四费了许多年的工夫著了一部《诸子系年考辨》，凡几十万言，老子的移后是其中的一个要点"①。钱穆自己对《系年》老子成书年代的考证也深为自负。此外，《系年》疑《十翼》非孔子作，疑孙武其人其书，也透显了他早年治学尚怀疑的精神。顾颉刚初览《系年》稿后，第一印象就是钱穆不宜长在中学里教国文，应去大学教历史。在向胡适举荐钱穆进北大的信中，列举他的著作也是《系年》。②可见，钱穆为顾颉刚所欣赏，主要是他早年治史所表现出来的"怀疑"精神，特别是在《老子》成书年代问题上，两人皆主"晚出说"，持有相同的见解。两人在疑古的问题上，精神意气相通，实无大异，这是顾氏特别欣赏《系年》的原因所在。对于《刘向歆父子年谱》，顾颉刚只是在该文"寻出许多替新代学术开先路的汉代材料"方面才有所肯定，也只是在这一点上，他才肯说出"我很佩服钱宾四先生"一类的话来。③

傅斯年欣赏钱穆，主要与他的成名作《刘向歆父子年谱》有关。傅斯年原本是主张疑古的，是顾颉刚疑古主张的坚定支持者。20 世纪 20 年代末、30 年代初，他由"疑古"转向"重建"，以重建古史为职志。傅斯年重建古史所用的方法是考古学，即用地下出土的考古材料（"直接材料"）证史。钱穆虽然没有运用傅氏倡导的这一方法证史，但他的成名作《刘向歆父子年谱》，一扫晚清今文学家的刘歆伪造群经说，对疑古派疑古过头、辨别太甚有矫正之功，同样为重建古史作出了贡献。这是傅斯年一再称道《年谱》的原因所在。

① 胡适著、曹伯言整理：《胡适日记全编》第 6 册，安徽教育出版社，2001 年版，第 101 页。
② 顾颉刚：《顾颉刚书信集》卷一，中华书局，2011 年版，第 473 页。
③ 顾颉刚：《五德终始说下的政治和历史》，《古史辨》（五），上海古籍出版社，1982 年版，第 483 页。

和傅斯年一样，胡适对钱穆的欣赏也主要缘自《刘向歆父子年谱》。在胡适的治学中，有一个由"疑"而"信"的转变过程。胡适是现代中国疑古运动的倡导者，他的疑古远远早于顾颉刚。早在顾发动"古史辨"运动之前，胡适就有"井田之辨"，认为古代中国并没有均产的井田制度，"井田的均产制乃是战国时代的乌托邦"，是孟子"托古改制"想象杜撰出来的①，顾氏正是在胡适"井田辨"的启发下才走上疑古之路的。不过，在1920年代末，胡适逐渐由"疑古"转向"信古"，由过去支持顾颉刚疑古转向支持傅斯年重建一派。②在胡适古史观转变的过程中，钱穆的《刘向歆父子年谱》起了十分重要的作用。胡适原本是深信晚清今文家言的，认为古文经皆为刘歆伪造，后来读到《年谱》一文后改变了看法。据胡门弟子邓广铭回忆，1931年春，他在北京大学旁听胡适讲授中国哲学史，讲到西汉今古文两派之争时，胡适提到了钱穆《年谱》一文，"说它是使当时学术界颇受震动的一篇文章，他本人和一些朋友，原也都是站在今文派一边的人，读了这篇《年谱》之后，大都改变了态度"。③胡适在《日记》和书信中称赞《年谱》为"一大著作"，作得"谨严"，"十分佩服"，看来绝非泛泛的客套之言。而对于钱穆早年最重要的学术代表作《先秦诸子系年》，胡适因在《老子》成书年代问题上与钱穆意见相左，就不那么看重了，这与顾颉刚欣赏《系年》恰成鲜明的对照。

20世纪中国史学在马克思主义史学成为气候之外有两大主流，一是顾颉刚所代表的"疑古派"，二是傅斯年所代表的"重建派"。在20世纪二三十年代，钱穆治史实际上是介于"疑古派"和"重建派"之间的。钱穆称自己疑古超过了顾颉刚，他与顾氏精神意气相同，"实无大异"，只是不愿以疑古名，而以"考古"名。钱穆的"考古"与"疑古"实无大异，当近于顾氏；而考古的目的旨在追求

---

① 胡适：《井田辨·寄廖仲恺先生的信》，欧阳哲生编：《胡适文集》(2)，北京大学出版社，1998年版，第306页。

② 1929年3月，顾颉刚到上海中国公学去看望胡适，胡适对他说："现在我的思想变了，我不疑古了，要信古了！"顾颉刚：《我是怎样编写〈古史辨〉的》，《古史辨》(一)，第13页。

③ 邓广铭：《邓广铭学述》，浙江人民出版社，2000年版，第17页。

历史事实的真实，即他所谓"貌若辨伪而旨切存真"，显然又近于傅氏。[①] 钱穆在疑古与重建两派之外自树旗帜，那是他史学体系成熟以后的事了。

二、治史方向的转变

1930 年代中期以来，钱穆的治史方向发生了重要转变，转变的原因除受传统史学经世思想的影响外，还主要与受严重的民族危机的刺激有关。九一八事变后，日本人把侵略的魔爪伸向华北。1933 年，日军吞并热河，逼近平津，"飞机盘旋北平城上，仰首如睹蜻蜓之绕檐际"。[②]1935 年，日军策动华北"自治"，企图把华北变成第二个"满洲国"。华北事变后，北平上空经常有日军的飞机盘旋，城郊有日军频频的作战演习，北平城中的知识分子有"刀临头顶，火灼肌肤"之感，诚如钱穆在当时所写的一篇文章中所言："是时华北之风云骤紧，日处危城，震荡摇撼，奇诼蜂起，所见所闻，疑非人境。"[③] 钱穆是一位具有强烈民族意识的学者，日军在华北地区的横行、日机在北平上空低空盘旋的事实时时萦绕在他的脑际，挥之不去。严重的民族危机的刺激促使他治学方向发生了转变，这种转变主要表现在：

其一，由"疑"转"信"。钱穆早年对古史辨派的古史理论抱有"相当地赞同"，他在 1928 年完成的《国学概论》第十章"最近期之学术思想"中就明确指出："清儒以尊经崇圣，而发疑古辨伪之思……今则……去其崇圣尊经之见，而专为古史之探讨。若胡适之、顾颉刚、钱玄同诸家，虽建立未遑，而破弃陈说，驳击旧传，确有见地。"在钱穆早年治诸子学的过程中，因受当时疑古思潮的影响，

[①] 参见杜正胜：《钱穆与二十世纪中国古代史学》，收入氏著《新史学之路》，台北三民书局，2004 年版，第 219 页。又收入《钱宾四先生百龄纪念会学术论文集》，香港中文大学新亚书院，2003 年，第 101 页。

[②] 钱穆：《先秦诸子系年·跋》，中华书局，1985 年版，第 624 页。

[③] 钱穆：《崔东壁遗书序》，《中国学术思想史论丛》（八），台北东大图书公司，1980 年版，第 284 页。

也出现过一些"疑古过勇"之作，如疑孔子与《易传》无关，疑孙武其人其书。[①]

钱穆进入北平学术界之初，即得到史料学派的领袖傅斯年的欣赏。据钱氏回忆：

> 余至北平，即与孟真相识。孟真屡邀余至其史语所。有外国学者来，如法国伯希和之类，史语所宴客，余必预，并常坐贵客之旁座。孟真必介绍余乃《刘向歆父子年谱》之作者。孟真意，乃以此破当时经学界之今文学派，乃及史学界之疑古派。[②]

在钱穆看来，傅斯年在向西方汉学家介绍他是《刘向歆父子年谱》的作者有两层含义，一是《年谱》"破当时经学界之今文学派"，二是"破当时史学界之疑古派"。晚清以来，今文学派垄断学坛，刘歆伪造古文经，几成定论。《刘向歆父子年谱》的发表，一扫清末民初风靡学术界的刘歆伪经说的不白之冤。自《年谱》发表后，学术界开始从康有为《新学伪经考》的笼罩下解脱了出来，使原来相信晚清今文家言的不少学者自此改变了态度。所以，钱氏此文"破当时经学界之今文学派"，当是事实，但是说他这时已有意识地在扭转疑古派一味"疑古"的精神取向，自觉在做"破当时史学界之疑古派"的工作，恐又未必符合事实。1931年，钱穆在《评顾颉刚〈五德终始说下的政治和历史〉》中说自己并不反对胡适、顾颉刚等人提出的"用历史演进的见解来观察历史上传说的方法"，而且还说他"对这个见解和方法，也抱着相当的赞同"。不仅如此，钱穆早年考辨古史的方法也受古史辨派"层层剥笋式"方法的影响，比如他在1928年完成的《易经研究》一文中公开说他研究《易经》的方法，就是采用的古史辨学者"剥皮的方法"进行的，并宣称这是"一个比较可靠而可少错误的新方法"。[③]即便是与顾颉刚意

---

① 参见廖名春：《钱穆与疑古学派关系述评》，《原道》第5辑，贵州人民出版社，1999年版，第213、216页。

② 钱穆：《八十忆双亲·师友杂忆》，第168页。

③ 钱穆：《易经研究》，《中国学术思想史论丛》（一），台北东大图书公司，1975年版，第172页。

见完全相反的《刘向歆父子年谱》，他也说："只想为顾先生助攻那西汉今文学家的一道防线（其实还是晚清今文学家的防钱），好让《古史辨》的胜利再展进一层。"① 可见，1930 年代初期，钱穆对疑古史学有批评是事实，但他批评的，只是古史辨派学者深信的今文学家的历史考证方法，而不是对该派治古史的核心理论"古史层累造成说"的否定。事实上，钱穆当时极力坚持的正是参加"古史辨"的很多学者基本接受的"层累地造成的古史观"，他对于顾颉刚的批评，是担心他从这一路径上倒退下来，重返今文家的旧径，而在古史辨发展过程中，横添许多无谓的不必的迂回和歧迷。由此看来，他对古史辨派的批评，只是对其不合理的部分作局部的修正，并不是批评其"疑古"的精神取向，双方的区别只不过是疑古的程度不同而已。②

然而 1930 年代中期以后，钱穆与古史辨派治史理论的分歧，则不再仅仅是"疑古"程度的差异了，而是"疑"与"信"的根本立场之不同了。30 年代中期以来，钱穆对古史辨派批评的言论转多，这些批评的言论主要见于他 1935 年 12 月 28 日完成的《崔东壁遗书序》（以下简称《遗书序》）中。

对于崔述及其《考信录》，古史辨学者推崇有加，胡适把崔述誉为"科学的古史家"，"新史学的老先锋"，"中国新史学应该从崔述做起"；③ 顾颉刚称赞《考信录》"是一部极伟大又极细密的著作"④，"我们今日讲疑古辨伪，大部分只是承受和改进他的研究"⑤。钱穆在《遗书序》中对崔述的评价与疑古派相去甚远。他说崔述"主于尊经而为之考信"，因其不敢破经，故"信之太深"；又因其过分疑古，故"疑之太勇"，指出崔氏"所疑未必是，即古说之相传未必非"。⑥

钱穆批评崔述考辨古史"有信之太深者"，"亦有疑之太勇者"，但他最终的目的却落在批评崔氏"疑古太勇"对中国历史文化所造成的危害上。钱穆的这一

① 钱穆：《评顾颉刚〈五德终始说下的政治和历史〉》，《古史辨》（五），第 630 页。
② 参见刘巍：《〈刘向歆父子年谱〉的学术背景与初始反响》，《历史研究》2001 年第 3 期。
③ 胡适：《科学的古史家崔述》，欧阳哲生编：《胡适文集》（7），第 142 页。
④ 顾颉刚：《与钱玄同先生论古史书》，《古史辨》（一），第 59 页。
⑤ 顾颉刚：《崔东壁遗书序》，崔述撰、顾颉刚编订：《崔东壁遗书》，上海古籍出版社，1983 年版，第 60 页。
⑥ 钱穆：《崔东壁遗书序》，《中国学术思想史论丛》（八），第 289 页。

批评同样也适用于他对古史辨学者的批评。在他看来，崔述这种疑古太甚、辩驳太刻的疑辨思想生前虽不为清儒所重，但到了五四时期却为胡适、钱玄同、顾颉刚等疑古派学者所继承和发展，演变成对一切古典文献的怀疑。这种对古代典籍普遍怀疑的态度势必会瓦解中国重建民族国家时所需要的历史认同资源。他在《遗书序》中批评道：

> 数年以来，有闻于辨伪疑古之风而起者，或几于枝之猎而忘其本，细之搜而遗其巨，离本益远，歧出益迷。①

文中的所谓"本"，即指中国的民族文化，也就是说，古史辨派对古典文献的普遍怀疑，势必会导致对上古历史的全盘否定，而对上古历史的否定，也就是否定了中国历史文化的源头，这实际上也就导致对民族文化本身的否定。正是从民族文化认同的角度出发，钱穆对疑古史学的评价有了根本性的转变，由先前赞同转向了批评。

在批评疑古派"疑古之勇"的同时，钱穆也旗帜鲜明地表达了自己的民族文化立场。他说："古史者，吾民族自谓四千年光明灿烂文化所托始，又群认以为黄金时代所在也。我民族之光荣何在？曰，在古史。我民族文化之真价值何在？曰，在古史。"② 在钱穆看来，任何一个民族的文化，有其长不能无其短，有其利亦不能无其病；同样，任何一个民族的历史，有其盛即不能无其衰，有其涨即不能无其落。中华民族在过去的历史中曾经创造过足以垂诸万世的古代文明，但是中国历史演进到近代又出现了种种病痛，但不能因为有病，就疑我全民族数千年的文化本源，否定文化生命的存在，因为"苟此民族而尽丧其固有之文化，即尽忘其已往之历史，而民族精神亦日萎枯以尽，而前途之生命亦竭"。③ 同时，他又指出："一民族之复兴，必将于其民族文化自身为内力之新生；而求其文化自身有

---

① 钱穆：《崔东壁遗书序》，《中国学术思想史论丛》（八），第 292 页。
② 钱穆：《崔东壁遗书序》，《中国学术思想史论丛》（八），第 285 页。
③ 钱穆：《崔东壁遗书序》，《中国学术思想史论丛》（八），第 293 页。

内力之新生者又必于其已往之历史有清明之别择。"① 在这里，钱穆已开始把民族、文化、历史三者联系起来考察，民族的复兴即是本民族文化自身的复兴，而民族文化的复兴则有赖于对过去的历史作清醒之认识。

1930 年代中期以前，钱穆对疑古史学虽有"建立未遑""论证未全"的批评，但这主要是出自技术和方法层面的批评，尚未对疑古史学反传统的本质作文化层面的思考。所以，这一时期的钱穆在学术上认同古史辨运动及其方法，还没有自觉意识到它有批判和否定中国历史文化取向的一面。30 年代中期以后，钱穆开始从民族认同、文化认同的角度来反思疑古史学对中国历史否定的危害。在疑古派学者看来，中国古史是后人随口编造出来的，"完全是一篇糊涂账"，所以他们极力将中国古代文化压低，把古代年代缩短，宣称东周以前无史。既然中国历史文化的源头是后人伪造的，那么此下的中国历史文化也就失去了它存在的真实性和合理性。钱穆对这种极端疑古，进而以此否定中国历史文化真实性的古史观，从文化价值的层面进行了深刻的反省和批判，他在《崔东壁遗书序》中称疑古派考证古史"离本益远，歧出益迷"，其目的正在于揭示古史辨派的疑古实际上是疑错了方向。② 钱穆的《刘向歆父子年谱》"破当时经学界之今文学派"，可谓的论；而 30 年代中期以后，他已经有意识地在做扭转疑古派史学的精神方向的工作了，即自觉在做"破史学界之疑古派"的工作了。

其二，由做汉学到讲宋学的转变。钱穆早年以考据起家，其考据著作显示了扎实的汉学功底，得到了学术界普遍认可。不过钱穆也是一位深受传统经世史学影响的学者，他虽然欣赏乾嘉考据方法的精密，却并不赞许乾嘉史学本身。因为他认为考据仅仅是做学问的手段，而非目的，考据之终极，"仍当以义理为归宿"，以考据起家的钱穆开始转向对考据学风的批评。

1935 年，北平各大学发动了一场读书运动，向钱穆征文，他写下《近百年来之读书运动》一文 ③，对乾嘉学者专以训诂考据为务而忽视宋儒义理之学提出批评，

---

① 钱穆：《崔东壁遗书序》，《中国学术思想史论丛》（八），第 294 页。
② 参见徐国利：《钱穆史学思想研究》，台湾商务印书馆，2004 年版，第 28—32 页。
③ 钱穆的《近百年来之读书运动》一文，1958 年收入《学籥》一书时易名为《近百年来诸儒论读书》。

称他们"持门户之见过深,过分排斥宋儒。读书专重训诂考据,而忽略了义理"①。在钱穆看来,乾嘉学者和五四以后的新考据派学者读书为学,仅"看重小节目的训诂考据之类","藏头容尾于丛脞破碎之中",寻其枝叶,较其铢两,其结果必然是割裂史实,陷入支离破碎之境。这样治学,至多只能在个别问题上取得某些成就,却无法对历史事实进行整体、全貌的分析和把握。所以他说:"读书为学,不先融会大义,只向零碎处考释,则此路无极,将永远无到头之期。"②

钱穆对乾嘉汉学的批评和对宋学的推崇集中体现在他 1936 年完成、1937 年出版的《中国近三百年学术史》一书中。钱穆和梁启超都是研究清代学术史的大家重镇,与梁氏把汉学作为宋学对立面来处理有清三百年来学术史的观点所不同的是,钱著更注重汉学与宋学之间的联系。钱穆认为,宋明理学的传统在清代并没有中断,不仅没有中断,而且对清代汉学产生了深刻的影响。清代学术由晚明诸老开出,而晚明诸老莫不寝馈于宋学,即使是在汉学鼎盛的乾嘉时代,汉学家的高下深浅,也往往"视其所得于宋学之高下深浅以为判",所以他得出了清代汉学渊源于宋学,"不知宋学,则无以评汉宋之是非"的结论。

钱穆治清代学术史主要以昂扬宋学精神为主旨,所以他在评价清代学人学术思想的高下浅深时,就贯穿了一条是否有志经世、是否心系天下安危的宋学精神为其评判标准。钱穆对清初诸儒评价甚高,对他们不忘种姓、有志经世的精神和坚守民族气节称赞不已,因为从他们身上体现出了宋学经世明道、以天下兴亡为己任的精神。而对乾嘉学者埋首考据、不问世事的学风则大张挞伐,因为他认为这种专师清初诸儒"博文"之训而忘记了"行己"之教、为学问而学问的学风,已失去了宋学学贵经世的精神。钱穆指责乾嘉诸儒专务考订,其弊有二,一是琐碎:"不务明正通达而务其难,则往往昧其大体而玩其细节,其必陷于琐碎无疑也";二是好胜:"苟专务其难以施我考释之功,则前人学术大体有不暇问,而惟求于小节僻处别出新解以凌跨乎其上"。③这与梁启超、胡适推崇乾嘉汉学的治学

---

① 钱穆:《近百年来诸儒论读书》,《学籥》,香港 1958 年自印本,第 82 页。
② 钱穆:《近百年来诸儒论读书》,《学籥》,第 87 页。
③ 钱穆:《中国近三百年学术史》,中华书局,1986 年版,第 603—604 页。

方法，誉为"科学的古典学派"的评价大不相同。①

　　钱穆在评价清代学术史时，以表彰宋学、批评汉学流弊为己任，这与他对当时学术界盛行的考据学风的反思和批评有关，因为他认为新考据派一味埋首考据，不利于民族精神的张扬，所以他在书中借批评乾嘉汉学流弊，对主流学术界在国难当头之际，仍旧埋首书斋、不问世事的学风大加抨击。同时，还与他当时受国难的刺激息息相关。该书写于九一八事变、日本步步进逼华北之后。书成之日，正是日军夺取丰台，华北危机空前严重之时，此时的中国又一次面临着亡国的危险。他在书中特严夷夏之防，高扬以天下为己任的宋学精神，表彰清初诸儒不忘种姓的民族气节和操行，即寓有他反抗外来侵略的写作意图。钱氏此书是在当时民族主义情绪日益高涨的情况下写成的，故书中留心经世思想，强调种族大义，表彰风骨节操，民族主义思想充盈字里行间。

　　其三，治学重心的转变。钱穆早年治考据，他那时的著作多为"考史"之作。1930 年他进入中国学术中心北平后，也主要从事考据研究。钱穆在晚年回忆中谈及当年在《老子》成书年代问题上与胡适争论时说："惟一时所注意者，亦仅为一些具体材料问题解释之间，而于中国历史文化传统之一大问题上，则似未竟体触及也。"②九一八事变后，尤其是华北事变后，民族危机的进一步加深促使他把研究的注意力愈来愈集中到"竟体触及"中国历史文化传统这一"大问题"上，愈来愈从文化的层面上来思考民族和国家的出路问题。

　　钱穆在西南联大讲中国通史课时曾公开向学生说，他研究中国历史是从九一八事变后开始的③，这并不是说他研究中国历史始于九一八事变，而是指从这一时期开始，他把治史的重心逐渐转移到对民族文化精神的探讨上。日本的入侵导致的日益严重的民族危机使钱穆深感有必要对中国历史文化作全面深入的研究，以

　　① 梁启超在《中国近三百年学术史》说："乾嘉间学者，实自成一种学风，和近世科学的研究方法极相近，我们可以给他一个特别的名称，叫做'科学的古典学派'。"朱维铮：《梁启超论清学史二种》，第 116 页。
　　② 钱穆：《八十忆双亲·师友杂忆》，第 167 页。
　　③ 吴沛澜：《忆宾四师》，江苏无锡县政协编：《钱穆纪念文集》，上海人民出版社，1992 年版，第 52 页。

此来论证我国家民族到底有没有希望。钱穆多次提及他年轻时因读到梁启超"中国不亡"这句话后，才开始注意中国历史的，他要在中国历史中为这句话寻找证据和答案。1933 年秋，他在北京大学讲授中国通史课时就谆谆告诫学生，从中国历史长期的发展来观察，今日的中国不仅不会亡，而且还有光明的前途。1935 年华北事变发生，偌大的华北五省二市，"已经安放不下一张平静的书桌了"。民族危机的进一步加深促使钱穆把治史的重心转移到对"中华民族文化之真价值"的探讨上。

1935 年 11 月 10 日，钱穆在天津《大公报·图书副刊》上发表了一篇评谭戒甫《墨经易解》的文章，署笔名为"与忘"，自言署此笔名的原因是"国难方殷，余辈乃讨论此等问题，实非急需。因取名'与忘'二字，嘱著者勿再笔墨往返"。① 当时正值日军策动华北事变之时，冀东叛变，津门倡乱，察北失陷，绥东告警，丰台撤兵，祸患连骈而至，古都北平成为"危城"。钱穆认为在国难方殷之际，应将治学的重点转移到探讨我中华民族文化之真价值这一大问题上来，而不应当在细琐的考据上深下工夫。所以，他用"与忘"这一笔名，实际上是谏止当时学术界日趋细琐的研究风气，扭转学术使其回归中国历史文化传统这一"大问题"上来，这说明此时钱穆治学的重心已开始发生了转移，由先前崇尚考据转移到"竟体触及"民族文化精神这一根本问题上。②

钱穆治史方向的转变并非突然，在当时像他这样转变学风的也大有人在。以古史辨派的主将顾颉刚和史料学派的领袖傅斯年为例。顾、傅二人在抗战之前，恪守"薄致用而重求是"的学术精神，竭力强调纯学术研究的重要性。九一八事变后，民族危机的严重，激发了他们的民族意识，他们毅然放弃了过去为学问而学问的治史旨趣，转而推崇传统史学中经世致用的学风。顾颉刚在九一八事变后，激于"强邻逞暴，国土日蹙"之势，毅然走出书斋，创办"三户书社"（取"楚虽三户，亡秦必楚"的典故），直接向民众作抗日宣传；又创办《禹贡》杂志，

---

① 钱穆：《八十忆双亲·师友杂忆》，第 345 页。钱穆在《答谭戒甫先生书》（1935 年 11 月）中亦言："自念幕燕鼎鱼，尚为此不急之闲文字，殊自愧憾，笔名'与忘'，正求与世相忘之意。"此函收入《钱宾四先生全集》第 18 册《中国学术思想史论丛》（二）。

② 参见张京华：《1935 年的钱穆：一篇墨学书评的再评议》，《中国图书评论》2007 年第 11 期。

组织禹贡学会，提倡边疆地理和民族史的研究，以加强国民的国土意识和爱国意识。反对抱着任何"致用"目的去研究历史的傅斯年，在九一八事变后也转变了治学态度，他邀集学界同仁编写《东北史纲》，根据历史资料，运用民族学、语言学的理论，有力地驳斥了日本侵略者"满蒙非中国领土"的谬论，证明东北自古以来就是我国的领土，并主张通过修史和编写历史教科书来启发国人的民族意识，唤醒民众的抗日热情。精于考证的著名历史学家陈垣也转变了学风，由过去专重考证转向提倡"有意义之史学"，所著《旧五代史辑本发覆》《明季滇黔佛教考》《清初僧诤记》《南宋初河北新道教考》《通鉴胡注表微》，表面上是言道、言诤、言史、言考据，实质上是"斥汉奸，斥日寇，责当政"①，"提倡民族不屈之精神"②，通过历史考证的形式为中华民族寻找不亡的依据。

　　顾颉刚在《禹贡学会研究边疆学之旨趣》中说道："当承平之世，学术不急于求用，固当采取'为学问而学问'之态度，一意探讨真理，其效果如何可以弗问。……及至国势凌夷，踢天蹐地之日，所学必求致用，非但以供当前之因应而已。"③此话同样也适用于钱穆。钱穆在 1941 年所写的《新时代与新学术》中说，学术随时代而转移，新时代之降临，常有一种新学术为之领导或推进。承平之际，学尚因袭，学术有其客观之尊严，学者可以为学问而学问，为前人的学问释回增美，使其日臻完密；变乱之际，学尚创辟。学者内本于性格之激荡，外感于时势之需要，常能从自性自格创辟一种新学术，走上一条新路径，以救时代之穷乏。④这一段话为钱穆自己转变治学方向提供了一个极好的注脚。

---

① 陈垣：《致席启骃》，《陈垣全集》第 23 册《书信》，安徽大学出版社，2009 年版，第 337 页。

② 陈垣：《致杨树达》，《陈垣全集》第 23 册《书信》，第 328 页。

③ 顾颉刚：《禹贡学会研究边疆学之旨趣》，《顾颉刚全集》第 36 册《宝树园文存》卷四，中华书局，2011 年版，第 215 页。

④ 参见钱穆：《新时代与新学术》，收入《文化与教育》，重庆国民图书出版社，1943 年版，第 66 页。

三、文化民族主义史学的形成

1937 年 7 月 7 日卢沟桥事变爆发，日本发动了全面的侵华战争。在日本侵略者的步步侵逼下，大片国土沦丧，民族危机空前严重。当时流转西南的不少学者，在自己的著述中都不约而同地使用了"南渡"一词。哲学家冯友兰把这次播迁西南称为"第四次南渡"①，文学家吴宓把自己的诗集取名为《南渡集》，历史学家陈寅恪也吟出了"南渡自应思往事"②的诗句。在中国历史上，因少数民族入主中原而迫使汉族政权南迁，如永嘉之乱，晋人南渡；靖康之变，宋人南渡；清军入关，明人南渡。但抗战时期的这次"南渡"与前几次"南渡"有着本质的不同。晋人、宋人、明人南渡都是中国境内的少数民族入主中原，他们虽然一度在武力上征服了汉族，最后却都被汉文化所同化，不但未使中国文化中断，反而促成了中国历史上多民族的融合。而抗战时期的这次"南渡"，是日本帝国主义入侵中国，不但意味着国家可能不保，就是中华文化也将遭受灭顶之灾，中华民族真正面临着亡国灭种的危险。空前严重的民族危机，使中国人的民族主义、爱国主义情绪愈来愈强烈，激发了一大批知识分子强烈的民族忧患意识和文化担当精神，他们迫切地感到应唤起民族自信心，凝聚民族向心力，重铸新的民族精神。在这样的背景下，国内思想界的主流由五四时期沉浸于科学和民主的亢奋之中转变为对民族文化和民族精神的热切关注。大批学者，无论是文化保守主义学者、自由主义学者，还是马克思主义学者，都以保存中国文化为己任，主动承担起重新诠释中国文化的责任，试图从传统文化中寻找抗战救国的文化资源，寻求救亡图存之道，

---

① 冯友兰把他在抗战中写的《新理学》《新事论》《新原人》《新世训》《新原道》《新知言》六部书称为"贞元之际所著书"，他在《三松堂自述》中对"贞元之际"作了这样的解释："所谓'贞元之际'，就是说，抗战时期是中华民族复兴的时期。当时我想，日本帝国主义侵略了中国大部分领土，把当时的中国政府和文化机关赶到西南角上。历史上有过晋、宋、明三朝的南渡。南渡的人都没有能活着回来的。可是这次抗日战争，中国一定要胜利，中华民族一定要复兴，这次'南渡'的人一定要活着回来。这就叫'贞下起元'。这个时期就叫'贞元之际'。"所以冯氏称，"贞元者，纪时也。当我国家民族复兴之际，所谓'贞下起元'之时也"。

② 陈寅恪：《蒙自南湖》，《陈寅恪集·诗集》，生活·读书·新知三联书店，2001 年版，第 24 页。

将学术研究直接服务于抗战。"国可亡，而史不可灭"，主张"文化救国""学术救国""读史救亡"的民族主义思潮、爱国主义思潮空前高涨。在这样的背景下，钱穆彻底完成了治学方向的转变，其标志便是《国史大纲》的完成。

《国史大纲》是钱穆为抗日救亡而撰写的一部国史教科书。七七事变后，钱穆随北大南迁，由长沙而昆明，任教西南联大。他一半时间在昆明教书，为学生讲授国史，一半时间卜居宜良山中，从事《国史大纲》的写作。1939 年 6 月，这部贯通古今的中国通史著作得以完成。书成之后，又撰"引论"一篇冠于书首。"引论"论述国史的研究方法、各时代的史事特点，评说近代史学流派的理论，阐述新通史的编纂理论和写作方法，既是全书的总纲，也是钱氏首次系统阐述自己史学思想的力作。[①] 在文中，他第一次明确地把文化、民族与历史三者联系起来考察，认为历史就是民族文化精神的展开和演进，研究历史不仅仅在于弄清历史事实的真实，更重要的在于弄清历史事实背后所蕴藏的民族精神和文化精神。在钱穆看来，体现民族精神的历史文化，乃是一个民族生存发展的命脉所在、精神所寄，因此从本质上说，历史就是民族文化精神演化发展的过程，历史学的根本任务就在于研究民族文化精神及其具体表现形式的发展历程。钱穆以鲜明的民族文化立场表明了自己学问的宗主和人生的终极关怀，即关心中国历史文化的传承，肩负起民族文化托命的责任。至此，钱穆的文化民族主义史学思想正式形成。

《国史大纲》是钱穆第一次系统、全面地阐发他史学思想的代表作，而文化民族主义思想则是他史学思想的核心和灵魂所在。钱穆的文化民族主义思想在该书中主要从如下几个方面展开的。

其一，强调文化是民族国家认同的基础。

钱穆在《国史大纲》中阐述了文化在民族和国家形成中的决定作用，他说民族和国家，都是人类文化发展的产物，只有共同文化的形成，才会有民族之传成，

---

① 翟宗沛在《评钱穆先生〈国史大纲〉》中称："书首附'引论'一篇，详细说明'其所以为此书之意'，几二万言，不特系全书结晶，亦为目前史学界极重要的文字。引论最重要的两点：一是作者的历史教育价值观及其对于新国课本所抱的理想，二是作者对于我国家民族永久生命之泉源及最近病痛之证候之详细解答，——尤以后者是引论中最精粹部分，全书差不多就是为了这一目的而写。"见《文史杂志》第 2 卷第 4 期，1942 年。

国家之创建，一旦文化的演进中辍，"则国家可以消失，民族可以离散"。因为没有民族文化尚且灿烂光辉而突遭灭顶的国家，也没有民族文化颓丧而能苟存于世上的国家。中华民族的文化是先民"血液所浇灌，精肉所培壅"而成，故"我民族国家之前途，仍将于我先民文化所贻自身内部获得其生机"。①

钱穆对学术界在欧风美雨冲击下形成的文化自卑情结表达了强烈的不满，对偏激的虚无主义、浅薄的进化史观、似是而非的文化自谴论痛加挞伐，他语重心长地提醒国人，"非国家、民族不永命之可虑，而其民族、国家所由产生之文化之息绝为可悲"。②

其二，提倡国史教育来唤醒国魂。

钱穆提出新国史（新通史）的撰写必须具备两个条件：第一，"必能将我国家民族已往文化演进之真相，明白示人，为一般有志认识中国已往政治、社会、文化、思想种种演变者所必要之知识"；第二，"应能于旧史统贯中映照出现中国种种复杂难解之问题，为一般有志于革新现实者所必备之参考"。③

钱穆新国史撰写必备的第一个条件实质上是通过对国史真相的阐发为民族及其文化提供认同。钱穆认为，要使国人能真切地爱国家、爱民族，就必须对国家民族以往的历史文化有一个真正的认识和了解，所以他十分强调国史教育的重要性，力倡通过国史教育去挖掘和培养国人爱国家爱民族的情感，以期苏醒国魂，恢复民族的自尊、自信。他说："欲其国民对国家有深厚之爱情，必先使其国民对国家已往历史有深厚的认识。欲其国民对国家当前有真实之改进，必先使其国民对国家已往历史有真实之了解。"④ 故新国史撰写的主要任务，"尤在将国史真态，传播于国人之前，使晓然了解于我先民对国家民族所已尽之责任，而油然兴其慨想，奋发爱惜保护之挚意"。⑤ 钱穆撰写新国史必备的第二个条件实际上是通过历史经验"解释现在，指示将来"，通过历史知识的解释和阐发，为改革现实服务，

① 钱穆：《国史大纲·引论》，上海商务印书馆，1940 年版，第 28 页。
② 钱穆：《国史大纲·引论》，第 27 页。
③ 钱穆：《国史大纲·引论》，第 7 页。
④ 钱穆：《国史大纲·引论》，第 3 页。
⑤ 钱穆：《国史大纲·引论》，第 7 页。

达到史学经世的目的。

其三，对新考据学派的批评。

钱穆在"引论"中把近代以来的中国史学分为传统派（记诵派）、革新派（宣传派）、科学派（考订派）三派，并对三派的治史理论一一作了审视和批评。在三派中，他对于居于主流的新考据派，即"引论"所称的科学派批评尤力。他批评科学派对史料"存而不补""证而不疏"，治史"缺乏系统，无意义"。其中他把批评的重心集中在科学派对先民创造的历史文化"漠然无所用情"这一根本问题上。他说科学派"震于科学方法之美名，往往割裂史实，为局部窄狭之追究，以活的人事，换为死的材料。治史譬如治岩矿，治电力，既无以见前人整段之活动，亦于先民文化精神，漠然无所用其情。彼惟尚实证，夸创获，号客观，既无意于成体之全史，亦不论自己民族国家之文化成绩也"。[①]

钱穆对科学考订派的激烈批评，把他与该派治史的分歧公开化。如果 1930年代前期钱穆的治学方法与态度和科学派还有相近之处，可以笼统归入新考据派的旗帜之下的话，那么 30 年代中期以后他与该派渐行渐远，到《国史大纲·引论》发表时，他与该派已完全分道扬镳。

其四，对疑古史学的批评。

钱穆在《国史大纲》第一章"近代对上古史之探索"一节中从五个方面对古史辨派的古史理论进行了系统反思和批评："从一方面看，古史若经后人层累地造成；惟据另一方面看，则古史实经后人层累地遗失而淘汰。层累造成之伪古史固应破坏，层累遗忘的真古史，尤待探索。此其一。各民族最先历史，无不从追记而来，故其中断难脱离'传说'与带有'神话'之部分。若严格排斥传说，则古史即无从说起。此其二。且神话有起于传说之后者，不能因神话而抹杀传说。此其三。假造亦与传说不同，如后起整段的记载与描写，或可出于假造，其散见各书之零文短语，则系往古传说，非出后世一人或一派所伪造。此其四。欲非排斥某项传说，应提出与此传说相反之确据。否则此传说即不能断其必伪或必无有。亦有骤视若两传说确切相反不能并立，而经一番新的解释与新的组织，而得其新

---

① 钱穆：《国史大纲·引论》，第 3 页。

鲜之意义与地位者。此其五。"①

其五，对革新派史学的批评。

钱穆认为革新派史学起于晚清，"为有志功业急于革新之士所提倡"。他把革新派史学分为三个阶段，第一阶段是"政治革命"时期，"彼辈论史，则曰中国自秦以来二千年，皆专制黑暗政体之历史"，这一阶段实指梁启超倡导的"新史学"时期。第二阶段是"文化革命"，"彼辈论史，则曰中国自秦以来二千年，思想停滞无进步，而一切事态，因亦相随停滞不进"。这一阶段实指胡适等人领导的五四新文化运动时期。第三阶段是"经济革命"，"彼辈论史，则曰中国自秦以来二千年，皆一封建时期也，二千年来之政治，二千年来之学术，莫不与此二千年之社会经济形态，所谓封建时期者相协应"。这一阶段在当时实指马克思主义唯物史观派。钱穆认为，与传统派、科学派治史相比，革新派史学至少有两点值得肯定：一是重视理论，治史有系统，能"成体之全史"。二是治史强调现实关怀，为革新现实服务。所以他认革新派"治史为有意义，能具系统，能努力使史学与当身现实绾合，能求把握全史，能时时注意及于自己民族国家已往文化成绩之评价。故革新派之治史，其言论意见，多能不胫而走，风靡全国。今国人对于国史稍有观感，皆出数十年中此派史学之赐"。②

强调治史应具系统，应经世致用，合之当世，这是钱穆与革新派史学的共识。从这个意义上讲，钱穆与该派在治史的目的和宗旨上是一致的。但是他对该派对中国历史的解释和所得的结论又不能认同。钱穆认为，革新派史学最大的弊病就在于忽视事实而空言理论，他们治史常常"先横梗一理论于胸中"，对于"前代史实，毫不研寻"，以至于"认空论为事实，而转视事实为虚文"。③为此他激烈地批评道：

> 革新派之于史也，急于求知识，而急于问材料。其甚者，对于二三千年

---

① 钱穆：《国史大纲》上册，第4—5页。

② 钱穆：《国史大纲·引论》，第3—4页。

③ 钱穆：《略论治史方法》（二），原载《中央日报·文史副刊》，1936年9月。收入《中国历史研究法》，台北东大图书公司，1988年版，第133页。

来积存之历史材料，亦以革新现实之态度对付之，几若谓此汗牛充栋者，曾无一顾盼之价值矣。因此其于史，既不能如"记诵派"所知之广，亦不能如"考订派"所获之精。彼于史实，往往一无所知。彼之所谓系统，不啻为空中之楼阁。彼治史之意义，转成无意义。彼之把握全史，特把握其胸中所臆测之全史。彼对于国家民族已往文化之评价，特激发于其一时之热情，而非有外在之根据。其绾合历史与现实也，特借历史口号为其宣传改革现实之工具。彼非能真切沉浸于已往之历史知识中，而透露出改革现实之方案。①

钱穆把当时的马克思主义史学也归入革新派史学一类，把马克思主义唯物史观简单理解为经济决定论和阶级斗争论而大加批评。他说："根据西洋最近唯物史观一派之论调，创为第二新史观。其治史，乃以社会经济为躯壳，以阶级斗争为灵魂。"②认为当时的中国马克思主义史学把丰富多彩的历史仅仅看成"上层经济榨取之一种手腕，与下层无产民众之一种反抗"，无非是为政治服务的一种工具，无当国史之真相。

1941年，即《国史大纲》出版的第二年，周予同在《学林》杂志第四期上发表了《五十年来中国新史学》一文，认为七七事变以后，中国史学界已渐有综合各派或批评各派而另形成新史学派的趋势。③事实上，钱穆当时正在做这方面的工作。钱穆在《国史大纲》"引论"中对中国近世史学三派理论的批评，目的即在批评的基础上综合各派之长而为中国现代新史学的发展寻一条路径。他认为当今中国新史学的出路，既不在传统派和科学派，也不在宣传革新派，因为前者治史"细碎相逐"，"泛滥而无归"；后者忽视事实，"空洞而无物"。他在批评各派史学理论主张的基础上，提出了"以记诵考订派之功夫（注重材料的搜集与考订）

---

① 钱穆：《国史大纲·引论》，第4页。

② 钱穆：《略论治史方法》（一），原载《中央日报·文史副刊》，1936年9月。收入《中国历史研究法》，第132页。

③ 周予同：《五十年来中国新史学》，朱维铮编：《周予同经学史论著选集》，上海人民出版社，1983年版，第521页。许冠三在《新史学九十年》中也持有相同的见解，他说抗战后期"史学界趋向协调综合的潜流日益壮大"，"并重与互济之说亦在（一再）获得与日俱增的认可"。岳麓书社，2003年版，第464、485页。

而达宣传革新之目的（强调治史通今致用）"的新史学路向。不管钱穆对科学派、宣传派史学的批评有这样或那样的不足和偏颇，他提出的考据与义理、求真与致用两途并重的治史主张，较之科学派、宣传派史学各走一端无疑要全面些，它的确可为当时中国史学的发展提供某种借鉴和选择。

钱穆的史学理论体系大体形成于 20 世纪 30 年代末，实以《国史大纲》的完成为其标志。如前所述，钱穆在 1930 年代中期以前，治史游离于顾颉刚"疑古派"和傅斯年"重建派"之间，现在随着他自己治史理论的成熟，逐渐超越两派自树旗帜，成为抗战时期文化民族主义史学一派中最重要的代表人物。[①] 诚如严耕望所言："盖自抗战之前，中国史学界以史语所为代表之新考证学派声势最盛，无疑为史学主流；唯物论一派亦有相当吸引力。先生虽以考证文章崭露头角，为学林所重，由小学、中学教员十余年中跻身大学教授之林。但先生民族文化意识特强，在意境与方法论上，日渐强调通识，认为考证问题亦当以通识为依归，故与考证派分道扬镳，隐然成为独树一帜、孤军奋斗的新学派。"[②]

四、文化民族主义史学的发展

《国史大纲》完成后，钱穆学问研究的重心发生了转变，由历史研究完全转向文化研究。钱氏的这一转变，始于他为《思想与时代》杂志撰稿。《思想与时代》杂志 1941 年 8 月 1 日在贵州遵义创刊，由"思想与时代社"发行，是抗战时期宣传文化民族主义思想的一个重要阵地。钱穆为"思想与时代社"的六个基本社员之一，故踊跃为该杂志撰稿。为《思想与时代》杂志撰稿，启发了钱穆对民族文化问题的进一步思考，他这一时期的论文多以文化研究为中心。据统计，钱穆为《思想与时代》月刊撰稿有 42 篇，其中有关文化思想方面的文章多达 27 篇。[③] 以

---

① 参见陈勇：《20 世纪前半期中国史学流派略论》，陈勇主编：《民国史家与史学》，上海大学出版社，2014 年版，第 8—15 页。

② 严耕望：《钱穆宾四先生与我》，台湾商务印书馆，1992 年版，第 88 页。

③ 参见林志宏：《战时中国学界的"文化保守"思潮（1941—1948）——以〈思想与时代〉为中心》，台湾"中央"大学历史研究所硕士论文，1997 年 6 月，未刊稿。

后他把在该杂志发表的有关论述中国文化方面的文章汇成《中国文化史导论》一书，这是继《国史大纲》后钱氏第一部系统阐述他对中国文化看法的著作。

1940 年代钱穆转向文化问题研究后，他对民族、文化、历史三者之间的关系作了进一步思考和论述。1941 年，钱穆在陪都重庆作《中国文化传统之演进》一演讲，这篇演讲词是他后来撰写《中国文化史导论》一书的总提纲。他在演讲词中对文化作了这样的界定："一国家一民族各方面各种样的生活，加进绵延不断的时间演进，历史演进，便成所谓文化。因此，文化也就是此国家民族的生命。如果一个国家民族没有了文化,那就等于没有了生命。"[1] 同年在重庆教育部史地教育委员会作《革命教育与国史教育》的演讲也称，"当知无文化，便无历史；无历史，便无民族；无民族，便无力量；无力量，便无存在"，认为抗战时期民族争存本质上是一种文化争存，所谓民族力量，实质上便是一种文化力量，抗战救国实质上就是"文化救国"。[2] 在《中国文化史导论》中,钱穆指出,民族是文化创造的主体，文化则是民族的生命和灵魂，民族创造出文化，文化又融凝此民族，两者之间是同根同源，"如影随形"。中国文化由中华民族所独创，中国人的民族观念与文化观念密切关联，其民族观不以血统而以文化为其标准。可见在这里，钱穆所论述的民族观念并不是单一的血统观念，而是与文化观念互为打通的融通宽大的概念。关于文化与历史的关系，钱穆极力强调二者异名同质的关系。他说："文化即是人生，历史乃人生之记载。故可说，文化即历史，历史即文化。文化不同，历史亦不同；文化变，历史亦随而变；文化堕落，历史亦中断。"[3] 所以文化与历史，实际上是"一而二""二而一"的关系。40 年代钱穆转向文化研究，自觉以阐扬中国历史文化的基本价值为己任，标志着他的文化民族主义思想逐步走向成熟。

抗战胜利后，钱穆受到史学主流派巨子的排挤而退居边缘，北大复员北平时，他不在邀请之列，此后辗转于昆明、无锡之间。1949 年，在大陆政权即将易手之际，不认同新政权的钱穆选择了离开大陆。他与一批具有强烈忧患意识和文化担

---

① 钱穆：《中国文化传统之演进》，《国史新论》，生活·读书·新知三联书店，2001 年版，第 346 页。

② 钱穆：《革命教育与国史教育》，《文化与教育》，第 119 页。

③ 钱穆：《中国文化传统中之史学》，《中国学术通义》，台湾学生书局，1976 年版，第 133 页。

当意识的"流亡知识分子",在香港这块"近百年来既属中国而又不算中国的土地"上兴学,在"手空空,无一物"的艰难条件下白手起家,创办新亚书院,以此作为保存、传播和复兴中国文化的基地,继续为弘扬中国文化尽力。经过钱穆这一批南来学者的不懈努力,向为商业社会、文化空气淡薄而被人们视为"文化沙漠"的香港,最终变成了一个弘扬儒学、传承中国文化的重镇,新亚书院也成了港台新儒家的大本营和发源地。从1949年南走香港,到1965年正式辞职新亚,这一时期是钱穆一生中最忙碌的办学时期,也是他一生中最为艰苦、最著精神,在个人生命历程中最显光彩的一段岁月。他这一时期的文化民族主义思想在其《中国历史精神》一书中得到最为集中的体现。

《中国历史精神》是钱穆居港时期阐述他文化民族主义思想的一部重要著作,1952年由印尼雅加达《天声日报》社印行出版。他在书中说:

> 一个国家和一个民族,他们的一部历史,可以活上几千年,这是文化的生命,历史的生命。我们该了解,民族、文化、历史,这三个名词,却是同一个实质。民族并不是自然存在的,自然只能生育有人类,不能生育有民族。中国人必然得在其心灵上,精神上,真切感觉到我是一个中国人。这一观念,由于中国民族的历史文化所陶冶而成,却不是自然产生的。所以民族精神,乃是自然人和文化意识融合而始有的一种精神,这始是文化精神,也即是历史精神。只有中国历史文化的精神,才能孕育出世界上最悠久最伟大的中国民族来。若这一个民族的文化消灭了,这个民族便不可能再存在。……我们可以说,没有一个有文化的民族会没有历史的,也没有一个有历史的民族会没有文化的。同时,也没有一段有文化的历史而不是由一个民族所产生的。因此,没有历史,即证其没有文化;没有文化,也不可能有历史。因为历史与文化就是一个民族精神的表现。所以没有历史,没有文化,也不可能有民族之成立与存在。如是,我们可以说:研究历史,就是研究此历史背后的民族精神和文化精神的。我们要把握这民族的生命,要把握这文化的生命,就

得要在它的历史上去下工夫。①

　　如上这段话是钱穆对他文化民族主义思想的精辟概括，也是他文化民族主义思想的集中体现。他所说的民族是文化的民族，文化是民族的文化，历史则是民族和文化的历史。民族、文化、历史三个名词虽异，而内容实则为一。②在这里，钱穆把历史文化与民族精神视为一个时代的元气和灵魂，他希望用历史文化和民族精神来为民族文化的生命培植元气，为中国文化的复兴指明一条路径。他说："历史文化与民族意识、民族精神，是我们这一代的元气，是我们这一代的生命，是我们这一代的灵魂。我们必得有元气，有生命，有灵魂，始得解决我们当前的一切问题。……我们要根据历史文化与民族精神来打开当前一条出路，来寻求我们此后的新生。"③

　　居港时期，钱穆著述累累，除《中国历史精神》外，尚有《文化学大义》《中国思想史》《国史新论》《宋明理学概述》《民族与文化》《学籥》等20多部著作。1967年，钱穆定居台湾，受聘台北中国文化学院（即后来的"中国文化大学"），在素书楼中为学生讲课，继续着为中国历史文化招魂的事业。这一时期的著作除写有一百万言的皇皇巨著《朱子新学案》外，尚有《中国史学名著》《史学导言》《中国学术通义》《中国史学发微》《中国文化丛谈》《文化与生活》《中国文化精神》《世界局势与中国文化》《从中国历史来看中国民族性及中国文化》《历史与文化论丛》《晚学盲言》等数十种。居港台时期，钱穆的著述始终围绕着阐释中国历史文化精神和复兴中华文化、重建儒学传统而展开，而"有关历史方面的文字，则一皆以文化为中心"。④

　　钱穆晚年对其一生著述曾作过总结。他说："我一辈子写书、写文章，大体内容，主要不外乎三项原则：一是文化传统；二是国民性，亦即民族性；三是历史

　　①　钱穆：《中国历史精神》，台北东大图书公司，1981年版，第6—7页。
　　②　参见罗义俊《钱穆学案》"历史是民族、文化、历史三者一体的大生命"一节的叙述。收入方克立、李锦全主编：《现代新儒家学案》（中），中国社会科学出版社，1995年版，第439—440页。
　　③　钱穆：《中国文化丛谈》，台北三民书局，1969年版，第174页。
　　④　钱穆：《八十忆双亲·师友杂忆》，第363页。

实证。中国的文化传统，中国的民族性，可以拿中国历史来看，历史就是一最好证明。"① 可见，钱穆一生学贯四部，著述达千万言以上，但是他研究学问的最后归旨则落在文化问题上，他学问的宗主和人生的终极关怀是关心中国历史文化的传承，也就是在西方文化的强烈震荡、冲击下，中国传统文化究竟何去何从的问题。所以，他毫不掩饰他一生传道授业，目的就是要为中国文化招魂，为中国文化招义勇兵。

近代以来，在西方文化的震荡、冲击下，国人出现了认同危机，包括民族认同和文化认同在内。在社会巨变的时代中，人们急于想知道：我是谁？属于何处？将走向何处？钱穆正是处在这样一个认同危机十分严重的时代中。如何在向西方学习的同时又保留民族自身传统特征，利用传统文化资源保护民族根基和元气，这是他毕生都在为之思索的大问题。钱穆对近现代中国产生的"文化迷失"深感痛心，认为除了挺身维护中国传统文化的价值，无以挽狂澜于既倒。所以，他一生都在为中国文化而战，为守卫中国文化而战，对中华民族得以自立的文化生命和精神元气大加阐扬和维护，始终对中国文化传统的内在生命力抱有坚定的信心。瑞典学者马悦然说："钱穆在本世纪（指 20 世纪——引者）的中国史学家之中是最具有中国情怀的一位，他对中国的光辉的过去怀有极大的敬意，同时也对中国的光辉的未来抱有极大的信心。在钱穆看来，只有做到以下两件事才能保证中国的未来：即中国人不但具有民族认同的胸襟，并且具有为之奋斗的意愿。"② 余英时说他老师一生中的工作，是在追求中国文化的认同，并为后人提供许多传统文化内部资源，以供国人选择。他甚至用"一生为故国招魂"来诠释其师的精神志业，可谓一语中的。

五、结语：钱穆在 20 世纪中国史学的定位

在 20 世纪的中国史学中，钱穆的史学既与民国时期主流派史学科学派互异，

① 钱穆：《丙寅新春看时局》（上），台湾《联合报》，1986 年 3 月 10 日。
② 转引自余英时：《钱穆与中国文化·自序》，上海远东出版社，1994 年版，第 2 页。

也与 20 世纪后半期居于主导地位的马克思主义史学不同，他在科学派和唯物史观派之外别树旗帜，是 20 世纪文化民族主义史学一派的代表人物。

钱穆的文化民族主义思想，发轫于 1930 年代中期，形成于 30 年代末，以《国史大纲》的完成为其标志。30 年代中期以来，以考据起家的钱穆最终转向对考据学风的批评，是因为他认识到一味埋首考据，不利于民族精神的张扬，所以他站在民族文化的立场上对考据派作不遗余力的批评，这是他文化民族主义思想产生的内在动因；基于民族危机的刺激而产生的救亡意识是他文化民族主义思想产生的现实动因。在国难方殷的抗战时期，当失败主义气氛一度弥漫，国人迫切需要从民族的历史记忆中找回自尊和自信之时，《国史大纲》所阐发的文化民族主义思想在当时激发民族意识和唤醒国魂方面，的确起到了十分重要的作用。诚如牟润孙在评论《国史大纲》时所言："钱氏此书中爱国家、爱民族思想洋溢满纸，于世之持自卑自贱之论者，痛加针砭，立论极足使人感动。……读钱氏之书，当使懦夫有立志，病夫有生气，热血沸腾，奋然而思有所以自存矣。此为读史之大用，亦即史学家所贡献于世者也。《国史大纲》所可贵者在此，苟徒以字句考据求之，如买椟之还珠，非所以知钱氏也。"[①]《国史大纲》完成后，钱穆学问研究的重心发生了转变，由历史研究转向文化研究，为中国文化招魂续命遂成为他一生的志业所在。

---

① 牟润孙：《记所见之二十五年来史学著作》，收入杜维运、黄进兴编：《中国史学史论文选集》第二册，台湾华世出版社，1976 年版，第 1122—1123 页。

38　钱穆与 20 世纪中国史学

论钱穆的历史思想与史学思想

钱穆是中国现代著名历史学家,他的学生严耕望把他与陈寅恪、陈垣、吕思勉并称为中国现代史学四大家。钱穆之所以能在中国现代史学中独树一帜,主要在于他有自己的一套对中国历史的解释体系和史学思想。本文拟就他的历史思想和史学思想作一些初步探讨。

一、历史的过去与未来交织于现在的历史时间观

钱穆对历史时间的看法主要见于他 1943 年 1 月发表的《中国今日所需要之新史学与新史学家——敬悼故友张荫麟先生》一文中。① 此外,在他的著作《中国历史精神》第一讲《史学精神与史学方法》,《史学导言》第三讲《历史上之时间与事件》中也有叙述。钱穆指出:"历史乃一时间性的学问。"但他同时又指出,历史上的时间概念与心理、物理上所言的时间在内涵上有着质的区别。心理、物理上的时间以瞬息变化为特征,"如循钟上针尖,一分一秒历历移转",刻刻消失。而历史时间则具有持续性、绵延性,它在持续变动发展中有着一种凝然常在的特殊性,因此唯有在时间的持续变动中,才能真正理解历史时间所具有的内涵和特性。所以他说:"历史所载人事,虽若限于过去,而按实殊不然。人事必有持续

---

① 钱穆:《中国今日所需要之新史学与新史学家——本文敬悼故友张荫麟先生》,《思想与时代》(月刊)第 18 期,1943 年 1 月。收入蒋大椿主编:《史学探渊——中国近代史学理论文编》,吉林教育出版社,1991 年版,第 1046—1054 页。

性……既有持续，即有变动。当其尚在持续变动之中，即不得遽目之谓过去。且人事惟其有持续，故方其端绪初升，即有必然之将来随以俱至。严格言之，亦不得尽目今日以下者为未来。"①

在钱穆看来，心理、物理上所说的时间，"只有过去未来，别无现在"，历史时间所言的过去与未来则交织于现在，而现在又具有稳定性，它不以瞬息变化为标志。他说："人事之现在性，绝非如普遍所想，过去者已过去，未来者尚未来，而现在则在刹那刹那之间刻刻转换，刻刻消失。……事理上之现在必有宽度，其事愈大，持续性愈久，变动性愈多，其现在之宽度亦愈广。"② 显然在这里，钱穆把历史视为一个上含过去、下含未来的"大现在"，肯定了过去与未来共同凝成"一个有宽度之现在"的现在时间观。从现在的时间观着眼去观察过去与未来，则"历史上之过去非过去，而历史上之未来非未来，历史学者当凝合过去未来为一大现在"。③ 所以他说历史上的"过去与未来相互拥抱，相互渗透，而其机括则操之于现在"。④ 研究历史，"实即研究此一活跃现在之事件"，"必领略此意，乃始于历史研究得有神悟，得有妙契"。

历史具有时间性，它本身就是一个持续不断的发展变动过程。由于历史时间"自有其起迄"，由此而形成一历史事件。钱穆认为凡为一事件者，"莫不有其相当之持续性"。这些事件不仅能由过去持续到现在，而且还能穿透现在而持续到将来。因此考察历史事件，绝不能孤立地、静止地去作观察，而应当把它放到一定的历史环境中去作具体的动态的分析和把握，既要弄清楚已经逝去的历史事实的存在状态，又要展现这一事件对现在及其未来所发生的作用和影响。所以研究历史事件，应前瞻后顾，左顾右盼，即钱氏所谓"研究此一事件者，势必回瞻数百年之前，远眺数百年之后，乃克胜任"。⑤

基于历史事件能"由过去穿透现在而达将来"的理解，钱穆把人类社会的历

---

① 钱穆：《中国今日所需要之新史学与新史学家》，《思想与时代》第18期。
② 钱穆：《中国今日所需要之新史学与新史学家》，《思想与时代》第18期。
③ 钱穆：《中国今日所需要之新史学与新史学家》，《思想与时代》第18期。
④ 钱穆：《中国今日所需要之新史学与新史学家》，《思想与时代》第18期。
⑤ 钱穆：《中国今日所需要之新史学与新史学家》，《思想与时代》第18期。

史视为一个"生生不息"的发展过程,认为这一过程包含了过去、现在、未来三个方面。从本质上说,过去、现在、未来就是一个一脉相承、绵延不断的整体,因此对历史的总体考察,决不能仅仅只限于过去之人事,而应从过去、现在而延伸到将来。由此眼光去考察历史,历史便是活的历史,乃为"一大事业""一大生命"之存在。他说:"人文科学上的时间,是有一个生命在里面,从过去穿过现在而径向将来,一以贯之的。"①据此,钱穆提出了"史有生命"的主张。他说历史"有持续,亦有变动,而自有其起讫,而成为一事业,或为一生命。历史正为一大事业,一大生命"。②由此去看待历史,历史绝不是一堆僵死的遗骸,而是过去生命的延续。钱穆举人之身体为例言道:

> (历史)即如人之一身体,若呼吸,若血液循环,若消化排泄,若细胞新陈代谢,苟不从其人全体生命综合融通看之,亦莫非刹那刹那各自起灭,各自寂尽。然就生命全体看,则起灭中有生命贯注,寂尽中有生机常在。读史当悟此意,否则秦皇、汉帝、唐宗、明祖,何一非归灭尽?然此亦如一呼吸一循环,就民族生命全程观之,此乃生生不息中一过程,此过程尚活跃现在,岂得谓是过去之陈迹。③

所以他强调治史,不能"只限于人事之以往",如果"过去不能包孕未来,不能控制未来,则此过去便成死绝,便成寂灭,亦便与历史无关"。④据此,钱穆提出了历史可以创造、可以改定,而"决非命定"的观点。他说:"若就本乎事为之时间言之,则现在有无限量之宽度,吾侪正可在此无限量宽度之现在中不断努力,以把握将来而改变过去,以完成其理想与完美之现在。……故凡历史上之事变,扼要言之,乃尽属一种改变过去与改变将来之事业也。若不能改变过去,复不能改变将来,则人类历史将永远如水之流,如花之放,成一自然景象,复何历

---

① 钱穆:《中国历史精神》,第5页。
② 钱穆:《中国今日所需要之新史学与新史学家》,《思想与时代》第18期。
③ 钱穆:《中国今日所需要之新史学与新史学家》,《思想与时代》第18期。
④ 钱穆:《中国今日所需要之新史学与新史学家》,《思想与时代》第18期。

史可言？"① 故"谓过去为一成不变者误矣,而谓将来乃茫茫无把捉者则亦误。当知将来可以改定过去,而过去亦可以控制将来"。② 可见,钱穆从历史时间的持续变动着眼,把历史的过去与现在、将来联系起来考察的治史眼光,较之只把历史当成人类过去之陈迹,无疑要合理得多,更能反映历史的本质属性。

二、以学术思想为核心的文化史观

如前所述,钱穆提出了史有生命的主张。但是他又指出这种生命,不是自然的生命、物质的生命,而是历史的生命、精神的生命。这即是说,他之所以把史学视为"生命之学",就是因为历史在持续绵延的演进中有一股活的精神和力量。正是由于有了这股活的精神力量,才能形成历史;而历史也正是依循这一精神的辩证法则而前进。在钱穆看来,这种精神、力量不是别的,它就是民族的历史精神和文化精神。

钱穆认为,经过长期历史积淀而形成的历史精神是一种影响和推动社会前进的决定性力量,而文化精神则为历史精神最本质的内容所在,历史精神也正是通过民族的文化精神体现出来的,所以钱穆又极力强调历史与文化异名同质的同一性。他说:"欲治一民族一国家之文化,主要即在其历史。昧忽其历史实迹,则一切皆落于虚谈。"③ 研究历史,"所最应注意者,乃为在此历史背后所蕴藏而完成之文化,历史乃其外表,文化则是其内容"。④ 显然,在钱穆看来,文化就是全部历史的整体,历史便是文化精神的展开和演进,文化的真正意义,无非就是在历史的整体内来寻求历史的大进程。所以他把历史视作一个连续不断的发展演进过程,历史在不断变动向前,"其中宛然有一种进程,自其推动向前而言,是谓其民族之精神,为其民族生命之泉源。自其到达前程而言,是谓其民族之文化,为其民

① 钱穆:《中国今日所需要之新史学与新史学家》,《思想与时代》第18期。
② 钱穆:《中国今日所需要之新史学与新史学家》,《思想与时代》第18期。
③ 钱穆:《中国学术通义·序》,台湾学生书局,1975年版,第6页。
④ 钱穆:《中国历史研究法·序》,第1页。

族文化发展所积累之成绩"。^①从钱穆的论述中不难看出，体现民族精神的历史文化，乃是一个民族生存发展的命脉所载、精神所寄，因此从本质上说，历史就是民族文化精神的演化发展过程，历史学的根本任务就在于研究民族文化精神及其具体表现形式的发展历程。显然，在钱穆的治史理论中，民族的文化精神就是历史学研究的主体和核心，"研究历史，就是研究此历史背后的民族精神和文化精神"。^②换言之，历史研究的对象与其说是客观存在的历史事实，毋宁说是在研究和追寻历史事实背后的思想和精神。

在20世纪三四十年代的中国学术界，钱穆是较早提出中国历史文化精神的学者之一。在30年代他就明确提出了这一概念，在《国史大纲》中他对这一概念的内涵又作了进一步的说明。钱穆认为中国文化融涵在丰富多彩的中国历史中，中国历史的真相即是中国文化精神的演进，因此应用历史考察的方法来研究中国文化。他说中国文化问题，实非仅属一哲学问题，而应为一历史问题。"中国文化，表现在中国以往全部历史过程中，除却历史，无从谈文化。我们应从全部历史之客观方面来指陈中国文化之真相。"^③由此他指出，"治国史之第一任务，在能于国家民族之内部自身，求得其独特精神之所在"^④，中国新史学家之责任，"首在能指出中国历史以往之动态，即其民族文化精神之表现"^⑤。显然，钱穆所提倡的国史研究就是要用"历史实证"的方法，从政治、经济、社会风俗、文学艺术、宗教道德等各方面去具体探究中国文化演进的途辙和价值，以积极求出国家民族永久生命之泉源为全部历史所推动之精神所寄。所以，他十分重视把民族文化的研讨融于中国历史的研究之中，把对民族文化的温情和敬意，对中国文化永久生命力的阐扬，全部贯穿在具体的历史研究和叙述中，这样钱穆的历史学自然而然

---

① 钱穆：《国史大纲·引论》，第10页。
② 钱穆：《中国历史精神》，第7页。
③ 钱穆：《中国文化史导论》（修订本）"弁言"，商务印书馆，1994年版，第6页。
④ 钱穆：《国史大纲·引论》，第9页。
⑤ 钱穆：《论近代中国新史学之创造》，《中央日报·文史副刊》第10期，1937年1月17日，署名"未学斋主"。

地便转化成了历史文化学。^①

基于历史是文化的展开和演进的理解，钱穆得出了一部历史就是一部文化史的结论。因此，他极力主张以文化学术为中心来考察和分析历史问题，大力凸现学术思想在历史发展变迁中的决定作用。这里我们以钱穆研究中国传统政治为例，对之作一些分析。钱穆认为自秦汉以来，中国的政治社会就朝着一个合理的方向演进，其根本原因即在于传统政治受到了学术思想的指导和制约。他说中国传统的"政治组织，乃受一种相应于中国之天然地理环境的学术思想之指导，而早走上和平的大一统之境界"。^②为此，他具体分析了学术思想在传统政治制度发展变迁中的决定作用。"大体言之，秦代政治的后面，实有一个高远的理想"，此项理想，则"渊源于战国之学术"。^③汉武帝罢黜百家，表彰六经，"博士弟子，遂为入仕惟一正途。……自此以往，学术地位，常超然于政治势力之外，而享有其自由，亦复常尽其指导政治之责任"。^④故秦汉统一，"乃晚周先秦平民学术思想盛兴后，伸展于现实所应有之现象"。^⑤在分析魏晋世运兴衰时说："西汉初年，由黄老清净变而为申韩刑法，再由申韩刑法变而为经学儒术。一步踏实一步，亦是一步积极一步。现在（指魏晋时期）是从儒术转而为法家，再由法家转而为道家，正是一番倒卷，思想逐步狭窄，逐步消沉，恰与世运升降成正比。在此时期，似乎找不出光明来，长期的分崩祸乱，终于不可避免。"^⑥而中国经过魏晋南北朝400余年的长期战乱，"其背后尚有活力，还是有一个精神的力量（即是一种意识，或说是一个理性的指导），依然使中国史再走上光明的路"^⑦，形成了隋唐大一统的

---

① 当代学者罗义俊认为，钱穆的史学"不是纯知识意义的，而内具文化意义，为历史文化学"。参见罗义俊：《钱穆学案》，收入方克立、李锦全主编：《现代新儒家学案》（中），中国社会科学出版社，1995年，第445页。刘梦溪在衡论中国现代史学人物时称："文化史学的集大成者是钱宾四（穆）先生。"这一观察是独具慧眼的。参见刘梦溪：《中国现代史学人物一瞥》，《学术思想与人物》，河北教育出版社，2004年版，第170页。

② 钱穆：《国史大纲·引论》，第17页。

③ 钱穆：《国史大纲》上册，第85页。

④ 钱穆：《国史大纲·引论》，第15页。

⑤ 钱穆：《国史大纲·引论》，第16页。

⑥ 钱穆：《国史大纲》上册，第161—162页。

⑦ 钱穆：《国史大纲》上册，第277页。钱穆在"引论"中也指出："隋唐统一盛运，仍袭北朝汉化之复兴而起，如此言之，则渊源于晚周先秦，递衍至秦汉、隋唐此一派相沿之学术思想。"

盛世局面。

显然，在钱穆眼中，中国历史是一个合理化的过程，是不断在迈向一种理想的境地，其根本原因即在于"此种政治、社会各方面合理的进展，后面显然有一个合理的观念或理想为之指导。这种合理的观念与理想，即是民族历史之光明性，即是民族文化推进的原动力"。① 换言之，"一项制度之创建，必先有创建该项制度之意识和精神"；"一个制度的推行，必有与其相副的一种精神与意识"。② 中国传统政治制度后面，"自有一种理性精神为之指导"。③ 中国历史正是这种可大可久的"理性精神"的产物。在分析中国传统政治自秦汉以来不断迈向理想的境界时，钱穆用了"精神的力量""一种精神与意识""一个高远的理想""合理的观念""一种理性""理性精神"等概念，但仔细分析不难看出，这些概念所要表达的内涵与学术思想的内容并无二致，它们都是在从不同角度、不同侧面强调学术思想可以决定历史上的政治制度和发展阶段的变迁。④ 这即是说，学术思想才是中国传统政治一步一步走向理想境界的原动力。在分析民族的凝成、国家的创建时，钱穆也极为强调文化学术在其形成过程中的决定作用。他说："民族之抟成，国家之创建，胥皆文化演进中之一阶程也。故民族与国家者，皆人类文化之产物也。"⑤ 他把太平天国失败的主要原因也归咎于太平军的领导人"没有注意到民族文化传统势力之重要，只图激起革命，甚至对于传统文化加以过分的蔑弃"。⑥ 可见，在钱穆的历史著作中，处处都渗透着这种以学术思想为核心的文化史观。

钱穆以文化学术思想为历史研究的主体和核心，但这并不意味着他丝毫不重视政治制度和社会经济等其他方面的内容。他曾指出："当知政治事迹非所不当详，

---

① 钱穆：《国史大纲》（上册），第293页。
② 钱穆：《国史大纲》（上册），第294、298页。
③ 钱穆：《国史大纲·引论》，第13页。
④ 翟宗沛读完《国史大纲》后向其师缪凤林写信请教说："我因不能确切的把握着作者说'精神''意义'及'理性'等辞的意义，曾向缪师请教，并征询他的意见。缪师给我的回信说，作者所用诸哲学名辞，其义实与学术思想略同。"参见氏著：《评钱穆先生〈国史大纲〉》一文，《文史杂志》第2卷第4期，1942年。
⑤ 钱穆：《国史大纲·引论》，第27页。
⑥ 钱穆：《国史大纲》（下册），第618页。

然当详于整个时代民族之盛衰起落，不得以一朝一姓之盛衰兴亡为观点。"①钱穆也不忽视社会经济的研究，也能在一定程度上运用经济关系去说明和解释历史现象。他说："经济情形未尝非历史事项中极重要之一端"，"若一时代特异之状态在经济，则此项经济状态即为该一时代之特征"。②基于这一认识，他在《国史大纲》第19—20章"变相的封建势力下之社会经济"中叙述魏晋六朝则专门着眼于社会经济。在第38—40章"南北经济文化之转移"中，他专列3章叙述从中唐到明代几百年间南北经济的变迁状况，力图联系经济因素去说明和解释南北经济文化发展变化的原因。1944年，马克思主义学者王亚南读到钱穆在《中国青年》月刊上发表的《中国文化传统之演进》一文时，就敏锐地观察出钱氏此文论及东西文化的异同，及中国文化的发达、衰落及将来展望的时候，总喜欢或者总想从社会经济演变情形上去找寻证据。王氏称钱穆是一位史学家，且是一位正统的历史学家，他的文化理论采取历史的观点是当然的，但"他同时还采取经济的文化观察的方法，在我们看来，仿佛有些意外"。③

当然，这里我们应当指出的是，尽管钱穆也承认社会经济为历史之重要内容，但是由于历史观的限制，使他在研究社会经济时又表现出了某种偏见和失误。他说："经济情形未尝非历史事项中极重要之一端，然若某一民族之历史，其各时代之变动不在经济而别有所在，则治此民族之历史者，自不得专据经济一项为唯一之着眼点。"④钱穆的这一看法无疑是正确的，但是他研究中国经济史所得出的结论却又不免失之偏颇。他说："我觉得中国史之进步，似乎不重在社会经济方面而重在其政治制度方面。若论经济状态，中国社会似乎大体上停滞在农业自给的情况之下，由秦汉直到最近，二千多年，只有一治一乱，治则家给人足，乱则民穷财尽，老走一循环的路子，看不出中国史在此方面有几多绝可注意之变动与进

① 钱穆：《评夏曾佑〈中国古代史〉》，《大公报·图书副刊》第20期，1934年3月31日，署名"公沙"。
② 钱穆：《论近代中国新史学之创造》，《中央日报·文史副刊》第10期，1937年1月17日。
③ 参见王亚南：《再论东西文化与东西经济——评钱穆先生的东西文化观》（写于1941年），原载《社会科学新论》，中国经济科学出版社，1946年。收入蔡尚思主编：《中国现代思想史资料简编》第四卷，浙江人民出版社，1983年版，第537页。
④ 钱穆：《论近代中国新史学之创造》，《中央日报·文史副刊》第10期，1937年1月17日。

步。"① 由于钱穆始终坚持学术思想为历史"最中层之干柱",它决定着"上层之结顶"的政治制度,远比"下层之基础"的社会经济重要,因而他历史著述的主要内容,大多是以学术思想为核心的上层建筑。这种以学术文化为中心的文化史观,在钱穆的著作中表现尤为明显和突出。

社会历史观是历史学家对人类社会历史的总体看法,是他们从事历史认识活动的指导思想。毫无疑问,历史学家都是在一定的历史观指导下从事历史研究的,不同的历史观会导致他们对社会历史作出种种截然不同的判断和评价。由于钱穆用文化史观去考察历史问题,仅仅从文化观念、文化本身去揭示历史发展变迁的原因,就必然会回避对那些文化观念本身产生的原因的分析,必然会回避对引起文化学术思想变迁最根本的社会经济原因的忽视。所以,在钱穆的治史理论中,不是社会存在决定社会意识,相反是社会存在依赖社会意识,因此一切问题都应当到社会意识中,特别是到文化学术思想中去寻找解决问题的答案,而不是相反,必须到社会经济、政治结构中去寻找文化学术的存在根据。可见,钱穆在否定物质资料的生产方式对文化学术的决定作用的基础上,孤立地用观念形态中的精神因素,即用所谓的永恒的文化精神去解释社会历史的发展,从而也就无法看到社会历史发展演进的规律。

实事求是地说,钱穆也曾对历史学研究的对象作过比较全面的解释。他说:"我民族国家以往全部之活动,是为历史",而有生命的历史(即"历史精神")则能由过去穿透现在直达将来②,故历史学应"以国家民族大群集体长时期上下古今直及将来,为其学问之对象"③。无疑,钱氏的这一看法是合理的,它突破了传统史学偏重于政治史的格局,把历史研究的范围扩大到了人类过去的全部活动,表明他具有比传统史家更为广阔的历史视野。可惜钱穆这一主张在他的理论体系

---

① 钱穆:《如何研究中国史》,原载师大《历史教育》季刊第 1 期(1937 年 2 月),收入蒋大椿主编:《史学探渊——中国近代史学理论文编》,第 803 页。

② 钱穆曾说:"要能过去透达到现在,才始是有生命的过去。要能现在透达到将来,才算是有生命的现在。这才可说它有历史的精神。有了精神,才能形成历史。如果过去的真过去了,不能透达到现在,这是无生命的过去,就没有历史意义,没有历史价值了。"参见《中国历史精神》,第 5—6 页。

③ 钱穆:《史学导言》,收入《中国史学发微》,台北东大图书公司,1989 年版,第 63 页。

中所占的比例并不大，特别是在他一系列具体的历史研究和解释中，由于过分强调历史便是文化的展开和演进，而他所理解的文化在很大程度上又主要是指学术思想等精神理念层面的东西，加之他用文化史观来考察和分析历史，单纯把文化学术视为决定国家盛衰、民族兴亡、推动人类历史发展的决定力量，这势必导致他对社会经济结构和其他方面研究的忽视。他构筑的历史图像不免带有某些浪漫化的理想色彩，因而也就不能真正正确地揭示和反映历史发展的内容和规律。

三、治史首贵识变的历史渐变论

历史是一个持续不断的发展变化过程，它常在变动中发展、进步。基于这一理解，钱穆也极为重视历史之变对于历史的阶段性划分和研究的作用。钱氏认为这一时期的历史与前一时期不同，其前后之相异处即为"变"。"所谓变者，即某种事态在前一时期未有，而在后一时期中突然出现"[1]，而"变"恰恰正是历史时代划分的标志，据此钱穆提出了"无变不成历史,治史学者首贵识有变"[2]的观点，主张历史学家应把各个时期的历史变动放到整个历史发展的全程中去分析衡估，从其变动相异处来寻找历史发展的大趋势和大进程。他说：

> 凡某一时代之状态，有与其先后时代突然不同者，此即所由划分一时代之特性。从两状态之相异，即两个特性之衔接，而划分为两时代。从两时代之划分，而看出历史之变。从变之倾向，而看出其整个文化之动态。从其动态之畅遂与夭阏，而衡论其文化之为进退。[3]

据此，钱穆指出，在进行具体的历史研究和叙述时，不能呆板地、机械地作形式主义图解，而应依据历史实情，抓住各个时期历史现象的不同变化作有阶段

---

① 钱穆:《国史大纲·引论》,第10页。
② 钱穆:《历史与时代》(1950年),收入《历史与文化论丛》,台北东大图书公司,1979年版,第290页。
③ 钱穆:《国史大纲·引论》,第9—10页。

的重点研究，"若某一时代之变动在学术思想（例如战国先秦），我即着眼于当时之学术思想而看其如何为变。若某一时代之变动在政治制度（例如秦汉），我即着眼于当时之政治制度而看其如何为变。若某一时代之变动在社会经济（例如三国魏晋），我即着眼于当时之社会经济而看其如何为变。变之所在，即历史精神之所在，亦即民族文化评价之所系"。① 故研究中国史，"必从识得中国史之变动何在"，唯有"通览全史而觅取其动态"，方能称得上"客观合科学的新史家"。

由于钱穆把历史看作一个动态演进的发展过程，因而他主张用连续和发展的眼光去看待和研究历史，力图从历史的变化发展中去探索历史事件、人物思想演变的发展脉络和变迁轨迹，而不是把历史人物、事件当作一个个孤立的静止的东西去加以研究和分析。因此，与传统的治史理论方法相比，钱穆的这一主张又显示了他自己的特色。传统的治史方法大多侧重于对史料的整理和考证，以求弄清一个一个历史事实的真实，钱穆却力图把传统史家从事考据所揭示的个别事实的真实构成一个前后连贯、有因有果的时间序列，力求从时间上把历史综合为一个发展的整体，着眼于从历史发展的连续性、统一性上去考察和分析问题。因此在他的研究中，不再把过多的时间和精力限定在历史上一件一件的事上，而是更多地关注某一事件的发生与否以及它与其他事件的相互关系如何。

同时，这种从历史发展的连续性上着眼去考察和分析问题的方法，也无不贯穿在他一系列的史学研究实践中。钱穆在《先秦诸子系年·自序》中论前人治诸子的一大缺失是各治一家，未能通贯，治墨者不能通于孟，治孟者不能通于荀，称自己的著作，"上溯孔子生年，下逮李斯卒岁。前后二百年，排比联络，一以贯之。如常山之蛇，击其首则尾应，击其尾则首应，击其中则首尾皆应。以诸子之年证成一子，一子有错，诸子皆摇"。② 可见，他早年治诸子学将诸子视为一个整体，通贯排比，使其首尾相联，互相证明，即他所谓"以诸子之年证成一子"，故"用力较勤，所得较实"。他在《国史大纲》中研究中国古代的田制赋税，就是把魏晋的屯田，西晋的占田、课田、户调，北魏的均田，到唐初的租庸调，再

---

① 钱穆：《国史大纲·引论》，第 10 页。
② 钱穆：《先秦诸子系年·自序》，第 1 页。

到中唐的两税法综合为一个发展的整体去加以分析把握，用联系发展的眼光去考察和解释中国古代田制赋税演变的历史变化脉络的。又如，研究南北经济文化的发展变迁，他把自唐中叶以来直到明代几百年间中国经济文化的发展变迁状况放到整个中国古代历史发展的全过程去加以论衡，从连续性着眼去阐释其前后变化的情况。再如，研究中国古代政治制度，他把由西周封建到秦汉统一，由军人政府到士人政府，由士族门第到科举竞选视为中国古代政治制度的三大进步和转折，从历史的变动演进着眼去探索古代政治制度变化发展的轨迹。而他把人类社会的历史看成一个包含过去、现在和未来的统一体，强调考察历史的眼光应从过去、现在而延至将来，实际上也是基于历史的连续性、统一性而得出的结论。所有这一切，无不透显了钱氏治史的发展眼光。

虽然钱穆承认历史是一个持续不断发展变化的过程，但是他却主张历史的渐变，反对历史发展的飞跃和突变，这必然会导致他对历史上激烈的阶级斗争的忽视和对中国历史上大规模的农民起义和农民革命的否定。他说："中国史上，亦有大规模从社会下层掀起的斗争，不幸此等常为纷乱牺牲，而非有意义的划界限之进步……如汉末黄巾，乃至黄巢、张献忠、李自成，全是混乱破坏，只见倒退，无上进。"① 他把太平天国革命称为"洪杨之乱"，认为"洪杨十余年扰乱，除与国家社会以莫大之创伤外"，无丝毫进步可言。钱穆认为中国史的变动隐而在内，常趋向于团结与融合，故国史"常于和平中得进展，而于变乱中见倒退"。钱穆否定自秦汉以来两千年的中国是封建社会，认为传统社会是由士农工商组成的"四民社会"，在这个社会里没有明显的阶级对抗和贫富之别，整个社会是和谐的、流动的。显然，钱穆主张历史的渐变而反对历史的质变、突变，主张点滴进化和保守的改革而反对激进的革命和斗争，忽视了中国历史上残酷的阶级压迫和激烈的阶级斗争这一事实。同时，钱穆虽然主张历史的发展变化，然而在追求历史发展变化的原因时，他至多只考察了人们活动的思想动机，忽视了引起社会发展变化最根本的社会经济原因和阶级原因。

这里我们还有必要对钱穆"无变不成历史"的主张与中国近代资产阶级进化

---

① 钱穆：《国史大纲·引论》，第11页。

论思想作一些比较分析。进化史观是中国近代资产阶级史学派反对封建史学的主要思想武器。从表面上看,钱穆的确有反对进化史观的言论,但是我们若把钱氏反对进化论的言论置放到五四以后中国现代学术思想发展的大背景下去加以考察分析,我们不难发现他本质上并不反对进化论思想,他所反对的仅仅是"尽废故常"的西化论者所鼓吹的中西文化乃"古今之异"的主张。五四以来的全盘西化论者在比较中西文化时,主张文化"无分中外,惟古别今",认为现在的中国只相当于西方的中古时期,若能再进化前进一步,即赶上了现代的西方。钱穆对"一切必以同于欧洲为终极"的西化观点大张挞伐,称之为"文化抹杀论者""浅薄的进化史观"。钱穆认为,五四以来的革新派史学主张中国历史"自秦汉以来即处于停滞状态,无进步可言"的观点,乃是"误用西人治史之眼光来治中国史","未尝深察中国史之内容而轻率立言"的结果。在钱穆看来,中国与西方各走了他们一段历史路程,绝不是中国历史比西方落后了整整一个时代。中国历史有其独特性,绝非可以专凭西方成见以为评骘,亦非可以一依西方成规以资研寻。由此,他极力反对用西方的概念、术语来图解中国历史,反对用西方一元论发展的历史模式来衡定和取舍中国历史。他说:"我们要想了解中国文化和中国历史,我们先应习得中国人的观点,再循之推寻"[1],"研究中国史的第一立场,应在中国史的自身内里去找来"[2]。如果硬要舍己之田而芸人之地,专用西方的历史术语和概念来观察和批评中国历史,"则终必有搔不着痛痒之苦"。

在钱穆看来,历史个性不同,亦即是其"民族精神"之不同,也可说是"文化传统"的不同。撰写一个国家和民族的历史,"必确切晓了其国家民族文化发展'个性'之所在,而后能把握其特殊之'环境'与'事业',而写出其特殊之'精神'与'面相'。然反言之,亦惟在其特殊之环境与事业中,乃可识其个性之特殊点"。[3]注重国史发展的特殊性和个别性,着眼于民族历史文化个性的探讨,是钱穆眼光所投注的地方,也是他处理国史的根本方法,这一方法贯穿在他的

---

[1] 钱穆:《中国文化史导论》(修订本),第20页。

[2] 钱穆:《如何研究中国史》,收入蒋大椿主编:《史学探渊——中国近代史学理论论文编》,第803页。

[3] 钱穆:《国史大纲·引论》,第8页。

《国史大纲》等一系列的著作中。这种重视对中国历史发展的独特性研究、反对用"削足适履"的办法去硬套西方历史的方法，是值得重视和肯定的。

综上可知，钱穆并不反对进化史观，他也有相时通变的历史进化思想。否则的话，我们则很难理解他提出的"研究历史，首当注意变。其实历史本身就是一个变，治史所以明变"①等观点。当然，钱穆强调历史之变，主张从历史发展的连续性上着眼去考察和研究历史主要是受了传统史学中历史变易思想的影响。他从历史变易观出发去考察历史，从而认识到了历史事实之间存在着广泛的因果联系，正是因为有了这种前后连贯、有因有果的历史事实，才构成了脉络分明的历史发展的无间序列，由此才形成了历史发展的连续性和统一性。因此，在他的历史研究中，就必然会贯穿着这种从历史发展变化的连续性、整体性上去分析和研究问题的方法。

四、重史心、史德的史家素质论

中国史学素有重视史家修养的传统，唐人刘知幾提出一个优秀的史家必须应具备才、学、识"三长"，清人章学诚在刘知幾史学三长的基础上又补充了"史德"。钱穆对史家的素质修养也多有论述，早在20世纪40年代前期，他就提出当今中国所需要的新史学家应具备关怀时事、察往知来、博闻多识、融会综贯四个条件。②在六七十年代，他在继承传统史学史家素质论的基础上，又提出了"史心"这一概念。

钱穆认为，史家研究历史的一个基本条件，就是要具有关心民族、国家命运的心情。这里的所谓"心情"，即钱氏所言的"史心"，主要包括两个方面的内容：

---

① 钱穆:《中国历史研究法》，第3页。

② 钱穆在《中国今日所需要之新史学与新史学家》一文中说:"今日所需要之新史学家，其人必具下开诸条件。一者其人于世事现实有极恳切之关怀者。继则其人又能明于察往，勇于迎来，不拘拘于世事现实者。三则其人必于天界物界人界诸凡世间诸事相各科学智识，有相当晓了者。四则其人必具哲学头脑，能融会贯通而得时空诸事态相互间之经纬条理者。而后可当于司马氏所谓'明天人之故，通古今之变'，而后始可以成其'一家之言'。"《思想与时代》第18期。

一是指治史者要具有为国家、民族的长远利益和前途而立志操劳的心情，即要关心国家、民族的命运和前途。他说治史者当以"世运兴衰""人物贤奸"这八个字为出发点和归宿，积久感染，"自能培养出一番对民族国家之爱心，自能于民族国家当前处境知关切。治史学，要有一种史学家之心情，与史学家之抱负。若不关心国家民族，不关心大群人长时期演变，如此来学历史……最多只能谈掌故，说旧事，更无史学精神可言"。① 二是指治史者对待自己历史文化传统的态度。钱穆认为，治史者首先应有一个健康、宽容的心态和胸怀，对自己过去的历史，不能开口就骂，作全盘的自我否定。历史的病态面、阴暗面固然应当揭露、批评，但揭露、批评也应有根有据，同对还应把握分寸，批评不能太尖太刻，力戒谩骂。全盘否定，一概骂倒，是一种不健全的心态，不利于培养国人爱国家、爱民族的情感，不利于民族文化的发展。钱穆在台南成功大学为该校师生作《史学导言》的演讲，第二讲即以"治史学所必备之一番心情"为讲题。他说：

> 诸位学史学，必要养成一番广大的心胸，乃及一番远大的眼光，来看此历史之变化。更贵能识得历史大趋，一切世运兴衰，背后决定在人。决定人的，不在眼前的物质条件，乃在长久的精神条件。须知我们大家负有此时代责任，须能把我们自己国家民族已往在长时期中之一切兴衰得失，作为我求知的对象。如此般的知识，可谓之是史识。历史上有过不少为民族为国家为大群体长时期前程而立志操心的大人物，他们此种心情，可谓之是史心。培养史心，来求取史识，这一种学问，乃谓之史学。史学必以国家民族大群集体长时期上下古今直及将来，为其学问之对象。由此培养出一番见识和心智，其自身始得成为一历史正面人物，便是能参加此民族国家历史大趋之人物。其所表观，则在此人物之当身，在此人物之现代，在其当身现代所干之事业。此即是一历史事业，不限于其当身与现代。②

---

① 钱穆：《史学导言》，《中国史学发微》，第60页。
② 钱穆：《史学导言》，《中国史学发微》，第63页。

与"史心"相联系的有"史德"。所谓"史德",即指史家的"心智修养"。钱穆在《中国今日所需要之新史学与新史学家》中提出,"欲于历史研究得神悟妙契,则必先训练其心智"。文中的"心智",即指"史德",当以史家治史态度是否客观、取材是否公正、书事是否真实为准。钱穆在论述史家素质修养时,特别强调史德的重要性。他说史家治史应"根据以往史实,平心作客观之寻求,绝不愿为一时某一运动、某一势力之方便而歪曲事实,迁就当前。如是学术始可以独立,而知识始有真实之价值与效用"。①所以他强调史家治史,"要能不抱偏见,不作武断,不凭主见,不求速达,这些心智修养便成了史德"。②

钱穆在《中国历史研究法》一书中,对史学三长也作了具体的解析。他说所谓史才,即指史家治史的才干和能力,它要求治史者要有分析、综合两方面的能力。既能将历史事件解剖开来,从政治、经济、社会、学术思想、风俗习惯及民间信仰等各个角度、各个层面去作分析,又要有综合贯通的本领,将历史事件的各个方面看成一个整体,视为"一事之多面"。钱穆以汉末黄巾暴动为例说,东汉末年张角发动黄巾暴动,原因甚多,仅从政治层面去分析是远远不够的,还应从社会的、经济的,以及学术思想、民间信仰种种角度去看,才能对暴动的原因作出符合实际的解释。这种既能分析,又能综合的才能,便是史才,有了史才方能治史。史识,即指史家的观察能力,指史家观察问题的见解和眼光。看问题既能识其全,又能见其大,见其深,能见前人所未见处。这种见解和眼光,便是史识。史学,就是指史家的学问,史学研究者要有广博的知识,一是要多读书,二是要能从大处用心。多读书即是"博",然后能从大处归纳会通,这就是"约"。要在"博"的基础上"专","通"的基础上"专",才能提得高,"专"得有水平。所以,史学是一门博深多通的学问,治史者既要总揽全局,又要能深入机微,这样才能达到"六通四解,犁然曲当的境界"。

钱穆认为,"史学上更重要的,是写史人的义法所在"。这里所说的"义法",包括史法、史义两部分。他在给张其昀《中华五千年史》所作之序中说:"中国史

---

① 钱穆:《国史新论·自序》,第2页。
② 钱穆:《中国历史研究法》,第11页。

学之可贵，乃贵在其有史法，其法可为人人所共遵，以不断持续其保存史料之与整理史料之功业，而于史法之中乃蕴有甚深之史义，此所以为尤可贵也。"①

所以，钱穆又强调把才、学、识、德、心与史法、史义结合起来，才能算得上一个合格的史学家。他说："写史有史法与史义，如何观察记载是法，如何了解历史之意义与价值为义。如何获得史义，则须有史心、史德、史识。惟其有史家之心智，才能洞观史实，而史心与史德相配合，那样才能得到史实。"②

钱穆的史家素质论，是对中国传统史学理论的继承。唐人刘知幾重史法，称"史之有例，犹国之有法。国无法，则上下靡定；史无例，则是非莫准"。③清人章学诚则以"史义"相标榜，称"史所贵者义也"④，"作史贵知其意，非同于掌故，仅求事文之末也"⑤。钱穆称中国传统史学重史法，更重史义，是从刘知幾、章学诚那里借鉴来的。不过由于时代不同，他对这些概念、范畴又作了新的解释，赋予了某些新的含义，其中的一些见解，是值得重视和很好地加以总结的。

五、学贵致用的史学目的论

立足现实，关心现实，强调史学通今致用，为现实服务，这是中国史学的优良传统。从司马迁"述往事，思来者"，"通古今之变"，司马光"鉴前世之兴衰，考当今之得失"，到顾炎武"引古筹今"，章学诚"史学所以经世"，无不体现了历史学家着笔于往古、立足于当今的治史旨趣。钱穆的史学观深受中国传统史学"经世"思想的影响，认为历史研究不仅仅在于追求历史事实的真实，更应当面向现实、关注现实，满足社会的需要，为现实服务。因此，在他的治史理论中，又贯注了强烈的鉴古知今、经世致用的理论主张。钱穆学贵致用的史学目的论主要包含如下内容：

①　钱穆：《张晓峰〈中华五千年史〉序》，《中国学术通义》，第166页。
②　钱穆：《中国史学之精神》，《中国史学发微》，第28页。
③　刘知幾撰、赵吕甫校注：《史通新校注》，重庆出版社，1990年版，第208页。
④　章学诚著，叶瑛校注：《文史通义校注》卷3《史德》，中华书局，1985年版，第219页。
⑤　章学诚著，叶瑛校注：《文史通义校注》卷2《言公上》，第172页。

其一，重视史学的历史借鉴功能，强调史贵"鉴古知今"。

钱穆认为人类社会的历史是一个持续不断的动态发展过程，过去的历史虽已过去，但它并没有死亡，它往往以各种形式遗存在当今的社会中，很多现实问题都可以从过往的历史积淀中寻找到它的发展脉络。因此，历史学具有以前示后、以古验今的鉴戒功能，总结过往历史的经验教训，可为现实的变革提供历史的借鉴。对此他强调说："凡对于以往历史抱有一种革命的蔑视者，此皆一切真正进步之劲敌也，惟藉过去乃可以认识现在。"[①] 可见，以史为鉴的价值观，构成了钱氏史学致用论的一个重要内容。

其二，立足现实考察历史，强调治史应"求以合之当世"。

历史学虽是以研究人类的既往为起点，却以服务于当今的时代为归宿。站在现实的高度去考察历史、倒溯往古，不仅会加深对历史的理解，也可进一步加深对现实的认识。由此钱穆极力主张治史不能脱离时代，"应该从现时代中找问题，在过去时代中找答案"[②]，使历史研究能够合之当世，服务于现实。

钱穆认为，尽管历史学家面对的客观历史永远不会改变，面对的历史材料也可能不会改变，但是已死的历史遗骸一旦与现实的需要联系了起来，能够契合于当世，那么已成过去的历史就会由死变活，变成为时代所需要的活的知识。因此，历史学一个重要的社会功能即在于"贵能鉴古而知今，贵能使其与现代种种问题有其亲切相联之关系，贵能从此而指导吾人向前，以一种较明白之步骤"[③]，史家治史的一个重要职责就是要把过去已死的历史遗迹变为与现实有关联的活的东西，应透过过去的历史以把握其活的时代精神。所以，历史研究不仅应博稽远古而穷其源，更应当切证于当世而见其实，治史的最高目的即在于"明天人之际，通古今之变，求以合之当世"。[④] 据此，钱穆提出史家治史的最高标准就是现实的标准，史家必须致用于现实，为现实服务。唯有如此，治史才有了最后的归宿，史学也才能发挥它的最高功能，显示出它恒久的价值和生命力。所以他说："史学

---

① 钱穆：《国史大纲·引论》，第 2 页。
② 钱穆：《中国历史精神》，第 13 页。
③ 钱穆：《论近代中国新史学之创造》，《中央日报·文史副刊》第 10 期，1937 年 1 月 17 日。
④ 钱穆：《中国近三百年学术史·自序》，第 4 页。

本求通今，若治史而不通今，此亦失治史之旨，并将无史可治耳。"①

其三，提出了一切历史都是现代史、当代史的主张。

如前所述，钱穆在其历史时间观中肯定了历史的过去与未来交织于现在的现在时间观，由此他提出了"历史上之过去非过去而依然现在，历史上之未来非未来而亦俨然现在"的主张，认为研究历史"其最要宗旨，厥为研究此当前活跃现在一大事，直上直下，无过去、无将来而一囊括尽，非此则不足语夫历史研究之终极意义，而克胜任愉快者"。② 显然，在这里钱穆已经比较自觉地意识到了已成为过去的历史实际上仍存在于现实中，参与着现实生活的创造。从这个意义言，历史学家所研究的过去不是已死的过去，而是仍旧活在现实中的过去，过去的历史一旦能契合于当世，就变成了现代史、当代史。可见，钱穆提出的"历史上之过去非过去而依然现在"的观点，与克罗齐"一切历史都是当代史"的主张不无相通之处，它既表现了钱氏对过去历史的深刻洞察，同时又透显出他对社会现实的强烈关注。一句话，就是充分肯定了史学致用于现实的重要性。

"治学本所以致用"，史学乃为"通今致用"之学。在这种学史致用的史学目的论的指导下，钱穆对乾嘉考据史学以及五四以来学术界盛行的考据学风大加针砭。他称乾嘉学者专事训诂考据，毕生在故纸堆里驰骋心力为"不得大体，而流于琐碎"，"于身无益，于世无用"。③ 批评五四以来以考核相尚的新考据学派（即钱氏所称的"科学考订派"）治史"缺乏系统，无意义，乃纯为一种书本文字之学，与当前现实无预"。④ 同时在钱氏的史学实践中，也无不贯彻和体现了这种经世致用的治史之旨。他的《中国近三百年学术史》写于九一八事变之后，故在书中"特严夷夏之防"，竭力表彰民族气节和爱国传统。这种"不忘种姓，有志经世"的撰述宗旨，即寓有他反抗日寇侵略的写作意旨，使人读之油然而生爱国之情，不仅仅明其学术之流变而已。而在抗战中出版的《国史大纲》，更是钱穆史学致用理论在史学实践中的具体写照。他本着史学经世的目的，在书中极力推

---

① 钱穆：《朱子新学案》（下），巴蜀书社，1986 年版，第 1634 页。
② 钱穆：《中国今日所需要之新史学与新史学家》，《思想与时代》第 18 期。
③ 钱穆：《近百年诸儒论读书》（1935 年），收入《学籥》，第 83 页。
④ 钱穆：《国史大纲·引论》，第 3 页。

崇宋明儒"为天地立心，为生民立命，为往圣继绝学，为万世开太平"的为学宗旨，强调撰写为时代所需要的新通史"应能于旧史统贯中映照出现中国种种复杂难解之问题"，为革新现实提供"必备之参考"。而在抗战时期，钱穆之所以由历史研究转入文化研究，弘扬民族文化和民族精神，其目的也正在于为当时的抗战救国寻找精神资源和文化资源。也正是在学史致用的治史理论指导下，他极力反对"详古略今"的撰史主张，力倡和推崇近现代和当代史的研究。他说："史学精神所最该注重的，是现代的历史，不是古代的历史"[①]，"史学应该注重近代，在孔子时修史，自然该偏重春秋时代，在后世则不应仍是看重春秋"[②]。

诚然，认识现实，关注现实，为现实服务，是史学的内在要求。但是，强调史学致用于现实，并不是说可以根据现实的需要随意地取舍和改铸历史。如果采取"强史就我"、任情褒贬的方式去猜测附会历史，那么势必会使历史变为现实的注脚，走向史学致用的反面。钱穆强调立足现实而治史，主张史学应为现实服务，但是他的史学致用观又是建立在历史求真的基础之上的。换言之，他的史学价值观又是建立在历史本体论的基础之上的。自五四以来的中国学术界，无论是力倡"古史层累造成"说的古史辨派，还是揭橥"史学本是史料学"的史料考订派，他们都恪守"薄致用而重求是"的学术精神，主张真用两分，竭力强调纯学术研究的重要性。比如顾颉刚提出在学问上，"只当问真不真，不当问用不用"[③]，傅斯年也认为民初以来中国学术界的基本谬误就在于学人"好谈致用，其结果乃至一无所用"[④]。与顾颉刚、傅斯年等相同的是，钱穆也强调历史研究的客观独立性，主张治史应以"持平求是"为务。他说当今的新史家，"尤要者，应自有其客观的独立性，而勿徒为政客名流一种随宜宣传或辩护之工具"[⑤]，主张治史"不必先存一揄扬夸大之私，亦不必先抱一门户立场之见，仍当于客观中求实证"[⑥]。

---

① 钱穆：《中国历史精神》，第 9 页。
② 钱穆：《朱子学术述评》，《思想与时代》第 47 期（1947 年），第 14 页。
③ 顾颉刚：《古史辨》（一）"自序"，第 25 页。
④ 傅斯年：《中国学术思想界之基本谬误》，欧阳哲生主编：《傅斯年全集》第一卷，湖南教育出版社，2003 年版，第 24 页。
⑤ 钱穆：《论近代中国新史学之创造》，《中央日报·文史副刊》第 10 期，1937 年 1 月 17 日。
⑥ 钱穆：《国史大纲·引论》，第 10 页

但不同的是，五四以来的新考据派仅强调求真，以求真为治史的最高目的。而钱穆认为史学固然应当致力于追求历史的真实性，但是求真绝不是治史的最高鹄的。史学不仅应求真求是，更应在求真的基础上致用于现实。所以，他一方面主张治史应"在客观中求实证"，另一方面又重视史学的致用功能，力主把求真与致用结合起来。

如果说钱穆的史学致用论主要是继承了传统史学的"经世"思想的话，那么揭橥爱国思想、反对外来侵略则是他强调史学致用的现实动因。特别是在民族危机十分严重的抗战时期，钱氏的这一理论主张更透显出了其内在的力量和时代价值。因此从这个意义上而言，我们认为钱穆在求真的基础上更强调致用的史学理论主张，较之当时学术界真用两分的治史主张，识见无疑是更胜一筹。

六、历史客体与史家的主体精神

在中国现代史学中，钱穆不仅是一位考据大家，而且也是一位比较重视史家主体意识的学者，他不仅重视对史料的整理和史实的考释，更重视在此基础上对史料作主体性的诠释和解读，他追求的主客互溶、情理合一的史学路向，与排除史家主观理解、追求绝对客观的"史料考订派"（即钱穆所称的"科学考订派"）的治史方法截然异趋。钱穆对史家主体精神的重视主要体现在：

其一，重视史家主体对历史材料的解释所获取的历史知识。

在20世纪三四十年代的中国史学界中，历史、史料、史学这三个概念常常是混而不分的，钱穆则对这三个概念作了明确的区分和界定。他说："我民族国家已往全部之活动，是为历史。其经记载流传以迄于今者，只可谓是历史的材料，而非吾侪今日所需历史的知识。"[①] 在钱穆看来，历史是指人类以往的发展演变过程，是人类过去的全部活动，它一经发生，就成为了一种不可更改的既定存在。因此，随时间流逝而一去不返的人类历史，就具有不以人的主体意识为转移的客

---

① 钱穆：《国史大纲·引论》，第1页。

观性，故"一往而不变者，乃历史之事实"①。历史材料（或称历史记载）则是史家认识客观历史的凭借和中介，它来源于客观事实，以反映客观的历史实际为目的。钱穆认为："史料之最大价值，即在其能保存历史之真相，固不贵于有作者个人独见之加入。"②但是史料浩如烟海，史家编写时总要对这些材料加以选择、剪裁，这就寓有了史家自己的主观见解，它已经渗入了记载者的主观痕迹，故历史记载与客观历史之间总是存在着差距，它仅仅是客观存在历史的部分反映，"决不能做得所谓纯客观的记载"。③而历史知识则不同，它是史家主体对历史材料的理解和诠释。由于历史学家是生活在现时代中的人，他认识历史的活动必然会受到他所处的那个时代和环境的制约，必然受到他们的社会地位、价值取向、知识结构、思维方式等方面的直接影响。因此，他们对历史材料的解释，实际上是他们根据现实的感受、时代的需要而重新进行的。由于时代不同，人们所需要的历史知识各异，因而史家应根据不同的时代需要对积存下来的历史材料进行一番新的解释和分析。而历史材料也唯有经过史家主体的解释和加工，才能转化为时代所需要的历史知识。钱穆指出："时代即变，古代所留之史料，非经一番解释，即不得成为吾人之知识。"④为此他强调说："不要认为学问必是客观的，其中也有做学问人之主观存在"⑤，历史"不单是一堆材料"，"该从材料搜集之上更深进到见解眼光方面"。⑥

显然，在钱穆看来，历史学家笔下的历史，即"历史知识"，是经过史家主体加工了的历史，它本质上表现为史家主体借助史料中介对客观历史的重构，故

① 钱穆：《论近代中国新史学之创造》，《中央日报·文史副刊》第10期，1937年1月17日。
② 钱穆：《张晓峰〈中华五千年史〉序》，《中国学术通义》，第165页。
③ 钱穆在《中国史学之精神》一文中说："历史是记载人类过去生活史实的……我们写历史，必须先经进一番主观的观察，即对此史实的看法，直到对此史实之意义有所了解以后，才能写成历史，故世界上绝无有纯客观的历史。因我们决不能把过去史实全部记载下来，不能不经过主观的观察和了解而去写历史。若仅有观察而无了解，还是不能写历史。我们必须对史实之背景意义有所了解，并有了某种价值观，才能拿这一观点来写史。故从来的历史，必然得寓褒贬，别是非，决不能做得所谓纯客观的记载。"原载《新亚生活》第3卷第9期（1950年），收入《中国史学发微》，第28页。
④ 钱穆：《关于夏曾佑〈中国古代史〉的讨论·敬答海云先生》，《大公报·图书副刊》第23期，1934年4月21日。
⑤ 钱穆：《中国史学名著》，生活·读书·新知三联书店，2000年版，第11页。
⑥ 钱穆：《中国史学名著》，第114页。

经过史家对历史材料的解释所获得的历史知识，能够"与时俱变"，可不断翻新改写。诚如其言："前一时代所积存之历史材料，既无当于后一时期所需要之历史知识，故历史遂不断随时代之迁移而变动改写。"①在这里，钱穆对历史作了既是绝对的又是相对的解释。所谓历史是绝对的，乃是从历史本体而言的，作为随时间流逝而一去不返的人类过去一经发生，就成了不可更改的历史事实，从这个意义上而言，历史的过去是绝对的、不可改变的。所谓历史是相对的、可变的，是从史学本体而言的，因为历史学家笔下的历史，即进入史家视野的历史知识是主体重构的历史，它在不同的程度上都毫不例外地渗入了史家的主观痕迹，是史家主体精神的产物。从这个意义上而言，"世界上绝无纯客观的历史"，历史又可以与时俱变，随时翻新。即如所言："当知历史诚然是一往不变，但同时历史也可以随时翻新。"②可见，钱穆从历史本体与史学本体的角度把客观历史与历史知识区别了开来。

与史料学派"存而不补""证而不疏"的主张相反，钱穆主张历史研究不仅仅在排列和整理史料，更重要的是应对材料进行疏通解释，作价值判断。钱穆认为整理史料、考辨史实，只是历史研究的基础工作，它只相当于传统史学中的"记注"之学，而不是成一家之言的"撰述"。据此他强调，治史不应当以排比、整理史料、考定史料真伪为目的，而应对材料作解释性的研究，使之转化为具有时代意义的历史知识，所以他又主张把历史材料与历史知识相区别。他说历史材料"为前人所记录，前人不知后事，故其所记，未必一一有当于后人之所欲知"③，而历史知识则"贵能鉴古知今"，能"随时代之变迁而与化俱新"④，故中国"今日所缺，则并非以往积存历史之材料，而为今日所需历史之知识"⑤。

诚然，钱穆与史料考订派都强调史料的整理与考订，但是史料派以考订史料为治史之最高鹄的，而钱穆则更重视史家主体对历史材料的解释所获取的历史知

---

① 钱穆：《国史大纲·引论》，第6页。
② 钱穆：《中国历史研究法》，第11页。
③ 钱穆：《国史大纲·引论》，第1页。
④ 钱穆：《论近代中国新史学之创造》，《中央日报·文史副刊》第10期，1937年1月17日。
⑤ 钱穆：《评夏曾佑〈中国古代史〉》，《大公报·图书副刊》第20期，1931年3月31日。

识。尽管钱穆强调历史知识的重要主要是针对史料考订派只重材料而忽视理论、只证史而不论史、只辨真伪而不论断是非而发的，但是在这里钱穆已自觉或不自觉地触及到了历史认识的本质。即进入史家视野的历史知识是主体化的历史，因而它具有相对性和可变性。历史知识的获取过程实际上就是史家主体通过对史料中介的解释去认识客观历史实际的过程，而历史知识的获得则标志着历史认识过程的完成。可见，钱穆对历史知识的强调，主张史家主体应依随时代的变化而对历史材料作出新的解释，正是史家主体精神在历史认识过程中渗透的一个重要表现。

其二，提出了史家的主观推想亦为治史一重要方法。

钱穆认为历史研究固应从历史材料入手作客观的实证研究，但他并不排斥史家的主观推想亦为治史一重要方法。因为史家面对的材料总是残缺不全的片断记载，他们凭借这些零碎不全的材料，希望追寻和复原的却是整个历史事实的真实，这就有必要根据有限的材料进行推断，以补充史料的缺漏和不足。因而钱穆也比较重视史家的主观想象、推测对历史研究的重要性。他说："古史之真相为一事，某一时代人对古史之想象为又一事。当知某一时代人一种活泼之想象，亦为研究某一时代之历史者一极端重要之事项也。"[1] 可见在这里，钱穆已经比较自觉地意识到了历史认识的形象思维问题。

当然，史家的主观体验、推想对具体的历史研究不无作用，但这种历史的形象思维方法又有很大的局限性，它往往容易带有明显的主观随意性，难以排除人的主观之见。同时，用推想的方法，虽然可以提出问题，但是问题的最后解决还需要用事实来加以证明。有鉴于此，钱穆又力主把史家的主观推想与历史实证结合起来研究历史。他指出："考古者贵能寻实证"，"不详考情实"，"确据史实"，"约略以推之，强古人以就我，则宜其有千里之差矣"。[2]

其三，主张追寻史料的意义应借助于史家的主观体验。

钱穆认为历史研究不仅应依据材料弄清历史实情，更应探求历史实情背后

---

① 钱穆：《崔东壁遗书序》（1935 年），《中国学术思想史论丛》（八），第 292 页。
② 钱穆：《先秦诸子系年·自序》，第 18 页。

所具有的意义；治史不仅应注重材料和方法，更应透过材料而把握其活的时代精神。而这一活的时代精神，即民族文化精神的获得，则是纯客观的考据方法所无法完成的，它必须要诉诸研究者个体生命的体验、直觉、情感等其他因素。中国历史文化是一个活的生命存在，研究者就内在于这一活的生命实体之中，他本身就是这一生命实体塑造的，研究者必须为中国历史文化承担责任，必须要有历史文化使命感、责任感，要像把握生命、认识生命那样用自己的心灵去体悟历史、理解历史、解释历史，而不是把历史看成一堆仅仅供人考证、研究的材料。钱穆对五四以来"尚实证、夸创获、号客观"的科学考订派大加批评，认为他们治史"即无以见前人整段之活动，亦于先民文化精神，漠然无所用情"，"以活的人事，换为死的材料"。① 为此，他主张治史应充满感情，把主体投入其间，"与古为一"，才能达到对历史的透彻理解，真正把握到治史的真谛。

20世纪三四十年代的中国史学界，主要是崇尚客观的实证研究，当时史坛上的主流派——"科学考订派"的治史方法，主要是取出乎其外的纯客观研究。而钱穆则认为历史虽具有客观实在性，但同时亦应被史家"主观所考察而认取"。因此，他重视史家主体对历史材料的解释所获得的历史知识，主张对史料意义的追寻应诉诸史家的主观体验，提出了史家的主观推想亦为治史一重要方法，这一切都表明他重视史家的主体意识在历史过程中的渗透作用。当然，钱穆重视史家的主体精神并不意味着他忽视甚至抹杀历史的客观性，因为他认为史家对历史材料的解释所获取的历史知识并不是史家主体任意的驰骋玄想，它应以真实的历史材料作为解释和研究的前提。换言之，史家的本体应受制于历史的本体，史家主体重构的历史应以追求历史的真实性、反映客观的历史实际为目的。诚如所言："后人欲求历史知识，必从前人所传史料中觅取。若蔑视前人史料而空谈史识，则所谓史者非史，而所谓识者无识。"② 可见，钱穆治史不仅重视史家内在的主观理解在史学研究中的作用，而且也重视客观的实证研究，力主把客观的实证与主观的理解结合起来。在20世纪三四十年代追求排除史家主观理解的绝对客观的

---

① 钱穆：《国史大纲·引论》，第3页。
② 钱穆：《国史大纲·引论》，第1—2页。

实证方法笼罩下的中国史学界，钱穆提出了主客统一、情理合一的治史理念，从史学本体与历史本体的角度把客观历史与历史知识相区别，应当说这种看法不无见地，是值得重视和肯定的。

"疑非破信，乃立信"

——钱穆评古史辨派的古史理论

20 世纪前半期，以顾颉刚为首的古史辨派所掀起的疑古思潮，是当时最有影响力的学术思潮。徐旭生指出："近三十余年（大约自 1917 年蔡元培长北京大学时起至 1949 年全国解放时止），疑古学派几乎笼罩了全中国的历史界，可是他的大本营却在《古史辨》及其周围。"[①]自 1923 年顾颉刚发表《与钱玄同先生论古史书》，提出古史层累造成说引发古史大讨论以来，对古史辨派古史理论的评价便史不绝书，其中钱穆的评价就颇具有代表性。钱穆对古史辨派古史理论的评价大致经历了一个从"基本肯定"到"基本否定"再到"全盘否定"的发展过程。钱穆早年考辨古史的方法曾受到古史辨派的影响，对其古史理论多有赞同。但是随着他自己史学理论的日渐成熟，逐渐超越了古史辨派的古史理论，由基本肯定、"相当赞同"转为总体性的批评。晚年居港台以来，他对古史辨派迹近全面否定，那主要是出自文化意义的批评了。

一、钱穆早年对古史辨派古史理论的评价

钱穆与古史辨派有过比较复杂的关系，一方面他受过古史辨派的主将顾颉刚的提携，他早年的治学方法曾受过古史辨派的影响；另一方面他又是古史辨派的批评者，这种批评，愈到晚年，愈趋激烈，迹近全盘否定。这里我们首先考察钱

---

① 徐旭生：《中国古史的传说时代》（增订本），北京科学出版社，1960 年版，第 23 页。

穆与顾颉刚的交往及其早年对古史辨派的态度。

1923 年 5 月，顾颉刚在胡适主编的《读书杂志》第 9 期上发表了《与钱玄同先生论古史书》，提出了著名的"层累地造成的中国古史"说。顾氏认为，时代愈后，传说的古史期愈长；时代愈后，传说中的中心人物愈放愈大；我们既不能知道某一件事的真确的状况，但可以知道某一件事在传说中最早的状况。此说一出，立即在学术界引起了轩然大波。顾颉刚的古史新说得到了他的老师胡适、钱玄同的支持。胡适称"层累地造成的中国古史"说，"替中国史学界开了一个新纪元"，是现代史学领域的一次"革命"；[①] 钱玄同称赞顾说"廓清云雾"，"精当绝伦"[②]，以后干脆把自己的名字也改为"疑古玄同"。反对者也大有人在，如东南大学的刘掞黎、柳诒徵批评顾氏勇于疑古，疏于读书，"想入非非，任情臆造"，"奇得骇人"[③]，由此而引发了一场古史大讨论，顾颉刚也因此而名播学界。

1926 年，《古史辨》第一册结集出版，把中国古代的疑古辨伪思想推向了极致，同时也奠定了顾颉刚在现代中国史学界的地位。从此，在中国史坛上出现了一个以疑古辨伪为职志、以怀疑传说神话古史的学术派别——古史辨派，顾颉刚当仁不让地成为了该派的领袖人物。

当古史辨派的主将顾颉刚名满天下之时，钱穆正在江南无锡、苏州的中学任教。向有疑辨精神、喜读报刊杂志的钱穆对顾颉刚的古史理论也时有所闻。《古史辨》第一册结集出版时，已在无锡江苏省立第三师范任教的钱穆到无锡施家宕去拜访受学于柳诒徵的同乡施之勉，他手拿当时刚刚出版的《古史辨》一册，"在湖上，与之勉畅论之"。[④] 畅论的具体内容因钱氏在晚年所写的《师友杂忆》中没有道及，今天已不得而知，不过也表明他当年对学术界讨论古史问题的关注。钱穆在后来所写的一篇文章中对当时疑古派的代表人物顾颉刚、胡适、钱玄同三人有这样一番评论："古史辨不胫走天下，疑禹为虫，信与不信，交相转述。三君者

---

① 胡适：《介绍几部新出来的史学书》，《古史辨》（二），第 338 页。

② 钱玄同：《答顾颉刚先生书》，《古史辨》（一），第 67 页。

③ 刘掞黎：《读顾颉刚君〈与钱玄同先生论古史书〉的疑问》，顾颉刚编著：《古史辨》（一），第 87 页。

④ 钱穆：《八十忆双亲·师友杂忆》，第 127 页。

（指胡、钱、顾三人——引者），或仰之如日星之悬中天，或畏之如洪水猛兽之泛滥纵横于四野，要之凡识字人几于无不知三君名。"①

钱穆与顾颉刚初识于1929年。这年三四月间，顾颉刚应北平燕京大学聘，离开广州中山大学北上，其间在老家苏州小住。4月15日下午，顾颉刚应苏州中学之请作演讲，当时钱穆是苏州中学国文教师；4月23日，钱穆、陈旭轮、沈勤庐、陈其可、王以中等人在苏州城中一饭店宴请顾颉刚，两人的初次谋面应在这一时期。②

顾颉刚五月初抵达北平，不久又返回苏州老家，直到九月正式受聘燕京大学。其间，钱、顾二人多有往来。③大约在夏秋之交，顾颉刚在陈旭轮的陪同下到苏州中学拜访钱穆。陈旭轮，字天一，早年毕业于南京高等师范学堂文史地科，当时在苏州东吴大学任教，并在苏州中学兼课，对钱穆颇为了解、欣赏。在此之前，他已把钱氏举荐给了上海公学校长、学术界的领袖人物胡适。此次顾颉刚到苏中造访钱穆，亦为陈氏所促成。

在苏州中学的教师宿舍里，顾颉刚见到了钱穆。这时钱穆早年最重要的学术著作《先秦诸子系年》（以下简称《系年》）初稿已完成，顾颉刚在桌上看到《系年》稿后非常诧异，没想到一位中学教师对先秦诸子的研究会有如此的兴趣。近代以来，学术界研究周秦诸子蔚然成风，这一领域也是顾氏的兴趣所在。他征得钱穆的同意后，将《系年》稿带回家中拜读。

几天后，陈旭轮约钱穆回访顾颉刚。顾颉刚在家中匆匆翻阅《系年》稿后，对钱氏扎实的考据工夫和史学才华非常钦佩，他当面对钱穆说，"君似不宜长在中学中教国文，宜去大学中教历史"④，并说自己离开广州前受中山大学副校长朱

---

① 钱穆：《崔东壁遗书序》，《中国学术思想史论丛》（八），第284页。该文完成于1935年12月28日。

② 参见《顾颉刚日记》第二卷，台北联经出版公司，2007年版，第275页。

③ 《顾颉刚日记》1929年7月22日："到草桥中学，访钱宾四、王以中，略谈。"8月4日："看《阅微草堂笔记》。……宾四来。卫聚贤与钱宾四借来，同到（苏州）青年会吃饭。"8月5日："聚贤、宾四、佩净来。其可、旭轮来。四点，聚贤、佩净、其可别去。宾四、旭轮留看书画。"8月6日："到公园，（吴）缉熙、（陈）子清、（钱）宾四、（陈）海澄陆续到。并晤计硕民、张剑秋等。"8月16日："宾四来。"9月2日："理物。宾四来。""到三元坊，访欣伯及宾四。"

④ 钱穆：《八十忆双亲·师友杂忆》，第148页。

家骅的嘱托，代为物色有学术前途的新人，当即表示愿意推荐钱穆到中山大学任教。①

顾颉刚没有忘记自己的承诺。不久，中山大学来电，聘请钱穆南下任教。由于苏州中学校长汪懋祖的盛情挽留，钱穆只好却中大之聘。当他把却聘的消息函告顾氏时，爱才心切的顾颉刚又举荐钱穆到燕京大学任教。②钱穆以后任教北大，兼课清华，也得力于顾颉刚的推荐。钱穆轰动学术界的成名作《刘向歆父子年谱》与顾颉刚的意见完全相反，但顾氏毫不介意，将钱文发表在自己主编的《燕京学报》第7期上，钱穆也因此文而名扬学术界。而他以后受聘北大，与此文关系甚大。钱穆无学历、文凭，一生从未上过大学却能执教大学，成为大学教授、名教授，这得力于顾氏的识拔和力荐；钱穆名动学术界的成名作也得益于顾氏的先约后刊，从这个意义上讲，没有顾颉刚的慧眼识人，也就没有钱氏在现代学术界所取得的成就。这种不以己意排抑异见的学术公心和博大胸怀，为现代中国学术史留下了一段佳话。对于顾颉刚的提携、识拔之恩，钱穆也常存于心，在晚年所撰的《师友杂忆》中多有道及。

《古史辨》一共出了七册，从第三册起，钱穆的文章多为其收录，这包括他的成名作《刘向歆父子年谱》及其早年所撰的重要论文如《周官著作时代考》以及讨论《老子》成书年代的文章。③就此而言，我们不妨说钱穆实际上已参加了由顾颉刚发起的古史辨运动，不失为古史辨派的同志。1934年2月，顾颉刚创办《禹贡》半月刊，钱穆一系列考辨古史地理的文章，如《提议编纂古史地名索引》《西周戎祸考》《黄帝故事地望考》《子夏居西河考》《雷学淇〈纪年义证〉论夏邑郓鄁》《中国史上之南北强弱观》《水利与水害》《秦三十六郡补考》《再论楚辞地名答方君》等皆刊在该杂志上。顾颉刚对钱穆治古史地理的成绩也多有肯定，称

---

① 据《顾颉刚日记》记载："1929年8月6日，到三元坊，访汪校长（苏州中学校长汪懋祖），商请宾四到粤事。"见《顾颉刚日记》第二卷，第310页。

② 1930年6月23日，顾颉刚在冯友兰处拟电报致电钱穆燕京大学聘请之事，26日钱穆回电，"决就燕大"。见《顾颉刚日记》第二卷，第412、413页。

③ 据罗义俊统计，钱穆在《古史派》3—7册上共发表了22篇文章。参见氏著：《钱穆与顾颉刚的〈古史辨〉》，《史林》1993年第4期。

"沿革地理的研究，以钱穆、谭其骧二先生的贡献为最大"。①1935年顾颉刚组建北平研究院历史组，聘钱穆、孟森、洪业等人为史学研究会会员。1936年禹贡学会成立，钱穆为七个理事之一。

抗战时，钱穆离开西南联大去成都协助顾颉刚主持齐鲁大学国学研究所。其间返苏州省亲，隐居耦园一年，编《齐鲁学报》一卷在上海出版，并写成《史记地名考》一书，以国学研究所的名义交上海开明书店出版。②1940年10月，钱穆从苏州省亲归来，赴成都齐大国学研究所报到，与顾颉刚二度成为同事。当时研究所所址由华西坝移至成都北郊崇义桥赖家园，顾颉刚为史学名家，交游甚广，邀请了不少学界名人到所内作学术演讲。钱穆对赖家园良好的为学环境也很满意，工作尽心尽责，两人为研究所的发展做出了不少贡献。抗战胜利后，钱穆和顾颉刚都没有返回北平任教。顾氏东归后一度在老家苏州社会教育学院任教，钱穆从蜀中东返后居苏州耦园。顾颉刚喜耦园"静谧可读书"，曾托钱穆与园主人"接洽房屋"。在钱穆的帮助下，顾颉刚一度借居耦园，埋首著述。他说："耦园中不闻人声，凉风四至，真读书佳境。天其能佑我成学于此乎？"③

1949年，大陆政权易手，顾颉刚选择了留在大陆，不认同新政权的钱穆则怀着"花落而春意亡矣"的无奈心情南走香港，客居香江兴学。不过，1949年以后的钱顾二人仍有通信往来。据顾颉刚日记1957年5月2日条载，他给钱穆、孟余先、董作宾等留港旧友写了十一封信，邀请他们回大陆工作。④钱穆在《师友

---

① 顾颉刚：《当代中国史学》，吉林教育出版社，1998年版，第89页。

② 钱穆居苏州耦园一年，其间与顾颉刚多有通信往来。1940年7月2日，钱穆在致顾颉刚的信中比较了两人的治学特点："弟与兄治学途径颇有相涉，而吾两人才性所异则所得亦各有不同。……兄之所长在于多开途辙，发人神智。弟有千虑之一得者，则在斩尽葛藤，破人迷妄。故兄能推仰，能开拓，弟则稍有所得，多在于折衷，在于判断。"（《顾颉刚日记》第四卷，第395页）顾颉刚以古史研究而名噪学林，是古史辨派的主将和灵魂人物，但顾氏的治学领域却并不仅限于此，其治学涉及民俗学、民间文学、历史地理、边疆地理和民族史等众多领域。他以民俗学材料印证古史，是中国现代民俗学的奠基人，被誉为"中国讲授民俗、民谣的第一人"。他又是禹贡学派的开创者，创办禹贡学会，主编《禹贡》半月刊，成为中国现代历史地理学当仁不让的开山之祖。钱穆称顾氏所长在于"多开途辙，发人神智"，的确是一个中肯的评价。

③ 《顾颉刚日记》第五卷，第694页。

④ 顾颉刚在《日记》中说："政府派黄居素到港，作联络事宜，故（陈）真如（陈铭枢）邀其来此，嘱予为宾四写信，能回来最好，即不回来亦望改善态度。予因作留港旧友书十一通交之。"见《顾颉刚日记》第八卷，第239页。

杂忆》中也有回忆，称顾颉刚托人带信，说他在北京"重获旧时学业生涯"，盼钱穆能"设法早归"，"其不忘情于余者，实始终如一"。[1]

1926年，钱穆与施之勉在无锡唐平湖畅论顾颉刚的《古史辨》。畅论的具体内容今天不得而知，不过从钱穆早年对顾颉刚古史观的积极评价中，我们可以推测当时他对古史辨派的古史理论和治史方法大体是持肯定态度的。事实上，钱穆早年对古史辨派的古史理论抱有"相当地赞同"，他治古史的方法也受过古史辨派"层层剥笋式方法"的影响。1928年夏，在苏州中学任教的钱穆应苏州青年会学术讲演会的邀请，作《易经研究》一题的演讲。他在演讲词中明确指出：

> 《易经》决不是一时代一个人的作品，而是经过各时代许多人的集合品。我们并可以说《易经》中的《十翼》，是最后加入的东西，我们可以说其是《易经》完成的第三期。次之卦辞爻辞，是《易》的第二期。其余只剩八八六十四卦，便是《易》最先有的东西，是《易》的第一期。我们现在借用近人胡适之所称剥皮的方法，先把《易经》里第三期东西剥去，再把他第二期东西剥去，单只研究《易经》第一期里面的东西。把第一期的《易经》研究清楚了，再研究第二期。把第二期的东西弄清楚了，再来研究第三期。把《易经》成立次第依着历史的分析的方法去研究，这是我今天要提出的一个比较可靠而可以少错误的新方法。[2]

显然，钱穆早年治古史的一些见解与五四以后疑古派的古史观有某些相同之处，他考订古史的方法也曾受到过疑古派"剥皮"方法的影响。同时，钱穆本人也是以记诵潇博、考订精审而驰名学界，他与古史辨派学者一样具有大胆的疑辨思想与批判精神。有人评价他早年著作《国学概论》时，就称他"勇于献疑发难"。[3]钱穆早年考证古史地名，常出奇论，翻积见，标新得，如《周初地理考》

---

① 钱穆：《八十忆双亲·师友杂忆》，第242页。

② 钱穆：《中国学术思想史论丛》（一），第172页。

③ 《国学概论》"钱基博序"，据说此序为其子钱钟书代作，参见《钱穆纪念文集》，上海人民出版社，1992年版，第96页。

言太王居"豳"，字本作"邠"，地在山西汾水流域，不在陕西凤翔。《楚辞地名考》言屈原沉"湘"，字同"襄"，乃汉水之别称，非为洞庭之湘水。《古三苗疆域考》言三苗之居，左彭蠡，右洞庭。彭蠡、洞庭俱在大江之北而不在江南。当年曾撰文与他辩论的饶宗颐称，钱穆考证古史地名常作翻案文章，实受顾颉刚《古史辨》中关于"古史地域扩张理论"的影响。[①] 丁山也说钱穆考证"邠为滨汾之邑，岐为狐岐者，未免勇于疑古矣"。[②] 钱穆本人也称自己"疑《尧典》、疑《禹贡》、疑《易传》、疑《老子》出庄周后，所疑皆超于颉刚"，"余与颉刚，精神意气，仍同一线，实无大异"，"两者分辨，仅在分数上"。[③] 从这个意义上而言，钱穆治古史的理论与方法和顾颉刚确有一些相同的见解。

二、"所同不胜其异"——古史理论的分歧与批评

钱穆与古史辨派在治古史的某些方面虽然有共同之处，但就其总体思想而论，他们的古史观又是"所同不胜其异"的。根据我们考察，在1920—1940年代，钱穆对五四以来的疑古派史学的评价大体经历了一个由"正面肯定"到"基本否定"的发展过程。在1920年代特别是20年代后期写成的《国学概论》中，他对疑古派正面肯定的居多，对其古史理论与方法引为同调，抱有相当的赞同。30年代中期以后批评的言论转多，1935年发表的《崔东壁遗书序》可为其代表。而对疑古派古史层累造成说提出全面而公开批评的，则以1940年出版的《国史大纲》为标志。在书中，钱穆针对顾颉刚的"古史层累造成说"提出了"古史层累遗失

---

① 据饶宗颐回忆，1930年代前期，钱穆在《燕京学报》和《清华学报》发表了几篇有关古史地理考证的文章，一是对周初地理的考证，一是对《楚辞》地理的考证。钱先生由于受顾颉刚先生《古史辨》中关于古史地域扩张理论的影响，认为古史发生地应集中在中原地区，因此他把周人的起源地全都搬到山西，把屈原的活动范围放在湖北，把《楚辞》中一些水名、地名如洞庭、涔阳等移到了河南，甚至说三苗也在河南。针对这些问题，我写了一些文章专门与钱先生商讨，指出他的那些提法不符合实际。参见周少川《治史论学六十年——饶宗颐教授访谈录》一文，《史学史研究》1995年第1期。

② 丁山：《由三代都邑论其民族文化》，《历史语言研究所集刊》第5本第1分，1935年，第107页。

③ 钱穆：《八十忆双亲·师友杂忆》，第167页。

说”。在他看来，古史固然有“层累造成”的一面，同时也有“层累遗失”的一面，层累造成的伪古史固应破坏，而层累遗失的真古史尤应探索，不能只强调前者而忽略后者。[①] 所以，他把疑古派的治史主张称之为“极端之怀疑论”，力求创建新的古史观，对“近人极端之怀疑论”加以修正。《国史大纲》是钱穆古史观、文化观的成熟之作，自此以后，他总体上不再赞同古史辨派的治史主张，由先前对疑古史学的大体认同，转而进行总体的批评。[②]

综观钱穆对疑古派治史主张的批评，我们认为他们在治古史的理论和方法上主要存在着如下几方面的分歧。

第一，对“疑”与“信”、“破”与“立”的不同理解。

和顾颉刚为首的古史辨派一样，钱穆同样也主张疑辨，认为“考信必有疑，疑古终当考”。但是，在对待疑与信、破与立的关系上，他们的看法又不尽相同。尽管古史辨派也主张“破坏与建设，只是一事的两面，不是根本的歧异”，“我们所以有破坏，正因为求建设”。[③] 然而在具体的古史研究实践中，他们基本上奉行的是以疑破信的原则，主张通过怀疑来达到推翻传统上古史的目的，所以他们常常把疑作为治古史的最高目的，其着眼点在疑不在信，在破不在立。钱穆并不一般地反对疑古，但与古史辨学者所不同的是，钱穆认为怀疑本身并不是目的，疑是不得已，是起于“两信而不能决”。他在1933年给《古史辨》第四册所作之序中就明确提出了“怀疑非破信，乃立信”的观点。

---

① 与钱穆观点近似的还有他的老师吕思勉。1941年3月，吕氏在《古史辨》第七册“自序一”中提出古史既有“层累造成”的一面，同时又未尝没有“逐渐剥蚀”的一面。在同年12月出版的《先秦史》中，吕思勉亦说：“（古史）其传愈久，其伪愈甚。信有如今人所言，由层累造成者。然观其反面，则亦知其事迹之真者之逐渐剥落也。”上海古籍出版社，2005年版，第18—19页。

② 据钱门弟子吴佩兰回忆，他在1940年代随钱穆在成都赖家园学习，因受顾颉刚“层累构成说”的影响撰写一文送师请教，其师对他的论文大加批评，“态度严肃，声色俱厉”（吴佩兰：《忆宾四师》，江苏无锡县政协编：《钱穆纪念文集》，第54页）。70年代，杜正胜去外双溪素书楼拜谒钱穆，把当时刚刚发表的一篇名叫《墨子兼爱非无父辨》的文章送钱穆求教，钱穆瞄了一下封面目录，连翻都没翻，就开始批评他的论文，长达一个多小时。钱穆说：“你这种与孟子抬扛的翻案文章是受疑古派的影响，学问的路子错了。你要为墨子讲话，大可伸张墨义，不必批孟以扬墨。”（杜正胜：《徘徊于素书楼门墙之外》，“钱宾四先生逝世十周年纪念专刊”，台北《钱穆先生纪念馆馆刊》第8期，2000年，第121页）从以上两例可以看出，思想文化观成熟后的钱穆对疑古史学是何等的反感。

③ 《古史辨》第四册“顾（颉刚）序”，第19页。

信亦有广有狭。疑者非破信，乃所信之广。信乎此，并信乎彼，而彼此有不能并信，于是乎生疑。若如世之守信者，信其一，拒其余，是非无疑，乃信之狭。若必尊信，莫如大其信。大其信而疑生，决其疑而信定。则怀疑非破信，乃立信。[1]

在 1935 年出版的《先秦诸子系年》"自序"中，钱穆再一次重申了这一主张："夫为辨有破有立，破人有余，立己不足，此非能破之胜也。"后来他把这一主张更精简地表述为："疑之所起，起于两信而不能决。学者之始事，在信不在疑。"[2] 显然，在钱穆看来，怀疑本身并不是治史的最高鹄的，一味怀疑必然流于破而不能立。他的目的是以信疑伪，疑以坚信，重建上古信史，而不是以疑破信，推翻古史。

清人崔述及其《考信录》，深为胡适、顾颉刚等古史辨学者所推崇。胡适把崔述誉为"科学的古史家"，为之作长传，大加表彰。顾颉刚也说："崔述研究了一世的古代史，运用司马迁'考信于六艺'的方法，以经书里的记载来驳斥诸子百家里的神话和传说，做成了这部不朽的巨著——《考信录》。他以为后世所传的古史，大半是战国诸子所假造的，主张信史起自唐、虞，唐、虞以上便不甚可稽考了。我们今日讲疑古辨伪，大部分只是承受和改进他的研究。"[3] 关于胡适、顾颉刚的疑古思想及其与崔述的学术关联，这一点钱穆看得十分清楚。他说胡适"于古今人多评骘，少所许，多所否，顾于东壁加推敬……而最以疑古著者曰顾君颉刚……深契东壁之治史而益有进"。[4]"颉刚史学渊源于崔东壁之《考信录》，

---

① 《古史辨》第四册"钱（穆）序"，第 5 页。
② 钱穆：《发刊辞》，《新亚学报》1955 年第 1 期。该文 1958 年收入《学籥》一书时，易名为《学术与心术》，见香港 1958 年自印本，第 140 页。
③ 顾颉刚：《崔东壁遗书序》，崔述撰、顾颉刚编订：《崔东壁遗书》，第 60 页。
④ 钱穆：《崔东壁遗书序》，《中国学术思想史论丛》（八），第 284 页。

变而过激，乃有《古史辨》之跃起。"①不过对于古史辨学者深为推重的崔述及其疑古主张，钱穆深不以为然。他说崔述只疑古而不疑经，有"信之太深者"，亦有"疑之太勇者"，认为崔氏之病在于所信之过狭，其弊陷于所疑之过多，故崔氏"所疑未必是，即古说之相传未必非"。②对于当时疑古派学者只破不立、疑古过勇的学风他也深致不满，大加批评，称"近人尽从疑古辨伪上来治史，所以终难摸到历史大动脉之真痛痒"。③

第二，对晚清今文经学的不同看法。

诚然，顾颉刚古史观的形成，经历了对今古文经学继承和批判的双向认识过程。他对钱玄同提出的"用古文家的话批评今文家，又该用今文家的话来批评古文家，把他们的假面目一齐撕破"④的主张非常赞同，也曾站在古文经学求真的立场上批评康有为"拿辨伪作手段，把改制当目的"，"非学问研究"态度，也曾多次声称"决不想做今文家，不但不想做，而且凡是今文家所建立的学说我一样地要把它打破"。⑤但据此便得出顾颉刚已自觉地、有意识地超越了今古门户的结论，似乎还有些勉强。

众所周知，顾颉刚的疑古辨伪和古史辨运动的兴起与晚清以来的今文经学关系甚巨。两汉以后渐为湮没的今文经学，到清代由庄存与开其端，刘逢禄奠其基，至龚（自珍）、魏（源）而蔚为大观，到廖平、康有为时集其大成。尤其是康有为的《新学伪经考》《孔子改制考》，直接开启了近代的疑古之风和顾颉刚的古史辨伪。然而，康氏之书写于戊戌维新时期，其书主要是借经学谈政治，为变法维新鸣锣开道。两书在政治上打击泥古守旧思想，意义甚大。但是从学术的角度去

---

① 《八十亿双亲·师友杂忆》，第167—168页。尽管钱穆认为顾颉刚发动的古史辨运动与崔述的疑古思想有直接的学术关联，但他也敏锐地观察到了顾氏与崔述辨古史的不同之处。顾颉刚曾说："在亚东本的《崔东壁遗书》中，梁隐（钱穆的笔名——引者）说崔述是'考诸经以信史'，我则是'求于史以经经'，这把我和崔走的不同路线，指出的最明白。我只是借《考信录》作我工作的阶梯或工具而已，本未尝作崔氏的信徒也。所谓求于史者，考古所得文物及一切社会现象皆是，其范围至广。"《顾颉刚读书笔记》第十卷《荛学笔记》（二），台北联经出版事业公司，1990年版，第7863页。

② 钱穆：《崔东壁遗书序》，《中国学术思想史论丛》（八），第289页。

③ 钱穆：《史学导言》，《中国史学发微》，第56页。

④ 顾颉刚：《秦汉的方士与儒生》"序"，中华书局，1954年版。

⑤ 顾颉刚：《钱穆〈跋评五德终始说下的政治和历史〉》，《古史辨》（五），第632页。

衡估它，其结论不免牵强、武断、难以令人信服。即便是康有为的学生梁启超，对之也有"往往不惜抹杀证据或曲解证据，以犯科学家之大忌，此其所短也"[①]的批评。由于顾颉刚的古史辨伪颇受康有为今文学派观点的影响，因而他对晚清今学家的疑辨思想和历史解释比较推崇，其著述不免用康有为等人的今文家说来为其古史观张目。他说读了《新学伪经考》，"知道它的论辨的基础完全建立于历史的证据上"[②]，读《孔子改制考》上古事茫昧无稽、夏殷以前文献不足征，认"此说极惬心餍理"，"是一部绝好的学术史"[③]。钱穆的看法则与顾颉刚恰好相反，认为《左传》《周礼》等古文经并非刘歆伪造，所以他轰动学术界的成名作《刘向歆父子年谱》主要是针对康有为《新学伪经考》而作。《年谱》以康有为为批驳对象，力攻康说之非，其议论与顾氏恰好处于对立的立场。钱穆在《年谱》"自序"中说：

> 余于康氏，非好为诋訾也。能深读康氏书，心通其曲折，因以识其疵病而不忍不力辨，康氏有知，当喜不当怒也。其他诸家，不能一一及，康氏之说破，则诸家如秋叶矣。[④]

这里的"其他诸家"，自然包括顾颉刚在内。在钱穆看来，康氏之说破，其他诸家如同秋风扫落叶一样，不攻自破。可见，他以《新学伪经考》为主攻对象，的确采取了所谓"擒贼先擒王"的手法。换一句话说，《年谱》正面以康有为今文家说为批驳对象，板子却是打在古史辨派学者身上的。关于此点，作为《年谱》的约稿人，也是第一读者的顾颉刚应是心知肚明的。顾颉刚虽然在感情上难以接

---

① 梁启超：《清代学术概论》，朱维铮校注：《梁启超论清学史二种》，复旦大学出版社，1985年版，第64页。

② 《古史辨》（一）"自序"，第26页。

③ 《古史辨》（一）"自序"，第26页。

④ 《燕京学报》1930年第7期，第1193页；又见《古史辨》（五），第106页，此段话收入《两汉经学今古文平议》一书时已删。

受钱穆对康有为刘歆伪经说的攻击，但在理智上却看中了钱氏的史学才能。① 因此，他从学术公心出发，不但刊出了这篇"不啻与颉刚诤议"的文章，而且还推荐钱穆到燕京大学任教，帮助没有正式文凭的钱穆走向大学讲台。这种不以己意排抑异见的学术雅量和奖掖他人的"王者"风度，在中国现代学术史上书写了一段佳话，以至于半个世纪以后，钱穆在《师友杂忆》中重提此事，仍然久久不能忘怀："此种胸怀，尤为余特所欣赏，固非专为余私人之感知遇而已。"②

在《刘向歆父子年谱》刊出的同时，顾颉刚另一篇阐述他古史理论的力作《五德终始说下的政治和历史》也在《清华学报》第 6 卷第 1 期上发出。顾颉刚在文中虽然采纳了钱穆《年谱》中的一些意见，但在刘歆伪经这一根本问题上仍然沿用了康有为、崔适等今文家的观点，认为刘歆所作的《世经》，是媚莽助篡的东西，《世经》里排列的古帝王的五德系统，是出自刘歆的伪造。他说：

> 康先生告诉我们，在今文家的历史里，五帝只是黄帝、颛顼、帝喾、尧、舜，没有少皞。在古文家的历史里，颛顼之上添出了一个少皞，又把伏羲、神农一起收入，使得这个系统里有八个人，可以分作三皇五帝，来证实古文家的伪经《周礼》里的三皇五帝。这个假设，虽由我们看来还有不尽然的地方，但已足以制《世经》和《月令》的死命了。③

两篇论文的结论完全相反，对此顾颉刚邀请钱穆批评，钱穆于是写出《评〈五德终始说下的政治和历史〉》一文，称"顾颉刚先生屡次要我批评他的近著《五德终始说下的政治和历史》，为我在他那文以前，曾有一篇《刘向刘歆王莽年谱》，和他的议论正好相反，我读了他的文章，自然有一些异同的见解"。钱穆认为，古史辨虽然是沿袭清代今文学的趋势而来，但由于所处的时代不同，两者之间也有诸多不同。顾颉刚辨古史采用的根本方法是"传说演进的见解"，这和康

---

① 参见廖名春：《钱穆与疑古学派关系述评》，《原道》第 5 辑，贵州人民出版社，1999 年版，第 217 页。

② 钱穆：《八十忆双亲·师友杂忆》，第 152 页。

③ 《古史辨》（五），第 254—255 页。

有为"人为的"有意造伪说的武断相比，更较近情理。不过他对顾颉刚把晚清今文学家那种辨伪疑古的态度和精神引为同调的做法提出了批评：

> 《古史辨》和今文学，虽则尽不妨分为两事，而在一般的见解，常认其为一流，而顾先生也时时不免根据今文学派的态度和议论来为自己的古史观张目。这一点，似乎在《古史辨》发展的途程上，要横添许多无谓的不必的迂回和歧迷。[①]

不过钱穆并没有说服顾颉刚，他又写了一篇《跋钱穆评〈五德终始说下的政治和历史〉》的文章为其观点辩护。他说：

> 钱宾四先生写好了这篇文字，承他的厚意，先送给我读，至感。他在这篇文中劝我研究古史不要引用今文家的学说，意思自然很好，但我对于清代的今文家的话，并非无条件的信仰，也不是相信他们所谓的微言大义，乃是相信他们的历史考证。他们的历史考证，固然有些地方受了家派的束缚，流于牵强武断，但他们揭发西汉末年一段骗案，这是不错的。[②]

其实，在刘歆伪造古文经这一根本问题上，为顾颉刚一生所坚持。顾氏在晚年所写的《我是怎样编写〈古史辨〉的？》文章中这样说道：

> 我认为古史的传说固然大半由于时代的发展而产生的自然的演变，但却着实有许多是出于后人政治上的需要而有意伪造的。王莽为了要夺刘氏的天下，恰巧那时五行学说盛行，便利用了这学说来证明"新"的代"汉"合于五行的推移，以此表明这次篡夺是天意。刘歆所作的《世经》分明是媚莽助篡的东西，而《世经》里排列的古帝王的五德系统，也分明是出于创造和依

---

① 《古史辨》（五），第 621 页。
② 《古史辨》（五），第 631 页。

托的，这中间当然会造出许多伪史来。对这个问题，我曾写了《五德终始说下的政治和历史》一文来重新加以估定。①

对于顾颉刚所坚持的刘歆造伪说，当代学者多有批评。曾亲自参加过古史辨运动的杨向奎认为，无论是"层累地造成的古史说"（顾颉刚），还是"古史的分化演进说"（童书业），"在方法论上都受有清代经今文学派的影响，他们都是反对古文经的健者"。②汤志钧也指出，顾颉刚攻击刘歆造伪，"仍然是今文学派的方法，多少重复过去的老路"，"有时还没有完全脱离经学家的圈子"。③

第三，如何看待文献记载中的神话传说，如何理解传说与伪造的关系。

以顾颉刚为首的古史辨派，认为传统中的上古史即三皇五帝的古史系统，基本上是后人层累造伪构建起来的。具体言之，则是经战国秦汉时人造伪而逐步形成的。古史辨学者刘节说："自孔子以下直到刘歆，其间学者很少有几个人没有造过谣的。"④顾颉刚本人也说："中国的古史全是一篇糊涂账。二千余年来随口编造，其中不知有多少罅漏，可以看得出他是假造的。"⑤"现存的古书莫非汉人所编定，现存的古事莫不经汉人的排比，而汉代是一个'通经致用'的时代，为谋他们应用的方便，常常不惜牺牲古书古事来迁就他们自己。所以，汉学是搅乱史迹的大本营。"⑥所以，他们大多不相信先秦诸子和汉儒对古史的解释，认为他们所称述的古史无非某些理想的注脚、某些学说的附加品或为某些政治目的的佐证。

钱穆也同意三皇五帝的古史系统并非古史的真貌，它在演进过程中确有后人作伪的地方，特别是有战国诸子和秦汉时人托古改制的理想渗入其中。所不同的是，钱穆认为战国诸子所称述的古史和汉儒对先秦古籍的整理和解释，固然有不少歧异和矛盾之处，但相同地方也不少，它们大多是可信的，是分析和研究上古

---

① 顾颉刚：《我是怎样编写〈古史辨〉的？》，《古史辨》（一），第25页。

② 参见杨向奎：《论"古史辨派"》，《中华学术论文集》，中华书局，1981年版，第22页。

③ 参见汤志钧：《近代经学与政治》，中华书局，1989年版，第354、358页。

④ 《古史辨》（五），刘节序，第5页。

⑤ 顾颉刚：《启示三则》，《古史辨》（一），第187页。

⑥ 《古史辨》（四），顾颉刚序，第21页。关于此点，还可参阅顾颉刚《战国秦汉间人的造伪与辨伪》一文，见《古史辨》（七）上册。

史的有用材料。比如先秦诸子之书，记载了许多春秋战国时代的史事和上古时代的神话传说，疑古派因诸子喜欢托古，或"取于寓言"，故多不信诸子之言。钱穆认为诸子之书的托古和寓言固不足信，但"其述当世之事，记近古之变，目所睹，身所历，无意于托古，无取于寓言。率口而去，随心而道，片言只语，转多可珍"。① 又如，晚清今文学家和古史辨派大多怀疑儒家之与六经，全盘否定依据六经所建构的古史体系，钱穆则坚持"六经皆史"说，认为"治东周不能无取于《春秋》与《左氏》，治西周不能无取于《诗》《书》，此皆儒家所传，六籍所统，可信多于可疑"。② 再如，对唐虞禅让说的理解，顾颉刚认为禅让说是战国形势下形成的新古史观，它首起于墨家的尚贤、尚同学说，经过广泛流传后，被儒家所接受并加以改造熔铸吸纳到儒学中去了。从墨家首倡禅让说到禅让古史最后被写进儒家经典《尚书·尧典》，其形成过程经历了数百年之久。③ 钱穆认为舜尧禅让，只是古代一种君主推选制，经后人追忆、传述而理想化。后人追忆、传述未必全属当时实况，但也绝非子虚乌有，向壁虚构。所以他说："余读《尧典》，其文虽成于后人，其传说之骨子，则似不得谓全出后人捏造。"④ 显然，在钱穆眼中，依据儒家六经建立起来的古史系统，虽有后人造伪的地方，但也有一定的真实事实为其依据，因此疑经疑古尽可，但却不能因此而全盘否定古史。为此他强调说："谓六经不尽出孔孟可也，谓尧舜禹文武周公之圣统无当于古史之真相亦可也，然苟将从事于古史，儒家要为古学一大宗，六经要为古籍一大类，儒家之与六经要为占古文中主要一大部。拘拘乎是二者，而以定古史之真相，其观点为已狭；若将排摈乎是而求以窥古史之全体，其必无当，又断可识也。"⑤

基于古史系为后人层累造伪的理解，五四以后的疑古派大多否定甚至抹杀文献记载中的神话传说，认为上古流传之文字，多不可信，春秋战国以前的历史，皆后人之假托。比如胡适以《诗经》为中国最古之史料，宣称"现在先把古史缩

① 钱穆：《先秦诸子系年·自序》，中华书局，1985 年版，第 20 页。
② 钱穆：《崔东壁遗书序》，《中国学术思想史论丛》（八），第 286 页。
③ 参见顾颉刚：《禅让传说起于墨家考》，《古史辨》（七）下册。
④ 钱穆：《唐虞禅让说释疑》，《古史辨》（七）下册，第 295 页。
⑤ 钱穆：《崔东壁遗书序》，《中国学术思想史论丛》（八），第 290 页。

短二三千年，从《诗》三百篇做起"。① 所以，他在《中国哲学史大纲》中对东周以上的历史即"存而不论"。顾颉刚也说："因为伪书上的事实自是全伪，只要把书的伪迹考定，便使根据了伪书而成立的历史也全部失其立足之点。照我们现在的观察，东周以上只好说无史。"② 与此观点相反，钱穆认为上古流传的神话传说包含有许多可信的成分，是研究上古史的重要材料。既不能因传说有不可靠的成分便将之弃置不用，更不能因传说里掺杂有神话而否定传说。因为"各民族最先历史，无不从追忆而来，故其中断难脱离传说与带有神话之部分。若严格排斥传说，则古史即无从说起"。③ 当然，传说也有许多不可靠的成分，对之不能盲目轻信，但是它与伪造、说谎却有本质的不同。为此，钱穆作了具体的分析：

> 传说是演进生长的，而伪造可以一气呵成，一手创立。传说是社会上共同的有意无意，而无意为多的一种演进生长，而伪造却专是一人或一派的特意制造。传说是自然的，而伪造是人为的。传说是连续的，而伪造是改换的。传说渐变，而伪造突异。④

由于钱穆主张古史体系为自然的演进而非人为的造伪，所以他对当时的疑古派采用今文家说把大规模的作伪统统诿之古人的做法进行了批评，"传说来源非全无因"，"后人不得其说，而缘饰之以理想之高义。更后之人益不得其说，则谓全属古人之妄造。古今人不相远，岂应古之学人专好造谣乎？"⑤ "近人全认传说为伪造与说谎，此所以治古史多所窒碍也。"⑥

第四，关于上古史的研究方法。

1930 年代，钱穆执教北京大学，主讲上古史。面对弥漫学术界的疑古思潮，他在讲台上却宣称，讲上古史，"若亦疑古，将无可言"。钱穆认为研究上古史

---

① 胡适：《自述古史观书》，《古史辨》（一），第 22 页。
② 顾颉刚：《自述整理中国历史意见书》，《古史辨》（一），第 35 页。
③ 钱穆：《国史大纲》上册，商务印书馆，1940 年版，第 4 页。
④ 钱穆：《评顾颉刚〈五德终始说下的政治和历史〉》，《古史辨》（五），第 620 页。
⑤ 钱穆：《唐虞禅让说释疑》，《古史辨》（七）下册，第 295 页。
⑥ 钱穆：《唐虞禅让说释疑》，《古史辨》（七）下册，第 295 页。

应"通观大体"，不可对古史作"过细推求"。因为自西周逆溯而上，历商夏虞唐，乃至远古，人物无可详说，年代亦渺茫难稽，故不能仅凭年代、人物、制度学术去细推古史。为此他作了如下分析：

（一）因古代文化演进尚浅，不够按年逐月推求。

（二）因古代文化演进尚浅，人物个性活动之事业尚少，若专从人物言行上研求古史，则仍是三皇五帝禹汤文武周公一套旧观念，不免多带有神话教训之意味，亦不得古史真相。

（三）因古代文化演进尚浅，并不如后代有种种政治制度学术思想等与之并起，若从此方面来研寻古史，仍不脱汉代经学家三代质文相禅种种假想之范围，所谓儒者托古改制，亦不能得古史之真相。①

那么如何来研究上古史呢？钱穆主要从如下几个方面作了探讨。

其一，古籍所载的神话传说经过史家主体的重新审订和解释可以用来研究上古史。钱穆认为对古籍所载的神话传说过于迷信固然不妥，但也不应轻易否定。因为"传说之来，自有最先之事实为之基础，与凭空说谎不同"②，故研究上古史"从散见各古书的传说中去找寻，仍可以得一个古代中国民族情形之大概"。钱穆虽然主张用神话传说来研究上古史，但他又反对对神话传说不加分析地全盘采用。因为上古的神话传说虽然包含有可信的成分，但是由于经过多次演变，许多已逐渐失去了原来的含义，加之又经过后人各以己意粉饰说之，遂致多歧。因此，史家应对古籍所载的神话传说加以重新的审订和解释。诚如所言："上古神话为一事，历史真相又为一事。决不能以上古传说多神话，遂并其真相不问。若上古史之真相不显白，则以下必有无从说起之苦。"③

其二，通过考察古人活动的地理区域来推寻我民族古代文化活动之大概。钱穆认为，治古史固应注意氏族、人物、年代、制度、学术等内容，春秋以下，人物渐盛，年代始可以细求，但"春秋以前，年代既渺茫，人事亦粗疏，惟有考其

---

① 参见《国史大纲》上册，第4—5页。
② 钱穆：《唐虞禅让说释疑》，《古史辨》（七）下册，第294页。
③ 钱穆：《评夏曾佑〈中国古代史〉》，《大公报》1931年3月11日，署名"公沙"。

地理，差得推迹各民族活动盛衰之大概"。① 所以，他又十分重视古史地理的研究，力主把先秦古籍所载的古史地名具体落实到地面上，从古代历史上异地同名来探究古代各部族迁徙往来之迹，从山川形势来解说和分析当时各氏族的活动区域以及各族间离合消长之情势，进而论证各地区政治、经济、人文演进的古今变迁，为研究上古史提供一些"至关重要应加注意"之证据。

钱穆虽然十分重视古史地理特别是古籍所载的地名、方位对于古史研究的重要性，但是他又认为对之绝不可盲目全信，也应作"审细考订"，以便重新作出合理的解释。早在 1934 年，钱穆在《提议编纂古史地名索引》一文中，不仅从地名来历、地名迁徙、地名演变等方面论证了探检古史地名的基本原则和方法，而且还强调指出："治古史的应看重考地的工作。而考论古史地名尤关重要的一点，即万勿轻易把秦以后的地望来推说秦以前的地名，而应该就秦以前的旧籍，从其内证上，来建立更自然的解释，来重新审定更合当时实际的地理形势。"② 据《史记》记载，黄帝部落的活动范围，"东至海，西至崆峒，南至江，登熊湘，北逐荤粥，合符釜山，而邑于涿鹿之阿"。后人"疑其行踪之超逴，近于神话"。钱穆对这段材料作了新的解释。他说：

> 崆峒本在河南境，熊湘与崆峒同在一省。釜山者，覆釜山，一名荆山，与华潼为近，所谓黄帝'采首山铜，铸鼎荆山'是也。黄帝又与神龙'战于阪泉之野'，阪泉在山西解县盐池上源，相近有蚩尤城、蚩尤村及浊泽，一名涿泽，即涿鹿矣。然则黄帝故事，最先传说只在河南、山西两省，黄河西部一隈之圈子里，与舜、禹故事相差不远。司马迁自以秦汉大一统以后之目光视之，遂若黄帝足迹遍天下耳。此就黄帝传说在地理方面加以一新解释，而其神话之成分遂减少，较可信之意义遂增添。将来若能与各地域发掘之古器物相互间得一联络，从此推寻我民族古代文化活动之大概，实为探索古史

---

① 钱穆：《提议编纂古史地名索引》，《禹贡》第 1 卷第 8 期（1934 年）。
② 钱穆：《提议编纂古史地名索引》，《禹贡》第 1 卷第 8 期（1934 年）。

一较有把握之方向也。①

其三，用地下出土的实物材料来研究古史。自王国维提出二重证据法以来，用地下出土的实物材料来研究古史风靡学界。钱穆对此方法也颇为推崇。比如他在考证先秦古史地名时，除运用传世文献外，对金文、甲骨文的材料也有注意。他曾在致容庚的信中谈及《周初地理考》一文时说："篇中证论眼于《诗》《书》以下，金文甲文弟所知甚少，不知亦有材料可资推证否？先生续及意见如何？许详示为感。"②他也多次公开宣称："最近数十年来地下发掘的古器物与古文字，大体上是用来证明……古史记载的。"③

三、作为考古派史家的钱穆

综上可知，在1920—1940年代，钱穆提出的许多研究上古史的理论与方法，在很大程度上是针对当时的疑古派而言的，是对当时疑古思潮的回应。他反对学术界疑古过头的学风，其治史主张实际上是力图纠正当时学术界一味疑古之弊。诚如他在自述早年治史目的所言："每读报章杂志，及当时新著作，窃疑其谴责古人往事过偏过激。按之旧籍，知其不然。……余之治学，亦追随时风，而求加以明证实据，乃不免向时贤稍有谏诤，于古人稍作平反，如是而已。"④

当然，从另一方面看，钱穆提出的研治上古史的理论与方法，固然是对当时疑古思潮的回应，然而在回应中，也在不同程度上表现出了某种信古的倾向。比如深受当时疑古思潮影响的李峻之，在批评钱穆《周初地理考》时就公开言道："在钱先生这篇文章里，最使人不满意的地方，便是他全盘接受了自《尧典》《世

---

① 钱穆：《国史大纲》上册，第5—6页。又见钱穆：《黄帝故事地望考》，《禹贡》第3卷第1期（1935年）。

② 钱穆：《致容庚书》（1931年7月28日），广东省立中山图书馆编：《馆藏名人手札选萃》，商务印书馆，2002年版，第149页。

③ 钱穆：《中国文化史导论》（修订本），第24页。

④ 钱穆：《八十忆双亲·师友杂忆》，第361—362页。

本》《五帝德》，以至于《古史考》《路史》等书底荒诞不经的古史系统。试问既承认了尧、舜、禹、稷，乃至于许由、伯夷、神农氏、金天氏等，均真有其人，那可靠的古史，还何从说起？既然毫无疑义地接受了传说中的古代帝王底生所葬地，委曲宛转地去为之代求证明，那得出的结论，还含有多少价值。"① 但是，如果就此把 1920—1940 年代的钱穆划归为崇古拒新的信古派，又不免失之于简单。这不仅因为钱穆本人曾公开明确地表示过反对复古，更重要的是他主张考古，考而后信，重建上古信史。所以，他对考古派史家王国维的古史新证理论和考古成就极为钦佩，指出王氏《殷卜辞中所见先公先王考》及《续考》的贡献主要有三：

一、推证殷人出自帝喾之说。据此则《史记·殷本纪》《世本》《山海经》《左传》《鲁语》、皇甫谧《帝王世纪》种种传说可以参证连贯，均因卜辞之发见而重新估定此等书籍在古代史料上之价值。

二、发见卜辞有王亥，即《史记》中之振（振乃亥字之讹）。据此则《山海经》《竹书纪年》《吕氏春秋》《楚辞》《天问》《世本》《管子》《汉书》《古今人表》种种传说记载，尽可参证连贯。

三、又有王亥而发见王恒（此为《史记》《世本》《竹书纪年》所不详）。以卜辞证天问，可以补古史之缺。且所证者均在成汤之前，因此所载夏代古史，亦同样提高其可信之地位。②

同时，钱穆又利用王国维运用二重证据法所取得的考古成果来论证上古历史之可信。他说："五帝之系统虽出于战国后人之编造，而五帝之个别传说，则各有渊源，决非后人所捏造。"他举王氏推证殷商出于帝喾为例说：

虞夏出颛顼，殷商出帝喾，本属东西两系统。此后中国渐趋统一，乃谓双方皆出黄帝。……今殷商出帝喾之说，既有甲骨卜辞为之证实，则《夏本

---

① 李峻之：《评钱穆先生〈周初地理考〉》，《清华周刊》第 37 卷第 5 期，1932 年。
② 钱穆：《国史大纲》上册，第 15 页。

纪》谓夏人出自颛顼，司马迁亦应自有其根据，不得因吾侪未发现此等直接材料，而遂疑其不可信。①

又说：

《史记》自契至汤十四世，而夏代自禹至桀，亦十四世。桀与汤同时，则禹与契亦略同时。《史记》所载殷代汤以前事，既有甲骨文为之证明，则《史记》载夏代桀以前事，虽此时尚无同样直接之史料为之作证，而《史记》之非向壁虚造，则可不证自明矣。②

钱穆认为《尚书·尧典》说禹与契同在虞廷，《史记·五帝本纪》说夏、商同出黄帝，这些说法可出后人伪造。然而《史记》记载夏、殷历世帝王名字、世次，未必出后人之伪造。《史记》记载可以有漏说，有讹误，但大体则可信。对此他反问疑古派学者："马迁论殷事可信，何以说夏事不可信？马迁记殷事有据，何以记夏事独无据？马迁之所睹记，其不复传于后者夥矣，若必后世有他据乃为可信，则是马迁者独为殷商一代信史以掩其于夏、周之大为欺伪者耶？"③由此钱穆还进而言及被疑古派学者视为"侈谈神怪，百无一真"的《山海经》，也有不少可信之史料。他说："中国古代史籍记载，不仅如《史记》等见称为谨严之史书者有其可信之价值，即素目为荒诞不经之书如《山海经》等，其中亦有其可信之史料。而近人乃转谓除直接发见之物证外，上古流传文字记载，皆不可信，岂不颠倒之甚。"④

而且，钱穆的早年名著《先秦诸子系年》也是在王国维《古本竹书纪年辑校》的基础上，沿着王氏的考证之路以《纪年》订《史记》之误，据之以考订诸子生卒年月和春秋战国史实的。据此我们认为，钱穆早年治史既不同于疑古过头、否

① 钱穆：《国史大纲》上册，第15页。
② 钱穆：《国史大纲》上册，第15—16页。
③ 钱穆：《崔东壁遗书序》，《中国学术思想史论丛》（八），第286页。
④ 钱穆：《国史大纲》上册，第15页。

定古史的疑古派，也有别于迷恋往古、以古为尚的信古派，他与考古派史家王国维等人的治史观更有接近处。诚然，钱穆与顾颉刚为首的古史辨派同样具有疑辨精神，主张疑与信皆需考，但他却公开声明"窃愿以考古名，不愿以疑古名"。①可见，把早年以考据名家的钱穆归为王国维一类的考古派史家，恐怕更为恰当。所不同的是，王国维取地下实物与文献记载相证来研究古史，故能开拓学术之区宇，转时代之风气，其成就也就较乾嘉诸老，更上一层。钱穆虽然也赞同以地下新材料与古文献相证来研究古史，但是他却过分重视了文献记载乃至古史传说，因而在一定程度上又忽视了地下出土的实物资料对于上古史研究的重要性。他说："中国古史传说，虽也不免有些神话成分之搀杂，但到底是极少的。我们现在叙述中国古代，也不必拘拘以地下发掘的实物作根据。"②所以，就钱穆研究上古史的方法言，主要仍是走的从文献考证文献的传统路子，这势必会限制他考证古史的成就。这不能不说是他治古史的一大局限。

　　总的来讲，钱穆对古史辨派的评价大致经历了一个由正面肯定到基本否定的发展过程。钱氏受过古史辨派的主将顾颉刚的提携，他早年的治学方法曾受过古史辨派的影响，对其古史理论多有赞同。显然，这时的钱穆在学术上认同古史辨运动及其方法，还没有自觉意识到古史辨运动有批判和否定中国历史文化取向的一面。钱氏在把古史辨派的古史理论引为同调的同时，他早年的名作《刘向歆父子年谱》却意在肯定古典文献所载历史的真实可信，这又显示了他与当时疑古史学不同的文化价值取向。所以，钱穆早年对顾颉刚的"层累说"表示了"相当地赞同"的同时，对顾氏引"晚清今文学家那种辨伪疑古的态度和精神"为其古史观张目又提出了批评，主张用自然的演变说来取代刘歆造伪说。随着钱穆自己史学理论的日渐成熟，他逐渐超越了古史辨派的古史理论，对疑古史学由基本肯定、"相当赞同"转为总体性的批评。自40年代特别是钱穆居港台以来，他对古史辨派的批评愈趋激烈，迹近全盘否定。他在《两汉经学今古文评议》"自序"中称近世疑古辨伪之风承晚清今文家说而来，专以疑古为务，标新立异，妄肆疑辨，

---

① 钱穆：《八十忆双亲·师友杂忆》，第167页。
② 钱穆：《中国文化史导论》（修订本），第24页。

厚诬古人，武断已甚。在晚年著作《晚学盲言》中也说："吾友顾颉刚，由此禹字生疑，创为《古史辨》。不知遇古史有疑，当就其时代善为解释，不当遽以疑古为务。倘中国古史尽由伪造，则中国人专务伪造，又成何等人？"①不过他这时否定性的批评主要是出自文化意义上的批评，即对古史辨派否定性的评价，主要是从民族文化立场着眼立论的。

钱穆在《纪念张晓峰吾友》一文中曾说："自《国史大纲》以前所为，乃属历史性论文，仅为古人申冤，作不平鸣，如是而已。以后造论著书，多属文化性，提倡复兴中华文化，或作中西文化比较。"即是说，钱穆的学术研究，就其研究的重点言，可以1940年《国史大纲》的出版为界划分为两个时期，此前以历史研究为主，此后即转入文化研究。钱穆之所以自1940年代初由历史研究转向文化研究，这一方面固然是出自他对五千年来中国文化价值的肯认，更重要的则是出自他对五四新文化运动以来学术界反传统思想的回应。在他看来，在五四新文化运动中孕育和发展起来的疑古派一昧疑古，极力将中国古代文化压低，把古代年代缩短，势必会导致对中国历史文化的全面否定。因此，他主张治史不应当专以疑古为务。据此，钱穆把在新文化运动影响下掀起来的疑古思潮与五四以来全盘反传统思想联系了起来，对之加以否定。②钱穆对古史辨派的评价由正面肯定到基本否定再到全面否定，看起来似乎不可理解，但是联系到他一生全部的学术思想及其演变的轨迹来分析，这种变化又是有其逻辑上的必然性的。

---

① 钱穆：《晚学盲言》（上），广西师范大学出版社，2004年版，第311页。
② 钱穆晚年把民国时期的主流史学派概括为疑古、考信两派，他说新文化运动中"疑古辨伪"之风皆承康有为《新学伪经考》而起，"既为'疑古辨伪'，则必有'考信'工作，而新文化运动同时又有殷墟发掘及龟甲文研究。此则'考信'与'疑辨'之两翼并进，双轮齐前，亦成一不可分之势"。参见钱穆：《学术传统与时代潮流》，收入《钱宾四先生全集》第23册《中国学术思想史论丛》（九），第46页。钱穆把古史辨运动视为"新文化运动一支流"而加以批评、否定的观点可参阅罗义俊的《钱穆对新文化运动的省察疏要》一文，载《现代新儒学研究论集》（二），中国社会科学出版社，1991年版。

钱穆与新考据派关系略论
——以钱穆与傅斯年的交往为考察中心

在钱穆的史学中，他对民国时期居于主流的新考据派的批评占有了相当一部分内容。从广义的角度而言，在五四以后伴随着胡适"以科学方法整理国故"潮流而创生的新考据派应包括顾颉刚的古史辨派和傅斯年的史料学派，曾繁康撰文指出："此派的作品，可以顾颉刚先生的古史辨为代表；此派的学者，以中央研究院和北平研究院的历史语言研究所，及北京、清华等大学为大本营。"[①] 即作如是划分。这里所说的新考据派，取狭义的含义，主要是指以傅斯年为领袖、以史语所为中心、以整理和考订史料真伪为鹄的、以"为学问而学问"的治学态度相标榜的史料学派[②]，该派内以乾嘉史学为依托，外以西方近代实证史学为应援，曾雄霸民国史坛达 20 多年，成为当时声势最盛的史学主流派。本文以钱穆与史料学派的舵手、新考据派的领军人物傅斯年的交往为考察对象，通过对二人治史异同和离合关系的分析，力图展现 20 世纪中国史学曲折而又多元并进的发展历程。

一、傅斯年推荐钱穆进北大

在 20 世纪中国学术史上，钱穆与傅斯年是两位富有鲜明学术个性和思想的

---

① 曾繁康：《中国现代史学界的检讨》，《责善》第 1 卷第 5 期，1940 年 5 月。
② 新考据派有种种不同的称呼，如史料学派、科学考订派（科学派）、新汉学派、考古派，在本文中，这些不同的称呼含义实同，可互相替换使用。

著名学者。钱生于 1895 年，年长傅斯年一岁，两人皆出身于书香之家，幼年丧父，由母亲教养成人。所不同的是，钱穆高中尚未毕业便因家贫辍学，18 岁时便在家乡无锡做了乡村小学教师，而傅斯年则在他父亲的学生资助下，不仅读完了高中、大学，还出国留了学。

1916 年秋，21 岁的傅斯年在北大预科毕业升入本科国文门。当时在北大国文门执教的多为太炎弟子，傅斯年以扎实的国学根底和优异的学业成绩，得到了太炎首徒黄侃和国学大师刘师培等人的器重，傅斯年也以继承仪征学统和太炎学派的衣钵为荣。假如当年没有胡适到北大任教，发动文学革命和新文化运动，也许傅斯年会沿着章太炎、刘师培的治学路径走下去，成为一名古文学家。

然而，胡适的到来改变了傅斯年的人生之路。1917 年 8 月，27 岁的胡适学成归国，登上北大讲台。他采取"截断众流"的方法讲授中国古代哲学，大胆撇开唐、虞、夏、商，直接从周宣王以后讲起，这给一般头脑中充满着三皇五帝古史观念的学生以极大的震动，"骇得一堂中舌挢而不能下"。[①] 被哲学系学生、同室好友顾颉刚拉去旁听的傅斯年听后说道："这个人书虽然读得不多，但他走的这条路是对的。"不久，这位黄侃门下的高足便改投胡适门下，他与同学罗家伦等人组织"新潮社"，创办《新潮》杂志，与《新青年》相呼应，成为新文化运动中声名鹊起的风云人物。

当傅斯年在新文化运动中得享大名之时，钱穆正辗转于家乡无锡乡间任教。当时，他对新文化运动及其由此引发的东西文化论争颇为关注。苏南地区文化发达，无锡乡间并不闭塞，《新青年》《新潮》这些宣传新思想的杂志不难找到。据钱穆回忆，他当年蛰居乡间，对《新青年》《新潮》《国故》《东方杂志》刊出的文章多认真拜读，以便及时了解当时思想文化界的动向。他在早年著作《国学概论》第十章"最近期之学术思想"中，引用胡适《五十年来中国之文学》一文，对《新潮》月刊作过介绍。在以后回顾民国时期的学术思潮时，对《新潮》杂志

---

① 顾颉刚：《古史辨自序》，《古史辨》（一），第 36 页。

及其与之对垒的《国故》杂志也屡有提及。[①]他最初知道傅斯年这个名字当在傅氏创办《新潮》杂志时期。

1919 年底，傅斯年奔赴欧洲留学，先后在英国伦敦大学、德国柏林大学读了七年书。1926 年冬，傅氏学成归国。不久，被广州中山大学副校长朱家骅聘为该校文学院院长和国文、史学两系主任。1928 年，中央研究院历史语言研究所成立，傅出任所长，正式亮出"科学史学"的大旗，以提倡"史学本是史料学"而名著学界。1929 年，史语所从广州迁往北平，他为该所招揽了一大批优秀人才，陈垣、陈寅恪、赵元任、李济等一批著名学者皆聚集在他的麾下，傅斯年因此而成了史料学派的舵手、新考据派的领军人物。

钱穆与傅斯年初识于 1931 年秋，即钱穆任教北大史学系之后。没有大学文凭的钱穆之所以能进入傅斯年的视野，主要得益于他的成名作《刘向歆父子年谱》。1930 年，钱穆由古史辨派主将顾颉刚的推荐，到北平燕京大学任教。在当年《燕京学报》第 7 期上，刊出了他的成名作《刘向歆父子年谱》（以下简称《年谱》）。该文力驳康有为《新学伪经考》，一扫清末民初学术界流行的刘歆伪造古今经的不白之冤，轰动了北平学术界。傅斯年得知钱穆的名字，当与此文有关。

20 世纪 20 年代末、30 年代初，正是傅斯年从"疑古"走向"重建"的关键时期。傅氏原本是主张疑古的，他的疑古甚至还早于顾颉刚。1919 年 1 月，傅斯年在《新潮》第 1 卷第 1 号上发表了一篇评清人梁玉绳《史记志疑》的文章，称该书"独能疑所不当疑"，具有"疑古之精神"，并主张"与其过而信之也，毋宁过而疑之"。1924 年 1 月到 1926 年 9 月间，在德国留学的傅斯年给顾颉刚写了一封长信（未寄出），其中最重要的部分就是"与顾颉刚论古史"。在这封信中，他对顾颉刚"层累地造成的中国古史"说大加称赞，"史学的中央题目，就是你这'累层地造成的中国古史'"，"你这一个题目，乃是一切经传子家的总锁钥，一部中国古代方术思想史的真线索，一个周汉思想的摄镜，一个古史学的新大成"，

---

① 《国故》杂志也是北大学生创办的，受刘师培、黄侃、陈汉章等人的支持，以"昌明中国固有之学术"为宗旨。有趣的是，该杂志的创办者之一张煊，原名张寿昆，是钱穆常州府中学堂的同班同学，当年闹学潮时，他与钱穆以及在新文化运动中享有大名的刘半农，都是闹学潮的代表人物。

"您在这个学问中的地位，便恰如牛顿之在力学，达尔文之在生物学"，"颉刚在史学上称王了"，"几年不见颉刚，不料成就到这么大"！ ①

顾颉刚在古史研究上所取得的辉煌成就对傅斯年的触动、刺激不小。他一方面对顾氏佩服得"五体投地"，称"颉刚在史学上称王了"，研究古史的人"终不能不臣于他"，另一方面对其疑古主张也有某种程度的保留。在回国前后，他对顾颉刚"古史层累造成说"的理论缺陷也在作种种思考。杜正胜在一篇文章中对傅斯年从马赛坐船回国的40余天中所思考的问题作了这样的联想和推测：

> 傅斯年原先既是疑古派，疑古的顾颉刚所建筑的史学王国，对转变中的傅斯年，像一个茧，这也是向来他自己做的茧。但在东航中，傅斯年破茧而出，在悠悠天地间飞翔。大约四十天的航程，蓝天碧海，傅斯年欣赏朝日晚霞和观星望斗时，古史研究的课目和即将展开的史学革命应该是无时不在脑海中盘旋的吧！②

从这一段富有想象力的描述来看，杜氏的推测恐怕距事实不会相差太远。大约在1926年12月，傅斯年在致顾颉刚的一封信中指出，在文献不足无可确指时，只可阙疑，不能无据轻断。"找出证据来者，可断其为有，不曾找出证据来者，亦不能断其为无"③，对顾氏疑古之勇提出了批评。从傅斯年档案中留存的《戏论》一文讥讽疑古派的话语中也不难看出，他为了超越顾颉刚建构的"史学王国"，决意在古史辨派之外另辟蹊径。所以，当傅氏回国担任中山大学历史系主任，正式跨入了史学这块领域之时，他对古史辨派治史理论的缺陷和不足也在作进一步的思考，逐渐由"疑古"转向了"重建"。

傅斯年由顾颉刚的同道转为对手，由疑古转向重建，与二人争胜之心不无关

---

① 傅斯年：《与顾颉刚论古史书》，欧阳哲生主编：《傅斯年全集》第一卷，第446—447页。
② 杜正胜：《无中生有的志业——傅斯年的史学革命与史语所的创立》，杜正胜、王汎森主编：《新学术之路》，"台北中央研究院"历史语言研究所1998年，第10页。
③ 傅斯年：《评秦汉统一之由来和战国人对于世界的想像》，欧阳哲生主编：《傅斯年全集》第一卷，第474页。

系。二人同为胡适的得意弟子，当顾在国内的事业蒸蒸日上，如日中天，胡适对顾多有称赞，而对傅流露出不满时，这就引发二人的争胜之心。傅斯年回国后，一旦决定踏足史学这一领域，必将在古史辨派之外别树旗帜。傅、顾二人在中山大学历史系共事一段时间后，发生矛盾，以致不欢而散，便是一例。

　　傅斯年与顾颉刚分道扬镳的另一个重要原因恐怕与古史辨派只破不立、疏于建设有关。1924年，李玄伯（宗侗）撰文指出，"用载记来证古史，只能得其大概"，古史问题唯一解决的方法是掘地（考古学）。支持顾颉刚疑古的傅斯年当时的回答是，"掘地自然可以掘出些史前的物事，商周的物事，但这只是中国初期文化史。若关于文籍的发觉，恐怕不能很多。……而你（顾颉刚）这一个题目，是不能为后来的掘地所掩的"；"你这古史论无待于后来的掘地，而后来的掘地却有待于你这古史论。现存的文书如不清白，后来的工作如何把他取用。偶然的发现不可期，系统的发掘须待文籍整理后方可使人知其地望。所以你还是在宝座上安稳的坐下去罢，不要怕掘地的人把你陷了下去"。① 然而转向古史重建后的傅斯年一改过去对顾氏的支持，而转向对李氏观点的认同。1929年11月19日，他应邀作《考古学的新方法》一演讲，称：

　　　　古代历史，多靠古物去研究，因为除古物外，没有其他东西作为可靠的史料。……我们大概都可以知道，古代历史多不可靠，就是中国古史时期，多相信《尚书》《左传》等书，但后来对于《尚书》《左传》，亦发生怀疑，不可信处多得多，于是不能不靠古物去推证。中国最早出土的东西，要算是钟鼎彝器了。周朝钟鼎文和商代彝器上所刻的文字去纠正古史的错误，可以显明在研究古代史，舍从考古学入手外，没有其他的方法。"②

　　傅斯年在史语所专设考古一组，把田野考古定为考古组的工作重心，在他的倡导和主持下，由李济等人负责实施，从1928年至1937年间，先后对殷墟进行

----

① 傅斯年：《与顾颉刚论古史书》，欧阳哲生主编：《傅斯年全集》第一卷，第447页。
② 欧阳哲生主编：《傅斯年全集》第三卷，第89页。

了15次发掘，便是他重建古史的具体行动。钱穆虽然没有运用傅氏所提倡的考古方法证史，但他的成名作《刘向歆父子年谱》，一扫晚清今文学家的刘歆伪经说，对疑古派疑古过头有矫正之功，同样为重建古史作出了贡献。这也是傅斯年特别欣赏钱谱的原因所在。

当然，傅斯年对钱谱的观点未必完全接受。邓广铭曾撰文回忆说："我在读二年级时到中文系旁听傅先生讲授中国古代文学史的课程。那一课时所讲，正是关于西汉后期学者们对于从鲁恭王府新发现的几种古文经是否应立学官问题的争论。那时钱穆先生已在《燕京学报》上刊出了他的《刘向歆父子年谱》，是专为解决这一问题的，我读过后很佩服，而傅先生讲的却与钱文不完全吻合。下课以后，我便依据钱文的意见向傅先生提了一些问题。傅先生又把他的意见作了一些申述，意思是让我不要专信钱先生的一家之言。傅先生回家后向我的同班同学傅乐焕（傅先生的远房侄子，当时住傅先生家中）说及此事，仍以为我不应专主钱说。"①

尽管傅斯年私下对弟子讲，"不要专信钱先生的一家之言"，"不应专主钱说"，不过在公开的场合中，他对《年谱》却极尽称赞。因为《年谱》论证了古文经并非刘歆伪造，《左传》等书是研究春秋时代的可信史料，这对于他重建古史提供了有力的支持，增强了他对古代文献的信心。

1931年夏，钱穆因不适应教会大学的环境，在燕京大学执教一年后南归。不久，在苏州家中得到北京大学寄来的聘书。钱穆此次之所以能进入北大执教，这固然与顾颉刚的鼎力相荐有关，但与傅斯年也有莫大的关系。1930年，北大史学系主任朱希祖去职后，系主任一职由傅斯年代理。当时傅氏为北大史学系招兵买马，广延人才，他首先想到了在燕京大学任教的顾颉刚。两人虽在中山大学因闹矛盾而一时失和，在感情上出现了裂痕，但彼此之间并没有到达彻底断交、互不往来的地步。他向顾颉刚发出回北大史学系任教的邀请，但遭到了顾氏的拒绝。顾颉刚虽未加盟北大，但他却向傅斯年推荐了钱穆。此时的傅斯年因欣赏《刘向歆父子年谱》而对钱穆刮目相看，很快便作出了聘请钱氏的决定。

---

① 邓广铭：《怀念我的恩师傅斯年先生》，《台大历史学报》第20期，1996年11月。

傅斯年接纳钱穆进北大，在顾颉刚写给胡适的信中也得到了印证。顾在信中说：

> 北大与燕大之取舍，真成了难题目。此间许多人不放走，当局且许我奉养老亲，住入城内。为我自己学问计，确是燕大比北大为好。闻孟真有意请钱宾四先生入北大，想出先生吹嘘。我已问过宾四，他也愿意。我想，他如到北大，则我即可不来，因为我所能教之功课他无不能教也，且他为学比我笃实，我们虽方向有些不同，但我颇尊重他，希望他常对我补偏救弊。故北大如请他，则较请我为好。[①]

此信写于 1931 年 3 月 18 日，当时钱穆尚在燕京大学任教。可见，钱穆受聘北大，早在他离开燕大回苏州之前就已有安排。钱氏加盟北大，顾颉刚的推荐固然重要，傅斯年的作用恐怕更为重要，因为他这时是北大史学系实际的主事者和负责人，没有他的点头同意和接纳，钱穆要进入人才济济、名师辈出的北大任教，恐怕是难以想象的。从这个角度而言，我们不妨说，是傅斯年推荐钱穆进了北大。

二、新考据派的同志

在民国史学界，居于主流的史学派别毫无疑问是新考据学派。该派以史语所为中心，以整理和考订史料真伪为鹄的，以"为学问而学问"的治学态度相标榜。他的领袖和舵手便是傅斯年。在三四十年代的中国史学界，该派的影响既深且巨，成为声势最盛的史学主流派。

钱穆开始从事学术研究之时，中国学术界还荡漾在乾嘉考据学的余波之中。钱穆早年治学深受乾嘉考据学风的影响，他的《刘向歆父子年谱》《先秦诸子系年》都是中国近现代学术史上的考据名作。1930 年代中期完成的《中国近三百年学术史》，虽以弘扬宋学为主旨，但该书的精微处仍在考据上。换一句话说，在

---

① 顾颉刚：《顾颉刚书信集》卷一，第 473 页。

抗战之前，钱穆主要是以一个考据学家的面目出现在当时的中国学术界的，他的学术贡献主要在考据上。钱穆进入北平学术界，得到当时新考据派巨子的认同，得到胡适、傅斯年的欣赏，主要得益于他的考据之作，尤其是他的成名作《刘向歆父子年谱》，这也是他受聘于北大的主要原因。钱穆早年是一位纯粹以求真为职志的考据史家，他的治学方法和宗旨，与新考据派确有许多相通之处。从这个意义上讲，他不失为新考据派的同志。

抗战之前的北平，是中国考据学的中心和大本营，身处考据中心之地的钱穆，对主流学界的考据学风不乏称赞之辞。当时的中国学术界，在胡适"以科学方法整理国故"口号的倡导和带动下，掀起了一场声势浩大的"新汉学"运动，学术界的确形成了"非考据不足以言学术"的风气。但批评考据学风的也大有人在。批评者指出，考据仅是整理旧知，无所新创；考据琐碎，无关学问大体；考据尚怀疑破坏，不能尊信守常；考据无用，缺乏对民族文化精神的关怀。钱穆对这些批评的言论，一一加以反驳，声称这些批评的言辞均"不足为考据病"。他为考据辩护的言辞见于1933年他为《古史辨》第四册所作之序中。钱穆在序文中还公开指出，学者应"各就其性之所喜近，以自成其业"，不应无端启骂，互相攻击。这与他后来对考据学风的强烈批评，适成鲜明的对照。

新考据派也视钱穆为同道。钱穆到北大任教后，即与傅斯年相识。傅氏欣赏钱穆扎实的史学功底，对他考证精微深表佩服，多次邀请他到史语所做客。当时，西方著名汉学家如法国伯希和之类到北平访问，史语所宴客，傅斯年常常邀请钱穆参加，并让他坐在贵客的旁边，并郑重其事地向客人介绍，这就是《刘向歆父子年谱》的作者钱宾四先生。

如上这段记载见于钱穆晚年的回忆《师友杂忆》中。如果说这段回忆仅是钱氏夫子自道，不免有自我吹嘘之嫌的话，那么胡适、顾颉刚日记的记载也可印证钱氏的回忆大体不差。胡适在1934年2月25日的日记中说："到静心斋，孟真请 Mr.Hughes〔休士先生〕吃饭，约我和陈寅恪、陈受颐、董作宾、徐中舒、钱穆、赵万里诸人作陪。"[①] 顾颉刚在1935年5月18日的日记中也记道："今午同席：伯

---

① 胡适著，曹伯言整理：《胡适日记全编》(6)，第334页。

希和、适之先生、李圣章、徐森玉、沈兼士、马叔平、李济之、陆懋德、萧一山、冯芝生、陈受颐、孟心史、袁守和、钱宾四、王以中、刘子植、容希白、孙子书、赵蕴云、向觉明、贺昌群、徐中舒、郑天挺、罗莘田、姚从吾、魏建功、陶希圣、容元胎、陈援庵、唐立广、余季豫、余让之、罗膺中，凡四十人（客），傅孟真、陈寅恪（主）。"① 当然，傅斯年邀请钱穆作陪，并向客人郑重介绍他是《刘向歆父子年谱》的作者自有他的用意，据钱氏自道，"孟真意，乃以此破当时经学界之今文学派，乃及史学界之疑古派。"② 无论出自何种目的和用意，傅斯年曾一度把钱穆视为新考据派的"同志"，则是有一定的事实作依据的。

傅斯年视钱穆为同道，钱穆对傅斯年重建古史的工作也寄予了厚望。在民国学术界，傅斯年是以极富组织才干而闻名于世的"学林霸才"，在他的组织和策划下，以史语所为主体的中国考古学家自 1928 年至 1937 年的 10 年间，先后对殷墟进行了 15 次考古发掘，获得了巨大的成功。安阳殷墟的考古发掘，不仅宣告了中国现代考古学的诞生，而且也使甲骨学和殷商史成为时代的显学。随着中国田野考古的不断发展，愈来愈多的学者利用考古发掘的直接材料来研究历史，从而使中国上古史的研究面貌为之一新。钱穆对傅斯年倡导和主持的地下考古发掘和甲骨文字研究深表赞同，乐观其成，有"确然示人以新观念、新路向"的积极评价。

三、分道扬镳

从古史重建的角度而言，傅斯年引钱穆为同道，但是在重建的过程中，两人所用的方法、所重视的问题、所依据的材料又存在着相当大的歧异。邓广铭在《怀念我的恩师傅斯年先生》一文中说：

在我的必修课程当中有先秦史和秦汉史，是由同一位先生讲授的，他的

① 《顾颉刚日记》第三卷，第344页。
② 钱穆：《八十忆双亲·师友杂忆》，第168页。

讲授，虽也有精彩独到之处，然而他的材料来源，总是从书本到书本，从正史到杂史，等等。然而傅先生在其所开设的先秦史和秦汉史的专题讲授两门课程中，他的讲授，却不但显示了他对古今中外学术的融会贯通，而且显示了他对中外有关文献资料与新旧出土的多种考古资料的融会贯通。他所谈及的课题，既多是开创性的，在旧有的史学论著中不会有人谈及的，且多是具有纲领性的，其中包含了极丰富的内容，都可以分别展开作为个体研究的子目。虽然也有人认为他的讲课头绪纷繁，忽此忽彼，有似脱缰野马，难以跟踪（无法记笔记），然而这却是其他教授不可企及之处，唯其是开创性的新意之多，通过傅先生的讲述，就不但使得"周邦旧邦，其命维新"，而是把由夏朝以至春秋战国，全都重塑在一个崭新的氛围和场景之上了。如他所号召的那样，他真正做到了"承受了现代研究学问的最适合的方法，开辟了这些方面的新世界"。

邓广铭，1932 年进入北大史学系读书，4 年后毕业留校任文科研究所助教，每天利用一半时间替钱穆整理校点讲授中国通史而搜集的资料，即后来钱氏撰写《国史大纲》所唯一依凭的"资料长编"，曾为钱氏的名著《先秦诸子系年》写过书评，他本人也是因为拜读《刘向歆父子年谱》增加了对钱氏的崇敬之心而由辅仁大学转考北大史学系的。[①] 他与钱穆的关系不可谓不深，然而在治史方法和路径上，邓广铭受傅斯年、胡适的熏陶、栽培更多，所受的影响也更大。邓氏文中所言的那位讲授先秦史、秦汉史的先生，一看便知是钱穆，只是他在比较钱、傅二人治史的高下时隐去了钱穆的姓名而已。在邓广铭的笔下，钱穆治史虽然也重

---

① 邓广铭在回忆他 1932 年转考北大史学系的原因时说："在 1930 年的《燕京学报》上发表了《刘向刘歆父子年谱》的钱穆先生，据说也被聘到北大史学系任教了。钱的此文，发表不久我就读过，很钦佩；1931 年春在北大旁听胡适先生的中国中古哲学史，胡先生也提及此文，说它是使当时学术界颇受震动的一篇文章，说他本人和一些朋友，原也都是站在今文派一边的，读了这篇《年谱》之后，大多改变了态度云云；这使我知道钱氏此文的作用之大，它扭转了而且端正了从 19 世纪以来风靡中国学术界将及百年的一种风气，因而更增添了我对钱穆先生的崇敬之心。有这样一些大学者在北大史学系，我对北大的向心力便更加强大，所幸 1932 年我又一次投考北大时，经于被录取了。"《邓广铭学述》，第 17 页。

视史料，穷极史料，但总是从书本到书本，从正史到杂史，仅仅是文献材料，比较单一。而傅斯年则不同，既有文献材料，又有新旧出土的多种考古材料。由于重视新资料和新方法，所谈及的课题多具开创性，三代的历史，"全都重塑在一个崭新的氛围和场景之上"，两人治学的高下深浅，不说自明。

邓广铭的分析评价虽有片面之处，但也并非没有道理。钱穆治古史的确有过分依重文献材料之病。他虽然也不反对以地下出土的新材料与传世文献相证来研究古史，但他却过分重视了文献记载乃至古史传说，因而在一定程度上又忽视了地下出土的实物材料对于上古史研究的重要性。所以，他考证古史的一些结论也容易被地下出土的新材料所否定。比如他在《先秦诸子系年》中否定孙武实有其人，《孙子兵法》实为孙膑所作，就被山东临沂银雀山一号西汉墓出土的考古材料所否定。诚如一些学者所言，由于钱穆舍不得跳出传世文献迎接各式各样的新史料，因此他研究古史，其"时代上限只能在东西周徘徊，无法上溯到更广阔、更遥远的唐虞夏商中"。[1]

九一八事变后，民族危机日趋严重，北平学者聚集在北平图书馆开会，傅斯年在会上慷慨陈词，提出了"书生何以报国"的问题，当时大家讨论的结果，是编一部富有民族意识的中国通史以激励国人。[2] 在傅斯年的倡导下，南京国民政府教育部下令高校开设中国通史课，北大亦遵令执行。讲授中国通史课，这是钱穆、傅斯年都赞同的事情，但在如何讲授的问题上，两人发生了分歧，傅斯年重视断代研究，主张北大的通史课应分聘北平史学界治断代史、专门史有成就的名家分讲，"不专限北大一校"。北大最初一年讲授通史，即分聘 15 名学有所成的专家授课，钱穆也分讲一段。钱穆认为，通史由众人分讲，不能一线贯通而下，实失通史的会通之旨。所以他在课堂上公开声称，"我们的通史一课实不大通"。后来在他的建议下，北大的通史课由众人分授改由他一人独任，钱氏的名著《国史大纲》就是以当时的讲义为基础写定而成的。

---

① 杜正胜：《钱穆与二十世纪中国古代史学》，见氏著：《新史学之路》，台北三民书局，2004 年版，第 225 页。

② 参见傅乐成：《傅孟真先生年谱》，台北文星书店，1964 年版，第 33 页。

98   钱穆与 20 世纪中国史学

钱穆对傅斯年主持地下考古发掘和甲骨文研究两门虽然也深表赞同，但是仅以地下发掘的考古材料和甲骨文来治史，他也不敢苟同。有一次，一位学生给钱穆写信，称"君不通龟甲文，奈何腼颜讲上古史"。钱穆拿着这封信在课堂上郑重说道："余不通龟甲文，故在此堂上将不讲及。但诸君当知，龟甲文外尚有上古史可讲。"①在钱穆看来，甲骨文固然"可补迁书之缺"，但它毕竟是一些零碎的史料，仅用它来治史而将古典文献一概抛弃、抹杀将会误导后学，所以他在课堂上力劝学生不必因"不通龟甲文便觉不好"。

钱穆与傅斯年在治学上的分歧并不限于以上几例。九一八事变后，尤其是华北事变后，民族危机的进一步加深促使了钱穆治学方向的转变，促使他把研究的重点由先前崇尚考据转移到对民族文化精神的探讨上，转移到"竟体触及"中国历史文化传统这个"大问题"上，以考据起家的钱穆开始转向对考据学风的批判。七七事变后，大片国土沦丧，空前严重的民族危机，激发了钱穆的民族忧患意识和文化担当精神，在这样的背景下，他彻底完成了治学方向的转变，其标志便是《国史大纲·引论》的发表。

《引论》是钱穆播迁西南后的"最用力之作"。在《国史大纲》出版前先发表在昆明版《中央日报》上，文中的主要观点曾在西南联大师生中引起了热烈的讨论。在文中，钱穆以鲜明的民族文化立场表明了自己的学问宗主，即关心民族文化的传承，肩负起为中国文化托命的神圣责任。同时，他对于居于主流的新考据派，即《引论》所称的"科学考订派"批评尤力。他称科学派"震于'科学方法'之美名，往往割裂史实，为局部窄狭之追究，以活的人事，换为死的材料。治史譬如治岩矿，治电力，既无以见前人整段之活动，亦于先民文化精神，漠然无所用其情。彼惟尚实证，夸创获，号客观，既无意于成体之全史，亦不论自己民族国家之文化成绩"。《国史大纲·引论》对新考据派的批评，标志着钱穆与该派正式分道扬镳，同时也把他与该派领袖傅斯年在治学上的分歧和矛盾公开化，从此以后，两人在30年代前半期那种引为同道、讨论问学的局面画上了句号。

从钱穆对新考据派的批评中不难看出，他与傅斯年在治史理论和方法上主要

---

① 钱穆：《八十忆双亲·师友杂忆》，第163页。

存在如下几方面的分歧：

其一，对历史、历史材料和历史知识的不同理解。

在傅斯年的治史理论中，历史、史料、史学这三个概念常常是混而不分的。傅氏在《历史语言研究所工作之旨趣》（以下简称《工作之旨趣》）中提出"近代的历史学只是史料学"的著名命题，这实际上把历史材料等同为客观历史本身，把历史变成了史料考订学。钱穆则对历史、历史材料、历史知识这三个概念作了明确的区分和界定。他说：

> 历史是什么呢？我们可以说，历史便是人生，历史是我们全部的人生，就是全部人生的经验。历史本身，就是我们人生整个已往的经验。至于这经验，这已往的人生，经我们用文字记载，或因种种关系，保存有许多从前遗下的东西，使我们后代人，可以根据这些来了解，来回头认识已往的经验，已往的人生，这叫做历史材料与历史记载。我们凭这些材料和记载，来反看已往历史的本身，再凭这样所得来预测我们的将来，这叫做历史知识。所以历史该分三部分来讲，一为历史本身，一为历史材料，一为我们所需要的历史知识。①

在钱穆看来，历史是人类过去发生的活动，具有不以人的主体意识为转移的客观性，历史记载则是经过记载者主观选择、组织而成的，已有记载者的主观痕迹渗入其中，"绝不能做到所谓纯客观的记载"。历史知识是史家对历史材料的解释，由于时代不同，人们所需要的历史知识各异，因而史家必须根据不同时代的需求对积存下来的历史材料进行一番重新的选择和解释。所以钱穆力主把历史材料与历史知识相区别，强调历史知识"贵能鉴古知今"，能"随时代之变迁而与化俱新"。

从"史学本是史料学"的前提出发，傅斯年反对在史学研究中进行疏通和解释，对史料的处理，主张"存而不补""证而不疏"。他说："我们存而不补，这是

---

① 钱穆：《中国历史精神》，第2页。

我们对于材料的态度；我们证而不疏，这是我们处理材料的手段。材料之内使他发现无遗，材料之外我们一点也不越过去说。"① 钱穆认为历史研究不仅仅在于排列和整理史料，更重要的应对材料进行疏通解释，作价值判断。为此他强调治史不应当以排比、整理史料、考定史料真伪为目的，而应对材料作解释性的研究使之转化为具有时代意义的历史知识。所以，他的历史研究不单采取了事实叙述的形式，更重要的是采取了解释和分析的形式。

其二，探求史料的真实与追寻史料的意义。

史料学派主张通过客观地处理材料以获取历史事实的真实，傅斯年在《工作旨趣》中声称："一分材料出一分货，十分材料出十分货，没有材料便不出货"，"只是要把材料整理好，则事实自然显明了"。钱穆则注重追求史料的意义，使之转化为活的知识。为此他对史料考据派只重材料和方法提出了严厉批评：

> 近人治学，都知注重材料与方法。但做学问，当知先应有一番意义。意义不同，则所采用之材料与其运用材料之方法，亦将随而不同。即如历史，材料无穷，若使治史者没有先决定一番意义，专一注重在方法上，专用一套方法来驾驭此无穷之材料，将使历史研究漫无止境，而亦更无意义可言。②

这里的所谓"意义"，相当于传统史学中的"史意"（"史义"），即史家在从事著述时要有自己的思想和理念，要对历史有自己的见解。钱穆认为历史研究不仅应依据材料弄清历史实情（"史情"），更应探求历史实情背后所具有的一番意义（"史意"）；治史不仅应注重材料和方法，更应透过材料而把握其活的时代精神。在他看来，历史学家唯有从材料的搜集深入到意义的研究，才能对那个时代的历史实情有一个真正透彻的认识和理解。所以，史家除搜集史料、考订史实外，更应以自己主观性的见解穿透客观性的史实，唯有主客互融、情理合一，才能形成一幅具有意义、可以说明的历史图像。这即是说，必须先在历史研究的"意义"

---

① 傅斯年：《历史语言研究所工作之旨趣》，欧阳哲生主编：《傅斯年全集》第三卷，第10页。
② 钱穆：《中国历史研究法·序》，第1页。

有所把握的前提之下，方能谈得上研究方法的讲求以及史料批判的工作。① 如果一味抬高方法，只重材料，一切学问只变成一套方法、一堆材料，这样去治史，恐难以达到治史的目的。所以他强调说："我们该在材料上更深进研究其意义，工夫不专用在考据上，而更要在见解上。"②

其三，对博通与专精的理解。

傅斯年强调治史贵专，追求"窄而深"的专家之学。据钱穆回忆，1930 年代他在北大任教时，有一专治明史极有成绩的学生面告他："孟真不许其上窥元代，下涉清世。"③ 所以傅斯年主张先治断代史，提倡微观的精深研究。北大初期讲中国通史，由多位能"作专题讲演"的专家来讲授，这种"拼盘式的讲授不啻是在用断代史的精神来讲通史"④，这种讲法即体现了傅斯年的意见。

钱穆主张博通与专精互济，认为宏观的通识和微观的专精相生相成，不可或缺。他常言："历史学有如建筑物的建构，由完整的图案到一砖一瓦都不能缺少；甚至可以说一砖一瓦（专题研究）之缺失，或者不会影响整个建筑物（史学）的安危及整体的运作；但整体图案（通史、通识）的缺失，则必然影响整个建筑物的安危及运作，非千万块精制的砖瓦所能补救。"⑤ 所以他极为重视传统史学的"会通"思想，把融会贯通的通识视为史家治史关乎全局的观点和方法，由此提出了先"通"后"专"，以"通"驭"专"的治史方法。他说："治史者当先务大体，先注意于全时期之各方面，而不必为某一时期某些特项问而耗尽全部之精力。"⑥ 故治史要端当"先从通史入门"，"以通治各史，自知有所别择，然后庶几可以会

① 参见黄俊杰：《三十年来史学方法论研究的回顾与前瞻》，赖泽涵主编：《三十年来我国人文及社会科之回顾与展望》，台北东大图书公司，1987 年版，第 183 页。
② 钱穆：《中国史学名著》，第 113 页。
③ 钱穆：《八十忆双亲·师友杂忆》，第 168 页。
④ 参见刘巍《中国学术之近代命运》，北京师范大学出版社，2013 年版，第 307 页。
⑤ 转引自陈启云：《儒学与汉代历史文化——陈启云文集（二）》"代序"，广西师范大学出版社，2007 年版，第 1 页。
⑥ 钱穆：《略论治史方法》（一）（该文作于 1936 年 9 月），收入《中国历史研究法》，第 133 页。

通条理而无大谬。能治通史，再成专家，庶可无偏碍不通之弊"。①

钱穆的史学理论体系大体形成于20世纪30年代末，实以《国史大纲·引论》的发表为其标志。他的史学理论主张实际上是在评述中国近代三大史学流派，特别是史学中的主流派——新考据派的基础上构建起来的。从表面上看，以考据成名的钱穆自1930年进入北平学术界便跻身于中国史坛的主流之列，但实际上他的真正立场与当时的主流派史学的治史观点又不尽相合，尽管那时他们在个人关系上还一度保持得相当不错。三四十年代的中国史学界，主要是崇尚客观的实证研究，当时史坛上的主流派——"科学考订派"的治史方法，主要是取出乎其外的纯客观研究。而钱穆则认为历史虽具有客观实在性，但同时亦应被史家"主观所考察而认取"。所以，他治史不仅重视客观的实证研究，而且也重视史家内在的主观理解在史学研究中作用，他追求的主客统一、情理合一的史学路向，与新考据派主客两分的治史主张自然是相悖的，不会为他们所认同，他在《国史大纲·引论》中对该派不留情面的批评自然会引起他们的强烈抗议。

据钱穆晚年回忆，《国史大纲》出版后，张其昀在重庆向傅斯年询问对此书的看法，傅氏当时的反应是"向不读钱某书文一字"。又问及书中对中西史学比较、中西文化比较的看法，傅斯年嘲笑道："钱某何得妄谈世事，彼之世界知识，仅自《东方杂志》得来。"②1930年代初，傅斯年把没有大学文凭，没有留学背景的钱穆请进北大，对钱氏的学问推崇有加，显示了博大的胸怀和雅量，在中国现代学术史上书写了一段佳话。40年代初，他因钱穆不留情面的批评而愤怒不已，公开宣称"钱某著作，我曾不寓目一字"。而钱穆对傅斯年情绪化的批评也有强烈反应："彼之深斥于我，特以我《国史大纲》，于我国家民族历史传统多说了几句公平话。彼之意气激昂，锋铓峻锐有如此，亦使我警悚之至。"③情绪上的愤激必然导致观点上的偏激，钱穆与傅斯年的交恶与意气之争，就是一个明显的例子。

---

① 钱穆：《略论治史方法》（二）（该文作于1936年9月），收入《中国历史研究法》，第134页。

② 钱穆：《中国知识分子责任》，收入《世界局势与中国文化》，台北东大图书公司，1977年版，第142页。

③ 钱穆：《中国知识分子责任》，《世界局势与中国文化》，第142页。

1939年秋，钱穆离开了西南联大，从此再没回来，钱穆的侄儿钱伟长在叔父逝世10周年之际写了一篇怀念文章，对钱穆离开西南联大有这样一段叙述：

> 那时四叔在昆明，他和傅斯年有矛盾。傅斯年因为四叔在北平时和胡适唱对台戏的问题一直对四叔有意见，他是看不起当时北大教授中几个土生土长，没有留学过的学者，如蒙文通就辞去了北京大学的职务。四叔也是一个连大学都没有上过的教授，傅斯年对四叔横加攻击，一方面说钱穆抗战后，一年多居敌区不到校，一方面还说他在宿舍里丢了钱，钱穆有嫌疑。四叔一怒之下辞了职。[①]

归纳上文，约有四点：其一，傅斯年看不起没有大学学历的钱穆；其二，钱穆有拿钱的嫌疑；其三，钱穆回苏州省亲，一年多不到学校报到；其四，钱穆与傅斯年在北平时就有矛盾，在昆明时矛盾加剧。第一点没有道理，如果傅斯年看不起钱穆，当年就不会主动邀请他加盟北大。第二点有些荒唐，没有其他材料作支撑的话，根本不足取信。第三点有点道理，钱穆离开西南联大前，已答应好友顾颉刚到成都齐鲁大学国学研究所任职，可能在离校前没和联大校方打招呼，故校方因他一年省亲未归，解聘了他。第四点言之成理。钱穆在30年代中期以后就与傅斯年存在矛盾，只是没有公开爆发而已，矛盾的产生与两人在学术上的分歧有关。钱穆对新考据派重建古史的工作曾一度寄予了厚望，但是新考据派仅以地下出土的材料相耀，而忽略古典文献，不信古书，与他愿望背道而驰时，他再也不能容忍、沉默了。在他看来，新考据派迷信地下出土的材料而将传世文献抛之脑后的做法，与疑古派一味疑古、否定载籍同样有害，甚至是有过之而无不及，这必然会导致他对该派学风的批判。钱穆在1937年出版的《中国近三百年学术史》中借凌廷堪批评乾嘉汉学流弊之口说出一段大可玩味的话："汉学本主以训诂

---

① 钱伟长：《怀念先叔钱穆——钱穆宾四先叔逝世十周年忆养育之恩》，《钱伟长文选》第五卷，上海大学出版社，2004年版，第82页。钱伟长此段回记有几处明显误记，此处引文已经作者校改，特作此说明。

明义理，其极遂至以许慎掩周孔，此又当时汉学一大病也。今日治甲骨钟鼎，流弊所极，亦有似之者。"① 在该书"自序"中，钱穆指出，今日"言政则一以西国为准绳"，"言学则仍守故纸丛碎为博实。苟有唱风教，崇师化，辨心术，核人才，不忘我故以求通之人伦政事，持论稍近宋明，则侧目却步，指为非类，其不诋诃而耶揄之，为贤矣！"笔锋所向，直指势力强大的主流史学阵营。可见，钱、傅二人因学术的分歧而产生的矛盾早已潜伏，在西南联大时因《国史大纲·引论》的发表而加剧。钱穆晚年自述说："自余离开联大以后，左倾思想日益嚣张。师生互为唱和。闻一多尤为跋扈，公开在报纸骂余为冥顽不灵。……凡联大左倾诸教授，几无不视余为公敌。"② 这种情况，虽然发生在他离开联大之后，但也不难想象，在他未离开之前，就有不少反对者了。③ 在这些反对者中，自然包括傅斯年在内。不管钱穆离开西南联大是"一怒之下辞了职"，还是校方因他一年省亲未归不得已而解聘，傅斯年对他的排拒恐怕是其中的一个重要原因。

抗战胜利后，西南联大完成了它的历史使命。北大、清华、南开三校复员北迁。南京政府任命胡适为北大校长。由于胡适远在美国未归，由傅斯年代理校长之职，负责北大接收、复员和北迁工作。当时旧北大同人不在昆明者，都得到了傅斯年的信函邀请返回北平，钱穆却不在受邀之列。

事实上，钱穆并不是不想重返北大执教。在西南联大时，同事陈梦家劝他为青年一代撰写一部中国通史教材，钱穆以流亡播迁之中，资料不全，恐难完成而加以婉拒。他说等日后平安返故都北平后，"乃试为之"。而且他在北大任教时购买的 5 万册书仍放置北平，托人保管，一直到抗战胜利后都未南运苏州家中，这说明他对北平这个文化古都、学术中心还是很看重的。由于抗战中钱穆不断对傅斯年一派作批判，傅斯年对于来自钱穆的攻击自然不会高兴，两人之间的积怨加深，北大复校，钱穆不在受聘之列，个中的原因也就不难理解了。

好在此时的钱穆已名重学林，北大拒聘，自有其他高校争聘。钱穆对学术界

---

① 钱穆：《中国近三百年学术史》，第 508 页。

② 钱穆：《八十忆双亲·师友杂忆合刊》，台北东大图书公司，1983 年版，第 232—233 页。又见北京三联书店《八十忆双亲·师友杂忆》，第 263 页，三联版此处略有删减。

③ 参见王晴佳：《钱穆与科学史学之离合关系》，《台大历史学报》第 26 期，2000 年 12 月。

的门户之见已有深刻体认，决定退居边缘，"力避纷扰"。抗战后的钱穆足迹不到京津平沪，最后隐居太湖之滨，以读书、教书、著书自娱。

钱门弟子严耕望在谈到他的老师钱穆与民国时期考证派主流巨子的关系时说了这样一段话令人深思的话："先生以一个中学教员骤跨入大学任教授，而对于当时学术界当权者，毫无逊避意，勇悍的提出自己主张，与相抗衡。此种情形，只有顾颉刚先生的胸怀雅量能相容忍，一般人自难接受。好在先生讲学深得学生欢迎，而北京大学自蔡元培先生以来又有容纳异议的传统；否则很难讲得下去！后来离开西南联大，据说仍与此点有关！此后先生声望益高，超出等伦，更足招忌。所以学派对垒，也有人际关系，思之慨然！"①

四、有若仇雠

1949 年，国民党溃败大陆已成定局。在傅斯年的主持下，"抢救"大陆学人去台湾的计划也在紧张地进行着。照理说，像钱穆这样的著名学者应列入被"抢救"的名单之列。然而与钱穆积怨已深的傅斯年自然不会把他列入"抢救"之列，而钱穆也不会把被"抢救"的奢望寄托在傅斯年的身上。随着史语所迁台和傅斯年出任台湾大学校长，钱穆去台湾已无发展的空间。既不愿留在大陆，也不愿作迁台之想的钱穆，在人民解放军渡江南进的前夜，南走香港，在"手空空，无一物"的艰难条件下白手起家，创办了新亚书院。

新亚书院初创之时，为筹措办学经费，钱穆常常奔走于香港与台湾之间。1950 年冬，钱穆去台北。一天晚上，"行政"院长陈诚在官邸设宴招待他，据钱氏回忆，同座的仅有台大校长傅斯年一人。这可能是抗战胜利后钱、傅二人仅有的一次会面。由于钱穆与陈诚系初识，"是夕所谈多由孟真与余畅论有关前清乾嘉学术方面事"②。此时的钱穆以弘扬宋学为己任，他与傅斯年对乾嘉汉学的理解已有本质的不同，两人的所谓"畅论"，恐怕也是所同不胜其异。

---

① 严耕望：《钱穆宾四先生与我》，第 125 页。
② 钱穆：《八十忆双亲·师友杂忆》，第 287 页。

1950 年 12 月 20 日，一代"学林霸才"傅斯年倒在了台湾省议会厅的质询会上。在后傅斯年时代，新考据派对钱穆的排拒并没有因傅氏的去世而有丝毫减弱。1958 年，胡适从美返台，出任"中央研究院"院长，该派对钱穆的排斥更胜于前。钱穆在致余协中的信中说："台北方面学术门户之见太狭，总把弟当作化外人看待，而且还存有敌意。"[①] 在致徐复观的信中也说"胡氏（胡适）之害在意见，傅氏（傅斯年）之害则在途辙"[②]，对胡适、傅斯年一派的不满溢于言表。这也是他在傅斯年、胡适有生之年不愿作迁台之想的主要原因。钱穆辞新亚书院院长之职后，打算回台定居，但仍然担心台湾主流学界对他的排拒。1964 年 7 月 31 日，他在致萧政之的信中说："穆流亡在此（指香港），衷心何尝不一日关心国家民族之前途，苟无此心，亦何苦在此艰难奋斗。至于在台久居，在穆岂无此心，然台湾学术界情形，吾弟宁岂不知？门户深固，投身匪易，而晚近风气尤堪痛心。穆纵远避，而谩骂轻讥之辞尚时时流布，穆惟有置之不问不闻而止。若果来台，岂能长此装聋作哑，然试问又将如何作对付乎！"[③]

钱穆在致友人的信中表达出来的种种隐忧并非空穴来风，当时"中央研究院"和台湾大学是胡适、傅斯年一派的地盘，钱穆几无插足之地。他在致学生严耕望的信中就发出了"'中央研究院'无人可托"的无奈感叹。钱穆在 50 年代初曾两度到台大作学术讲演，然而两次讲演都不是出自校方邀请。据施肇锡回忆，1950年冬，钱穆第一次到台大作学术讲演。讲演结束后，有一同学忽然向他说道："奇怪！像钱先生这样了不起的大师，学校当局为什么不聘来文学院授课？至少也该正式邀他作几次学术演讲呀。"施肇锡听后大发了一番感叹："钱先生这次来台大讲'阳明哲学'，乃出自文学院学生代表会的邀请。校方并未理会此事。其中的缘由，我虽知道得极清楚，但我不便说出来。因为这件事，我心中常常感到气愤，我倒并不是为钱先生一个人抱不平，我只为一班自命追求真理的所谓'知识分子'悲哀——有时他们的胸襟比别人更狭小，更浅陋，他们的成见比别人更牢不可

---

① 钱穆：《致余协中书》，《钱宾四先生全集》第 53 册《素书楼余渖》，台北联经出版事业公司，1998 年版，第 204 页。

② 钱穆：《致徐复观书》，《钱宾四先生全集》第 53 册《素书楼余渖》，第 331 页。

③ 钱穆：《致萧政之书》，《钱宾四先生全集》第 53 册《素书楼余渖》，第 296 页。

拔。"①

20世纪五六十年代，台湾史学界的治史理论和方法基本上是处在史料学派观点的笼罩之下。杜维运说当时"考据学仍然是史学的主流，'中央研究院'历史语言研究所可以说完全笼罩在考据风气之下的，台湾大学历史系、历史研究所与考据有极深的渊源，学术著作的审察以及奖励，也以其是否有考据分量作最重要的标准之一。这种考据学风，是自乾嘉时代留传下来的，又加上德国 Ranke 学派的影响，于是虽然世变日深，而学人的心灵，却大部分沉醉在考据上。"② 有人曾问长期在史语所任职的李方桂，钱穆为什么没有被吸收为史语所的成员，李的回答是："他搞的历史研究与我们不同，我们或多或少是根据史实搞历史研究，他搞的是哲学，是从哲学观点来谈论历史，因而跟我们搞的大不相同。"在谈到钱穆与傅斯年的关系时说："我想钱穆和傅斯年之间有些误会，肯定有误会。因为傅斯年的历史观点更重史实，而钱穆的历史观则是某种哲学化的历史，所以他们彼此观点各异。这就是傅斯年为什么不特别赏识钱宾四之故。"③

李方桂（1902—1987）是著名的语言学家，长期在傅斯年主持的史语所语言组任职，1948年当选为中央研究院第一届院士。他与傅斯年的关系并不太融洽，与钱穆的交往却相对较密。抗战时，两人曾同居华西坝。1960年钱穆赴耶鲁大学讲学，两人见过面，钱穆夫妇还专程到西雅图李方桂家中拜访，在李家住了两周，关系非常亲近。对钱穆治史并不存在着什么偏见的李方桂对他的评价尚且如此，那些门户之见甚深的新考据派巨子对他的排拒便可想而知。

以新考据派巨子、考古派的领袖李济为例。当年傅斯年创建史语所时，分为历史、语言、考古三组，由李氏出任考古组主任。傅斯年、胡适去世后，李济曾做过史语所所长、"中央研究院"代理院长。这位中国现代考古学派的领袖恪守史语所"以事实决事实，不以后世理论决事实"的治学门径，反对谈思想、谈价

---

① 施肇锡：《忆钱穆先生》，《人生》半月刊第8卷第6期，1954年8月1日。
② 杜维运：《二次大战以后我国的史学发展·引言》，原载《思与言》第11卷第4期，1972年。收入《思与言》杂志社编：《史学与社会科学论集》，台湾明文书局，1983年版，第51—52页。
③ 李方桂著，王启龙、邓小咏译，李林德校订：《李方桂先生口述史》，清华大学出版社，2003年版，第81、84页。

值，凡是从事实去导出思想、价值，或以思想、价值去评判事实，都在他的排斥之列。据徐复观回忆，有一次，许多朋友在一块儿吃饭，大家正在谈笑风生的时候，李济突然以轻蔑的口吻对他说："徐先生研究中国的伦理道德，这在学问上算哪一门呢？"当时便引起了徐氏的强烈不满和抗议。当徐复观向他建议在"中央研究院"成立中国思想史研究所，为中国文化的研究开出一条活路时，也遭到他的断然拒绝。李济对钱穆的治史方法更不认同。1960 年，钱穆在耶鲁大学讲学，其间应哈佛燕京学社的邀请，在哈佛东方研究院作"人与学"的学术讲演，由著名华裔学者杨联陞担任翻译。钱穆在讲演中以欧阳修为例，说明中国学术传统以"人"为中心。欧阳修一人兼通经史子集，为通人之学，与西方重专门学术不同。进而论及中国学问主通不主专，贵通人而不尚专家。演讲时，李济也恰好在座。这位"平时喜作青白眼"的考古派领袖对钱穆的讲法深不以为然，当时的反应是"白眼时多，青眼时少"。第二天，李见到杨联陞时，盛赞其翻译口才，把钱穆演讲词中原有的"语病"都掩盖过去了。多年以后，钱门弟子余英时记下了这段往事，说："我记下这一段趣事并不是要算什么旧账，我是想以此说明当时台北学术界主流对钱先生和新亚书院确有一种牢不可破的成见，李济之先生不过表现得更为露骨而已。"①

最令钱穆反感和不满的是，作为近代中国最高学术研究机构的"中央研究院"长期以来对他的排斥。1948 年 4 月，中央研究院举行第一次院士选举，论学养成绩与名气，钱穆似应名列其中。但是在选出的 81 位院士中，人文组多达 28 人，却无钱氏的名字。多年以后，钱穆还相当愤慨地对弟子严耕望说："民国三十七年第一次选举院士，当选者多到八十余人，我难道不该预其数。"②对胡适、傅斯年一派控制的院士选举仍耿耿于怀。1958 年，胡适回台出任"中央研究院"院长，时在史语所任职的钱门弟子严耕望认为，"中研究"不能网罗全国著名学人，令他的老师独树一帜于院士团体之外，已不应该；别人担任院长，事犹可谅，胡适

① 余英时：《犹记风吹水上鳞——钱穆与现代中国学术》，台湾三民书局，1991 年版，第 195 页。

② 严耕望：《钱穆宾四先生与我》，第 91 页。

为全国学术界领袖，如果仍不能注意此一问题，更属遗憾。所以他勇敢地给胡适写了一封长信，陈述其意见：

> 此次选举，如无特殊困难，必当延揽钱宾四先生是也。钱先生治学方法与吾史语所一派固自异趣，识论亦时见偏激，然其在史学上之成就与在史学上之地位，自属无可否认者。而道路传言宾四先生与先生之间稍有隔阂，在此种情况下尤须首先延揽，以释群疑而显胸襟，此其时也。

> 后学久欲呈献此议，惟曾受业于钱先生，故有所顾虑，而迟疑犹豫，未便具陈。然后学敬爱先生不在敬爱钱先生之下。而友朋传言，先生对后学之奖誉，亦不逊于钱先生，故终不敢缄默而直陈之，当不见疑为钱先生作说客也，一笑。其实，站在钱先生之立场，愈孤立则愈光荣，惟站在先生之立场，则必须延揽，此唯一持异见之学人于一帜之下，始能像征领袖群伦、团结一致耳。至于方法异同，议论相左，固不妨也。先生试思，以为然否？①

胡适对严耕望的建议，亦表同意，与在台的几位年长院士筹议提名，但少数有力人士门户之见仍深，提名未获多数通过。

对于此次院士选举，钱穆在致学生余英时的信中也有反映。信称："此次'中央研究院'推选院士，台北方面事先亦有人转辗函告，窥其意似亦恐穆有坚拒不接受之意，惟最后结果据闻乃提鄙名而未获多数通过。穆对此事固惟有一笑置之。穆一向论学甚不喜门户之见，惟为青年指点路径，为社会阐发正论，见仁见智，自当直抒己见。……穆自问数十年来绝意入政界，此下亦将如是，历年赴台邀讲演者多与政府有关，然如台大、中研院岂闻有邀之讲演之事乎？"又称："数月前严君耕望来信，亦甚道胡君对穆著书极表同意云云，其意似亦谓穆于胡君或有所误会。实则穆之为学向来不为目前私人利害计，更岂有私人恩怨夹杂其间。"②据

---

① 严耕望：《致胡适函》（1958 年 12 月 14 日），今藏台北中研院近代史研究所胡适纪念馆，馆藏号：HS-NK05-138-014。
② 钱穆：《致余英时书》（1959 年 5 月 6 日），《钱宾四先生全集》第 53 册《素书楼余沈》，第 414—415 页。

余英时言，在当时中研院领导层中，对钱穆成见最浅的还是胡适，这说明当时的"中央研究院"对钱穆一类思想性学人的确有一种牢不可破的"成见"。

1966 年夏，"中央研究院"举行第七次院士会议，几位年长院士同意提名钱穆为候选人。这时已在新亚书院任教的严耕望得史语所同人的信函，请他就近征询钱穆的意见。钱穆对中研院的长期排斥非常愤慨，拒绝接受提名。直到 1968 举行第八次院士选举，才得他的同意，以接近全票当选。严耕望称他的老师当选院士，"对于中国史学界，尤其对于'中央研究院'，意义重大"，它"象征中国学术界之团结，也一洗中研院排斥异己之形象"。①

在 1950—60 年代，胡适、傅斯年一派对钱穆及其新亚学人的排挤确是事实。②对当时钱穆未能当选"中央研究院"院士之事，即便是在文星论战时期对钱穆极尽攻击的李敖也为之抱不平："台大历史系是'胡适型'的地盘，对'钱穆型'是隐含排挤的。在胡适有生之年，钱穆未能成为'中央研究院'院士，我始终认为对钱穆不公道。"虽然李敖对钱穆在理学方面的见解深不以为然，但他认为钱氏"在古典方面的朴学成就，却比姚从吾等学人更该先入选成院士"。③

对于胡适、傅斯年一派对钱穆及其带有思想性学人的排斥，当年与钱穆关系极为密切的徐复观发出了愤怒的声讨。他说胡适、傅斯年一派所选的"中央研究院"院士，在人文学科方面，只注重若干整理、校雠文献的学者，"对于中国学问，真有研究而带有思想性的学人，如方东美、钱穆、陈康、唐君毅、牟宗三诸氏，一概都采取排斥的态度"。④徐氏认为，中研院对思想性学人的排斥所形成的门户壁垒极大地妨碍和损伤了学术的发展，笔端常常喷涌着愤怒火焰的徐复观在给"中央研究院"院长王世杰的信中尖锐地抨击道：

---

① 严耕望：《钱穆宾四先生与我》，第 90—91 页。
② 据许倬云回忆，钱穆除了当选院士那天来过南港之外，从没再来过。有一次蒋介石招待院士茶会，钱穆出席，李济就借故没去，而由他代替出席。参见许倬云：《家事、国事、天下事：许倬云八十回顾》，香港中文大学出版社，2011 年版，第 481—482 页。
③ 李敖：《"一朝眉羽成，钻破亦在我"——我与钱穆的一段因缘》，收入氏著《白眼看"台独"》，中国友谊出版公司 1993 年版，第 154—155 页。
④ 徐复观：《五十年来的中国学术文化》，胡晓明、王守雪编：《中国人的生命精神》，华东师范大学出版社，2004 年版，第 56 页。

学术不能避免派系之争，但"中央研究院"不能落入一派一系之手，所以我们要求有一个向纯学术开放的"中央研究院"，要求一个向学术独立的方向努力的"中央研究院"。凡固守派系立场的人，都应离开"中央研究院"；凡在近十年没有值得称为著作刊行的人，取消他们评议员的资格和院士的资格。彻底改变院士的选举方法，被提名的院士，应先向社会刊布其被提名的著作，先经过社会的考验。

史语所以"反思想"为他们学派的重大标志。他们在学术上还不能了解反思想即是反学术。他们不断地以学术上的霸占，捍卫他们的幼稚无知。所以严格地说，他们没有资格成为一个派系。

"中央研究院"应成立中国思想史研究所，以苏醒中国文化的灵魂。使孔、孟、程、朱、陆、王，能与"北京人""上洞老人"，同样地能在自己国家的最高学术机构中，分占一席之地。凡在这一方面有研究成绩的人，都应当加以罗致。[①]

从徐复观愤怒的批评话语中不难看出，像钱穆一类从事思想性研究的学人与"中央研究院"在治学方法上的分歧之大、矛盾之深，用"有若仇雠"来形容彼此之间关系，恐怕并不为过。

五、并非冰炭之不相容

对于傅斯年一派的长期排挤，钱穆并非沉默寡言，无动于衷。居港台时期，他对科学考证派的批评有增无减。1955 年 8 月，钱穆在《新亚学报发刊辞》上对科学考证派的治学方法给予了尖锐批评："此数十年来，所谓以科学方法整理国故，其最先旨义，亦将对中国已有传统历史文化，作彻底之解剖与检查，以求重新估定一切价值。所悬对象，较之晚明清初，若更博大高深。而惟学无本源，识不周

---

① 徐复观：《写给"中央研究院"王院长世杰先生的一封公开信》，收入《徐复观全集》第 14 册《论智识分子》，九州出版社，2014 年版，第 259 页。

至。盘根错节，置而不问。宏纲巨目，弃而不顾。寻其枝叶，较其铢两。至今不逮五十年，流弊所极，孰为关心于学问之大体，孰为措意于民物之大伦？各据一隅，道术已裂。细碎相逐，乃至互不相通。仅曰上穷碧落下黄泉，动手动脚找材料。其考据所得，纵谓尽科学方法之能事，纵谓达客观精神之极诣，然无奈其内无邃深之旨义，外乏旁通之涂辙，则为考据而考据，其貌则是，其情已非，亦实有可资非难之疵病也。"① 锋芒所向，直指科学考证派的为学宗旨。

新考据派以弄清历史事实的真实为己任，此点亦深为钱穆所赞同。但钱氏认为，历史研究决不能仅仅停留在此一层面上，还应在求真的基础上致用于现实。所以他强调治史不能与时代分疆划立，应从现时代找问题，从过去时代中找答案，使研究能合之于当世。强调史学求真，这是钱穆与新考据派共同的地方。所不同的是，钱穆更强调史家要体认时代社会的脉动，把握时代精神。由此，他批评新考据派治史与时代脱节，"于身无益，于世无用"，"与当前现实无预"。就此而言，钱穆在求真的基础上更强调史学的致用功能，较之新考据派真、用两分的主张，其识见似乎更胜一筹。②

新考据派虽以求真为职志，但其治史旨趣也并非全然凝固不变。以傅斯年为例，九一八事变之前，傅氏恪守"薄致用而重求是"的学术精神，主张求真、致用两分，竭力强调纯学术研究的重要性。九一八事变后，民族危机的严重，激发了他的民族意识和爱国热情，他邀集学界同仁编写《东北史纲》，根据历史资料，运用民族学、语言学的理论，有力地驳斥了日本侵略者"满蒙非中国领土"的谬论，证明东北自古以来就是我国的领土，并主张通过修史和编写历史教科书来启发国人的民族意识，唤醒民众的抗日热情。这表明在民族危机严重之时，傅氏的治学立场也在发生转变。三四十年代，傅斯年以不谈仁义礼智而自豪，他在史语所《工作之旨趣》中宣称："把些传统的或自造的'仁义礼智'和其他主观，同历史学和语言学混在一气的人，绝对不是我们的同志！"当他出任台大校长后，规定以《孟子》及《史记》为大一国文教材，这也意味着过去无思想性的史料学派

① 钱穆：《发刊辞》，《新亚学报》1955年第1期，第2—3页。
② 参见陈勇《钱穆传》"史学目的论"一节，人民出版社，2001年版，第302—306页。

在学风上有了某种程度的转向。可惜的是，这种转向因傅氏中年猝死而中断，五六十年台湾史学界仍然承袭了大陆时期史料学派的观点和方法而持续发展。钱穆在评价傅斯年的治史理论时，似乎只注重了他"不变"的一面，而没有看到他在不同时期的治史旨趣也有"变"的一面，所以在钱氏严厉的批评话语中，他对新考据派似乎缺乏一种"同情之理解"。

其实，钱穆与傅斯年的治史理论和方法并非处于截然对立的两极，两种学风是可以长短互补的。以钱门弟子严耕望的治学为例。严氏在武汉大学历史系毕业后随钱穆在成都齐鲁大学国学研究所学习，在赖家园接受了其师三年的通识性的训练和熏陶。1945年，严耕望进入当时历史考证学的中心史语所，受到了傅斯年的提携和关照。在史语所二十年的潜心锤炼下，他又以精于问题的考证而名著学界。严氏认为，在治史意趣和方法上，史语所虽与乃师所揭橥的治学路径异趣，但两者正可长短互济，先前随其师所受的通识性训练正可大派用场。严氏自言他进入史语所所写的论著是先前的通识性训练（得益于钱穆）和史语所的传统两种不同的风格糅合熔铸而成，"一点一滴的精研问题，不失史语所的规范；但意境上，较为开阔，不限于一点一滴的考证。所以每写一部书，都注意到问题的广阔面"。[1]严耕望的话不无道理，因为"对任何一位专业研究者而言，深密的专题唯有建立在作者宽广的架构上，方才容易显示其意义。讲究断代、专题等细密研究的史语所，其实更需要具有通达的背景，点的细密才能显现通盘的意义"。[2]

钱穆自《国史大纲·引论》开始，公开对傅斯年为首的主流派史学作批评。然而，钱氏的批评言语并非没有可商榷之处。1941年，即《国史大纲》出版的第二年，周予同在《五十年来中国新史学》一文中有这样一段评论：

> 对于史料派及考古派加以批评的，在现代学人间，还不大见到。就我所知的，只有钱穆。钱氏大概将这两派合称为考订派。……钱氏站在"通史致

---

① 严耕望：《钱穆宾四先生与我》，第128页。
② 杜正胜：《史学的两个观点——沈刚伯与傅斯年》，《当代》第133期，1998年9月。又见氏著《新史学之路》，第173页。

用"的观点，要求治史者"附随一种对其本国已往历史之温情与敬意"，其出发点是情感的、公民的；考古派站在"考史明变"的观点，希望治史者抱一种"无征不信"的客观的态度，其出发点是理智的、学究的。钱氏斥责他们为"以活的人事换为死的材料"，其实考古派也可以说自己是"将死的材料返为活的人事的记载，以便治史者引起对于本国已往历史之温情与敬意"。依个人的私见，这两种见解并不是绝对对立的，考古派的研究方法虽比较琐碎，研究的范围虽比较狭窄，但这种为史学基础打桩的苦工是值得赞颂的。钱氏说"治国史不必先存一揄扬夸大之私，亦不必抱一门户立场之见，仍当于客观中求实证，通览全史而觅取其动态"。所谓"于客观中求实证"，考古派学者不是很好的伙伴吗？[①]

显然，钱穆与傅斯年提倡的两种不同风格的治史方法并非冰炭之不相容，两者是可以互相借鉴、互为补充的。然而钱穆并没有如周予同所希望的那样，与新考据派结成"很好的伙伴"，而傅斯年最终也没有把钱穆视为新考据派的"同志"。自 1940 年代以来，两人互相攻击，关系形同水火，有若仇雠，其中夹杂着不少意气之争和门户之见，这种现象的确可引发近现代学术界的深刻反思。

---

① 朱维铮编：《周予同经学史论著选集》，第 553—554 页。

钱穆与《先秦诸子系年》

钱穆早年以考据扬名学界，《先秦诸子系年》则是他早年治考据学的代表作。该书"以诸子之书，还考诸子之事"，以古本《竹书纪年》订《史记》之误，不仅对先秦诸子的学术源流与生卒年代有了一个细致的考证，重建了先秦诸子的学脉，而且也考订了战国时代的重要史实，澄清了不少悬而未决的问题，奠定了战国史研究的基础，至今仍是研究先秦诸子学术和战国史的经典著作。

一、《先秦诸子系年》的成书经过

晚清民初以来，学术界治诸子之学蔚然成风，开风气之先者有章太炎、梁启超、胡适等人。钱穆在 1928 年春完成的《国学概论》最后一章"最近期之学术思想"中说："最先为余杭章炳麟，以佛理及西说阐发诸子，于墨、庄、荀、韩诸家皆有创见。绩溪胡适、新会梁启超继之，而子学遂风靡一世。"① 他本人早年治诸子学，也正是这一背景下的产物。

钱穆认为，研究先秦诸子的思想，应先考求诸子生卒行事先后，如果诸子的年代不明，其学术思想的渊源递变，也就无从说起。所以，他早年的名作《先秦诸子系年》（以下简称《系年》），即是一部专门为诸子的生卒行事作考辨的考据著作。

据钱穆自道，《系年》一书草创于 1923 年秋。当时他在无锡江苏省立第三师

---

① 钱穆：《国学概论》，商务印书馆，1997 年版，第 322—325 页。

范任教，为学生讲《论语》，自编讲义，成《论语要略》一书。该书第二章，对孔子生卒行事多有考订。1924 年秋，为三师学生讲《孟子》，撰《孟子要略》，先为孟子传，"考订益富"。[①]

钱穆早年治诸子，疑《易传》《老子》，称"《易》与《老子》之思想不明，则诸子学之体统不可说也"。[②] 在考订孔、孟生卒世年之前，已撰成《易传辨伪》《老子辨伪》二篇。《易传辨伪》未刊出，《老子辨伪》后易名为《关于〈老子〉成书年代之一种考察》发表在《燕京学报》第 8 期上。《孟子要略》成书后，钱穆始专意治《易》，成易学三篇，其中一篇即辨《易传》非孔子作。他晚年在《孔子传》再版序中回忆说，抗战时流转西南，居成都北郊赖家园，此稿藏书架中，为蠹虫所蛀，仅存每页之前半，后半已全蚀尽，很难补写。[③]1928 年夏，钱穆应苏州青年学术讲演会的邀请，作《易经研究》一讲演。讲辞共分三部分，首先考察《易》的原始，专论《易》卦的起源及象数。次讲《周易》上下篇，阐明《易》起于商周之际，旨在说明周得天下盖由天命。第三部分讲十翼非孔子作，提出 10 条理由加以论证，还从"道""天""鬼神"等范畴来论证易系里的思想，大体上是远于《论语》而近于老庄的。

先秦学术，孔墨孟庄荀韩诸家，皆有书可按，唯名家、阴阳家，记载散佚，最为难治。所以，钱穆在治《易》《老》的同时，又兼治名家、阴阳学说，拟写《先秦名学钩沉》《先秦阴阳学发微》两书。1925 年 10 月，钱穆埋头整理在厦门集美学校所写的公孙龙《白马论注》旧稿，改写成《公孙龙子新注》，又汇编《惠施历物》与《辨者二十一事》等考辨惠施、公孙龙事迹旧稿，汇成《惠施公孙龙》一书。惠施部分由惠施传略、年表、惠施历物和惠学钩沉等组成，公孙龙部分包括公孙龙传略、年表、年表跋、公孙龙子新解等内容，特别是公孙龙子新解一节颇多新意。钱穆后来在致胡适的信中称此书"乃逐年积稿，历时数载，用心较细，所得较密。公孙子五篇新解，颇谓超昔贤以上"。[④]

① 钱穆：《先秦诸子系年·跋》，第 621 页。
② 钱穆：《先秦诸子系年·跋》，第 622 页。
③ 钱穆：《孔子传·再版序》，生活·读书·新知三联书店，2002 年版，第 2 页。
④ 钱穆：《致胡适书》，《钱宾四先生全集》第 53 册《素书楼余沈》，第 193 页。

1926 年夏，钱穆在无锡三师为学生讲"国学概论"，讲义第二章即为先秦诸子，对诸子事迹及其学术源流作了提要钩玄的阐述。比如他在胡适"诸子不出于王官"的基础上提出了"王官学与百家言对峙"之说，以儒墨为宗疏理诸子，把先秦诸子分为三期，就颇多创获。此章内容集中反映了钱穆早年治诸子学的意见，虽然当时"限于听受者之学力，未能罄其所见，著语不多"①，然而他治诸子学的大体意见，"略如所论"，一生未有多大改变。

　　钱穆早年喜墨学，早在无锡梅村县立四小教书时，就撰有《读墨闲解》《墨经闲解》二文。此为他治墨学之始。1923 年春，在厦门集美学校任教的钱穆对墨辨思想进行研究，写成《墨辨探源》一文的上篇。1924 年，他在无锡三师任教，因读章太炎《名墨訾应考》各篇，有感于章氏墨学"非一人所能尽解"之言，遂对集美旧稿加以整理、增补，成《墨辨探源》一文，发表在当年《东方杂志》21 卷第 8 号上。钱穆在苏州中学任教时，又写有《墨辨碎诂》一文，对《墨辨探源》作补充。1929 年，完成《墨子》一书，次年 3 月由商务印书馆出版。该书是他早年研究墨学的总结，书中对墨家得名的由来，墨子的生卒年月，墨学的思想系谱别墨与《墨经》，以及许行、宋钘、尹文、惠施、公孙龙诸家与墨学的关系，墨学中绝的原因等问题皆有深入具体的讨论。②

　　孔子死后，儒分为八，荀氏之儒即为八家之一。钱穆早年喜读荀子书，认为荀卿重倡礼治之论，其论礼，即言"养"，又言"别"，又言"分"，与孔子仅言贵族礼、孟子仅言仕礼不同，其立意"特为博大精深"。又作"春申君封荀卿为兰陵令辨""荀卿齐襄王时为稷下祭酒考"等五考，后均收入到《系年》中。1928 年，他在《求是学社社刊》第 1 期上发表《荀子篇节考》一文，对《荀子》一书错节脱简之讹多有订正，指出该书"论《性恶》《天论》《正名》《正论》《非十二子》之类，是专篇造论之体也；《大略》《宥坐》《修身》《不苟》之类，是杂缀集语之体也"。这是他早年考证荀子文本的一篇重要论文。③钱氏自谓该文"有

---

① 钱穆：《先秦诸子系年·跋》，第 622 页。

　　② 关于钱穆早年的墨学研究，可参见陈勇：《钱穆传》，第 52～58 页。

　　③ 参见陈开林：《钱穆佚文〈荀子篇节考〉》一文，《临沂大学学报》2016 年第 4 期。钱穆晚年在《师友杂忆》中回忆此文最初发表在《原学》杂志第 1 期上，当有误。

创见，言人所未言"①，诚非虚语。

1930 年春，钱穆在苏州续姻，从"家遭三丧"的悲痛中解脱出来。新婚后 10 日内写《先秦诸子系年》"自序"一篇，列于书首。至此，《系年》一书大体完成。

1930 年秋，钱穆执教北平燕京大学，每周有三日暇，为"有生以来所未有"。所居朗润园，环境宁静，燕大藏书丰富，北平城学者云集，相互讨论问学的机会大增。在这样一个良好的著述环境下，他"重翻陈稿"，以半年之力对旧稿加以增补修改，成"考辨"4 卷 160 余篇，30 多万字。又仿《史记·十二诸侯年表》及《六国年表》体例，制"通表"4 份，与"考辨"4 卷起讫相应。表首列周王年次，并注西历纪元，下载列国世次，取舍一与"考辨"相应，诸子生卒，各详于其生卒之国，其出处行事亦各详于其所在之国。故《系年》实由"考辨""通表"二部分组成，"通表为纲，考辨为之目；通表如经，而考辨为之纬"。②"通表"之后又作"附表"，有"列国世次年数异同表""战国初中晚三期列国国势盛衰转移表""诸子生卒年世先后一览表"三份，概括"通表"大意，以便读者浏览。

《先秦诸子系年》是钱穆早年也是他一生中最为重要的学术代表作，钱氏晚年曾对门下弟子余英时说，自己一生著书无数，"惟《诸子系年》贡献实大，最为私心所惬"。③不过，这部奠定钱氏在民国学术界一流学者地位的著作在出版时却颇费周折。

如上所述，《系年》一稿大致在钱穆进入燕大任教之前就已大体完成，出版前已得到浏览此稿的史学大家蒙文通、顾颉刚等人的击节称道。钱穆入燕大任教后，又对旧稿加以修订增补。书成之后，由好友顾颉刚推荐给清华，申请列入"清华丛书"，如冯友兰《中国哲学史》之例。当时列席审察此书的有冯友兰、陈寅恪等三人。冯友兰认为此书不宜作教本，若要出版，当变更体例，便人阅读。陈寅恪则持相反的意见，认为《系年》"作教本最佳"，并盛赞"自王静安（国维）

---

① 钱穆：《八十忆双亲·师友杂忆》，第 144 页。
② 钱穆：《先秦诸子系年·通表例言》，第 512 页。
③ 钱穆：《致余英时书》，《钱宾四先生全集》第 53 册《素书楼余沈》，第 413 页。

后未见此等著作矣"。① 由于审读意见的分歧，钱著最终未获通过。

钱穆转入北大任教后，在北平图书馆珍藏书中得清人雷学淇所著《竹书纪年义证》家传本，择其相关者，一一补入《系年》中。同时，也在为自己这部研究先秦诸子的用力之作的出版在多方奔走。1934 年暑期，钱穆离开北平回苏州省亲。8 月 9 日这天，他给商务印书馆总经理王云五写了一封自荐信，拟将书稿交商务出版。信云：

云五先生大鉴：

久慕高风，未接謦欬为憾。拙著《先秦诸子系年》，属稿五六载，稿成藏箧笥又有年。素仰贵馆热心文化，阐扬学术，不遗余力，拟将此稿交贵馆出版。倘蒙约期面晤，谨当携稿前来，薪聆教益。适之先生一函，并以奉阅。

顺候

公祺

钱穆敬上　八月九日

回函请寄苏州曹胡徐巷八十号

王云五收信后很快回复钱穆，钱随即携带《系年》稿前往上海与王面谈，谈后即把书稿留在了商务。经过审读后，当月 18 日，王云五写回信一函寄往苏州钱宅：

宾四先生大鉴：

日前屈驾，畅领清诲，欣忭无既。承交示大著《先秦诸子系年》一稿，拜读甚佩。谨当接受以版税办法印行。出书后，依销数照定价抽取版税百分之十五为酬。兹遵嘱将《通表稿》另邮挂号寄上，请校阅一过连同补稿一并掷下，以便付排，为盼。此书格式，拟照敝馆《大学丛书》版式，五号字排。俟《通表稿》奉到，当发交敝京华印书局排版，俾来日可就近送请先生校对。

---

① 钱穆：《八十忆双亲·师友杂忆》，第 160 页。

泐此奉布，顺颂文祉。王云五。（商务复信虞字第 4573 号）^①

商务印书馆决定出版《系年》后，钱穆自任校对，从头逐字细读书稿，改定疏谬者 10 余处。1935 年 12 月，钱穆这部考订先秦诸子的名著终于出版问世。从 1923 年秋他发意著《系年》，至 1935 年底该书最终问世，前后花了 10 多年时间。

二、以古本《竹书纪年》订《史记》之误

自乾嘉以来，学者考证诸子，成绩卓著，这为钱穆治诸子提供了有益的借鉴。但清人治诸子，也存在不少问题。在钱穆看来，这些问题归纳起来主要有三点：其一，各治一家，未能通贯，治墨者不能通于孟，治孟者不能通于荀；其二，详其著显，略其晦沉，于孔墨孟荀则考论不厌其密，于其他诸子则推求每嫌其疏；其三，依据史籍，不加细勘。《系年》力纠前人治诸子之失，博征典籍，以子证史，或诸子互证，或以《纪年》与《史记》《国策》对勘，辑佚掇坠，辨伪发覆，上溯孔子生年，下讫李斯卒岁，上下 200 年的学人生平、师友渊源、学术流变，无不"絜然条贯，秩然就绪"，实为他早年治诸子学的系统总结。

以古本《竹书纪年》订《史记》之误，是《系年》一书的最大特色。历来考论诸子年世，多据《史记·六国年表》，有的也参照《史记》其他篇目。而《史记》记载诸子及战国史事实多错误，未可尽据。钱穆总结出《史记》记载多误的 10 条规则：有误以一王改元之年为后王之元年者；有一王两谥，而误分以为两人者；有一君之年，误移而之于他君者；亦有一君之事，误移而之于他君者；有误于一君之年，而未误其并世之时者；有其事本不误，以误于彼而遂若其误于此者；亦有似有据而实无据者；有史本有据，而轻率致误者；亦有史本无据，而勉强为说以致误者；亦有史公博采，所据异本，未能论定以归一是者。^②钱穆认为

———————
① 转引自肖民：《钱穆、〈先秦〉与"商务"——〈先秦诸子系年〉出版的前前后后》，《出版广角》2003 年第 8 期。
② 参见《先秦诸子系年·自序》，第 5—7 页。

不仅《史记》记诸子史实多误，而且《史记》三家注对《史记》之误未能辨伪发覆，实亦多误。再加之传抄失真致误(如字形近而误、脱落而误、增衍而误、颠倒而误)，窜易妄改增误(后人改易而误、窜乱而误)，后人曲说而致误。各种误因相加，"误乃日滋"，"纷乱不可理"。后世治诸子者对于这些伪误不加校勘、辨伪而引其说，其结果是误上加误。所以他不无感叹地说："伪之途不一端，非一一而辨之，则不足以考其年。"[①]

钱穆订正《史记》之误，所用之书是战国时魏国的史书《竹书纪年》(以下简称《纪年》)。此书于晋武帝太康二年(281年)在汲郡的战国魏墓中发现，共13篇，叙述夏、商、西周、春秋、战国史事。杜预等人，皆定其为魏襄王时魏国之史记。魏在战国初年，为东方霸主，握中国枢纽，其载秦孝公前东方史实，远胜《史记·六国年表》。晋唐间的学者，如束皙、杜预、臣瓒、司马彪、刘知幾等都曾利用《纪年》提供的新材料纠正《史记》之失，取得了不少成果。[②]魏冢原书，在两宋之际佚失。《今本竹书纪年》二卷，为后人搜辑，多有改乱，面目全非。《纪年》言三代事，如舜囚尧，益为启诛，太甲杀伊尹，文丁杀季历，共伯和干王位，均异于儒家记载，后人遂不信《纪年》，视为荒诞之书。唐人司马贞著《史记索隐》，时采《纪年》其文，以著异同。清人考证此书，不下十数家，其中以雷学淇《考订竹书纪年》《竹书纪年义证》最为有名；近人治《纪年》，以朱右曾、王国维成就为最大。朱氏辑有《汲冢纪年存真》，王氏辑有《古本竹书纪年辑校》《今本竹书纪年疏证》。至此《纪年》之真伪，始划然明判，惜其考证未详，古本《纪年》可信之价值，犹未能彰显于世。

钱穆早年在无锡城中一小书摊购得朱右曾《汲冢纪年存真》一部，取以校王国维所校本，乃知王校也有不少错误，特撰《〈古本竹书纪年辑校〉补正》一文加以纠正，发表在1927年《史学与地学》第3期上，这是《系年》中最早发表的一篇文字。进入北平任教后，他多方搜集治《纪年》的专书，自言"于明代以

———

① 钱穆：《先秦诸子系年·自序》，第21页。
② 参见邱锋：《〈竹书纪年〉与晋唐间的史学》，《史学史研究》2013年第1期。

下校刊《竹书纪年》，搜罗殆尽"。①钱穆治《纪年》，用力甚勤，吕思勉曾说："近代治古本《竹书纪年》者，以钱君宾四、杨君宽正用力为最深。"②诚非虚言。他在《系年》中提出《竹书纪年》胜《史记》五条证据，并根据《纪年》订《史记》记诸子年代、行事的伪误，颇多学术创获，当年陈寅恪在审查此稿时就有极高评价。杨树达在1934年5月16日的日记中记道："出席清华历史系研究生姚薇元口试会。散后，偕陈寅恪至其家。寅恪言钱宾四（穆）《诸子系年》极精湛。时代全据《纪年》订《史记》之误，心得极多，至可佩服。"③

《系年》出版后，更是好评如潮。以朱希祖的评价为例："阅《先秦诸子系年》序。其书为北京大学史学系教授钱穆撰，统考战国各国年代，颇多纠正《史记》谬误，谓《竹书纪年》真为魏史，西周以前虽多臆测不可据，而战国时事年纪实最正确，其论颇有见地。盖以《史记》各本纪、世家纪年，多与诸子所记时事系年相抵牾，而以《竹书纪年》言之，则多密合，故不可以为伪书视之。他若《苏秦考》谓《史记》《战国策》多本伪苏秦、张仪之书，故苏、张游说各国之辞皆不足信，证据颇确实。"④钱穆对自己据《纪年》订《史记》之误也颇显自信，自言："余为《先秦诸子系年》，比论《史记》《纪年》异同，自春秋以下，颇多考辨发明，为三百年来学者研治《纪年》所未逮。"⑤

三、对战国史研究的贡献

《先秦诸子系年》虽然是一部考订诸子生平、学术渊源的考证之作，其实是通贯春秋晚期经战国至秦统一大约350年的学术、思想和政治的历史，尤其是对战国史的研究贡献尤大。众所周知，自秦皇焚书，诸侯各国史籍被毁，仅存秦国

---

① 钱穆：《八十忆双亲·师友杂忆》，第188页。

② 吕思勉：《吕思勉读史札记》增订本（中），上海古籍出版社，2005年版，第1005页。

③ 杨树达：《积微翁回忆录》，上海古籍出版社，1986年版，第82页。

④ 朱希祖：《朱希祖日记》（下册），1939年2月12日条，中华书局，2012年版，第1000页。

⑤ 钱穆：《略记清代研究〈竹书纪年〉诸家》，原载天津《益世报·读书周刊》第75期，1936年11月9日，收入《钱宾四先生全集》第22册《中国学术思想史论丛》（八），第568—569页。

史官所记的《秦记》。但《秦记》记载简略，"又不载日月，其文略不具"。①特别是秦孝公以前，地处雍州西陲之地、经济文化落后的秦国，不与中原诸国会盟，中原诸国皆以夷狄视之。故《秦记》所载中原诸国之事甚略，且不免残缺多误，年代紊乱，真伪混杂。清人顾炎武言及这段历史时就有"史文阙轶，考古者为之茫昧"②的感叹。《四库全书董说七国考提要》言："春秋以前之制度有经传可稽，秦汉以下之故事有史志可考，惟七雄云扰，策士纵横，中间一二百年典章制作，实荡然不可复征。"③钱穆在《国史大纲》第五章《军国斗争之新局面——战国始末》中也说："本时期的历史记载，因秦廷焚书，全部毁灭。西汉中叶司马迁为《史记》，已苦无凭。晋代（太康时）于汲县古冢，发现竹书，内有《纪年》十五篇，实为未经秦火以前东方仅存之编年史，惟后亦散失。因此本时期史事，较之上期（春秋时代），有些处转有不清楚之感。"④

经秦火一焚，史书缺佚，史实茫昧无稽，后世学者视战国史的研究为畏途，即使是论及诸子百家之说，也仅及其思想学术。事实上，战国史在中国历史上占据着极其重要的位置，除诸子在学术思想上的创获外，诸如封建制的结束，郡县制的兴起，军国组织的肇创，中央集权的形成，田赋制度的变化等，在政治、社会、经济、思想、文化各个方面都产生了重大变化的战国时代，可以称得上是中国历史的一大转折时期，此一时期的历史无疑是中国历史研究的重要课题。钱穆以前后 10 多年的时间，全副精力贯注于诸子生卒行事及战国史的研究，撰成《系年》一书，在很大程度上把中国历史上这一重大转型时期的空白给填补了。钱穆在《系年·自序》中说："余之此书，于先秦列国世系，多所考核。别为通表，明其先后。前史之误，颇有纠正。而后诸子年世，亦若网在纲，条贯秩如矣。"在《国史大纲》记战国始末一节中也有一段自注："著者曾据《纪年》佚文，校订《史记六国表》，增改详定不下一二百处，因是战国史事又大体可说。惟颇有与《史

---

① 《史记》卷 15《六国年表》，中华书局，1959 年版，第 686 页。
② 顾炎武著、张京华校释：《日知录校释》卷 17《周末风俗》，岳麓书社，2011 年版，第 553 页。
③ 《四库全书总目提要》卷 81《史部政书类一》。
④ 钱穆：《国史大纲》（上册），第 47—48 页。

记》相异处，一切论证，详著者所著《先秦诸子系年》一书。此下论战国大势，即据此书立论，故与旧说颇不同。读者欲究其详，当参读该书也。"①

《系年》考订战国史实贡献极大，可从是书卷三《苏秦考》中得一说明。《史记》载："苏秦起闾阎，连六国从亲，此其智有过人者。"钱穆认为《史记》载苏秦说七国辞，皆本《战国策》，其辞多出自后人饰托，并非历史实情，而此事又关系战国史实甚大，不得不加以明辩，故作《苏秦考》一篇，从当时列国强弱之情势着眼对苏秦主合纵、佩六国相印拒秦之说的真伪一一详加考证。首先，钱穆以称王的先后证明战国初期的强国为数不止六国（中山、宋也曾称王），而列国间霸权之转移，乃是由梁的独霸而渐至齐梁的东西分霸；秦之称王在其得河西地后，而其得与齐梁三分霸权，乃在惠施、张仪相继在梁用事而秦之反间术成功之后，至此时，梁、韩二国的太子入朝于秦，其势力方折而居于秦人之下。但其时齐国的声威远在秦国之上，则在司马迁所定苏秦的年代以内，绝无六国合纵摈秦之必要，也绝无六国合纵摈秦之可能。其次，钱穆又从燕、赵二国的历史着眼，说明在苏秦时候，燕与秦一东一西，如风马牛之不相及，自无事乎摈秦，亦不得而事秦；赵之国境在此时也还不曾与秦接壤，其国势仅能自保，尚不足与东方各国争雄，其逐渐强大乃在赵武灵王之后，而上距苏秦之死已久，则《史记》中合纵之议起于燕、合纵主盟在于赵等说，又完全与史实不合，于是苏秦佩六国相印合纵伐秦之说，便不攻自破。②接着，钱穆又考察了张仪的活动，最初是为秦而离间魏、齐之相亲，后来是为秦而离间楚、齐之相亲，当时秦的外交策略，尚在力谋"折齐之羽翼，散齐之朋从，使转而投于我。其时情势，犹是齐为长而秦为亚。秦与齐争则有之，秦欲进连衡之说，使山东诸侯相率西朝，尚未能也"。③最后，钱氏在此考中总结道：

今要而论之，秦自孝公用商鞅变法，而东方齐梁争霸，秦以其间乘机侵

---

① 钱穆：《国史大纲》（上册），第48页。

② 参见邓恭三（广铭）：《评〈先秦诸子系年〉》，《国闻周报》第13卷第13期，1936年，第40页。

③ 钱穆：《先秦诸子系年》（上），第289页。

地，东至河。及惠王用张仪，魏已日衰，遂有齐秦争长之势。而张仪间齐楚，秦南广地取汉中。然其时，犹齐为长而秦为亚。及昭襄王初年，秦楚屡战屡和，而赵武灵崛起，以其间灭中山，为大国。及秦将白起亟败韩魏，而齐湣秦昭称东西帝。其时则秦为长而齐为亚。乐毅起于燕，连赵破齐，湣王死，东方之霸国遂绝。惟秦独强，破郢残楚，及范雎相，而有秦、赵交斗之局。至于长平之战，邯郸之围，而后秦之气焰披靡，达于燕齐东海之裔。夫而后东方策士，乃有合从连衡之纷论，而造说者乃以上附之苏张。考其辞说，皆燕昭赵惠文后事。而后世言战国事者莫之察，谓从衡之议果起于苏张。遂若孝公用商鞅而国势已震烁一世。东方诸国，当齐威梁惠时，已搅扰于纵横之说。则战国史实，为之大晦，当时列强兴衰转移之迹全泯。其失匪细，不可不详辨也。①

可以说，《系年》一书，不仅对先秦诸子的学术源流与生卒年代有了一个细致的考证，重建了先秦诸子的学脉，而且也把隐晦了两千年的战国史的真相从种种雾障中发掘出来，奠定了战国史的研究基础。② 顾颉刚说："钱穆先生的《先秦诸子系年考辨》，虽名为先秦诸子的年代作考辨，而其中对古本《竹书纪年》的研究，于战国史的贡献特大。"③ 糜文开也说："宾四先生《先秦诸子系年》最大的贡献，非但把先秦诸子的年代都考订了，而且改造了《史记》六国年表，使战国史有了一个新的面目。"④ 战国史研究专家杨宽亦言："《先秦诸子系年》是钱穆早年最用力的名著，主要是考辨先秦诸子活动的年代的。他为了正确断定年代，依据

---

① 钱穆：《先秦诸子系年》（上），第 293 页。

② 邓广铭称《先秦诸子系年》"贯串了战国全代的史实而与诸子的书相互证发"，经过著者这一番严谨的考证和整理之后，"列国的世系，诸子的年世，学术的演变，各国与国际间前后形势之转移，在旧史中之向为昏昏者，全得而有了一个昭然的端绪和清晰的面目。《竹书纪年》《战国策》和《史记》中的情伪既已毕露，于是凡关于战国时代的世家、列传、表志等，无一不可据此重作"。所以，邓氏认为该书名改为《战国史考异》，"或许更为切当一些"。参见氏著《评〈先秦诸子系年〉》一文。钱穆也自言《先秦诸子系年》一书"最大贡献在对古代历史上，尤其是从《左传》接上战国史中间这一段"。参见氏著《中国史学名著》，第 32 页。

③ 顾颉刚：《当代中国史学》，第 95 页。

④ 糜文开：《宾四先生奋斗史》，《人生》半月刊第 8 卷第 6 期，1954 年 8 月，第 10 页。

《古本纪年》详细纠正了《六国年表》的错误，不仅作了许多'考辨'，还把结论列为《通表》。'考辨'中曾考定战国时代重要战役和重大历史事件的年代，从而阐释战国年间形势的变化。也还附带考证了一些重要史实，如《战国时宋都彭城考》《淳于髡为人家奴考》等，都有高明的见解。因此这部著作，实际上是对战国史的考订，作出了重要贡献。"[1]

四、论诸子和先秦学术史的分期

钱穆认为，先秦诸子之学，皆源于儒，开诸子之先河者为孔子。墨子早年学儒者之业，受孔子之术，后来成为儒家的反对者，由此便形成了诸子学中最早的两个学派。以后诸子之学，或源于儒，或源于墨。他在《国学概论》中论及先秦诸子思想渊源与流变时称："先秦学派，不出两流：其倾向于贵族化者曰儒，其倾向于平民化者曰墨。儒者偏重政治，墨者偏重民生。法家主庆赏刑罚，源于儒；道家言反朴无治，源于墨。故一主礼，一非礼。一主仕进，一主隐退。一尚文学，一主劳作。此当时学术界分野之所在也。"[2] 在《系年》中，他对这一观点作了更进一步阐述：

> 先秦学术，惟儒墨两派。墨启于儒，儒原于故史。其他诸家，皆从儒墨生。要而言之，法原于儒，而道启于墨。农家为墨道作介，阴阳为儒道通圉。名家乃墨之支裔，小说又名之别派。而诸家之学，交互融洽，又莫不有其旁通，有其曲达。[3]

钱穆在以儒墨为宗疏理诸子的基础上，把先秦诸子的发展分为三期：孔墨之兴为初期，讨论的中心问题是贵族阶级的生活究竟如何趋于正当。陈(仲)、许

---

① 杨宽：《战国史》（增订本），上海人民出版社，1998 年版，第 32 页。
② 钱穆：《国学概论》，第 59 页。
③ 钱穆：《先秦诸子系年·自序》，第 23 页。

（行）、孟（子）、庄（子）为第二期，讨论的中心是士阶层自身对于贵族阶级究竟应抱何种态度。老子、荀卿、韩非为第三期。钱穆认为老子反奢侈、归真朴的思想，承墨翟、许行、庄周之遗绪，为战国晚期的思想。第三期讨论的中心是士阶级的气焰与扰动，如何使之渐归平静与消灭的问题。因此，初期的问题中心为"礼"，中期的问题中心为"仕"，末期的问题中心是"治"。在第三期解决"治"的问题上，法家承继儒家的思想，道家则从墨家转来，儒、墨的冲突集中表现为韩非的法治与老子无为之间的对立。

《系年》对战国时局、学风的变化与先秦学术史的分期也提出了富有价值的见解。钱穆认为，战国时局有三变，晚周先秦之际，三家分晋，田氏代齐为一变；徐州相王，五国继之，为再变；齐秦分帝，到秦灭六国，天下一统为三变。就学风而言，魏文西河为一起，转而为齐威宣稷下之学为再起，散而之于秦赵，平原养贤，不韦招客为三起。

关于先秦学术史的分期，钱穆提出了四期说。首期尽于孔门，流为儒业，为先秦学术的萌芽期。二期当三家分晋，田氏代齐，起墨子，终吴起。此一时期，儒墨已分，九流未判，养士之风初开，游谈之习日起，魏文一朝主其枢纽，此为先秦学术的酝酿期。三期起商君入秦，迄屈子沉湘。此期学者盛于齐、魏，禄势握于游士。有白圭、惠施之相业，淳于、田骈之优游，孟轲、宋钘之历驾，有张仪、犀首之纵横，有许、陈之抗节，有庄周之高隐，风起云涌，得时而驾，此为先秦学术的磅礴期。四期始春申、平原，迄吕不韦、韩李。稷下既散，公子养客，时君之禄，入于卿相之手，中原教化，遍于远裔之邦。此时赵秦崛起，楚燕扶翼，七雄纷争，主于斩伐。荀卿为之倡，韩非为之应。在野有老聃之书，在朝有李斯之政。而邹衍之颉颃，吕韦之收揽，皆有汗漫兼容之势，森罗并蓄之象。此为先秦学术的归宿期。

钱穆对先秦学术的分期及其流变的论述，独具慧眼，颇多卓见，而被他的学生余英时誉为"考证、义理、辞章融化一体的极致"。[①]《先秦诸子系年》虽是一

---

① 余英时：《一生为故国招魂——敬悼钱宾四师》，《犹记风吹水上鳞——钱穆与现代中国学术》，第24页。

部为诸子考年的著作，其实未尝不可作为一部先秦学术史来读。关于此点，台湾学者何佑森这样解读道：

> 《诸子系年》无疑是一部先秦学术史，这是钱先生自谦而没有说出的话。今天我们读诸子书，最重要而最基本的，必须先要认清古代学术发展的大势，然后才能谈到思想问题。……从学术史的角度看，《诸子系年》的价值可以说是不让古人。善读此书的人，假使能对书中所考证的有关诸子生平、出处、师友的渊源，以及学术的流变先有一番通盘的认识，然后再读诸子书，心中的领会自然与墨守一家之言的学者不同。今后治诸子学者，假使能以《诸子系年》作为根底，着眼于学术的流变，抛弃专家之学的成见，迈向通儒之学的大道，相信将来必然会出现一部有益于中国文化的古代思想通史。[1]

据钱穆自道，他撰写《系年》的目的是为下一步写作《先秦诸子学通论》作准备，可惜他后来学术兴趣发生转移，最终未能完成《通论》一著作，这对先秦学术史的研究而言当是一件憾事。

五、考证诸子的方法

钱穆早年以考据扬名史坛，《先秦诸子系年》便是他早年从事考据学的代表作。所以在考证诸子的方法上，他深受中国传统考据学的影响，比较熟练自如地运用考据学中的本证、旁证、理证等方法去考辨诸子的生卒年事。

关于本证。本证又称内证、自证，是一种利用本书前后互证来考订史实的方法。明末学者陈第在《毛诗古音考序》中称"本证者，《诗》自相证也"，即以《诗经》前后互证；清初学者黄宗羲、万斯大、毛奇龄等人提出"以经释经""以经证经"，即利用经部文献本身相互释证。钱穆在《系年》中以"诸子之书，还

————————
　① 何佑森：《钱宾四先生的学术》，见氏著《清代学术思潮——何佑森先生学术论文集》（下），台大出版中心，2009 年版，第 474 页。

考诸子之事"，用《史记》"世家"与"年表"互核，即属于典型的本证之法。《史记·鲁世家》载鲁哀公以下列君年数，与《六国表》多异，钱穆以《鲁世家》与六国表互核，知《世家》可信，鲁表多误，以此重订鲁平公元年为周显王四十七年（公元前322年），非周赧王元年（公元前314年）；卒在周赧王十二年（公元前303年）而非十九年（公元前296年），也纠正了清人梁志绳《史记志疑》鲁平公立时为周慎靓王五年（公元前316年）之误，使其后乐克进辞、臧仓沮见之事在年代上也得到了合理的说明。

关于旁证。旁证，即利用他书论证本书之误，即陈第在《毛诗古音考序》中所言"旁证者，采之他书也"。钱穆称考据必罗列证据，又必辨其得失。而辨定得失，"则多有待于他书之旁证"。他在《系年》中以《纪年》校《史记》，以诸子之书与《史记》《战国策》对勘，即属此法。钱穆本《史记索引》所引《纪年》，合之当时情事，参伍钩稽，知《纪年》可信，《史记》记载多疏，故厘订《史记》误乱，据之考辨其记载诸子年事的伪误，他在《系年》中提出《竹书纪年》胜《史纪》五条明证，并根据古本《纪年》订《史纪》记诸子年代、行事的伪误，颇多创获。钱穆对自己的考证也深为自负，自言："余以《纪年》校《史记》，知齐、梁世系之误，重定齐威宣、梁惠襄之先后。而后知孟子初游齐，当齐威王时；游梁，见惠王、襄王；返齐，见宣王。以此求之，则匡章不孝，孟子与游之事，情节复显。"①

关于理证。所谓理证，即是在缺少证据的条件下，以学理作为判定是非的根据。钱穆主张考证应从材料入手，"先寻事实"。他说："考年者必先寻实事，实事有证，而其年自定。"②但是，人们考证所凭借的材料总是残缺不全的记载，他们凭借这些零碎不全的材料，希望复原的却是整个历史事实的真实。所以在文献、证据不足的情况下，研究者也可依据事理进行推断得出结论。在《系年》中，钱穆考证老子其书晚出，多用理证之法。他首先根据《老子》书中所反映的思想内容加以考察，提出了"思想线索"的论证方法，其次从《老子》一书的文字、文

---

① 钱穆：《先秦诸子系年·自序》，第22页。
② 钱穆：《先秦诸子系年·自序》，第20页。

句、文体等方面来加以推断，认为《老子》之书"盖断在孔子后，当自庄周之学既盛，乃始有之"。（详后）

孤证不信。考据学重证据，强调"语必博证，证必多例"，反对孤证单行。梁启超在《清代学术概论》中把乾嘉考据学风的特点概括为十条，其中第一条是"凡立一义，必凭证据；无证据而以臆度者，在所必摈"；第三条是"孤证不为定说，其无反证者姑存之，得有续证则渐信之，遇有力之反证则弃之"。① 钱穆考订诸子年世也十分强调这一原则，凡立一说，必旁搜博采，博求佐证，在广征博证的基础上，"记其异同，推排其得失，次其先后，定其从违"②，反对孤证单行，无据轻断。

同一问题如遇不同说法而又无直接反证，固然应"著其说以存疑"。但是，钱穆又认为对各种不同说法也可重新加解释、分析，以便从中选择出一种相对可信的说法。如孔子居鲁年数，《世家》不详，《历聘纪年》主七年之说，而江永《乡党图考》、狄子奇《孔子编年》、林春溥《孔门师弟年表后说》主一年之说。崔述则提出新说，认为"孔子归鲁，以理度之，当在定公既立之后。或至彼时去齐，或先去齐而复暂栖他国，迨定公立而后返鲁，均未可知"。钱穆在"孔子自齐返鲁考"中，依据《孔子世家》的材料反驳崔氏："然考之《世家》云'齐大夫欲害孔子，景公曰吾老矣，弗能用也，孔子遂行，反乎鲁'。则孔子之去齐，并不以定公而欲归鲁也。亦不见去齐后有暂栖他国之事。且其时孔子未仕于鲁，亦不必定公立而后可归。"钱穆认为崔述之说，"纯出推想，未足信"，今既他无可考，只有从诸说中选择较近情理者，故云"姑依江氏说"。③

六、局限与不足

《先秦诸子系年》是钱穆早年也是他一生中最为重要的学术代表作，钱穆对

---

① 梁启超：《清代学术概论》，朱维铮校注：《梁启超论清学史二种》，第 39 页。
② 钱穆：《先秦诸子系年·自序》，第 19 页。
③ 钱穆：《先秦诸子系年》（上），第 11—12 页。

自己积十余年之功完成的著作也颇为自负，他在该书《自序》中称自己"以诸子之书，还考诸子之事，为之罗往迹，推年岁，参伍以求，错综以观，万缕千绪，丝丝入扣，朗若列眉，斠可寻指"。在致胡适的信中也说："拙著《诸子系年》于诸子生卒出处及晚周先秦史事，自谓颇有董理，有清一代考《史记》，订《纪年》，辨诸子，不下数十百家，自谓此书颇堪以判群纷而定一是，即如孔子行事，前人考论綦详，至于江崔诸老，几若无可复加。拙稿于孔子在卫宋诸节，颇谓足补诸儒考核所未备。"① 该书出版后，在学术界声誉鹊起，钱玄同称此书"实为精密，突过胡、梁诸家也"。② 顾颉刚把《系年》誉为"不朽之作"，称其"作得非常精炼，民国以来战国史之第一部著作也"。③

但是由于直接材料的缺乏，钱穆治先秦诸子主要采取了博综典籍、会通文献的研究方法，他以《纪年》校《史记》《国策》，"以诸子之书，还考诸子之事"，以其通贯的学术眼光和提纲挈领的缀联能力，对诸子的生平事迹、学术源流进行了近乎"天罗地网式"的互证，可谓是极尽博综会通之能事，取得了超迈前人的卓越成就。④ 但这种只依重传世文献材料的"博综会通"之法，其局限性也是明显的。这主要体现在：

其一，在考证方法上过多运用理证法。比如，钱穆考证老子成书年代问题时提出了"思想线索"论证法和文字、术语、文体的论证法，他说："大凡一学说之兴起，必有其思想之中心。此中心思想者，对其最近较前有力之思想，或为承受而阐发，或为反抗而排击，必有历史上之迹象可求。《老子》一书，开宗明义，其所论者，曰'道'曰'名'。今即此二字，就其思想之系统而探索其前后递嬗转变之线索，亦未始不足以考察其成书之年代。且一思想之传布，必有所藉以发表其思想之工具。如其书中所用主要之术语，与其著书之体裁与作风，亦皆不能

① 钱穆：《致胡适书》，《钱宾四先生全集》第 53 册《素书楼余渖》，第 191 页。
② 杨天石主编：《钱玄同日记》（整理本）下册，1938 年 2 月 25 日条，北京大学出版社，2014 年版，第 1323 页。
③ 《顾颉刚日记》第四卷，第 249 页。
④ 参见杜正胜：《钱穆与二十世纪中国古代史学》，收入氏著《新史学之路》，第 223—225 页。

逃脱时代之背景，则亦足为考定书籍出世年代之一助也。"① 为此，钱穆在《关于〈老子〉成书年代之一种考察》《再论〈老子〉成书年代》等文中，从时代背景、思想系统以及文字、文句、文体等方面对《老子》一书进行了考证，力证《老子》出庄周后，为战国晚期的作品。

对于钱穆提出的"思想线索"论证法，主张老子"早出说"的胡适就深不以为然，他在 1933 年发表的《评论近人考据〈老子〉年代的方法》一文中反驳道："从'思想系统'上，或'思想线索'上，证明《老子》之书不能出于春秋时代，应该移在战国时期，梁启超、钱穆、顾颉刚诸先生都曾有这种论证。这种方法可以说是我自己'始作俑'的，所以我自己应该负一部分责任。我现在很诚恳地对我的朋友们说，这个方法是很有危险性的，是不能免除主观的成见的，是一把两面锋的剑可以两边割的。你的成见偏向东，这个方法可以帮助你向东；你的成见偏向西，这个方法可以帮助你向西。如果没有严格的自觉的批评，这个方法的使用决不会有证据的价值。"② 胡适的批评并非没有道理。"思想线索"的论证方法，如果缺乏充分的历史依据，"思想线索"实不易言。这种方法的确难以排除研究者的主观之见。这诚如胡适所言，它就像"一把两面锋"的双刃剑，可以朝两边割的。③ 杜正胜也言："如果从文献学来看，钱穆所条贯的'思想线索'是根据传世的《老子》第一章开宗明义'道可道'与'名可名'而来的，如果根据马王堆帛书'上德不德'作开宗明义，本章所攻击的焦点只是'礼'，要找到合适的时代背景，老子所居的'思想线索'的位置，放在春秋末年岂不更合理吗？"④

文字文体的论证方法同样也有缺陷，胡适在批评冯友兰、顾颉刚使用这一方法时说："冯友兰先生说《老子》的文体是'简明之经体'，故应该是战国时作品。但顾颉刚先生说'《老子》一书是用赋体写出的；然而赋体固是战国之末

---

① 钱穆：《老子辨》，中国书店，1988 年版，第 32 页。该书系据大华书局 1935 年版影印。
② 胡适：《评论近人考据〈老子〉年代的方法》，《胡适论学近著》第一集卷一，山东人民出版社，1998 年版，第 83 页。
③ 参见陈勇：《试论钱穆与胡适的交谊及其学术论争》，《史学史研究》2011 年第 3 期。
④ 杜正胜：《钱穆与二十世纪中国古代史学》，见氏著《新史学之路》，第 227 页。

的新兴文体呵！'同是一部书，冯先生侧重那些格言式的简明语句，就说他是'经体'；顾先生侧重那些有韵的描写形容的文字，就可以说他是'用赋体写出来的'。单看这两种不同的看法，我们就可明白这种文体标准的危险性了。"①钱穆在《再论〈老子〉成书年代》一文中，试图用"刍狗"一词证明《老子》承自《庄子》，但反驳者提出，根据《庄子·天运篇》的记载可知，以"刍狗"供祭祀，是古代通行的制度和习惯。《庄子》一书可以用它，《老子》为什么就不可以用它呢？②

　　钱穆在《系年》卷2《老子杂辨》中对老子其人其事也作了具体考证，他考证的结论是战国言老子，实为老莱子、太史儋、詹何三人，然而后人常常把三人混同一人。以老莱子误太史儋，然后孔子所遇之丈人，遂一变而为周王室守藏史。又以环渊误关令尹，然后太史詹出关入秦，遂有《道德经》五千言之著书。钱穆综合考察了先秦古籍有关老子其人其事的传说后指出，孔子所见者，乃南方芸草丈人，即《庄子·外物篇》中的"老莱子"，《论语》中的"荷蓧丈人"，神其事者为庄周。出关游秦者，乃周室史官儋，而神其事者为属秦人。著书谈道，列名百家者，乃楚人詹何，而神其事者为晚周之小书俗说。混而为一人，合而为一传，则始于司马迁的《史记》。③

　　由于有关老子的直接材料少之又少，钱穆在考证老子生平事迹时大多是依据了文字上音形的通转和意义的互训④，推论之处甚多，不免大胆假设有余，小心求证不足。当年邓广铭读到这一部分考辨文字时的感言是："在全部考辨中，文章最

<hr>

　　① 胡适：《评论近人考据〈老子〉年代的方法》，《胡适论学近著》第一集卷一，第88页。
　　② 张福庆：《对钱穆先生"从文章的体裁和修辞上考察老子成书年代"的意见》，《古史辨》（六），第565—566页。
　　③ 参见钱穆：《先秦诸子系年》（上），第221页。
　　④ 钱穆认为司马迁关于老子名耳、字聃、姓李氏的说法是无根据的，他引用《说文》等古籍进行释证。《说文》："聃，耳曼也。"《诗经·鲁颂》毛传："曼，长也。"《庄子》书称老聃，《吕氏春秋·不二篇》作"老耽"。《说文》云："耽，耳大垂也。"汉《老子铭》："聃然，老旄之貌也。"古人以耳大下垂为寿者之相，故高年寿者老子称老聃、老耽。古籍中又有续耳、离耳。徐坚《初学记》引《韩诗》云："离，长也。"《文选西京赋》云："朱实离离。"薛注："离离，实垂之貌。"耳垂在肩上，故称离耳，又云续耳，"续"字有引长之意。钱穆认为李耳即离耳，离李声近。《庄子》记载孔子曾见了一位长耳朵的老者，但后人牵强附会，把离耳变成李耳，于是变老子名耳字聃姓李氏了。其实，老聃只不过是古代一位长耳朵的老者。

长，曲折最多，而所下的假设也最为大胆的，是卷二中的老子辨。……证据来得如是其纤曲，结论下得如是其爽快，读者至此当会感觉到著者的立说也不免于有些虚玄吧。"[1]朱希祖读到这一部分时也有"臆测附会之辞亦不能免，如以老子为老莱子，而又以老莱子为荷蓧丈人是也"的批评。[2]

在当年有关老子的论辩中，胡适提出在没有寻得充分的证据之前，对老子其人其书应延长侦查的时间，"展缓判决"。他说："怀疑的态度是值得提倡的，但在证据不充分时肯展缓判断（Suspension of judgement）的气度是更值得提倡的"。[3]胡氏"展缓判决"的意见在方法论上是值得重视的。1993 年，在湖北荆门郭店战国中期楚墓出土的竹简中，有甲、乙、丙三组《老子》抄本，就推翻了钱穆《老子》成书于战国晚期的说法。

其二，对新出土材料的忽视。自王国维倡导二重证据法以来，用地下出土的新材料来研究古史风靡学界，以傅斯年为首的新考据学派（或称"史料学派"）用地下出土的考古材料（"直接材料"）来重建古史就是一例。钱穆虽然也赞同以地下出土的新材料与传世文献互证来研究古史，但是他却过分重视了文献材料，因而在一定程度上又忽视了地下出土的实物资料对于古史研究的重要性。由于过分重视文献材料而忽略考古材料，他考证的某些结论也容易被地下出土的新材料所否定。比如《系年》在"孙武辨""田忌邹忌孙膑考"中否定孙武实有其人，《孙子兵法》的作者实为战国时代的孙膑，就被山东临沂银雀山一号西汉墓出土的新材料所否定。尽管怀疑孙武其人其书并非自钱穆始，宋人叶适、陈振孙，清人全祖望、姚鼐等人早有所疑，钱穆是顺着他们的考证而来的，这也说明从文献考证文献的方法还是存在不小局限性的。

钱门弟子余英时称《先秦诸子系年》"为诸子学与战国史开一新纪元，贡献之大与涉及方面之广尤为考证史上所仅见。根据古本《竹书纪年》改订《史记》

---

① 邓恭三：《评〈先秦诸子系年〉》，《国闻周报》第 13 卷第 13 期，1936 年，第 40—41 页。
② 朱希祖：《朱希祖日记》下册，1939 年 2 月 12 日条，第 1000 页。
③ 胡适：《评论近人考据〈老子〉年代的方法》，《胡适论学近著》第一集卷一，第 99 页。

之失更是久为学界所激赏。"① 在这样大规模的考证中，由于资料的不足和推断的失误，自然不免有可以改正之处。此书自 1935 年由商务印书馆出版，到 1956 年由香港大学出版社出修订版时，便增订了 250 条，约 3 万余言，占原书篇幅的十分之一。银雀山汉墓、马王堆汉墓、郭店楚简等考古发现也提供了足以补充、纠正此书的新材料，但全书大体立论有据，考证精到，绝不因此等小节而动摇，研究先秦诸子和战国史的学者必将从此书中大受其惠。

七、余论

在 1949 年以前，学术界对《先秦诸子系年》中关于老子其人其书的考证虽有过不同意见，但总体评价甚高，交相称赞，誉之为体大思精的"不朽之作"。1949 年大陆政权易手，不认同新政权的钱穆选择了离开大陆，客居香江兴学。钱氏因"不食周粟"，而遭到了中共领袖毛泽东的点名批判。② 自 1957 年起，大陆学术界展开了对钱穆史学的"清算"，1961 年白寿彝先生发表《钱穆和考据学》一文，批评《系年》抄袭清人的成果，围绕着这些问题，引发了学界的笔战。

1954 年 8 月 1 日，香港《人生》半月刊 8 卷 6 期出版"庆祝钱宾四先生六十寿辰专刊"，余英时在专刊上发表了《郭沫若抄袭钱穆先生著作考——〈十批判书〉与〈先秦诸子系年〉互校记》（上），7、8 两期又刊出了该文（中）（下）两部分，认定郭沫若《十批判书》大量抄袭了《系年》的内容。1961 年 5 月，白寿彝先生在《北京师范大学学报》第 2 期上发表了《钱穆和考据学》一文，认为《系年·自序》提出的《竹书纪年》胜《史记》的五个明证，都是剽窃清人雷学淇

---

① 余英时：《一生为故国招魂——敬悼钱宾四师》，《犹记风吹水上鳞——钱穆与现代中国学术》，第 23 页。

② 1949 年 8 月 14 日，毛泽东在《丢掉幻想，准备斗争》那篇著名的社论中点了胡适、傅斯年、钱穆三人的名。"为了侵略的必要，帝国主义给中国造成了数百万别于旧式文人或士大夫的新式的大小知识分子。对于这些人，帝国主义及其走狗中国的反动政府只能控制其中的一部分人，到了后来，只能控制其中的极少数人，例如胡适、傅斯年、钱穆之类，其他都不能控制了，他们走到了它的反面。"《毛泽东选集》第 4 卷，人民出版社，1967 年版，第 1422 页。

《竹书纪年义证》的。由于白氏在批评钱穆治先秦诸子学时有不少地方拿郭沫若的研究成果作对照，不免引起余英时的联想。1991 年，余氏将《郭沫若抄袭钱穆先生著作考》收入到纪念乃师的集子《犹记风吹水上鳞——钱穆与现代中国学术》中，以原来的副标题为题，并为该文写了跋语，声称：

> 郭沫若究竟读过这篇文字没有，不得而知。但是中共官方学术界似乎曾注意到它的存在，并且作出了间接的而又是针锋相对的反应。几年之后白寿彝在《历史研究》(应为《北京师范大学学报》——引者) 上发表了一篇《钱穆和考据学》，通篇都是用下流的暴力语言，把钱先生的一切著作，特别是考据著作，骂成一钱不值。此文后来收在他的《学步集》中。其中第四节《钱穆考据的剽窃和诬妄》专是骂《先秦诸子系年》的，而且处处以吹捧郭沫若的《十批判书》作为对照。
>
> 白寿彝特别强调《系年》是"剽窃"而成，又刻意把《系年》的考据说成一无是处，而《十批判书》则处处精到，充满创见。在我看来，这两点似乎正是针对着我那篇《郭沫若抄袭钱穆先生著作考》而发。否则也未免太巧合了。①

余氏自信其推测"大概是虽不中，亦不远"，不过据在白寿彝先生身边工作的人言，白先生根本没有看过余英时在 1954 年发表的那篇文章，因此他撰写的《钱穆和考据学》就不可能是专门针对余文而作，余氏的联想与推测的确缺乏证据的支持。②

如前所述，以古本《竹书纪年》订《史记》之误，是《系年》一书的最大特色。据钱穆自述，《系年·自序》写于 1930 年春，当时他尚在苏州中学任教，发现雷学淇《竹书纪年义证》家传本则是在他任教北京大学之后。故《系年·自序》

---

① 余英时：《〈十批判书〉与〈先秦诸子系年〉互校记跋语》，氏著《犹记风吹水上鳞——钱穆与现代中国学术》，第 133、136 页。

② 参见周文玖：《梁启超、胡适、郭沫若史学特点之比较及其学术关联》，《史学史研究》2011 年第 3 期。

提出的《纪年》胜《史记》的五个明证，应当是他早年精研《纪年》的结果。以《纪年》胜《史记》第四个明证为例，钱氏认为《史记》载魏惠王三十一年徙都大梁有误，而应以《纪年》的记载为准，他通过具体研究得出这一结论后才读到朱右曾《竹书纪年存真》，方知朱氏已先他辨之。不过朱氏依据《水经注》将魏惠王徙都大梁定为六年，他则据《史记索隐》定在九年。再后来读到雷学淇《介庵经说》，才发觉徙都大梁为魏惠王九年之说雷氏已先他而发。钱穆在《系年》卷2中说：

> 余草《诸子系年》稿粗定，乃博涉诸家考论《纪年》诸书以相参证，最后惟雷氏学淇《纪年义证》未得见。雷氏书亦能辨《纪年》真伪，当与朱氏、王氏《存真》《辑校》同列，非陈氏《集证》以前诸贤之见矣。然余犹得读其《介庵经说》，略窥一斑。其论孟子时事，盖亦得失参半。粗具涯略，未尽精密。而论魏徙大梁，则其说犹在朱氏《存真》之前。朱氏之说，雷氏又复先言之。兹再抄录，以见考古之事，虽若茫昧，而烛照所及，苟有真知，无不同明，有相视而笑，莫逆于心者，而亦所以志余之陋也。[①]

后来钱穆在北平图书馆珍藏书中得雷学淇《竹书纪年义证》家传本40卷，"其议论与《经说》大同"，"复节录十数条，散入诸篇，间加商订。又越年，得见其《考订》十四卷，议据略同，而不如《经说》《义证》之详"。[②]可见，钱穆以《竹书纪年》校《史记》，从而找出《史记》在纪年上的错误，受过清代学者的启发，尤其是得益于雷学淇《竹书纪年义证》甚多，确是实事，但如白寿彝先生所言，钱氏提出的《纪年》胜《史记》的五个所谓明证，"都是剽窃雷学淇《竹书纪年义证》的"，"不只是在论点上是剽窃《义证》的，并且在材料上也基本上是剽窃《义证》的"[③]，则有失偏颇，与事实不合。这里应当指出的是，白先生批

---

① 钱穆：《先秦诸子系年》卷2《魏徙大梁乃惠成王九年非三十一年辨》，第151页。
② 钱穆：《先秦诸子系年》卷2《魏徙大梁乃惠成王九年非三十一年辨》，第152页。
③ 白寿彝：《钱穆和考据学》，《学步集》，生活·读书·新知三联书店，1978年版，第291、292页。

评钱穆的文章是在当时清算资产阶级史学的政治气氛下写成的，批评的言辞较为激烈是可以理解的。据知情人透露，白先生晚年对这篇批钱之作是不太满意的，所以他在世时出版的《白寿彝史学论集》《中国史学史论集》均未收录此文。^① 至于余英时把白先生这篇批评钱穆考据学的文章说成是"中共官方学术界"对《郭沫若抄袭钱穆先生著作考》作出的"间接的而又是针锋相对的反应"，翟清福、耿清珩撰有专文回应，此处不再赘述。^②

---

① 参见周文玖：《梁启超、胡适、郭沫若史学特点之比较及其学术关联》，《史学史研究》2011年第3期。

② 参见翟清福、耿清珩：《一桩学术公案的真相——评余英时〈十批判书〉与〈先秦诸子系年〉互校记》，《中国史研究》1996年第3期。

钱穆与《刘向歆父子年谱》

一、写作背景与学术贡献

《刘向歆父子年谱》（以下简称《年谱》）是钱穆的成名之作，这是一篇解决晚清道、咸以来经学上今古文之争、破今古门户的力作，1930 年 6 月发表在顾颉刚主编的《燕京学报》第 7 期上。

1929 年顾颉刚与钱穆在苏州初识时，顾氏称自己北上燕京大学任教并兼任《燕京学报》的编辑工作，希望他能为学报撰稿。钱穆却中山大学聘后，去信向顾颉刚解释。此时顾任《燕京学报》编辑委员会主任，学报七、八两期由他主编，故回信催钱氏为学报撰稿，钱穆于是写成《刘向歆父子年谱》一文寄给了顾颉刚。

《刘向歆父子年谱》原名《刘向刘歆王莽年谱》，发表时由顾颉刚改为今名，这是钱穆轰动学术界的成名之作，也是中国近现代学术史上的不朽名作，它主要是针对康有为《新学伪经考》而作的。

20 世纪二三十年代，支配当时中国学术界的是康有为的今文家说。康有为在《新学伪经考》中力主古文经为刘歆伪造，把晚清今文家说发挥到极致。其后崔适著《史记探源》《春秋复始》《五经释要》等书，进一步发挥康说，崔适的弟子钱玄同在《重印〈新学伪经考〉序》中又加以附议补充，以申师说。从此，刘歆媚莽助篡、伪造群经风靡学术界，统治了近代的经学研究。五四以后的疑古史学多受康有为今文家说的影响，顾颉刚就是受到《新学伪经考》的影响才由信古文转向信今文的，他在广州中山大学讲经学时即主康说。[①]

1913 年钱穆在无锡荡口鸿模学校任教时，读夏曾佑《中国历史教科书》，已接触到经学上今古文之争。1922 年任后宅泰伯市立图书馆长时，因到杭州购书，得康有为《新学伪经考》石印本一册。读后而"心疑"，"深疾其抵牾"。这是他治两汉经学今古文问题之始。其后，随着学力的加深，他对两汉经学今古文之争有了更深入的认识，对晚清今文家言，特别是康有为的刘歆伪经说深不以为然。当顾颉刚向他约稿时，他决定把自己对这一问题的认识见诸文字，于是写成《刘向歆父子年谱》一文，对康有为《新学伪经考》一书的主要观点进行了全面批驳。

钱穆仿王国维《太史公行年考》的体例，以年谱的著作形式具体排列了刘向、刘歆父子生卒、任事年月及新莽朝政，用具体史事揭橥《新学伪经考》不可通者有 28 处，凡康文曲解史实、抹杀证据之处，均一一"著其实事"，详细论证了刘歆伪篡古文以媚莽不能成立。他驳斥康文的 28 条理由概括起来主要包括如下几方面的内容。

其一，刘歆无遍造群经之时间。

刘向卒于汉成帝绥和元年（公元前 8 年），刘歆复领校五经在绥和二年，争立古文经博士在汉哀帝建平元年（公元前 6 年），距刘向之死不到二年，距刘歆领校五经不过数月。刘歆伪造群经是在刘向未死前还是在刘向卒后？如果说刘歆遍伪群经在刘向生前，其父为何不知？如果说在其父死后二年，刘歆领校五经才几个月，要在如此短的时间遍造群经，于时间上说不通。

其二，与刘歆同时或前后时代的人并未留下刘歆作伪的记载。

首先，与刘歆同在天禄阁校书的人无一人说刘歆造伪。与刘歆同在天禄阁校书的人有尹咸父子、班游、苏竟和稍后的扬雄。尹咸父子，歆从其受学，与歆父刘向先已同受校书之命，名位皆出刘歆之上，没有说刘歆伪造群经。班游校书，亦与刘向同时，汉廷赐以秘书之副，也没有说刘歆造伪。苏竟与刘歆同时校书，

———————
　　①　关于顾颉刚受晚清今文家说尤其是康有为的影响，参见陈勇：《和而不同：民国学术史上的钱穆与顾颉刚》，《暨南学报》2013 年第 4 期。又参见陈勇：《疑古与考信——钱穆评古史辨派的古史理论》，《学术月刊》2000 年第 5 期。

至东汉尚在，为人正派，"无一言及歆伪"，且深为推敬。扬雄校书天禄阁，即当年刘歆校书处。杨氏书多言古文，可知他亲见中秘古籍。如果说刘歆"于诸经史恣意妄窜"，扬雄为何看不出伪迹。其次，东汉诸儒，未疑及刘歆造伪。东汉时校书东观的班固、崔骃、张衡、蔡邕，未疑作伪。桓谭、杜林与刘歆同时，"皆通博洽闻之士"，下逮东汉，显名朝廷，"于歆之遍伪诸经绝不一言"，这又是什么道理？再次，深抑古文诸经的师丹、公孙禄、范升，皆与刘歆同时，他们反对古文经的理由是"非毁先帝所立"，攻击刘歆"颠倒五经""改乱旧章"，并不认为这些经书为刘氏所伪。最后，被认为最有可能与刘歆共谋伪造是当时被王莽征召入朝的"通逸经、古记、小学诸生数千人"，此数千人者遍于国中四方，"何无一人泄其诈"？自此不到二十年，光武中兴汉室，此数千人生活在东汉之初，为什么没有一人言及刘歆作伪？

其三，关于刘歆媚莽助篡伪造《周官》之说。

钱穆认为，刘歆在争立古文经时，王莽已去职，绝无篡汉之象，何来伪造经书以助莽篡汉。说刘欲伪造群经献媚王莽，主要是指《周官》。康有为称刘歆伪经，首于《周礼》，以佐莽篡。然《周官》乃晚出之书，方争立诸经时，《周官》不在其内。媚莽助篡，符命为首。而符命源自灾异，善言灾异者，皆今文学家，如京房、翼奉、谷永、李寻之徒。又，周公居摄称王，本诸《尚书》，亦为今文家说。刘歆既不造符命，也不言灾异，又不说今文《尚书》，何益于篡位改制。《周官》乃是王莽得志后据以改制立政，不可以说是刘歆媚莽改造《周官》助篡。王莽据《周官》改制的内容，如井田、分州及爵位等级等早见于以前之古籍。井田见于《孟子》，分州见于《尚书》，爵位之等详于《王制》《公羊》。其他如郊祀天地，改易钱币之类，莽朝改制，元成哀平以下，多已有言之者，此皆有所本，刘歆何必再伪造此书，"以启天下之疑"。再者，说刘歆伪造《周官》献媚王莽，照理说王莽代汉后，应尊古文，抑今文。事实上，王莽当政后，今古兼采，当朝六经祭酒，讲学大夫多出于今文诸儒，这又如何理解？

其四，关于刘歆伪造《左传》诸经。

说刘歆在伪造《周礼》以前，已先伪造了《左传》《毛诗》《古文尚书》《逸礼》诸经。说刘歆伪造《周官》乃是为了媚莽助篡,那么他伪造《左传》诸经的目的又是什么?钱穆认为,《左传》传授远在刘歆之前,歆父刘向及其他诸儒,奏记述造,"引《左氏》者多矣"。西汉眭孟、路温舒、张敞、翟方进、梅福、尹咸、何武、王舜、龚胜、杜邺、张竦、扬雄等人皆引过《左传》,像严彭祖、翼奉、京房、谷永那样的今文学大家也兼治《左传》。西汉师丹、公孙禄,东汉范升,谏立《左传》诸经尤力,"并不为今古分家,又不言古文出歆伪"。[①] 甚至师丹在上汉哀帝的奏文中还引用《左传》僖公九年"天威不违颜咫尺"之语。[②] 钱穆据《华阳国志》卷十引《春秋谷梁传叙》云:"成帝时,议立三传,博士巴郡胥君安,独驳《左传》不祖圣人。"认为反对者仅谓"'《左传》不祖圣人',并未谓古无其书,由歆伪撰也"。[③]

钱穆在《年谱》中还引用汉书《张敞传》《儒林传》等材料具体论证了《春秋左氏传》在西汉修习流传的情况。《汉书·张敞传》云敞上封事曰:"臣闻公子季友有功于鲁,大夫赵衰有功于晋,大夫田完有功于齐,皆畴其官邑,延及子孙。终后田氏篡齐,赵氏分晋,季氏颛鲁。故仲尼作《春秋》,迹盛衰,讥世卿最甚。"《张敞传》又云:"敞本治《春秋》,以经术自辅。"钱氏引《汉书·儒林传》解释道:

> 汉兴,北平侯张苍,及梁太傅贾谊,京兆尹张敞,皆修《春秋左氏传》。季友、赵衰、田完受封事,《公》《谷》皆不著,敞治《春秋》,及见《左氏》审矣。敞又名能识古文字,《左氏》多古字,与其学合。讥世卿乃《公羊》义,敞引为说,当时通学本不分今古也。[④]

---

① 钱穆:《刘向歆父子年谱·自序》,《两汉经学今古文平议》,商务印书馆,2001年版,第5页。

② 《汉书》卷86《师丹传》云:"上少在国,见成帝委政外家,王氏僭盛,常内邑邑。即位,多欲有所匡正。封拜丁、傅,夺王氏权。丹自以师傅居三公位,得信于上,上书言:'古者谅闇不言,听于冢宰,三年无改于父之道。……臣闻天威不违颜咫尺,愿陛下深思先帝所以建立陛下之意,且克己躬行以观群下之从化。'"钱穆解释道:"'天威'语见《左》僖九年传,丹后虽抑刘歆建立《左氏》之议,然亦曾治其书,故引用及之。"钱穆:《刘向歆父子年谱》,《两汉经学今古文平议》,第74页。

③ 钱穆:《刘向歆父子年谱》,《两汉经学今古文平议》,第81—82页。

④ 钱穆:《刘向歆父子年谱》,《两汉经学今古文平议》,第14页。

张敞借用季友、赵衰、田完受封事，劝汉宣帝应抑制霍氏的势力，否则不免会再现"世卿"之祸。接着钱穆引用《儒林传》说张苍、贾谊、张敞三人"皆修《春秋左氏传》"。然后说季友、赵衰、田完受封事的记载仅见于《左传》，不见于《公羊》《谷梁》。张敞用此三人的事迹劝说宣帝，说明他读过《左传》，《儒林传》说张敞"修《春秋左氏传》"是正确的。张敞上封事在宣帝地节三年（公元前67年），此时刘向年12，刘歆尚未出生，刘歆何以能假造他尚未出生时张敞就读过的《春秋左氏传》？且在张敞之前，汉初的张苍、文帝时的贾谊就研修过此书，此二人比刘歆出生要早100多年，刘歆又如何假造出他们修习过的《春秋左氏传》？ [①]

钱穆又举翟方进修习《左传》的例子：

> 按《翟方进传》：淳于长阴事发，下狱，方进奏劾红阳侯王立，并及其党友，奏中有云："昔季孙行父有言曰：'见有善于君者，爱之若孝子之养父母也；见不善者，诛之若鹰鹯之逐鸟爵也。'师古曰：'事见《左氏传》。'《补注》，周寿昌曰：'案西汉文中无引《左氏》者，独方进奏中引此数句，缘方进好为《左氏》学。《韦贤传》中始见刘歆等引《左氏传》，此尚在前也。'今按：路温舒、张敞等引《左氏》尤在前，而方进之传《左氏》，则有明证矣。必如康说，《汉书》全成歆手，则此亦歆所伪造以欺后世耶？ [②]

可见，在汉哀帝建平元年（公元前6年）刘歆请立《左氏春秋》于学官之前，西汉公卿、学者在奏议中直接或间接引用《左传》中的文句或史事不乏其例，说明在此之前《左传》早已在民间和学者中间流布传习，根本无须等到刘歆居中秘时再来伪造。

康有为认为《左传》是刘歆媚莽助篡伪造的，一个重要的理由就是隐公元年

---

① 参见廖伯源：《谈〈刘向歆父子年谱〉》一文，台北市立图书馆：《钱穆先生纪念馆馆刊》第5期，1997年。

② 钱穆：《刘向歆父子所谱》，《两汉经学今古文平议》，第61—62页。

《左传》云:"元年春,王周正月,不书即位,摄也。"①康氏《伪经考》据此认为:"莽文居摄名义亦由歆。即此一言(《春秋》:隐公不言即位,摄也),歆之伪作《左氏春秋》书法,以证成莽篡,彰彰明矣。"②钱穆反驳道:"按:《礼记·文王世子》:'周公摄政践阼而治',《说苑·尊贤》:'周公摄天子位七年'。居摄之名,何必始于歆?歆请立《左氏》,尚在哀帝建平元年,岂预知十年后莽有居摄之局而先伪经文以为之地?"③显然,康氏之说无据。

王莽代汉之际,硕学通儒都颂德勤勉,校书者也非刘歆一人,即便是有人伪造经书,也不必说伪经者必是刘歆。所以钱穆认为,既不存在刘歆在短短数月间伪造群经能欺骗其父,并能一手掩尽天下耳目之理,也无伪造群经媚莽助篡之说,这些纯属康有为出于"托古改制"的政治目的而有意编造出来的。他在《年谱·自序》中说:"余读康氏书,深疾其抵牾,欲为疏通证明,因先编《刘向歆父子年谱》,著其实事。实事既列,虚说自消。元、成、哀、平、新莽之际,学术风尚之趋变,政治法度之因革,其迹可以观。凡近世经生纷纷为今古文分家,又伸今文,抑古文,甚斥歆、莽,遍疑史实,皆可以返。循是而上溯之晚周先秦,知今古分家之不实,十四博士之无根,六籍之不尽传于孔门而多残于秦火,庶乎可以脱经学之樊笼,发古人之真态矣。"④

《年谱》在学术上的具体贡献主要体现在如下几个方面。

其一,通过严密的考证批驳康有为《新学伪经考》许多带有误导倾向的武断之说,澄清了不少古籍文献中所载内容的真伪问题。关于此点,前已叙说,这里再举两例。

康有为认为"五帝"中原本无少皞,后为刘歆窜入。《逸周书·尝麦解》云:"昔天之初,诞作二后,乃设建典,命赤帝分正二卿,命蚩尤于宇,少皞以临四方。"又云:"乃命少皞清司马鸟师以正五帝之官,故名曰'质'。"康有为据此断

① 杨伯峻:《春秋左传注》第一册,中华书局,1981年版,第9页。
② 康有为:《新学伪经考》,姜义华、张荣华编校,中国人民大学出版社,2010年版,第142页。
③ 钱穆:《刘向歆父子年谱》,《两汉经学今古文平议》,第125页。
④ 钱穆:《刘向歆父子年谱·自序》,《两汉经学今古文平议》,第7页。

言："蚩尤为古之诸侯，而少皥与蚩尤为二卿，同受帝命，则少皥亦古之诸侯，与蚩尤同。非五帝，更非黄帝之子甚明。刘歆欲臆造三皇，变乱五帝之说，以与今文家为难，因跻黄帝于三皇，而以少皥补之。其造《世经》，以太皥帝、炎帝、黄帝、少皥帝、颛顼、帝喾、唐帝、虞帝为次，隐喻三皇、五帝之说。又惧其说异于前人，不足取信，于是窜入《左传》《国语》之中。"① 顾颉刚也沿用康氏之说，"本来五德终始的系统里是没有少昊其人的，自从王莽、刘歆为要建设新的国本，重排这个系统，没有法子排好，只得把少昊请了进去，在《左传》中插入了伪史，于是汉火新土始得确定"。②

　　钱穆引用《汉书·魏相传》中材料对康有为的观点进行了反驳。《汉书·魏相传》载魏相奏折云："东方之神太昊，乘'震'执规司春；南方之神炎帝，乘'离'执衡司夏；西方之神少昊，乘'兑'执矩司秋；北方之神颛顼，乘'坎'执权司冬；中央之神黄帝，乘'坤'、'艮'执绳司下土。兹五帝所司，各有时也。"③ 钱穆引用此段材料指出"魏相此奏，明引少昊五帝"。魏相于宣帝神爵三年（公元前59年）已卒，后来的刘歆不可能篡改此奏文，④ 可见将少昊列入五帝之中的做法并非始自刘歆。钱穆在后来所写的《评顾颉刚〈五德终始说下的政治和历史〉》一文中续有阐发，认为《世经》所说的五行相生、汉为火德、汉为尧后在刘歆之前早有人提出，比如五行相生至少在《淮南子》《春秋繁露》已经出现，汉为火德在刘歆之前有甘忠可、谷永等人论及，汉为尧后之说至少可上溯到昭帝时眭孟，故云："五行相生说自《吕览》《淮南》五方色帝而来，本有少昊，并非刘歆在后横添"；"以汉为尧后，为火德，及主五行相生三说互推，知少昊加入古史系统决不俟刘歆始，刘歆只把当时已有的传说和意见加以写定（或可说加以利用）"。⑤

　　康有为认为今文据古说皆言"四岳"，而"五岳"一说乃刘歆所伪。他说："考《尔雅·训诂》，以释《毛诗》《周官》为主。《释山》则有'五岳'，与《周

---

　　① 康有为：《新学伪经考》，第35—36页。
　　② 《古史辨》（五）顾颉刚"自序"，第17页。
　　③ 《汉书》卷74《魏相传》，中华书局，1962年版，第3139页。
　　④ 钱穆：《刘向歆父子年谱》，《两汉经学今古文平议》，第19-20页。
　　⑤ 《古史辨》（五），第629—630页。

官》合，与《尧典》《王制》异。（自注：《王制》：'五岳视三公'，后人校改之名也。）""盖歆既遍伪群经，又欲以训诂证之而作《尔雅》，心思巧密，城垒坚严，此所以欺绐百代者欤！然自此经学遂变为训诂一派，破碎支离，则歆作俑也。"①但钱穆指出，《汉书·郊祀志》记载宣帝神爵元年（公元前61年）三月"制诏太常，令祀官以礼为岁事，自是五岳四渎皆有常礼。东岳泰山于博，中岳泰室于嵩高，南岳潜山于潜，西岳华山于华阴，北岳常山于上曲阳"，"然据《郊祀志》，五岳明见宣帝前，时《周礼》《毛诗》皆未出，歆尚未生，必如康说，非《汉书》亦出歆伪，不足自圆"。②

其二，平实考察新莽代汉及其改制的历史事实，指出新莽创制立法，皆远有端绪，可以追溯到武、昭、宣、元、成时期，是西汉中后期学术风气、政治理念自然演进的结果。

汉初治尚恭俭，主无为之政，武帝始从事礼乐，以兴太平，而不免于奢侈。王吉、贡禹乃以恭俭说礼乐。宣帝时王吉上书言事，"孔子曰'安上治民，莫善于礼'，非空言也。王者未制礼之时，引先王礼宜于今者而用之"。③元帝初即位，贡禹上奏："古者宫室有制，宫女不过九人，秣马不过八匹……至高祖、孝文、孝景皇帝，循古节俭，宫女不过十余，厩马百余匹。……后世争为奢侈，转转益甚，臣下亦相放效……今大夫僭诸侯，诸侯僭天子，天子过天道，其日久矣。承衰救乱，矫复古化，在于陛下。"④元帝据此下诏令太仆减食谷马，水衡减食肉兽，省宜春下苑以与贫民。钱穆认为："王、贡之徒乃以恭俭说礼乐。王吉不见用于宣帝，而元帝则尊信禹，遂开晚汉儒生复古一派。"⑤武帝、宣帝用儒生，颇重文学，事粉饰。"元、成以下，乃言礼制，追古昔。此为汉儒学风一大变。莽、歆亦自王、贡来。"⑥

---

① 康有为：《新学伪经考》，第88页。
② 钱穆：《刘向歆父子年谱》，《两汉经学今古文平议》，第15页。
③ 《汉书》卷72《王吉传》，中华书局，1962年版，第3063页。
④ 《汉书》卷72《贡禹传》，中华书局，1962年版，第3069—3070页。
⑤ 钱穆：《刘向歆父子年谱》，《两汉经学今古文平议》，第28页。
⑥ 钱穆：《刘向歆父子年谱》，《两汉经学今古文平议》，第29页。

钱穆认为，王莽改制诸政实渊源于汉武帝。王莽禁止买卖田宅、奴婢，武帝时今文大师董仲舒言限民名田，亦主去奴婢，"莽政远师其意也"。五均、六管之政，"大体武帝时已先行"。① 汉武时意在增国库，而抑兼并、裁末业，则贾谊、晁错、董仲舒皆以言之。"新莽之政，亦主抑兼并、裁末业，渊源晁、董。"② 在这里，钱穆敏锐地注意到当时学风与新莽政治之关系，故云："莽朝一切新政莫非其时学风群议所向，莽亦顺此潮流，故为一时所推戴耳。"③

昭帝元凤三年（公元前78年）正月，泰山有大石自立，上林苑枯柳复生，眭孟推《春秋》之意，认为"当有从匹夫为天子者"，"先师董仲舒有言，虽有继体守文之君，不害圣人之受命。汉家尧后，有传国之运。汉帝宜谁差天下，求索贤人，禅以帝位，而退自封百里，如殷周二王后，以承顺天命"。④ 钱穆指出："眭孟言汉为尧后，不述所本，以事属当时共信，无烦引据也。其论禅让，据《公羊》，犹明白。后莽自引为虞帝裔，以篡汉拟唐、虞，此已远启其先矣。"⑤ 宣帝神爵二年（公元前60年），有司隶校尉盖宽饶因上书言禅让事而自刭北阙下，钱穆引《汉书·盖宽饶传》所载此事，然后下按语评论道："自元凤三年，眭弘以论禅让诛，至是不二十年，当时学者敢于依古以违时政如是。又深信阴阳之运，五德转移，本不抱后世帝王万世一姓之见。莽之代汉，硕学通儒多颂功德劝进，虽云觊宠竞媚，亦一时学风趋向，不独一刘歆。歆何为不惮劳，必遍伪群经，篡今文圣统，乃得助莽为逆耶？"⑥ 建始三年（公元前30年）十二月朔，日食地震同日俱发，成帝诏举方正直言极谏之士，谷永待诏对策，言："白气起东方，贱人将兴之表也；黄浊冒京师，王道微绝之应也。夫贱人当起而京师道微，二者已丑。"⑦ 钱穆引谷永此言进而说道："此亦隐寓汉家运数将终之意。当时据灾异言占应，多持此说，宜莽之乘机而起也。下至窦融兴河西，彼中智者犹谓：'自前世博物道术

---

① 参见钱穆：《刘向歆父子年谱》，《两汉经学今古文平议》，第133—135页。
② 钱穆：《刘向歆父子年谱》，《两汉经学今古文平议》，第137页。
③ 钱穆：《刘向歆父子年谱》，《两汉经学今古文平议》，第94页。
④ 《汉书》卷75《眭弘传》，中华书局，1964年版，第3154页。
⑤ 钱穆：《刘向歆父子年谱》，《两汉经学今古文平议》，第11页。
⑥ 钱穆：《刘向歆父子年谱》，《两汉经学今古文平议》，第18页。
⑦ 《汉书》卷85《谷永传》，第3452页。

之士，谷子云、夏贺良等，建明汉有再受命之符，言之久矣。'可见当时汉运中衰说之入人之深。"①这说明汉运将终的观念在当时早已流传，无须刘歆媚莽篡汉时再来制造"符命"。

至于改官名以应古制，也非王莽新政时独有。绥和元年（公元前8年）十二月，汉成帝用何武、翟方进之议罢刺史，置州牧。钱穆认为"何武、翟方进皆治古文，通《左氏》。其学风盖承王、韦而启莽、歆。改易官名以慕古昔，亦新政先声也"。②哀帝元寿二年（公元前1年）五月，正三公官分职，钱穆言道："三公官名，发于何武，废于朱博，至是又复之。汉廷好古如此，不俟新朝矣。"③

据此钱穆认为，无论是政治还是学术，从汉武帝到王莽，从董仲舒到刘歆，只是一线的演进和生长，绝非像晚清今文学家所说，其间必有一番盛大的伪造和突异的解释。所以他主张用自然的演变说取代刘歆造伪说，力主用历史演进的原则和传说的流变来加以解释，不必用今文学说把大规模的作伪及急剧的改换来归罪刘歆一人。故云："新莽政制，自有来历，不待刘歆之遍伪群经。"④

钱穆在《年谱》中力攻今文经学之非，当时就有人批评他"似未能离开古文家之立足点而批评康氏"。⑤钱穆在后来的回忆中也说《年谱》发表后，时人"都疑余主古文家言"。⑥实际上，钱穆此文并没有站到古文经学的立场上来申古抑今，他的目的就是要破除晚清以来学术界的今古门户之见。事实上，"清儒治学，始终未脱一门户之见。其先则争朱、王，其后则争汉、宋。其于汉人，先则争郑玄、王肃，次复争西汉、东汉，而今、古文之分疆，乃由此而起"。⑦在钱穆看来，今文、古文都是清儒主观构造的门户，与历史真相并不相符。他说：

> 晚清经师，有主今文者，亦有主古文者。主张今文经师之所说，既多不

---

① 钱穆：《刘向歆父子年谱》，《两汉经学今古文平议》，第41页。
② 钱穆：《刘向歆父子年谱》，《两汉经学今古文平议》第63页。
③ 钱穆：《刘向歆父子年谱》，《两汉经学今古文平议》第89页。
④ 钱穆：《刘向歆父子年谱》，《两汉经学今古文平议》第135页。
⑤ 青松（刘节）：《评〈刘向歆父子年谱〉》，《古史辨》（五），第250页。
⑥ 钱穆：《八十忆双亲·师友杂忆》，第160页。
⑦ 钱穆：《两汉经学今古文平议·自序》，第3—4页。

可信。而主张古文诸经师，其说亦同样不可信，且更见其为疲软而无力。此何故？盖今文古文之分，本出晚清今文学者门户之偏见，彼辈主张今文，遂为今文诸经建立门户，而排斥古文诸经于此门户之外。而主张古文诸经者，亦即以今文学家之门户为门户，而不过入主出奴之意见之相异而已。①

显然，钱穆撰《年谱》的目的就是要"撤藩篱而破壁垒"，破除学术界今古门户的成见。为了达到这一目的，他采用的方法很简单，以史治经，所用的材料仅仅是一部《汉书》。因为他认为经学上的问题，同时即是史学上的问题，他"全据历史记载，就于史学立场，而为经学显真是"。②台湾学者何佑森说："《向歆年谱》解决了近代学术史上的一大疑案，而这部书根据的仅仅只是一部《汉书》。很多非有新资料不能著书立说的人，一定认为这是一件不可思议的事。一部《汉书》，人人可读，未必人人会读。一部古书，人人能读，未必人人愿读。……现代一般治经学的，通常不讲史学；治史学的人，通常不讲经学。钱先生认为，经学上的问题，亦即是史学上的问题。《向歆年谱》依据《汉书》谈《周官》《左传》，他所持的就是这个观点。"③

二、学界反响

清末民初以来，今文学派垄断学坛，刘歆伪造群经，几成定论。相信康、崔今文家说的顾颉刚当年就言道："说是社会上不知道吧，《新学伪经考》已刻了七次版子，《考信录》也有五种版子，《史记探源》也有两种版子，其铅印的一种已三版：这种书实在是很普及的了；《伪经考》且因焚禁三次之故而使人更注意了。

---

① 钱穆：《两汉经学今古文平议·自序》，第5—6页。
② 钱穆：《两汉经学今古文平议·自序》，第6页。
③ 何佑森：《钱宾四先生的学术》，《清代学术思潮——何佑森先生学术论文集》（下），第471—472页。

说是他们的学说不足信吧，却也没有人起来作大规模的反攻。"①甚至发出了"我辈得有论敌"之叹。②钱穆《刘向歆父子年谱》的刊出，一扫清末民初风靡学术界的刘歆伪造群经说的不白之冤，打破了今文学派的垄断，立即在学术界引起了巨大震动。青松（刘节）在评论这篇文章时称它是"一篇杰作"，文中所列康有为《新学伪经考》不可通者二十八处"皆甚允当"，"是学术界上大快事"。③孙次舟亦撰文称"刘歆并无遍窜群籍之事，此自钱宾四先生刊布其《刘向歆父子年谱》，已大白于世。钱先生以史事证明刘歆无遍窜群籍之必要，无遍窜群籍之时间，颇足关康有为辈之口，使之无词以自解。"④钱穆在晚年的回忆中也自道，北平各大学原本开有经学史和经学通论一类的课程，皆主康有为今文家言，此文出，各校经学课皆在秋后停开。⑤钱氏的自道也许不尽符合事实，因为《年谱》刊出后相信刘歆伪经说的仍大有人在⑥，但《年谱》在当时的影响之大却是一个不争的事实。

《刘向歆父子年谱》刊出后，之所以在当时的学术界获得如此广泛的注意和重视，是因为民国以来，学术界深受康有为《新学伪经考》的影响，在当时的学者头脑中几乎都存在着古文经是否为刘歆伪造、《周礼》《左传》等古籍是否是伪书的疑问。自《年谱》发表后，人们开始从《新学伪经考》的笼罩下解脱了出来，使原来相信晚清今文家言的不少学者自此改变了态度。以胡适为例。胡适原本是相信今文家言的，他写《中国哲学史大纲》时，因相信《左传》为刘歆伪造，"避

---

① 顾颉刚：《中国上古史研究课第二学期讲义序目》（1930 年 6 月），《古史辨》（五），第 256 页。
② 顾颉刚：《致钱玄同》，1930 年 8 月 6 日。《顾颉刚书信集》卷一，第 564 页。
③ 青松（刘节）：《评〈刘向歆父子年谱〉》，《古史辨》（五），第 249、250 页。
④ 孙次舟：《左传国语原非一书证》，《责善》半月刊第 1 卷第 4 期（1940 年），第 3 页。
⑤ 钱穆：《八十忆双亲·师友杂忆》，第 160 页。
⑥ 比如钱穆当时就没有说顾颉刚、钱玄同。1930 年 7 月 31 日，顾颉刚在致钱玄同的信中说："钱穆先生之《刘向歆父子年谱》，正是激动我们重提今古文问题的好资料，我想搜集材料，驳他一下，先生能助我否？"《顾颉刚书信集》卷一，第 563 页。1935 年 1 月 20 日钱玄同在致顾颉刚的信中也说："今日对此问题，虽尚有钱宾四、胡适之、徐旭生诸君之反对刘（逢禄）、康（有为）、崔（适）诸君，亦正与晋古文《尚书》一案尚有毛奇龄、洪良品、王照诸君之反对梅、阎、惠诸君一样。弟之愚见，则确信刘、康、崔诸君所考证者皆精当不易，故于汉古文经是伪书之说，认为不必再讨论了。现在要讨论的是今文经之真伪问题。"该信附在《古史辨》第五册最后。

不敢引"。① 然而在读到《年谱》后，改变了先前的看法，逐渐从今文家言中摆脱了出来。胡适在 1930 年 10 月 28 日的日记中写道：

> 昨今两日读钱穆（宾四）先生的《刘向歆父子年谱》（《燕京学报》七）及顾颉刚的《五德终始说下的政治和历史》（《清华学报》六·一）。
>
> 钱谱为一大著作，见解与体例都好。他不信《新学伪经考》，立二十八事不可通以驳之。
>
> 顾说一部分作于曾见《钱谱》之后，而墨守康有为、崔适之说，殊不可晓。②

胡氏之言在他的学生邓广铭的回忆中也得到了印证。1931 年春，邓广铭在北大旁听胡适讲授中国哲学史，讲到西汉经生们的今文、古文两派之争时，胡氏特意提到了钱穆《年谱》一文，"说它是使当时学术界颇受震动的一篇文章，他本人和一些朋友，原也都是站在今文派一边的人，读了这篇《年谱》之后，大都改变了态度"。③

在《年谱》一文的影响下，胡适也主动加入到当时学界有关今古文问题的讨论中来。1931 年 4 月 21 日，胡适致信钱穆：

> 我以为廖季平的《今古学考》的态度还可算是平允，但康有为的《伪经考》便走上了偏激的成见一路。崔觯甫（适）的《史记探源》更偏激了。现在应该回到廖平的原来主张，看看他'创为今古学之分以复西京之旧'是否可以成立。不先决此大问题，便是日日讨论枝叶而忘却本根了。④

---

① 钱穆早年读胡适《中国哲学史大纲》时，就敏锐地注意到胡著在讨论春秋各家思想的时代背景时，只用《诗经》，不敢用《左传》。在北大任教时，他曾当面问胡适原因何在。胡适的回答是："君之《刘向歆父子年谱》未出，一时误于今文家言，遂不敢信用《左传》，此是当时之失。"见《八十忆双亲·师友杂忆》，第 165—166 页。
② 胡适著、曹伯言整理：《胡适日记全编》第 5 册，第 834 页。
③ 《邓广铭学述》，第 17 页。
④ 胡适：《论秦時及周官书》，《古史辨》（五），第 637 页。

其实，胡适在此之前，即在 3 月 31 日的日记中也表达了类似的意见："廖平之《今古学考》（1886）实'创为今古二派'，但他的主张实甚平允……康有为的《新学伪经考》（1891）始走极端，实不能自圆其说，故不能说《史记》也经刘歆改窜了。"① 钱穆对胡适加入讨论颇感兴奋，他在 4 月 24 日的回信中说："先生高兴加入今古文问题的讨论，尤所盼望。"随后在信中陈述了自己的见解：

> 窃谓西京学术真相，当从六国先秦源头上窥。晚清今文家承苏州惠氏家法之说而来，后又屡变，实未得汉人之真。即以廖氏《今古学考》论，其书貌为谨严，实亦诞奇，与六译馆他书相差不远。彼论今古学源于孔子，初年、晚年学说不同。穆详究孔子一生，及其门弟子先后辈行，知其说全无根据。又以《王制》《周礼》判分古今，其实西汉经学中心，其先为董氏公羊，其后争点亦以左氏为烈。廖氏以礼制一端，划今古鸿沟，早已是拔赵帜而立汉帜，非古人之真。②

胡适突破康有为、崔适"尊今抑古"之说后，回到廖平"平分古今"的立场上来，主要借助了钱穆《年谱》中的观点。在钱穆看来，廖平以礼制的不同划分今古二派，实非得古人之争。言外之意，胡适赞同廖说，实际上仍未从今文家说的牢笼中摆脱出来。在胡适那里的所谓"本根"之说，在钱穆这里早已得到了解决，他是先摆脱了"平分古今"的束缚，故对"尊今抑古"之见就有了势如破竹的胜算。③ 钱穆最终是否说服胡适放弃廖平"平分古今"的主张，囿于材料，不敢妄断，但在胡氏日渐脱离今文家言，相信古文经绝非刘歆作伪的问题上，钱穆

---

① 胡适著、曹伯言整理：《胡适日记全编》第 6 册，第 105 页。
② 钱穆：《致胡适书》，《钱宾四先生全集》第 53 册《素书楼余渖》，第 187 页。
③ 刘巍：《〈刘向歆父子年谱〉的学术背景与初始反响》，《历史研究》，2001 年第 3 期。

的作用是显而易见的。①

再以杨向奎为例。杨向奎曾是古史辨派的成员，受顾颉刚的影响，"喜今文家言"，但读到《年谱》后看法大变，对康有为粗枝大叶的学风多有不满，认为所谓刘歆遍伪《左传》《周礼》之说，不过是又一次的"托古改制"，于是花大量时间考证《左传》《周礼》不伪，在古史研究上与乃师分道扬镳，与顾门另一弟子童书业"同室操戈矣"。②

总之，"二十世纪初期中国的古代史学处处弥漫着今文学家的古史观，以康有为《新学伪经考》和《孔子改制考》两部书的基本概念为骨干，相信汉代古文经典是刘歆伪造的，不足采信"，钱穆《刘向歆父子年谱》即是"针对这股学风而发"。③《年谱》以史实破经学，开辟了以史治经的新路径，对近代经学史的研究，具有划时代的贡献，深得学术界的好评。林语堂认为《年谱》"最大的贡献摧陷廓清道咸以来常州派的今文家，鞭辟入里，使刘歆伪造《左传》《毛诗》、古文《尚书》《逸礼》诸经之说，不攻自破。"④余英时指出："清末康有为的《新学伪经考》支配了学术界一二十年之久，章炳麟、刘师培虽与之抗衡，却连自己的门下也不能完全说服。所以钱玄同以章、刘弟子的身份而改拜崔适为师。顾颉刚也是先信古文经学而后从今文一派。钱先生《刘向歆父子年谱》出，此一争论才告结束。"⑤何祐森称："《刘向歆父子年谱》一书，不但结束了清代的今古文之争，平息了经学家的门户之见，同时也洗清了刘歆伪造经书的不白之冤。自从《向歆年

① 参见陈勇：《试论钱穆与胡适的交谊及其学术论争》，《史学史研究》2011 年第 3 期。《钱玄同日记》1931 年 6 月 14 日条载："午后回孔德，晤建功及颉刚。颉刚说，颇有意于再兴末次之今古文论战，刘节必加入，适之将成敌党。"（北京大学出版社 2014 年，第 806 页）在刘歆伪造古文经这一问题上，胡适原本是支持学生顾颉刚的，但读到《年谱》后看法大变，转过来支持钱穆。可见，在胡适治学转变的过程中，《年谱》的确起了十分重要的作用，这也是胡氏何以如此欣赏《年谱》的原因所在。

② 参见杨向奎：《论"古史辨派"》，收入《中华学术论文集》，中华书局，1981 年版。又参见杨向奎：《论〈左传〉之性质及其与〈国语〉之关系》《〈周礼〉的内容分析及其成书时代》两文，收入《绎史斋学术文集》，上海人民出版社，1983 年版，第 174—214、228—276 页。

③ 杜正胜：《钱穆与二十世纪中国古代史学》，《新史学之路》，第 216—217 页。

④ 林语堂：《谈钱穆先生之经学》，《华冈学报》第 8 期，1974 年 7 月。收入朱传誉主编：《钱穆传记资料》，台北天一出版社，1981 年版，第 39 页。

⑤ 余英时：《一生为故国招魂——敬悼钱宾四师》，收入《犹记风吹水上鳞——钱穆与现代中国学术》，第 23 页。

谱》问世以后，近四十年来，凡是讲经学的，都能兼通今古，治今文经的兼采古文，治古文经的兼治今文，读书人已不再固执今古文经孰是孰非的观念，已不复存在古文家如章炳麟，今文经学家如康有为之间的鸿沟。自刘歆伪经的问题解决以后，读书人对两千年相传的古文经书，以及经书中的一切记载，开始有了坚定不移的信心。"①台湾学者马先醒在 1971 年撰文更是盛赞《年谱》，认为这是民初六十年来秦汉史研究最有影响力的一篇论文，"六十年来论文中影响之大，无有过之者，允推独步矣"。②

《刘向歆父子年谱》完稿于 1929 年"岁前一日"，文中的《自序》1930 年 3 月刊在南京中国史学会所编的《史学杂志》第 2 卷第 1 期上，全文 1930 年 6 月发表在《燕京学报》第 7 期上。钱穆完成这篇文章时，身份不过是一位中学教师，而正是在这位中学教师手中，解决了经学史上今古文经的一个重大问题——刘歆是否媚莽助篡而伪造了群经，给晚清道、咸以来经学上激烈的今古文之争作一了结，这不免令人啧啧称奇。

三、仍待研究之问题

当然，《刘向歆父子年谱》的考证及其对康有为的批评也并非无懈可击。《年谱》刊出后不久，青松（刘节）在《大公报·文学副刊》上发表了一篇评论文章，对钱文的观点提出了几点批评意见，其中一条重要的商榷意见就是关于《左传》《周官》的成书年代问题。青松认为，康有为、崔适一辈今文学家"虽胶执今文，语多僻远，而对于《周官》及《左氏传》之疑难则确有见地"。《年谱》"于刘歆未造伪经之证据颇多，而对于《周官》及《左氏传》之著作时代无具体意见，吾人认为其抨击崔、康者仍未能中其要害也"。③

应当说，青松的批评是有一定道理的。关于《左传》，钱穆找出了当时确有

---

① 何佑森：《钱宾四先生的学术》，《清代学术思潮——何佑森先生学术论文集》（下），第 471 页。
② 马先醒：《近六十年来国人对秦汉史的研究》，台北《史学汇刊》第 4 期，1971 年。
③ 青松（刘节）：《评〈刘向歆父子年谱〉》，《古史辨》（五），第 250、251 页。

人引用了《左传》的史实或文句，也只能表明该书是一部先秦旧籍，也没有完全解决《左氏》究竟传不传经这一关键性问题。至于《左传》与《国语》，究竟是一书，还是二书，钱穆在批驳康有为《左传》是刘歆从《国语》里割裂出来的观点时给出了一个笼统性意见，称："《左氏》《国语》明为二书，歆之引传解经，亦获睹中秘《左氏春秋》，见其事实详备，可以发明孔子《春秋》之简略，胜于《公》《谷》虚言，故乃分年比附，用相证切。"① 由于未加具体论证，钱氏自己也不免信心不足，故又言"《左氏》《国语》为一为二？此皆非一言可决"。②

宣帝初即位，大臣路温舒上书，"言宜尚德缓刑"，文称"齐有无知之祸，而桓公以兴；晋有骊姬之难，而文公用伯"，又引古人之言"山薮藏疾，川泽纳污，瑾瑜匿恶，国君含垢"。③ 钱穆认为前者"均本《左氏》"，后者"乃《左氏》载晋大夫伯宗辞。是温舒曾治《左氏》也。"④ 其实，"齐有无知之祸"的史实不独《左传》有，《谷梁传》亦记此事："齐公孙无知弑襄公，公子纠、公子小白不能存，出亡。齐人杀无知，而迎公子纠于鲁。公子小白不让公子纠，先入，又杀之于鲁。"⑤ 同样，"晋有骊姬之难"一事，《公羊传·僖公十年》"晋里克弑其君卓子及其大夫荀息"条下所附之传文及《谷梁传·僖公十年》"晋杀其大夫里克"条下所附之传文均有涉及，故不得谓之"均本左氏"。至于说"山薮藏疾"四句话是出自《左传》，那必须以《左传》与《国语》是两部书为前提的，否则认同康有为观点的学者也可怀疑路温舒所引用的会不会是尚未被析分的古本《国语》中的文句呢？

---

① 钱穆：《刘向歆父子年谱》，《两汉经学今古文平议》，第77页。

② 钱穆：《刘向歆父子年谱·自序》，《两汉经学今古文平议》，第5页。孙次舟认为钱穆《年谱》一文在刘歆未造伪经上证据颇多，但对于《左传》与《国语》之问题尚未作详密之诠解，故撰《左传国语原非一书证》一文，认为刘歆既无改古本国语之事，而现行《国语》与《左传》，其成书之体例既不相同，两书言事，亦多歧异，即或所记之事相同，而字句亦颇有异，细加研核，两书之本非一体，灼然甚明。认为康有为、钱玄同等人主《左传》出于《国语》之说，皆无可信之价值。该文1940年在《责善》半月刊上1卷4、6、7期上刊出，对钱穆《年谱》论述不详处做了重要补充。

③ 《汉书》卷51《路温舒传》，第2368、2371页。

④ 钱穆：《刘向歆父子年谱》，《两汉经学今古文平议》，第12页。

⑤ 范宁集解、杨士勋疏：《春秋谷梁传注疏》卷5（庄公九年），北京大学出版社，2000年版，第87页。

又，钱穆认为公羊学大师严彭祖"应兼通《左氏》"，理由是"《隋书·经籍志》有《春秋左氏图》十卷，汉太子太傅严彭祖撰，新、旧《唐志》皆有严彭祖《春秋图》七卷，即《隋志》所称"。[①] 然《汉书·艺文志》中未有严彭祖著作的记载，《汉书·儒林传》中关于严彭祖的叙述也未提及其有这一著作，故而《隋志》所提及的《春秋左氏图》的作者有可能不是严彭祖，而是后人的伪托。况且《隋志》与新、旧《唐志》所记的书名与卷数也不相同。难怪钱穆自己也不得不承认"惜两书皆不传，无堪深论矣"。[②]

关于《周官》，钱穆虽提到出于"战国晚世"，也未展开具体论证。因此，确定《左传》《周官》等古典文献的成书年代，的确是深入讨论经学今古文问题的一个必要条件。诚如钱穆在《两汉经学今古文平议·自序》中所言："清儒主张今文经学者，群斥古文诸经为伪书，尤要者则为《周官》与《左传》。《左传》远有渊源，其书大部分应属春秋时代之真实史料，此无可疑者。惟《周官》之为晚出伪书，则远自汉、宋，已多疑辨。然其书果起何代，果与所谓古文经学者具何关系，此终不可以不论。"[③] 为了回答青松等人的质疑，在《年谱》发表的一年后，钱穆又写下了《周官著作时代考》一长文，从祀典、刑法、田制、封建、军制、外族、丧葬、音乐等方面详加考证，从这些内容所反映出的时代特征来确定其成书年代，力证何休"《周官》乃六国阴谋之书"一说较近情理。该文发表后在学术界也引起了极大反响。坚信《周礼》为刘歆伪造的钱玄同，读了《时代考》后信心也不免发生动摇[④]，而早年深受《新学伪经考》影响的顾颉刚，到晚年研究《周礼》时也改变了态度，断定此书是战国时齐国法家的作品，与刘歆、王莽无涉。[⑤] 当然，这已越出了本文讨论的范围，兹不赘述。

---

① 钱穆：《刘向歆父子年谱》，《两汉经学今古文平议》，第 24、25 页。
② 钱穆：《刘向歆父子年谱》，《两汉经学今古文平议》，第 25 页。
③ 钱穆：《两汉经学今古文平议·自序》，第 5 页。
④ 参见钱玄同《重论经今古文学问题》一文有关"《周礼》"一节的论述，《古史辨》（五），第 46—47 页。
⑤ 参见顾颉刚：《周公制礼的传说和〈周官〉一书的出现》，《文史》第 6 辑，中华书局，1979 年。

"不知宋学，则无以评汉宋之是非"

——钱穆与清代学术史研究

一、近代学者的清学史研究

在中国学术发展的历程中，清代学术具有承先启后的特殊意义，古代学术在这里结束，近代学术从这里发端，这种转折过渡的学术特征所具有的独特魅力，吸引了近代众多的一流学者，如章太炎、刘师培、梁启超、胡适、柳诒徵、钱穆等人对它的研究，成就斐然，在中国近代学术史上写下了重要一页。

对清代学术的研究和总结并非自近代学者始，清人已有论及，著名者如江藩的《国朝汉学师承记》和唐鉴的《国朝学案小识》等。但江书仅迄乾嘉，又固守汉学壁垒，详汉略宋，殊嫌不备；唐书止于道光，专重宋儒义理，排斥汉学，门户、意气之见甚深，谈不上对清代学术作客观、全面的总结。清代学术史真正作为一门学科的创立，则始于 20 世纪初，开风气之先者首推章太炎。章氏撰有《清儒》一文，对清代学术的发展演变作了提要钩玄式的概括，该文以乾嘉汉学为清代学术的主流，最早提出了吴、皖分帜之说，可谓是近代总结清代学术史的开山之作。[①] 周予同称："要了解清代三百年学术史，一定要读这篇《清儒》，它是清代

---

① 《清儒》篇最早出现在 1904 年《訄书》重订本中，1914 年章太炎着手修订《訄书》，定名为《检论》，《检论·清儒》与《訄书·清儒》相比较，内容前后变化不大。

学术的概论。"①事实上，章氏这篇通论清代学术的文章对后来学者的研究影响甚大，刘师培、梁启超等人的清学史研究，都明显地以它为继续研究的起点。② 不过，章氏为清末古文经学大师，恪守古文家法，又囿于反满之见，一些评论未必公允。③

继章太炎之后研究清代学术史卓有成绩者是刘师培。刘师培出身书香世家，被誉为清代扬州学派的殿军。刘氏著有《南北考证学不同论》《近儒学术统系论》《清儒得失论》《近代汉学变迁论》等文，对清代学术提出了许多富有价值的见解。比如刘氏把清代学术分为四期，汉学初兴，"其征实之功悉由怀疑而入"，以阎若璩、胡渭、毛奇龄为代表的"怀疑派"的崛起，标志着清代汉学的形成，是为第一期。乾嘉中，以惠栋、戴震为代表的"征实派"继之而起，汉学如日中天，达到极盛，是为第二期。征实之学既昌，疏证群经，阐发无余，继之者虽取精用弘，然精华已竭，只好转相仿效，掇拾旧闻，不得不出于丛缀之一途，是为第三期。嘉道之际，有常州今文学派的崛起，以空言相演，虚而不能证之以实，汉学由此不振，是为第四期。④ 这与梁启超后来在《清代学术概论》中借用佛教用语把清

---

① 周予同：《中国经学史讲义》，朱维铮编：《周予同经学史论著选集》（增订本），第836页。

② 周予同说："梁氏论述近三百年学术史，实在是从章太炎《清儒》那里来的。"朱维铮编：《周予同经学史论著选集》（增订本），第837页。

③ 比如章太炎在《清儒》篇用一句"清世理学之言，竭而无余华"，便将清代理学排斥出研究的视野之外，就有失公允。

④ 参见刘师培：《近代汉学变迁论》，《刘申叔遗书》，江苏古籍出版社，1997年版，第1541页。

代学术分为启蒙（生）、全盛（住）、蜕分（异）、衰落（灭）四期大体相同。①

继章太炎、刘师培之后对清代学术史研究最有成就者，当推梁启超。1904 年，梁氏在《新民丛报》上发表《近世之学术》一文，分永历康熙间、乾嘉间、最近世三节来梳理清代学术，这是他治清代学术史的发轫。② 不过这时的梁启超对清代学术的总体评价不高，认为"有清一代之学术，大抵述而不作，学而不思，故可谓之为思想最衰时代"。③ 这与他后来在《清代学术概论》"自序二"中，把清代考据学与先秦子学、两汉经学及魏晋玄学、隋唐佛学、宋明理学并称为我国五大学术思潮的评价截然不同。梁启超晚年从政坛上退隐下来，致力于学术史研究，1920 年写成的《清代学术概论》，是他晚年治清代学术史的纲领性著作。④ 1923 年至 1925 年间，梁氏又完成了他晚年治清代学术史最负盛名的力作——《中国

---

① 梁启超根据佛法的生、住、异、灭的万物流转来比拟学术思潮，"佛说一切流转相，例分四期，曰：生、住、异、灭。思潮之流转也正然，例分四期：一、启蒙期（生），二、全盛期（住），三、蜕分期（异），四、衰落期（灭）。无论何国何时代之思潮，其发展变迁，多循斯轨"。并逐一介绍每一期的特点：启蒙期代表人物有顾炎武、胡渭、阎若璩，特点是一扫宋明理学的游谈无根，在经籍辨伪中唤起"求真"的观念、反空归实，由明以复于宋，且渐复于汉、唐时期。全盛期代表人物有惠栋、戴震、段玉裁、王念孙、王引之等，称之为"正统派"，其特点是承启蒙期而来，"实事求是""无征不信"，光大科学研究的精神而遗失了"经世致用"和"怀疑"特色，由宋以复汉时期。蜕分期（即衰落期）代表人物有康有为、梁启超，其特点是在考证派拘泥于名物训诂，丧失了发展的活力，今文经学兴起，"则所谓复古者，由东汉以复于西汉"，在正统派的蜕分与衰落中，今文经学者"抱启蒙期'致用'的观念，借经术以文饰其政论，颇失'为经学而治经学'之本意，故其业不倡，而转成为欧西思想输入之导引"。参见梁启超：《清代学术概论》，朱维铮校注：《梁启超论清学史二种》，复旦大学出版社 1985 年版，第 2—5 页。这与刘师培的分期法何其相似。刘的清学史研究对梁有影响，但在梁氏相关清学史研究著作中对刘只字不提，这恐怕与刘在政治上的失足、名声不佳有关，梁不愿意提及而已。

② 《近世之学术》是梁启超《论中国学术思想变迁之大势》中的一部分，1904 年 9 月到 12 月发表在《新民丛报》第 53—55、58 号上。

③ 张品兴主编：《梁启超全集》第二册，北京出版社，1999 年版，第 617 页。

④ 《清代学术概论》原本是梁启超为蒋方震《欧洲文艺复兴史》一书所作之序，后独立成书，1920 年 11—12 月，以《前清一代思想界之蜕变》为题在《改造》第 3 卷第 3、4、5 期上连载。1921 年 2 月，在吸纳了蒋方震、胡适、林志钧的意见后，梁启超对《前清一代思想界之蜕变》进行了补充修改，定为《清代学术概论——中国学术史第五种》，由商务印书馆作为"共学社史学丛书"之一出版，并请蒋方震作序。后又有"万有文库"本、"大学丛书"本。1932 年林志钧编《饮冰室合集》将此书收入专集之三十四，1954 年中华书局据此出版单行本。

近三百年学术史》，集中体现了他在这一学术领域的研究水平。^①该书既从宏观层面对有清一代近三百年学术史作了整体的动态把握，又从微观层面对这一时期学术代表人物的思想作了深入的个案分析，无论是对清代学术主流的把握，各个时期学术发展趋势的分析，还是对清代不同时期学术人物思想的解剖和评价，都显示了作者深厚的学术功底和卓越的识见，从而成为清代学术史这一研究领域"筚路蓝缕，以启山林"的大家重镇。

作为清代学术史这一研究领域的开拓者之一，梁启超对清代学术史的研究仅仅是一个开头。从严格的意义上说，梁氏的《中国近三百年学术史》应当说是一未竟之作。因为他对清代中叶以后的学术史，仅有综论而无说明，更无剖析。由于学术兴趣的多变，梁氏完成此书后，便转向先秦子学的研究，直到1929年逝世，他再也没有涉足清代学术的研究，这不能不说是学术界一桩引以为憾的事情。^②然而梁启超的这些遗憾最终由钱穆先生来完成了。

钱穆是继梁启超之后对清代学术史研究最有贡献的一位学者。1925年钱穆在无锡第三师范校刊《弘毅月刊》上发表了《焦氏学述》一文，对乾嘉学者焦循的生平与思想进行阐述，这可能是他最早发表的一篇研究清代学术的文章。1928年3月，钱穆在《苏中校刊》第2期上发表《述清初诸儒之学》一文，论述了顾、黄、王等学者的思想和气节操行。在1928年春完成、1931年出版的《国学概论》第九章"清代考证学"中，他对清代学术也提出了自己的见解，如不能以经学考据来概括整个清代学术史，清代汉学开山应以顾、黄二人并举，并非顾炎武一人之力，吴学、皖学不同的治学风格和学术联系等，这些见解后来被采入了他的名

---

①《中国近三百年学术史》是梁启超执教清华和南开所用的讲义，撰写于1923年冬至1925年春，其中《清代政治之影响于学术者》刊载于1923年12月《晨报五周年纪念增刊》，《清代学者整理旧学之总成绩》4章在1924年6—9月的《东方杂志》上刊出。朱维铮在校注此书认为，"在作者生前，全书似未以完帙形式公开发表过"。1929年上海民智书局（一些研究者指出应为"民志书店"）出过单行本，1932年中华书局将该书收入《饮冰室合集》专集之七十五。

② 参见陈祖武：《梁启超对清代学术史研究的贡献》，收入氏著《清代学术拾零》，湖南人民出版社，1999年版，第314—315页。

著《中国近三百年学术史》中。①当然，在钱穆跨入清代学术史研究的大门时，无疑受过他的前辈章太炎、刘师培、梁启超、柳诒徵等人的影响。在他的早年著作《国学概论》中，曾引用过章太炎的《清儒》、刘师培的《南北考证学不同论》，多次征引过梁启超《清代学术概论》中的观点以证其说。尽管后来他著《中国近三百年学术史》，在写作主旨、研究内容和方法等方面与梁启超大异其趣，然而以同样的题目来研究同一时空的学术进程，这本身就是对梁氏所划定的这一学术研究领域的认同。

1931年秋，钱穆进入北京大学史学系任教，主讲上古史、秦汉史（必修课）、中国近三百年学术史（选修课）。根据钱氏晚年回忆，他最早接触梁启超《中国近三百年学术史》一书的内容是在1924年的《东方杂志》上。梁著"清代学者整理旧学之总成绩"四章，1924年在《东方杂志》上刊出过，钱穆首先在该杂志上拜读了梁著的这一部分内容。梁著全书出版后，他曾在北平东安市场某一书肆购得了这部名著。梁氏此书以清代汉学为宋学的全面反动为基调来疏理清代学术史，多着眼于清代汉学与宋明理学的对立处。钱穆不赞同这一观点，所以他在北大史学系特开此课，以阐发自己对清代学术的见解。由于此课程是在梁启超死后不久续开，故备受学术界的瞩目。当时他一面授课，一面编写讲义，前后五载，完成了《中国近三百年学术史》这部名著的写作。钱著共分14章，上起黄宗羲、顾炎武、王夫之、颜元等晚明诸遗老，下至晚清龚自珍、曾国藩、康有为，共叙述了51位学术人物的思想。1937年，由商务印书馆出版发行。

抗战军兴，钱穆流转西南。1941年，在成都齐鲁大学国学研究所担任教职的钱穆接受重庆中央国立编译馆之托，负责编写《清儒学案》一书。一年后书成，约四五十万字，共编孙夏峰、黄梨洲等64个学案，著名历史学家柳诒徵在《审

---

① 比如钱穆在《国学概论》第九章"清代考证学"中称："余谓吴学务反宋，而转陷尊古。皖学初本阐宋，后乃为诤宋。吴以革命始而得承统，皖以承统始而达革命。"（《国学概论》，商务印书馆1997年版，第276页）。在《中国近三百年学术史》中也有类似的话："以徽学与吴学较，则吴学实为急进，为趋新，走先一步，带有革命之气度。而徽学以地僻风淳，大体仍袭东林遗绪，初志尚在阐宋，尚在述朱，并不如吴学高瞻远瞩，划分汉宋。"（《中国近三百年学术史》，第321页）

查〈清儒学案〉报告书》中有"体裁宏峻，抉择精严，允为名著"①的评价。可惜此书稿后来坠入长江，葬身鱼腹，今只存序目一篇。

近人研究清代学术，由章太炎开其端，刘师培继其后。继章、刘之后卓有成就者，当推梁启超、钱穆二人。尤其是钱穆后来居上而总其成。该书与梁启超的同名著作和侯外庐的《中国近世思想学说史》②鼎足而立，并行于世，为清代学术史的研究奠定了基本格局。陈祖武对近人治清代学术史作了这样一个简明的总结："近人治清代学术史，章太炎、梁任公、钱宾四三位大师，后先相继，鼎足而立。太炎先生辟除榛莽，开风气之先声，首倡之功，最可纪念。任公先生大刀阔斧，建树尤多，所获已掩前哲而上。宾四先生深入底蕴，精进不已，独以深邃见识而得真髓。学如积薪，后来居上，以此而论章、梁、钱三位大师之清代学术史研究，承先启后，继往开来，总其成者无疑当属钱宾四先生。……今日吾侪之治清代学术史者，无章、梁二先生之论著引路不可，不跟随钱宾四先生之《中国近三百年学术史》深入开拓尤不可。"③这是一个十分中肯的评价。

---

① 转引自《钱宾四先生全集》第22册《中国学术思想史论丛》（八），第639页。

② 侯外庐的《中国近世启蒙思想史》写于抗战后期，运用马克思主义的立场观点方法来研究清代学术思想史。1945年6月由重庆三友书店出版，1947年改名为《近代中国思想学术史》由上海生活书店再版。1955年侯氏把该书从明末到鸦片战争前的部分单独修订成书，改名为《中国早期启蒙思想史》，列为他主编的《中国思想通史》的第五卷。该书对晚明清初至民国初年这三百年学术史的发展变迁及其启蒙特点提出了许多新颖的见解，值得重视。

③ 陈祖武：《清代学术拾零》，湖南人民出版社，1999年版，第340页。罗志田在《道咸'新学'与清代学术史研究——〈论中国近三百年学术史〉导读》（《四川大学学报》2006年第5期）中引用陈祖武先生此段话后说："该文收入陈先生1999年出版的著作中，那时陈先生进入清代学术史领域已20年，所论尚不及侯著（指侯外庐《中国近世思想学说史》）。差不多10年后，他有了新的认识，以为'侯外庐先生继诸位大师而起，博采众长，融于我有，复以其深厚的史学素养和理论功底，掩众贤而上，将研究向前推进'。"罗氏此语恐不确。陈祖武先生1990年11月在《中国史研究动态》上发表了《钱穆与中国史学》一文，称："清代学术史，是本世纪初叶创辟的学术领域。风气之开，虽非钱先生开始，但他与率先而行的章炳麟、梁启超二先生齐名，同是开拓时期的大家重镇。所著《中国近三百年学术史》，尽管书名与梁先生作品同，然而风格各异，并行而行。梁著筚路蓝缕，高屋建瓴，钱著则剖析入微，精义连珠。两先生之论著，与稍后侯外庐先生的《近世思想学说史》，若三足鼎立，为清代学术史研究奠定了基本格局。"

二、清代汉学渊源于宋学

对于清代汉学的学术渊源及其与宋学的关系，近代学术界有一种流行的看法，认为清代汉学是对宋明理学的全面反动。此说以梁启超等人为代表。梁氏在《清代学术概论》中就提出了"清学之出发点，在对于宋明理学一大反动"的主张，在《中国近三百年学术史》中，他又详加阐述。在梁启超看来，17世纪中叶以后，中国学术思想走上了一条与宋明学术完全不同的路径。这条路径一方面表现为一种反理学思潮（反对理学家空谈心性，束书不观），另一方面则发展为重实证的考据学。所以，他认为从明末到清季这三百年学术史的主潮是"厌倦主观的冥想而倾向于客观的考察"。据此，梁著把对宋明理学的反动视为清代汉学的本质，并把汉、宋对立这一思想贯穿全书。① 与梁启超同声相应的还有胡适，他在《戴东原的哲学·引论》中说："中国近世哲学的遗风，起于北宋，盛于南宋，中兴于明朝的中叶，到了清朝，忽然消歇了。清朝初年，虽然紧接晚明，已截然成了一个新的时代了。自顾炎武以下，凡是第一流的人才，都趋向做学问的一条路上去了，哲学的门庭，大有冷落的景况。"②

钱穆不赞同梁启超这一观点。在他看来，宋明理学的传统在清代并没有中断。不仅没有中断，而且对清代汉学仍然有甚深的影响。所以，他提出了清代汉学渊源于宋学，"不知宋学，则亦不能知汉学，更无以评汉宋之是非"的见解。钱穆在《中国近三百年学术史》"引论"中对此有一段精辟的论述：

> 治近代学术者当何自始？曰：必始于宋。何以当始于宋？曰：近世揭橥
> 汉学之名以与宋学敌，不知宋学，则无以评汉宋之是非。且言汉学渊源者，

---

① 梁启超在《中国近三百年学术史》"反动与先驱"一节中从五个方面列举了明末清初以来的反理学思潮，最后得出结论："后来清朝各方面的学术，都从此中（即对宋明理学的反动——引者）孕育而来。"参见朱维铮校注：《梁启超论清学史二种》，第97—102页。以下所引梁著《中国近三百年学术史》皆据此书。

② 欧阳哲生编：《胡适文集》（7），第239页。

必溯诸晚明诸遗老。然其时如夏峰、梨洲、二曲、船山、桴亭、亭林、蒿庵、习斋，一世魁儒耆硕，靡不寝馈于宋学。继此而降，如恕谷、望溪、穆堂、谢山乃至慎修诸人，皆于宋学有甚深契诣。而于时已及乾隆。汉学之名，始稍稍起。而汉学诸家之高下浅深，亦往往视其所得于宋学之高下浅深以为判。道咸以下，则汉宋兼采之说渐盛，抑且多尊宋贬汉，对乾嘉为平反者。故不识宋学，即无以识近代也。

梁启超把宋学、汉学对为两橛，主要是从反宋学着眼去谈清代学术的，旨在强调清代学术在中国思想发展史上的创新意义。从清代学术本身而言，梁氏的"反动说"无疑有他的合理性。因为清代学术的主流为经学考据，重实证，以求是为宗，与晚明空疏的学风确有不同。从清初开始，学风由虚转实，由主观的推想变为客观的考察，这的确是对宋明学术的一种反拨。[1] 钱穆清学渊源于宋学，"不识宋学，则亦不能知汉学，更无以评汉宋之是非"的主张，主要是从宋明理学的角度来谈清代学术，重在强调宋明学术在清代的延续性和清代学风对宋明的继承性。关于此点，朱维铮曾指出："梁著《中国近三百年学术史》，实为他在《清代学术概论》中勾画的清学主线作阐释，那主线便是汉学'以复古为解放'，但宣称直到今文学由汉学异端变为主流，才恢复了清初顾、黄、王、颜等提倡的真精神。钱著《中国近三百年学术史》，则显然既不同意梁启超二书的陈述，也不满意章太炎所谓理学在清代已'竭而无余华'的批评，而依据辛苦爬梳的个案材料，另行勾画了一幅图景，实际写成的是'宋学'史，其书的学术价值也因此彰

---

① 周国栋认为，余英时把梁启超的"反动说"视为外缘说的观点不甚合理，就清学本身而言，"反动说"似乎更为合理，他列出了这样四条理由：（1）梁启超更强调清学是对明末道学的反动，虽然他也有反理学的说法，但他也注意到了清初诸儒对宋明之学的继承；（2）就清学本身而言，它与宋明之学总体上重尊德性而轻道问学，重德性之知而轻闻见之知相比，更重由道问学而尊德性，由闻见之知见德性之知，这很明显是对宋明之学的一种反拨；（3）明亡的确给了士大夫们极大刺激，自此后学风趋实，而清朝文网政策也的确禁锢了他们的思想，使他们不敢言真"理"而埋首于经学考据；（4）清学愈向后发展，以复古为解放的潮流愈明显，信汉信古以排宋学，甚至如戴震的《孟子字义疏证》已走向反理学的路上去，尚古的风气恰是对宋明理学的一种反动。参见周文：《两种不同的学术史范式——梁启超、钱穆〈中国近三百年学术史〉之比较》，《史学月刊》2000年第4期。

显。"① 就学术思想发展演变的一般过程言，钱穆的"继承说"较梁启超的"反动说"似乎更为合理一些。因为：

首先，梁启超把清代学术史仅仅归结为一经学考证史，并不全面。清代学术的主流毫无疑问是经学考证，但这却不足以概括整个清代近三百年间的学术发展史。有清一代，不仅有盛极一时的汉学，与汉学相伴的还一直存在着追寻义理的宋学。即使是在汉学如日中天的乾嘉时代，这种学风依然存在并始终与考据学相颉颃。与考据学大师戴震大约同时的章学诚揭橥史学经世的旗帜，发出了搜罗遗逸、襞绩补苴不足以言学的呼声，便是对为考据而考据的乾嘉学风的抗议。而此时讲求经世致用，追求微言大义的今文经学已在其内部酝酿发皇。到了晚清，伴随着对乾嘉考据学风的反动，有常州公羊学派的崛起。到近代，康有为等人把该派的观点发挥到极致，借经学谈政治，掀起了轰轰烈烈的维新变法运动。这些学术思潮，的确是无法用考据学来取代的。钱穆早年就反对把有清一代的学术思想笼统地概括为考证学。他在早年著作《国学概论》第九章"清代考据学"中开篇就说："言清代学术者，率盛夸其经学考据，固也。然此在乾、嘉以下则然耳。若夫清初诸儒，虽已启考证之渐，其学术中心，固不在是，不得以经学考证限也。"② 到道咸之时，乾嘉汉学流弊重重，乾嘉诸儒的古训、古礼之研究，"其终将路穷而思变"。于是"继吴、皖而起者，有公羊今文之学"。到了清季，康有为"以今文《公羊》之说，倡为变法维新，天下靡然从风，而乾、嘉朴学亦自此绝矣"。③

其次，从学术思想的延续性和承传性来看，后一个时代的思想与学术，不是凭空产生的，它总是要在前一个时代孕育生长，并从中可以找到它的萌芽。这表明一个时代的思想和学术不可能随自己时代的消亡而突然消失得无影无踪，它终究要以某种特定的方式保留下来，遗存在后一个时代中。这就是学术思想的前后继承性和相互独立性。钱穆在《清儒学案序》中指出："抑学术之事，每转而益进，途穷而必变。"所谓"每转而益进"，指的是学术思想的继承。前后时代的学

---

① 朱维铮：《求索真文明——晚清学术史论》"题记"，上海古籍出版社，1996年版，第5—6页。

② 钱穆：《国学概论》，第246页。

③ 钱穆：《国学概论》，第310页。

术思想无论有多么大的差别，但其中必然有内在的联系，必然有前后延续的成分。而"途穷必变"，则是指学术思想、方法的变革和创新。研究一个时代的学术思想，只看到前后时代的学术差别而看不到继承，或仅着眼于前后的继承而看不到前后时代学术的区别，都是失之片面的，正确的方法应是把二者结合起来进行全面考察。钱穆研究清代学术史，研究整个中国学术史、思想史，都隐含了这样一种方法。他说两汉经学，并不是蔑弃先秦诸子百家之说而另创所谓经学，而是包孕先秦百家而始为经学之新生。宋明理学，并不是蔑弃汉唐而另创一种新说，而是包孕两汉隋唐之经学和魏晋以来流布中土之佛学而再生。清代学术也不例外。对清初诸儒而言，宋明理学是他们必不可少的知识资源，宋学对他们的影响自不待言。乾嘉诸老以考据为宗，但是他们从事考据的终极目的仍是"由声音文字以求训诂，由训诂以寻义理"，宋明以来相传八百年的理学道统，其精光浩气，仍不可掩。而道、咸以来，随着训诂考据一途走向绝境，学者把眼光再次投注于宋明理学，汉宋调和、尊宋抑汉风靡学界，经世意识和宋学精神得到高扬，理学重新得以复兴。所以钱穆认为，从明末清初到清末民初这三百年学术史的大流，论其精神，仍自沿续宋明理学一派而来。故云："今自乾嘉上溯康雍，以及于明末诸遗老，自诸遗老上溯东林以及于阳明。更自阳明上溯朱、陆以及北宋之诸儒，求其学术之变迁而考合之于世事，则承先启后，如绳秩然，自有条贯。"[①] 又云："清代经学，亦依然沿续宋元以来，而不过切磋琢磨之益精益纯而已。理学本包孕经学为再生，则清代乾嘉经学考据之盛，亦理学进展中应有之一节目，岂得据是而谓清代乃理学之衰世哉？"[②]

钱穆治学术史，善于把学术思潮的发展变迁置放到思想史本身的运动中加以分析，善于从中国自身的知识和思想资源中去寻找思想史发展的内在理路。他的这一观点和研究方法，在近现代学术界并不是没有赞同者。比如冯友兰先生在二十世纪三十年代前半期出版的《中国哲学史》一书中曾专辟"清代道学之继续"一章来讨论清代汉学与宋明理学的关系，认为清代汉学家表面上虽然表现为反道

---

① 钱穆：《中国近三百年学术史》，第20页。
② 钱穆：《清儒学案序》，《中国学术思想史论丛》（八），第364—365页。

学，但他们所讨论和关注的问题，实际上仍是宋明道学的继续，与钱氏持有相同的见解。① 钱穆的学生余英时在其师"继承说"的基础上进一步发挥，提出了"内在理路说"。② 余氏认为近现代学者在研究清代学术思想的演变时，多从"外缘"的角度来解释，这集中体现为政治史观的"反满说"，经济史观的"市民阶级说"，从而忽略了从思想史"内在"发展着眼去加以疏理解释，因而在许多方面便解释不通。他说："宋明理学家和清代考证学家都是研究儒家经典的，他们无疑属于同一研究传统之内。他们不但处理着同样的经典文献，而且也面对着共同的问题——儒家原始经典中的'道'及其相关的主要观念究竟何所指？这是儒学传统内部的问题，自有其本身发展与转变的内在要求，不必与外缘影响息息相关。"③ 余氏的这些论断，与钱穆的观点有明显的承继关系。

三、钱穆论清代学术的发展演变及其学术贡献

关于清代学术史的分期，钱穆在《前期清儒思想之新天地》中，从学术与政治的关系着眼，把清代学术史分为前后两个时期。从顺治入关到乾嘉时代为前期，清初诸儒承袭了宋明儒思想的积极治学传统，在清初学术史上开拓了一片新天地。但到了乾嘉时期，学者在清廷刀锯鼎镬的淫威下走上了训诂考据之路，毕生在丛碎故纸堆里，追求安身立命之所。从道咸起至清廷覆灭为后期，在后期 80 年中，一方面是清朝政治腐败，另一方面则是西学东渐，两者给晚清学术思想以极大的影响。在《清儒学案序》中，钱穆从理学的角度出发，把清代学术史分为晚明诸

① 冯友兰认为，宋明人所讲的理学与心学，在清代皆有继续的传述者。清代汉学家讲义理之学，其所讨论的问题，如理、气、性、命等，仍是宋明道学家所提出的问题；他们所依据的经典，如《论语》《孟子》《大学》《中庸》等，仍是宋明道学家所提出的四书。所以，清代汉学家所讲义理之学，表面上虽为反道学，而实则系一部分道学之继续发展。参见冯氏《中国哲学史》第十五章"清代道学之继续"中"汉学与宋学"一节的论述。中华书局，1984 年版，第 974—975 页。

② 余英时治中国思想史以清代学术思想为重点，写有《从宋明儒学的发展论清代学术思想》(1970 年)、《清代学术思想的一个新解释》(1975 年)等重要论文，著有《方以智晚节考》(1972 年)、《论戴震与章学诚》(1976 年)两书，对其师的观点多有继承、发挥。

③ 余英时：《论戴震与章学诚——清代中期学术史研究》"增订本自序"，生活·读书·新知三联书店，2005 年版，第 2—3 页。

遗老、顺康雍、乾嘉、道咸同光四个阶段，并对四个阶段不同的学术特征作了归纳概括。钱穆的《中国近三百年学术史》，除第一章"引论"论述清代学术的源起及其与宋明学术的关系外，其余十三章皆以各个时期学术发展史上的代表人物为题。各章所选择的代表人物主要集中在明末清初、乾嘉、晚清三个时期，涵盖了有清一代学术发展史上的经世思潮、经学考据和今文经学等各个层面。

1. 论清初诸儒之学

在清代近三百年的学术发展历程中，钱穆特别推崇清初诸儒之学。他在1928年春完成的《国学概论》第九章中，扼要地勾画出了明末清初群儒的思想："推极吾心以言博学者，有黄梨洲"；"辨体用，辨理气，而求致之于实功实事者，有陈乾初"；"不偏立宗主，左右采获以为调和者，有孙夏峰、李二曲、陆桴亭"；"绝口不言心性，而标'知耻博文'为学的者，有顾亭林"；"黜阳明而复之横渠、程、朱，尊事物德行之实，以纠心知觉念之虚妄者，有王船山"；"并宋明六百年理学而彻底反对之者，有颜习斋"。① 在钱穆看来，在清初诸儒中最有建树的，当推黄梨洲（宗羲）、顾亭林（炎武）、王船山（夫之）、颜习斋（元）四家，所以他的《近三百年学术史》第2—5章着重对这四家的学术思想及其在清学史中的影响作了专门的研究和阐发。

顾炎武以"博学于文""行己有耻"为论学宗旨，"博学于文"主要是反对王学末流空谈心性，束书不观，《音学五书》《日知录》二书最能反映其博学之教。顾氏治学明流变，求佐证，不言心性，为后世考据学开一新途辙。但亭林治学以考据为手段，而非目的，其治学宗旨在于明道救世。钱穆指出，《音学五书》就是通过研究音韵来通晓经术，通晓经术就是为了明道，从而救世。他说：

> 治音韵为通经之钥，而通经为明道之资。明道即所以救世，亭林之意如是。乾嘉考证学，即本此推衍，以考文、知音之工夫治经，即以治经工夫为明道，诚可谓得亭林宗传。②

---

① 参见钱穆《国学概论》第246—253页。
② 钱穆：《中国近三百年学术史》，第134页。

钱穆认为，顾炎武论史尤重风俗，重节义而轻文章。于东汉特斥蔡邕，于明末极诋李贽、钟惺。主张区别流品，引奖厚重，倡耿介，贬乡愿，尚廉耻，立名教，振清议，故曰："匹夫之心，天下人之心也。而保天下者匹夫之贱与有责焉。"顾氏自谓撰写《日知录》一书，意在"拨乱涤污，法古用夏，启多闻于来学，待一治于后王"。顾氏门人潘耒为该书作序亦称："先生之学事关民生国命者，必穷源溯本，讨论其所以然。……凡经义史学官方吏治财赋典礼舆地艺文之属，一一疏通其源流，考正其谬误。至于叹礼教之衰迟，风俗之颓败，则古称先，规切时弊，尤为深切著明。"① 这些俱能体现顾氏的"行己"之教。然而亭林后学仅师其"博文"之训，忘其"行己"之教，致使其经世明道的真精神不能彰显于世。为此钱穆不无感叹地说：

> 盖天下之治乱，本之风俗，风俗之盛衰，由于一二贤知之士。天下兴亡，匹夫固宜有责。亭林所唱行己之教，大体如是。然自亭林当身，已见称狷介，于世不谐，及其身后，能领解其旨者益尠。……三百年来，亭林终不免以多闻博学见推，是果为亭林之辱欤！亭林地下有知，客死之魂，不知又将于何归依？今谓亭林乃清学开山，亦仅指其多闻博学，而忘其行己有耻之教者，岂不更可痛之甚耶！②

> 亭林此书（指《日知录》），最所用意，如潘氏（潘耒）所称述，实在第十三卷之论风俗，即上述所谓亭林行己之教者，既已不为后世重视。至其拨乱涤污，博考治道，欲见诸行事，以跻斯世于治古之隆者，后儒亦舍弃不道。③

在清初四大家中，顾炎武"经学即理学"的主张对乾嘉考据学风影响至大，乾嘉时期的经学考据实由此而衍生。梁启超在《中国近三百年学术史》中对顾炎

---

① 钱穆：《中国近三百年学术史》，第142页。
② 钱穆：《中国近三百年学术史》，第130—131页。
③ 钱穆：《中国近三百年学术史》，第142页。

武推崇有加，尊之为清代"汉学开山"。他说顾氏在清代学术界占有最重要的位置，其一在于开学风，排斥理气性命之玄谈，专从客观方面研察事物条理。其二在于开治学方法，如勤搜资料，综合研究，参验耳目闻见以求实证，力戒雷同剿说，虚心改订不护前失等。其三在于开学术门类，如参证经训史迹，讲求音韵，说述地理，研究金石等。故亭林之学，气象规模宏大，乾嘉诸老，无人能出其右。清代许多学术，都由他发其端，后人衍其绪，影响了整个清代学术的去向。① 所以梁启超指出，亭林之学"对于晚明学风，表现出堂堂正正的革命态度，影响于此后二百年思想界者极大。所以论清代汉学开山之祖，舍亭林没有第二个人"。②

钱穆并不否认顾炎武对乾嘉考据学风有极其重要的影响，并不否认顾炎武在清代学术史上的崇高地位。他说亭林"治学所采之方法，尤足为后人开无穷之门径。故并世学者如梨洲，如船山，如夏峰，如习斋，如蒿庵，声气光烈，皆不足相肩并，而卒为乾嘉以下考证学派所群归仰。……其意气魄力，自足以领袖一代之风尚矣"。③ 但与梁启超所不同的是，钱穆对顾炎武治音韵学方法的源头与"经学即理学"的思想渊源作了一番穷原竟委的考证和解释。梁启超认为顾炎武对音韵学的研究，所用的方法为顾氏自创，钱穆则认为顾炎武治古音承袭明人陈第遗绪。他说：

> 亭林之治音学，其用思从明其先后之流变而入，其立说在博求多方之证佐而定。此二者皆为以后乾嘉考证学最要法门。而其事实不始于亭林。亭林之治古音，乃承明陈第季立之遗绪。④

为论证这一看法，钱穆将顾氏治音韵学与陈第进行比较："陈氏有《毛诗古音考》《屈宋古音义》，其书取径即与亭林《诗本音》《易本音》相似。陈氏《毛诗古音考序》，自谓'为考据列本证、旁证二条。本证者，《诗》自相证也。旁证者，

---

① 参见梁启超：《中国近三百年学术史》，朱维铮《梁启超论清学史二种》，第 163—165 页。
② 梁启超：《中国近三百年学术史》，朱维铮《梁启超论清学史二种》，第 153 页。
③ 钱穆：《中国近三百年学术史》，第 146 页。
④ 钱穆：《中国近三百年学术史》，第 135 页。

采之他书也。二者俱无，则宛转以审其音，参伍以谐其韵'。"① 由此得出结论：陈第据古求证之法已在顾炎武之前。同时，钱穆还纠正了梁启超书中的一个错误，即"梁氏《学术概论》，误以陈氏'本证、旁证'语为亭林自述，因谓亭林为汉学开山，证据既误，断案自败。"② 钱穆进一步考证清儒考据学源头应在明代中叶。他说："杨慎用修治古音，犹在陈第前，而不如陈之精密。然亭林《唐韵正》，犹有取于杨氏《转注古音略》之说。"③ 他又引用四库馆臣和焦循之言来加强论证：

四库提要·子部·杂家论方以智《通雅》云：明之中叶，以博洽著者称杨慎，而陈耀文起而与争。然慎好伪说以售欺，耀文好蔓引以求胜。次则焦竑，亦喜考证，而习与李贽游，动辄牵缀佛书，伤于芜杂。惟以智崛起崇祯中，考据精核，迥出其上。风气既开，国初顾炎武、阎若璩、朱彝尊等沿波而起，始一扫悬揣之空谈。此清廷馆阁词臣，序清儒考证之学，亦谓沿明中叶杨慎诸人而来，不自谓由清世开辟也。焦里堂亦言之，南宋空衍理学，而汉儒训诂之学几即于废。明末以来，稍复古学。在前若杨升庵，在后若毛大可云云。理堂在野，亲值汉学极盛，推溯来历，亦谓起明季，与四库馆臣之言相应。此自清儒正论，谓考证顾阎开山，其说起晚近，按实固无据也。④

梁启超把顾炎武视为清代汉学开山的另一个理由是顾氏提出了"经学即理学"的主张，他说："'经学即理学'一语，则炎武所创学派之新旗帜也。有清一代学术，确在此旗帜下而获一新生命。……此实四五百年来思想界之一大解放也。"⑤ 钱穆则认为"经学即理学，舍经学安所得理学之说，亦非亭林首创"，清初钱谦

---

① 钱穆：《中国近三百年学术史》，第135—136页。
② 钱穆：《中国近三百年学术史》，第136页。
③ 钱穆：《中国近三百年学术史》，第136页。
④ 钱穆：《中国近三百年学术史》，第136页。将清儒考据学源头推到明代中叶，柳诒徵也有类似的看法，他说："近人尤盛称其（指乾嘉学派——引者）治学之法，谓合于西洋之科学方法，实则搜集证佐，定为条例，明代学者已开其端，非清人所得专美。"（柳诒徵：《中国文化史》，中国大百科全书出版社1988年版，第745页）柳氏在论证时同样也引了明人陈第《毛诗古音考序》中的材料，只是钱穆的论证较柳氏更加详尽些。
⑤ 梁启超：《清代学术概论》，朱维铮《梁启超论清学史二种》，第9页。

益已开其先，而钱氏之说又源自明代的归有光。他说：

> 震川专力古文，于经学未能自赴其所见。至牧斋亦以文史自负，然其述途辙，辨趋向，争儒林、道学之分合，平反汉、宋经义之失得，则昭乎确乎其为震川之遗说也。梨洲文史之业，接踵牧斋，步趋未变。而亭林漫游河、淮，于江左文史夙习，涤弃若尽，要其辨经学、理学，分汉、宋疆界，则终亦不能远异于其乡先生之绪论耳。近人既推亭林为汉学开山，以其力斥阳明良知之说，遂谓清初汉学之兴，全出明末王学反动，夫岂尽然。①

钱穆最后得出结论是："亭林治经学，所谓明流变，求左证，以开后世之途辙者，明人已导其先路。而亭林所以尊经之论，谓经学即理学，舍经学无理学可言，求以易前人之徽帜者，亦非亭林独创。考证博雅之学之所由日盛，其事亦多端，惟亭林以峻绝之姿，为斩截之论，即谓经学即理学，因以明经即明道，而谓救世之道在是。"②故其说遂为后世所瞩目。

在钱穆看来，对乾嘉考据学风影响很大的并非顾炎武一人，在晚明诸遗老中，黄宗羲的影响就不小。此说在他早年著作《国学概论》中已有阐发，在《近三百年学术史》"梨洲经史之说"中亦详加讨论。黄氏著《易学象数论》六卷，已开胡渭等人辨河洛方位图说之先声。著《授书随历笔》一卷，实开阎若璩《古文尚书疏证》之先导。又究天文历算之学，著《授时故》等书，俱在梅文鼎前。于史学，贡献特大，为浙东史学的开创者。浙东史学自梨洲开其端，一传为万季野（斯同），再传为全谢山（祖望），止于章实斋（学诚），遂与吴、皖汉学家以考证治古史者双峰并峙，交相辉映。钱穆认为，黄宗羲为矫晚明王学空疏之弊，力主穷经以为根底，已为新时代学风开一新局，其影响后学，实不在顾亭林之下。后人言清代汉学，不提黄氏的影响，全以顾亭林"经学即理学"为截断众流，是因为顾氏之说符合汉学家的口味，而梨洲则以经史证性命，多言义理，不尽于考证

---

① 钱穆：《中国近三百年学术史》，第139页。
② 钱穆：《中国近三百年学术史》，第141页。

一途，故不为汉学家所推重。钱穆认为，清代学术在乾嘉时期走入顾氏"经学即理学"一途，浙东精神未能彰显于世，这实在是清代学术史上一件值得令人惋惜的事。① 所以他批评梁启超把清代汉学开山归于顾氏一人之力，为"失真之论"。

钱穆论清初学者，首列黄宗羲，足见他对黄氏的重视。关于黄的学术思想，他从黄宗羲的学术渊源，论王学、史学以及黄宗羲的政治理想等方面详加讨论。黄梨洲从学于刘蕺山（宗周），以发挥其师慎独遗教为主。他把读书与求心、博学与良知统一起来，对于矫正晚明王学末流空疏褊狭之弊，极有意义。钱氏指出黄宗羲已开清学之新风，是新时代学风的先驱。他说："梨洲平日讲学精神，早已创辟新局面，非复明人讲心性理气、讲诚意慎独之旧规。苟略其场面，求其底里，则梨洲固不失为新时代学风一先驱也。""梨洲自负得理学正统之传，而其为学之务博综与尚实证，则固毕生以之，不俟乎晚年之改悟。故论新时代学风之开先，梨洲之影响，实在此不在彼也。"②

2. 论乾嘉考据之学

清代学术发展到乾嘉时代，抛弃了顾炎武、黄宗羲等晚明诸儒通经致用的思想，演变成为考据而考据，为学问而学问的学风。所以，清初经世致用的学术精神至乾嘉考据学风的兴起而大变，其学术精神在考据而不在义理。乾嘉考据之学至吴人惠栋、皖人戴震已臻全盛，尊汉排宋，风靡学界。所以钱著第6—10章专论乾嘉考据之学。

清代学术以乾嘉考据学为主干，这为治清学史学者所共认。然而由于地域不同、治学特点的相异，乾嘉考据学又可细分出不同的派别。乾嘉学者本身对此已有言及。在近代学者中，最早将乾嘉考据学分为吴、皖两派并对两派学术异同加以论述的首起于章太炎。他称清儒"其成学箸系统者，自乾隆朝始。一自吴，一自皖南。吴始惠栋，其学好博而尊闻。皖南始江永、戴震，综形名，任裁断。此

---

① 在钱穆看来，对乾嘉考据学的影响，顾、黄二人贡献尤大，若谈清代汉学开山，应以顾、黄二人并举。关于此点，清人江藩已有注意。钱氏在《中国近三百年学术史》中引用江藩的话说："国朝诸儒究六经奥旨，与两汉同风，梨洲、亭林二君实启之。"参见《汉学师承记》卷8附跋。

② 钱穆：《中国近三百年学术史》，第28—29页。

174　钱穆与20世纪中国史学

其所异也"。①刘师培撰文亦称:"东吴惠氏……执注说经,随文演释,富于引伸,寡于裁断……掇次古谊,惟笃于信古。"②"江、戴之学,兴于徽歙,所学长于比勘,博征其材,约守其例,悉以心得为凭……可谓无征不信者矣。"③梁启超在章、刘的基础上进一步发挥,"正统派之中坚,在皖与吴。开吴者惠,开皖者戴。……惠、戴齐名,而惠尊闻好博,戴深刻断制。惠仅'述者',而戴则'作者'也。"④认为吴派为学淹博,拘守家法,专宗汉说;皖派治学不仅淹博,且重"识断""精审"⑤,于是惠、戴之学中分乾嘉学术,遂成定论。自此以后,凡治清学史者,在论及乾嘉学术的派别划分时,大都沿用此说。

吴、皖两派分帜对立之说创立以来,学术界多遵章、梁之说,不免忽略了两派之间的学术联系。钱穆在研究乾嘉学术时,不仅看到了吴、皖两派的学术区别,更重要的是看到了两派之间的学术联系及其相互影响,这体现了他治学的敏锐和识见精深之处。钱氏认为,苏州惠学尊古宗汉,意在反宋,惠栋即有"宋儒之祸,甚于秦灰"之说。而皖南戴学却"从尊宋述宋起脚",初期志在阐朱述朱,与反宋复古的吴学宗旨不同。但自乾隆二十二年(1757年),戴震北游后南归,在扬州见到惠栋以后,其学大变,一反过去尊宋述朱转而诋朱排宋,他说:

> 东原于乾隆丁丑(二十二年,东原年三十五)南游扬州,识松崖(惠栋号)于盐运使卢雅雨见曾署,自是客扬州者四年。东原论学宗旨,其时以后盖始变,此可以集中《题惠定宇先生授经图》一篇证之。……东原是文作于

① 章太炎:《訄书·清儒》(重订本),《章太炎全集》(三),上海人民出版社,1984版,第156页。又见《检论》卷4《清儒》,《章太炎全集》(三),第473页。
② 刘师培:《南北考证学不同论》,《刘申叔遗书》,江苏古籍出版社,1997年影印版,第555页。
③ 刘师培:《近代汉学变迁论》,《刘申叔遗书》,第1541页。
④ 梁启超:《清代学术概论》,朱维铮:《梁启超论清学史二种》,第4页。梁启超在《中国近三百年学术史》亦言:"汉学家所乐道的是'乾嘉诸老'。因为乾隆、嘉庆两朝,汉学思想正达于最高潮,学术界全部几乎都被他占领。但汉学派中也可以分出两个支派:一曰吴派,二曰皖派。吴派以惠定宇(栋)为中心,以信古为标帜,我们叫他做'纯汉学'。皖派以戴东原(震)为中心,以求是为标帜,我们叫他做'考证学'。"朱维铮:《梁启超论清学史二种》,第115页。
⑤ 梁启超:《清代学术概论》,朱维铮《梁启超论清学史二种》,第31页。

乾隆乙酉（三十年，东原年四十三，见《年谱》），而议论与前举已大异。其先以康成程朱分说，谓于义理、制数互有得失者，今则并归一途，所得尽在汉，所失尽在宋，义理统于故训典制，不啻曰即故训即典制而义理矣。是东原论学一转而近于吴学惠派之证也。[1]

接着钱穆又详引戴震为惠栋弟子余肖客序《古经解钩沉》进一步论证了惠栋对戴震治学的影响，认为从序中内容观之，"东原此数年论学，其深契乎惠氏故训之说"。钱穆认为戴震著《原善》三篇，时间大约在他游扬州识惠栋之后，其文言"理"，颇受惠氏《易微言》的影响。[2]所以钱穆得出，"乾嘉以往诋宋之风，自东原起而愈甚，而东原论学之尊汉抑宋，则实有闻于苏州惠氏之风而起也"。[3]同时，钱氏还进一步提出了"惠主求古，戴主求是，并非异趋"的观点，他说：

> 东原卒后，凌廷堪为作《事略状》，谓"东原于扬州见元和惠栋，论学有合"，决非虚语。（自注：王昶为《东原墓志铭》，亦谓"惠、戴见于扬州，交相推重"。）王鸣盛亦言："方今学者，断推惠、戴两先生。惠君之治经求其古，戴君求其是，究之舍古亦无以为是。"（见洪榜：《东原行状》。）谓"舍古无以为是"者，上之即亭林"舍经学无理学"之说，后之即东原求义理不得凿空于古经外之论也。然则惠、戴论学，求其归极，均之于六经，要非异趋矣。[4]

由此钱穆得出了"东原极推惠，而惠学者亦尊戴，吴皖非分帜"的结论。所以，钱著《近三百年学术史》以惠、戴论学有舍，交相推重为由，将二人同列一章，即体现了这种布局安排。

由于钱穆力主清学导源于宋学，重视宋明理学对清代学术的影响，所以其著

---

[1] 钱穆：《中国近三百年学术史》，第322—323页。
[2] 钱穆：《中国近三百年学术史》，第325—327页。
[3] 钱穆：《中国近三百年学术史》，第322页。
[4] 钱穆：《中国近三百年学术史》，第323—324页。

作《近三百年学术史》在内容的安排上，特别注重发掘清儒对宋明理学问题的探讨，即便是在汉学全盛的乾嘉时代，书中的编排布局亦是如此。钱著第八章以戴东原为题，而以江慎修（永）、惠定宇（栋）、程瑶田（易畴）附之。江、戴、程三人皆歙人，以江、程附戴，目的在于厘清戴学的学术渊源。钱穆指出，徽、歙之间，乃朱子故里，学者讲学，多尊朱子，故尚朱述朱之风，数世不辍。对于皖学的渊源，钱穆在《国学概论》中作了这样的分析："徽州之学，成于江永、戴震。江之治学自礼入。其先徽、歙之间，多讲紫阳之学，远与梁溪、东林相通，（江）永盖承其绪风。东原出而徽学遂大，一时学者多以治礼见称。"在《近三百年学术史》中，钱氏作了更为详尽的考证："考徽、歙间讲学渊源，远自无锡之东林。有汪知默、陈二典、胡渊、汪佑、吴慎、朱璜讲朱子之学于紫阳书院，又因汪学圣以问学于东林之高世泰，实为徽州朱学正流，江永、汪绂皆汲其余波。故江浙之间学者多从姚江出，而皖南则一遵旧统，以述朱为正。惟汪尚义解，其后少传人，江尚考核，而其学遂大。"① 江氏之学传至东原，形成皖学。钱穆述东原之学源于徽歙，戴学源出朱子，其用意主要落在宋学对戴氏的影响上。这说明皖学自绍宋入手，与吴学自攻宋起脚不同。戴氏晚年排诋宋儒，刻深有过颜李，所以章学诚力斥东原攻朱子之非，讥其"饮水忘源"。

在"戴学之流衍"中，钱穆论及段玉裁关于义理、考证之辨时，同样注重对汉学家义理思想的发掘。他说：

> 东原以义理为考核之源，而懋堂以考核为义理之源，此非明背师说，乃正所以善会师说也。圣人制作，此义理为考核之源也；后人钻研经籍，因明义理，此考核为义理之源也。懋堂之说，正是东原平日戒人凿空以求义理之旨耳。而懋堂之所谓考核，其意并不专在名物字句间……是懋堂言考核并不主排宋也。②
>
> 懋堂毕生精力，萃其《说文解字注》一书，乃不自满假，自居一艺，极

---

① 钱穆：《中国近三百年学术史》第 309—310 页。
② 钱穆：《中国近三百年学术史》第 366 页。

推朱子，谓其本末兼赅，未尝异孔子之教。此其度量意趣，诚深远矣！ [1]

钱著第十章以焦里堂（循）、阮云台（元）、凌次仲（廷堪）为题而附之以许周生（宗彦）、方植之（东树），也体现了这种安排。焦循、阮元、凌廷堪学尊东原，为考据名家，但钱穆看重的并不是他们在考据学上的成就，而是把眼光投注到他们对汉学流弊的反思和批评上。钱穆指出，焦氏之学"主用思以求通"，与当时名物训诂逐字逐句的零碎考释学风已有不同。阮元"颇主求义理，故渐成汉宋兼采之风"。而凌廷堪对当时汉学流弊多有不满，有"不通世务，不切时用"，"好骂宋儒，而高自标置"，"意气日盛"[2] 等批评之语，实开近代抨击乾嘉学风之先声。焦、阮、凌三人皆为汉学考据大家，却群起批评自己学派的短弊，从中亦可透显出一个学术转变的新时期即将来临。故此章以考据学风的批评者许宗彦附于三人之后，又以攻击乾嘉汉学最激烈的方东树殿尾，无非是要向人们表露这样一个信息：乾嘉汉学发展到此时已流弊重重，逐渐失去了学术界的支持，"路穷而思变"，此后的学术路向必然要向汉宋兼采的方向发展演变。[3]

3. 论常州今文学派

考据学风弥漫的乾嘉之际，公开站出来批评这种学风、树反汉学旗帜的有史学家章学诚。章氏祭起"学术所以经世"的旗帜，高唱"六经皆史"之说，对乾嘉汉学埋首考据的琐碎学风大加抨击。到道、咸之际，随着训诂考证一途走向绝境，有追求微言大义的常州今文学派的异军突起，湮灭了一千多年的西汉今文经学重新得以复兴。钱穆指出，常州今文学派"起于庄氏（存与），立于刘（逢禄）、宋（翔凤），而变于龚（自珍）、魏（源）"。所以钱著第11章以龚定庵（自珍）为题，附之以庄方耕（存与）、庄葆琛（述祖）、刘申受（逢禄）、宋于庭（翔凤）、魏默深（源）、戴子高（望）、沈子敦（垚）、潘四农（德舆），对晚清最重要的学术思潮常州今文经学作了专门的论述。

---

① 钱穆：《中国近三百年学术史》第367页。
② 钱穆：《中国近三百年学术史》第506—508页。
③ 此处采纳了路新生教授的研究成果，参见氏著《梁任公、钱宾四〈中国近三百年学术史〉合论》，台北《孔孟学报》第68期，1994年9月。

常州之学由庄存与开其端，庄氏不专为汉宋笺注之学，著《春秋正辞》，旨在阐发《春秋》的微言大义。常州公羊学至庄存与的外甥刘逢禄、宋翔凤时张大旗帜。常州言学，主微言大义，而通于天道人事，最终必然归趋于论政，开此风气之先者首推龚自珍。龚氏一反当时经学家媚古之习，而留情于当代之治教，于是盱衡世局，而首倡变法之论。魏源继之，以"经术为治术"，欲"贯经术、政事、文章于一"。至康有为时，以经学谈政治，掀起了轰轰烈烈的维新变法运动，于是常州之学，终于掩胁晚清百年来之风气而蔚为大观。钱穆认为，常州今文经学初期，专言公羊，不及他经，此风至龚、魏时而大变，由信公羊转而信今文，轻古经而重时政，而龚、魏之主张实承章学诚而来。在钱穆看来，乾嘉汉学揭橥为学问而学问的旗帜，为学重在实事求是，而常州今文学派重在舍名物训诂而追求微言大义，这已失去了汉学精神，乾嘉考据之学至此声光不存。

清代今文经学极于康有为，所以钱穆对清代学术史的研究终于康氏。晚清的今文经学至龚、魏而蔚为大观，到廖平、康有为时集其大成。特别是康有为继承常州今文学派的观点大加发挥，其著作《新学伪经考》《孔子改制考》等，为现实的政治需要随意解释六经，取舍、改铸历史，其弊以至"颠倒史实而不顾"。钱氏称："康、廖之治经，皆先立一见，然后搅扰群书以就我，不啻六经皆我注脚矣，此可谓之考证学中之陆王。而考证遂陷绝境，不得不坠地而尽矣。"① 又称："当长素时，师友交游，言考据如廖季平，言思想如谭复生，皆可谓横扫无前，目无古人。廖氏之考据，廖氏已自推翻之；谭氏之持论，谭氏亦自违抗之。长素之于考据如廖，于思想如谭，更所谓横扫无前者，然亦不能自持之于后。凡其自为矛盾冲突抵消以迄于灭尽，则三百年来学术，至是已告一结束，扫地赤立。"② 对于康有为所撰之《大同书》，钱穆的评价是："要之长素此书，其成之于闻见杂博者，乃长素之时代；其成之于扬高凿深者，乃长素之性度。三百年来学风，久

---

① 钱穆：《中国近三百年学术史》，第 652 页。钱氏此论颇得贺麟的赞同，贺氏在《五十年来的中国哲学》一书中评康说时引用钱穆这一观点，称康有为"平时著书立说，大都本'六经注我'的精神，摭拾经文以发挥他自己主观的意见，他的《新学伪经考》一书，论者称其为'考证学中之陆、王'（自注：钱穆《中国近三百年学术史》），洵属切当"。

② 钱穆：《中国近三百年学术史》，第 688 页。

务琐碎考据，一旦转途，筚路蓝缕，自无佳境。又兼之时代之剧变，种种炫耀惶惑于其外，而长素又以好高矜奇之心理遇之，遂以成此侈张不实之论也。"①

在钱穆看来，晚清今文学家走的是"一条夹缝中之死路，既非乾嘉学派所理想，亦非浙东史学派之意见。考据义理，两俱无当。心性身世，内外落空。既不能说是实事求是，亦不能说是经世致用。清儒到道咸以下，学术走入歧道，早无前程"。② 学术之事，"每转而益进，途穷而必变"，此下的学术路径必然有变，不能再循此三百年的老路走下去了。用钱氏的话说，"继此以往，有待于后起之自为"。③

四、钱穆表彰"宋学"的原因

钱穆治清代学术史主要以张扬宋学精神为主旨，所以他在评价和判识清代学人学术思想的高下浅深时，就贯穿了一条是否有志经世、是否心系天下安危的宋学精神为其评判标准。而钱氏屡屡道及的宋学、宋学精神，实际上就是宋明儒提倡的学贵经世明道，讲求义理，以天下兴亡为己任的精神。

钱穆在《近三百年学术史》"引论"中，对清代学术的源头给予了具体解析，认为清初学术直接来源于晚明的东林学派。他说："余观明清之际，学者流风余韵，犹往往沿东林。"④ 钱氏之所以对东林学派情有所钟，就是因为东林学者是真正有志经世、坚守气节、重在实行的学者。东林讲学大体包括两个方面，一是矫挽晚明王学末流空谈心性之弊，一是抨弹政治之现状。他们对王学末流的批判开启了清儒辨宋明理学的先河，而对当时政治的批评对清初诸儒的议政也产生了重要影响。特别是东林学人坚持于牢狱刀绳下的民族气节和崇高的人格更是为清初诸儒所激赏。所以，东林学者的气节操行和避虚归实、重在实行的精神直接影响了清

---

① 钱穆：《中国近三百年学术史》，第666页。
② 钱穆：《前期清儒思想之新天地》，《中国学术思想史论丛》（八），第11页。
③ 钱穆：《中国近三百年学术史》，第688页。
④ 钱穆：《中国近三百年学术史》，第8页。

初诸儒。^①

钱穆对清初诸儒评价甚高，认为清初诸儒之学胜于乾嘉经学考证，就是因为清初诸儒论学犹有宋学经世明道的精神。他在《述清初诸儒之学》中称："道德、经济、学问兼而有之，惟清初诸儒而已。"^② 这里的所谓"经济"，即经国济世之学问。清初诸儒不仅笃学博文，更重要的是他们能将其学问措之世用，与王学末流空谈心性、束书不观和乾嘉学者不问世事、皓首穷经截然异趣。比如黄宗羲为王学蕺山一派传人，但其论学，重实践，重工夫，重实行，"既不蹈悬空探索本体，坠入渺茫之弊"，"又不致陷入猖狂一路，专任自然"。船山论学，"所长不仅在于显真明体，而尤在其理惑与辨用焉"，所论政治、社会、人生种种问题，"皆能切中流俗病痛，有豁蒙披昧之功"。顾亭林以知耻博文相标榜，其论学宗旨在于明道、救世。吕留良阐扬朱子，其意在于"发挥民族精神以不屈膝仕外姓为主"，实非康雍以下诸儒仰窥朝廷意旨，以尊朱辟王为梯荣快捷者所能相比。而颜习斋论学之真精神在于，"不从心性义理分辨孔孟程朱，而从实事实行为之分辨"，力倡章句诵读不足以为学，所常道者为兵、农、六艺、礼乐等有用之学。清初诸儒生活在国家颠覆，中原陆沉，创巨痛深，莫可告语的时代环境中，他们行己持躬，刻苦卓励，坚贞不拔的气概和厉实行、济实用的学问，"足为百世所仰慕"。钱穆对清初诸儒这种不忘种姓，有志经世的精神和坚守民族气节称赞不已，因为从他们身上体现了宋明儒经世明道，以天下安危为己任的真精神。对此他情不由己地赞道："每读史至此六七君子者，而使人低徊向往于不能已。"^③

清初学术至乾嘉而大变，学者埋首书斋，专事考据，皓首穷经。这种优游于太平禄食之境与清初诸儒不忘种姓、有志经世的精神意气异趣。对此钱穆颇有感触地说道："清初诸老讲学，尚拳拳不忘种姓之别，兴亡之痛，家国之治乱，身世

---

① 钱穆称："东林精神，即在分黑白，明是非，肯做忤时抗俗事。不畏祸，不怕损名，不肯混同一色，不愿为乡愿。……流风未沫，及于清初，如顾亭林之耿介，李二曲之坚卓，其人格之峻，操持之高，皆东林之嗣响也。"《中国近三百年学术史》，第17—18页。

② 钱穆：《述清初诸儒之学》，《钱宾四先生全集》第22册《中国学术思想史论丛》（八），第1页。

③ 钱穆：《述清初诸儒之学》，《钱宾四先生全集》第22册《中国学术思想史论丛》（八），第4页。

之进退。而乾嘉以往，则学者惟自限其心思于文字训诂考订之间，外此有弗敢问。学术思想之转变，亦复迁移默运，使屈膝奴颜于异族淫威之下而不自知，是尤可悲而可畏之甚者也。"① 在钱氏看来，乾嘉诸老忘记了顾亭林等清初诸儒的"行己"之教，而专师其"博文"之训，为学问而学问，已失去了宋明儒学贵经世明道，以天不为己任的真精神。他说：

> 盖亭林论学，本悬二的：一曰明道，一曰救世。其为《日知录》，又分三部，曰经术、治道、博文。后儒乃打归一路，专守其"经学即理学"之议，以经术为明道。余力所汇，则及博闻。至于研治道，讲救世，则时异世易，继响无人，而终于消沉焉。若论亭林本意，则显然以讲治道救世为主。故后之学亭林者，忘其"行己"之教，而师其"博文"之训，已为得半而失半。又于其所以为博文者，弃其研治道、论救世，而专趋于讲经术、务博闻，则半之中又失其半焉。②

钱穆认为清代经学由宋明理学发展而来，但是到了乾嘉时期，经学转向一味训诂考据，流弊渐生。"盖亭林实能摆脱理学窠臼，而摄取理学精髓。若使此下经史之学能循此发展，则诩可为儒学开一新境。而惜乎学脉中断，乃专走上考据训诂一路，经学非经学，又何当于亭林所谓舍经学安所得理学之经学乎？"③ 所以，他对这种逃避人生，喜为零碎考释的学风大加抨击，批评乾嘉学者不通学问大体，称"学问之事，不尽于训诂考释，则所谓汉学方法者，亦惟治学之一端，不足以竟学问之全体"。④ "治学而专务为琐屑之考据，无当于身心世故，则极其归必趋于争名而嗜利，而考据之风，亦且不可久。"⑤ "乾嘉之盛斥宋明，而宋明未必非。"⑥ 像这样的批评之语，屡见于他治清代学术史的论著中。

---

① 钱穆：《中国近三百年学术史》，第 72 页。
② 钱穆：《中国近三百年学术史》，第 145 页。
③ 钱穆：《顾亭林学述》，《中国学术思想史论丛》(八)，第 68 页。
④ 钱穆：《中国近三百年学术史》，第 402 页。
⑤ 钱穆：《中国近三百年学术史》，第 559 页。
⑥ 钱穆：《中国近三百年学术史》，第 525 页。

钱穆在评价清代学术史时，以表彰宋学，批评汉学流弊为己任，这与他对当时学术界盛行的考据学风的反思和批判有关。20世纪20年代以来，在胡适"以科学方法整理国故"的口号声中，掀起了一场声势浩大的新汉学运动。以傅斯年为首，以史语所为阵地，以整理和考辨史料为鹄的的"新考据派"，便是这场新汉学运动的产物。该派对三四十年代的中国学术界影响深远，成为当时史坛上的"主流派"。钱穆早年以考据成名，其名作《刘向歆父子年谱》（1930）、《先秦诸子系年》（1935）不但深受当时新考据派史学领袖胡适、傅斯年等人的激赏，还被他们引为同道中人。事实上，新考据派对钱氏在考据学上的成就也是承认、称道的，钱穆对新考据派重建古史的工作也寄予了厚望。不过钱穆虽然以考据名家，他早年治史深受乾嘉考据方法的影响，但他却并不赞许乾嘉史学。[①] 因为他认为"考据之终极，仍当以义理为归宿"，不能单凭考据便认为尽了学术研究之能事，更不能沉溺于烦琐考据而忘掉了学术经世的宗旨。他说乾嘉经学考据之大病，"正在持门户之见过深，过分排斥宋儒，读书专重训诂考据，而忽略了义理"。[②] 而五四以来的新考据派则把乾嘉汉学为考据而考据的学风发挥到极致。在钱穆看来，新考据派最初本求摆脱乾嘉而转向西方输入学理，当他们步趋欧美，引进西方实证主义史学方法后，才发觉"欧美与乾嘉，精神蹊近，何其相似，乃重新落入乾嘉牢笼"，言学仍守故纸丛碎为博实。新考据派推崇乾嘉治学方法，专走训诂考据之路，这是深受宋明学术思想影响的钱穆所不能赞同的，这就引发了他对该派学风的批判。他称新考据派专事考据，毕生在故纸堆里驰骋心力是"不得大体，而流于琐碎"，"于身无益，于世无补"。事实上，自1930年代以来，学术界不少学者对新考据派烦琐的考据学风提出了批评。1933年11月8日，张孟劬在给夏承焘的信中说："今考据破碎之弊，甚于空疏，且使人之精神，日益移外，无保聚

---

① 据钱穆晚年回忆："余本好宋明理学家言，而不喜清代乾嘉诸儒之为学。及余在大学任教，专谈学术，少涉人事，几乎绝无宋明书院精神。人又疑余喜治乾嘉学，则又一无可奈何之事矣。"《八十忆双亲·师友杂忆》，第157页。

② 钱穆：《近百年来诸儒论读书》，见《学籥》，第82页。

收敛以为之基，循此以往，将有天才绝孕之患。"①而另一部分不失传统士人精神的学者，则祭起学术经世的旗帜欲以救世，宋明学术精神再一次得到高扬，钱穆可谓是这一部分学者的代表。与钱氏声气相通、引为同调者在当时还有陈寅恪、冯友兰等学者。陈寅恪曾说："吾国近年之学术，如考古历史文艺及思想史等，以世局激荡及外缘熏习之故，咸有显著之变迁，将来所止之境，今固未敢断论。惟可一言蔽之曰，宋代学术之复兴，或新宋学之建立是已。"②而冯友兰则明确指出他撰写《中国哲学史》的目的就在于昂扬宋儒"为天地立心，为生民立命，为往圣继绝学，为万世开太平"的精神。

钱穆推崇宋儒，表彰宋儒以天下为己任的精神，这还与当时受国难的刺激有关。钱氏的《中国近三百年学术史》写于九一八事变之后，当时日本侵占东三省大好河山，步步进逼华北。1935年，日军策动"华北自治"，偌大的华北五省，"已经不能安放一张平静的书桌了"。当时在北平任教的钱穆，目睹日寇猖獗，痛心疾首，"斯编初讲，正值九一八事变骤起。五载以来，身处故都，不睹边塞，大难目击，别有会心"。③冯友兰在当时也发出了与钱氏同样沉重、激愤的呼声。他在《中国哲学史》自序（二）中说："此第二篇稿最后校改时，故都正在危急之中。身处其境，乃真知古人铜驼荆棘之语之悲也。值此存亡绝继之交，吾人重思吾先哲之思想，其感觉当如人疾痛之见父母也。吾先哲之思想，有不必无错误者，然'为天地立心，为生民立命，为往圣继绝学，为万世开太平'，乃吾一切先哲著书立说之宗旨。无论其派别为何，而其言之字里行间，皆有此精神之弥漫，则善读者可觉而知也。"④钱穆出生在甲午战败、台湾割让日本之年，他的一生与中国甲午战败以来的时代忧患相终始，一生的著述讲演无不是"在不断的国难之鼓励与指导下困心衡虑而得"，无不从"对国家民族之一腔热忱中来"。面对日寇的

---

① 转引自王汎森：《民国的新史学及其批评者》，罗志田编：《20世纪的中国与学术·史学卷》（上），山东人民出版社，2001年版，第108页。

② 陈寅恪：《邓广铭宋史职官志考证序》，《金明馆丛稿二编》，生活·读书·新知三联书店，2001年版，第277页。

③ 钱穆：《中国近三百年学术史·自序》，第4页。

④ 冯友兰：《中国哲学史·自序二》，2000年版。

步步侵逼，具有强烈民族忧患意识和强烈民族情感的钱穆愤慨尤深，在撰述中自然会有所流露。他在《近三百年学术史》中特严夷夏之防，高扬以天下为己任的宋学精神，表彰清初诸儒不忘种姓的民族气节和操行，即寓有他反抗外来侵略的写作意图。当年杨树达在读钱著时就有"注重实践，严夷夏之防，所见甚正"[①]的评价。而三十年代的中国学术界尚崇乾嘉考据之学，"薄致用而重求是"，"言学则仍守故纸丛碎为博实"，贬抑宋学，"持论稍近宋、明，则侧目却步，指为非类"。在钱穆看来，这种学风尤其有害，特别是在日寇步步进逼，侵夺我大好山河之时，这种不问世事、埋首书斋的考据学风不利于鼓励民众团结起来，抵抗侵略。[②] 所谓"大难目击，别有会心"，就是要弘扬宋学精神来救世济民。所以，弘扬学贵经世，以天下兴亡为念的宋学精神，成为钱穆治清代学术史的意旨所在。

五、钱穆论清学史可商榷之处

1. 对乾嘉汉学及戴震思想的评价

清代学术的主干是乾嘉汉学，乾嘉学者对中国古代文献的整理，贡献极大。梁启超在论乾嘉汉学时，除叙述戴震、惠栋学术外，还谈到了戴门后学段玉裁、王念孙、王引之等人贡献，指出他们"最能光大其业"，对乾嘉汉学作了相当深入的分析与总结。钱穆以发掘清代理学、弘扬宋学为己任，对乾嘉汉学评价不高。但是，不能因为发掘理学就菲薄汉学，厚此薄彼的做法就存在很大的问题。钱穆在《近三百年学术史》中将惠栋附于戴震之后，是出于惠学对戴震的影响，此点尚可理解。但是其在《清儒学案序》中列有 64 个学案，竟然没有惠栋，这就有点令人难以理解了。

---

① 杨树达：《积微翁回忆录》，上海古籍出版社，1986 年版，第 204 页。

② 事实上，由于受国难的刺激，一些专事考据的学者也在自我反省，转变学风。如史学家陈垣 1943 年 11 月 24 日在《致方豪》的信中说："从前专重考据，服膺嘉定钱氏；事变后颇趋重实用，推尊昆山顾氏。近又进一步，颇提倡有意义之史学。故前两年讲《日知录》，今年讲《鲒埼亭集》，亦欲以正人心，端士习，不徒为精密之考证而已。"陈乐素、陈智超编校：《陈垣史学论著选》，上海人民出版社，1981 年版，第 624 页。

在乾嘉朴学谱系中，嘉定钱大昕在考史、金石、舆地等方面成就卓著，其学术地位非同一般，然而在钱穆清学史著述中却甚少提及。在《近三百年学术史》第八章中，钱穆在论戴震学术时附带述及钱氏，"竹汀之学，所涉甚广，而识力不高，持论惟循惠、戴藩篱"。① 对其学术成就评价不高。在《清儒学案序》中言钱氏之学："方惠戴之学，盛行吴皖，而嘉定钱大昕竹汀，崛起娄东，其学无所不擅，而尤邃于史，一门群从互为师友，学术之盛，照映当代。然竹汀持论大体，颇亦鄙薄宋儒，不能出东原之范围。"② 论述的着眼点还是落在钱大昕"鄙薄宋儒"上。钱穆在《清儒学案序》中自言："本编取舍权衡，绝不敢存门户之见，或汉或宋，或朱或陆，一体采撷，异同互见，见仁见智，俟之读者。"③ 然而在其具体的研究中，他却因持理学的立场，乾嘉时代许多有成就的考据学家未被收录。可见，他对乾嘉汉学的评价表现出了相当的成见。

钱穆把戴震论学分前后两个时期（东原论学之第一期、第二期），见解精到，对戴氏在考据学上的成就多有称赞，把戴震与章学诚誉为"乾嘉最高两大师"。④ 钱穆认可作为考据学大师的戴震，却不认可作为思想家的戴震，对东原论义理颇多批评。他借用章学诚批戴之言，称：

> 乾隆三十八年章戴相遇宁波道署时，东原议论已变，渐诋程朱，而为《绪言》犹不尔，故实斋讥其笔舌分用，又斥之为黠也。……然则戴之践履，远逊宋人，乃其所以求异于释老耶？是则辟释老者，固便于言是行非者耶。此则戴之症结，不可为讳。戴氏笔之于书，多精深谨严，至腾之于口，则丑詈程朱，诋侮董韩，自许孟子后之一人，可谓无忌惮矣。⑤

> 浙东源于陆王，浙西传自朱子，真知学者莫不实事求是，不争门户，故实斋能赏东原。而东原以朱学传统反攻朱子，故实斋讥之，谓其饮水忘源

---

① 钱穆：《中国近三百年学术史》，第332页。
② 钱穆：《清儒学案序》，《中国学术思想史论丛》（八），第382页。
③ 钱穆：《清儒学案序》，《中国学术思想史论丛》（八），第370页。
④ 钱穆：《中国近三百年学术史》，第475页。
⑤ 钱穆：《中国近三百年学术史》，第333页。

也。①

　　时汉学家为实斋称许者，无如戴东原，曰："近日言学问者，戴东原氏实为之最，以其实有见于古人大体，非徒矜考订而求博雅也。"然东原诋排朱子，实斋讥之，谓其"饮水忘源，慧有余而识不足"。（此即聪明有余，真识不足之意也。）是东原亦未为知道，未为深知夫学术之流别也。②

　　不仅如此，钱穆还紧紧抓住《水经注》校本戴袭赵一案，认为经王国维、孟森等人的考订，戴袭赵已成定谳，以此来表达对戴东原"心术"的不满。③由于钱穆尊崇朱子，对东原后期批宋攻朱深致不满，故对戴震的评价偏低，片面之处甚多。

　　2.对晚清今文经学特别是对康有为思想的评价

　　晚清今文学派批评乾嘉汉学，揭橥为学贵在经世致用，这与钱穆批评汉学流弊，高扬宋学精神的旨意相同。照理说，他对晚清今文思潮应有较高的评价，然而事实却恰好相反。钱穆称道咸之际兴起的常州之学，"其实则清代汉学之旁衍歧趋，不足为达道。而考据既陷绝境，一时无大智承其弊而导之变，彷徨回惑之际，乃凑而偶泊焉。其始则为《公羊》，又转而为今文，而常州之学，乃足以掩胁晚清百年来之风气而震荡摇撼之。卒之学术治道，同趋澌灭，无救厄运，则由乎其先之非有深心巨眼宏旨大端以导夫先路，而特任其自为波激风靡以极乎其所自至故也"。④又说："晚清今文一派，大抵菲薄考据，而仍以考据成业。然心已粗，气已浮，犹不如一心尊尚考据者所得犹较踏实。其先特为考据之反动，其终

----

① 钱穆：《中国近三百年学术史》，第389页。
② 钱穆：《中国近三百年学术史》，第407页。
③ 参见钱穆：《中国近三百年学术史》，第322、334、531—532页。
④ 钱穆：《中国近三百年学术史》第525页。

汇于考据之颓流。"①

钱穆称晚清今文经学为清代汉学考据的"旁衍歧趋",今文学者"大抵菲薄考据仍以考据成业",这从事实的层面讲,大体是不错的。因为晚清今文学者的治学方法的确是沿考据一路而来,即便是今文经学的集大成者康有为,他撰《新学伪经考》也是在披着考据的外衣下进行的。但是,有一点尤需明白,在晚清今文学者眼中,考据是手段,是形式,而不是目的,他们是通过考据这种形式为其政治目的张目,即以考证之名,而行学术干政之实,其着眼点在政治而非学术一边。易言之,是真用结合,还是弃真求用,晚清今文学派显然选择了后者。钱穆本是主张真用结合的学者,但在评价晚清今文思潮时,他却仅仅站在"求真"的立场上加以审视批评,似乎又退到了以古文攻今文的立场,不免忽略了晚清今文思潮崛起的时代背景及其他们在社会政治层面的贡献。这一点,在评说康有为的思想上表现得尤为明显。

康有为撰《新学伪经考》称古文经尽出刘歆伪造,目的是要为新莽王朝代汉制造舆论。钱穆从学术求真的层面上对其说绳之以学理,称康说多主观武断处,这无疑是非常正确的。但是,单纯从学术层面上去批评康说,并不全面。因为康有为是政治改良家,并非单纯一学问家或思想家,其书是在借经学谈政治,目的在于为维新变法鸣锣开道,其价值主要在政治而非学术一边。因此,评价康有为的思想,不能脱离当时的时代背景。钱穆在这些方面似乎甚少注意。梁启超在评价乃师的思想时,则多从社会政治效果方面着眼加以评说。他说康有为《新学伪经考》影响有二:"第一,清学正统派之立脚点,根本动摇;第二,一切古书,皆须重新检查估价,此实思想界之一大飓风也。"②又评《孔子改制

---

① 钱穆:《中国近三百年学术史》,第532页。钱穆对清代今文学家的考据批评尤力,他说:"乾嘉之盛斥宋明,宋明未必非;道咸之转而不满于乾嘉,因以推尊庄氏,庄氏亦未必是。庄氏为学,既不屑于考据,故不能如乾嘉之笃实,又不能效宋明先儒寻求义理于语言文字之表,而徒牵缀古经籍以为说,又往往比附以汉儒之迂怪,故其学乃有苏州惠氏好诞之风而益肆。"(《中国近三百年学术史》,第525页)批评刘逢禄著作:"申受乃举何氏'三科九旨'为圣人微言大义所在,特著《春秋论》上、下篇,极论《春秋》之有书法,上篇针对钱竹汀《潜研堂集》春秋论而加驳难。钱氏文例证坚明,而刘氏非之,此如庄方耕不斥古文尚书,实同为考证学之反动。近人乃认晚清今文学为清代经学考证最后最精之结果,则尤误也。"(《中国近三百年学术史》,第528页)

② 梁启超:《清代学术概论》,朱维铮校注:《梁启超论清学史二种》,第64页。

考》《大同书》两书"有为第二部著述，曰《孔子改制考》。其第三部著述，曰《大同书》。若以《新学伪经考》比飓风，则此二书者，其火山大喷火也，其大地震也。"①事实上，评价康有为的思想，应把求真与致用、学术与政治两者结合起来，才能作出符合实际的评价。钱、梁二人或从学术层面着眼，或从社会政治效果入手，皆非全面，时人对钱氏评价康说就有"特见其表面，未见其精神"的批评。②

3. "例不载生人"的撰述原则的缺陷

谈晚清学术史，余杭章太炎是一个饶不开的重要人物。梁启超在《清代学术概论》中把章氏列为清学蜕分期、衰落期的代表人物而大加表彰。他说："在此清学蜕分和衰落期中，有一人焉能为正统派大张其军者，曰：余杭章炳麟。"③尽管梁氏批评章太炎"谨守家法之结习甚深，故门户之见，时不能免，如治小学排斥钟鼎文龟甲文，治经学排斥'今文派'，其言常不免过当"④，但对章太炎在清末学术史上的贡献还是给予了极高的评价。钱穆早年深受国粹派学人思想的影响，在《国学概论》中多次征引章太炎论清学史的论著阐发己见，然而在撰写《中国近三百年学术史》中，他却信奉"例不载生人"的撰述原则，在书中对清末学术界有重大影响的章太炎只字不提。等到章太炎去世后，他才撰《余杭章氏别学记》一文来阐发章氏的学术及思想。⑤钱穆信奉"例不载生人"的撰述原则引发了他的好友贺麟对他的批评。贺麟说：

中国传统的著述家有一个错误、不健全的态度：就是他们对于同时代的人的思想学术，不愿有所批评陈述。他们以为评述同时代的人的著作，容易陷于标榜与诋毁——标榜那与我感情相得、利害相同的人，诋毁那与我感情不洽、利害相违的人。他们要等着同时代的人死去之后，然后再加评论，这

① 梁启超：《清代学术概论》，朱维铮校注：《梁启超论清学史二种》，第64页。
② 参见赵丰田：《读钱著〈康有为学术述评〉》，《大公报·史地周刊》，1937年1月29日。
③ 梁启超：《清代学术概论》，朱维铮校注：《梁启超论清学史二种》，第77页。
④ 梁启超：《清代学术概论》，朱维铮校注：《梁启超论清学史二种》，第78—79页。
⑤ 1936年11月26日，钱穆应燕京大学历史学会的邀请作章太炎学术思想一演讲，后易名为《余杭章氏别记》，1937年6月10日发表在天津《大公报》上。

叫做"盖棺论定"。记得有一位著《中国近三百年学术史》的朋友——钱穆先生，在他这书中对于那时尚活着的章太炎一字不提，虽然他与章太炎并无私交，而那时章氏年已老迈，他在中国学术史上的地位已相当确定。一直到他这书业已出版后，章太炎才逝世。于是他等着章氏逝世以后，方特别著一篇长文，讲述章氏在中国学术史上的贡献。这种态度我认为是不妥的、不健全的。第一，这种态度假定著述家评述时人只有标榜与诋毁两途，没有其他合理的持中平正的路途，如同情的了解，客观的欣赏，善意的批评等等，这未免自贬著述家的品格。殊不知，评论时人，抱超然的无关利害的态度虽较之评论古人为难，却应勉力予以提倡鼓励的。第二，坚执"盖棺论定"之说，亦嫌失之狭隘偏执，因为有许多人未盖棺而论已定。又有许多人已盖棺了千百年，而议论纷纭，犹不能定。若偏执"盖棺论定"之说，误认对于同时代的活着的人，社会上绝无确定的公论，根本否认"舆论""时论"的公正性，尤属偏激。且评论之公不公，定不定，须视其评论之出发，是否基于理性，有无证据，决不应以生理方面的死或活为标准。第三，这种不评述时人的著作的态度，大有妨害学术思想的进步。因为一个著作经人评述之后，可以多引起世人的注意，促进学术思想的自由交换流通。而著述者本人经过评述者的批评或鼓励后，也可以使他加以改进和愈益努力。所以评述时人著作，实有鼓舞玉成，使学术空气浓厚并进步的好处。尤其我们应了解著作家的心理，他的著作出版后，他不怕别人的批评或攻击，他最怕的是他的著作如石沉大海，无人理会。所以评论时人的著作，不怕率直无忌，公开批评指斥，而最切戒的，是不写成文字公开评论，而但于背后说长论短，私自发出些偏狭嫉刻、不负责任的诋毁。[①]

4. 论晚清学术较少谈到西学的影响

鸦片战争后，西力东渐，中国开始了艰难的近代化历程。在西方学术文化的

---

① 贺麟:《当代中国哲学原序》，收入《五十年来的中国哲学》，商务印书馆，2002年版，第
2—3页。

强烈震荡、冲击下，中国学术开始了由传统向近代的转型。所以，谈晚清学术，西学是不可不提的。梁启超在《中国近三百年学术史》中论明末五大"反动"时就谈到了欧洲历算学的输入，在《清代学术概论》中对晚清西方思想之输入皆有论述。① 钱穆论清代学术也曾言及西学，他说：

> 自明末欧洲历算学输入，迄于清初，宣城梅氏兄弟，文鼎、文鼏、文鼏以历学震烁一时，文鼎所诣尤深博，著书八十余种，盛行于世。歙人有杨光先，论历斥汤若望，力排西法，并驳西教士利玛窦等地圆诸说，著书称《不得已》，专攻西学，自命孟子，嗣以闰月失推论死，亦为守旧者所推。是当时徽宣之间，好治天算格致之学，其来已旧。②

只可惜像这样谈西学输入和自然科学的内容在钱氏《近三百年学术史》中所占的比重微乎其微，甚至可以忽略不计。钱穆谈晚清学术较少谈到西学的影响，遭到了一些学者的批评。汪荣祖曾言："钱穆虽晚于任公一世代，思想则似乎早任公一代，故绝不提 16 世纪以来西学之冲击与反动。"又说："西力东渐，乃康有为及其同时代有识之士无可回避的挑战，故探讨晚清学术思想必不能不细考西方因素，而西方因素正是钱穆论晚清学术史之最大盲点。"③ 问题在于，钱穆不是不知西学输入对晚清学术的影响，但是在他的著述中就是避而不谈，有时更是有意回避，背后的原因大可玩味。限于篇幅，此处不再论及。

另外，清人崔述用毕生精力完成《考信录》一书，成为中国古代疑古思潮的集大成之作，同时对近现代的疑古思潮也有重要影响，顾颉刚的"古史辨"就是承此风而起的。然而对近现代中国学洋术有如此重要影响的人物，在钱穆的《近三百年学术史》中竟未占一席之地。钱氏在书中第四章"马骕传略"一节中，在论及马氏学术时附带提及崔述，仅用"大名崔述东壁，为古史《考信录》，亦多

① 参见梁启超：《清代学术概论》，朱维铮校注：《梁启超论清学史二种》，第 79—80 页。
② 钱穆：《中国近三百年学术史》，第 310 页。
③ 汪荣祖：《史学九章》，生活·读书·新知三联书店，2006 年版，第 152、164 页。

有从宛斯（马骕）所谓事同文异，文同人异处着眼者"①寥寥 30 余字加以述及。作为一部反映中国近三百年学术总体发展的学术专著，钱穆在书中竟漏列崔述，这不能不令人感到遗憾。②

---

　　① 钱穆：《中国近三百年学术史》，第 156 页。
　　② 关于这方面的论述可参阅路新生：《钱穆〈中国近三百年学术史〉中几个值得商榷的问题》一文，《历史教学问题》2001 年第 3 期。其实，钱穆此书所论列的清代学者漏列不少，有论者评论此书"盖漏略之学者太多，实不足以表彰一代学者之全也"。甚至认为书名可径名为《清儒名家学案》，似更妥当。参见刘天行：《评〈中国近三百年学术史〉》，昆明《迎头赶》半月刊，1941 年第 9 期。

钱穆与中国文化史研究

——以《中国文化史导论》为考察重点

《中国文化史导论》是钱穆撰写的第一部系统阐述他对中国文化看法的著作，也是他一生中重要的学术代表作之一。本文不拟对钱氏这部著作作全面评述，仅就其中的一些重要问题，如中国文化发展的地理背景、中国文化史的分期、中国文化的融合精神、中西文化两类型说以及中西文化会通融合问题作一些具体的探讨和分析。

一、转向文化研究的原因

《中国文化史导论》（以下简称《导论》）最早是 1948 年由上海正中书局出版的，但书中的内容却是在 1940 年代上半期写成的，亦即写于抗日战争时期。

1941 年 8 月，张其昀、张荫麟等人在迁徙到贵州遵义的浙江大学创办了《思想与时代》杂志（月刊），公开打出"一以发扬传统文化之精神，一以吸收西方科技之新知，欲上承南高、东大诸教授创办《学衡》杂志之宗旨，以救世而济民"[①]的旗帜。该杂志内容包括哲学、科学、政治、文学、教育、史地等项，而特重时代思潮与民族复兴之关系，是抗战时期很有学术水准的期刊，为其撰稿者多为当时的学界名流，钱穆就是其中主要撰稿者之一。他的《古代观念与古代生

[①] 《鄞县张晓峰先生其昀行状》，台湾《传记文学》第 47 卷第 3 期（总第 280 期），1985 年 9 月。

活》，即《导论》第三章，刊载于《思想与时代》第 23 期上（1943 年）。《古代
学术与古代文字》《新社会与新经济》《新民族与新宗教之再融合》《个性伸展与
文艺高潮》、《宋以下中国文化之趋势》《东西接触与中国文化之新趋势》，即《导
论》第四章、第六章、第七章、第八章、第九章、第十章，分别刊于《思想与时
代》第 27 期（1943 年）、28 期（1943 年）、29 期（1943 年）、30 期（1944 年）、
31 期（1944 年）、32 期（1944 年）上。钱穆在《导论·弁言》中称《导论》各篇
写于 1941 年，一些研究者也说《导论》初撰于民国三十年（1941 年），曾陆续刊
于《思想与时代》杂志[①]，似不确。从《导论》各篇刊于《思想与时代》杂志的时
间来推算，该书大致当形成于 1943—1944 年间。[②]

钱穆为《思想与时代》杂志撰稿，启发了他对民族文化问题的进一步思考，
是他学问研究方向发生转变的一个转折点，即是他由历史研究转向文化研究的标
志。他在《纪念张晓峰吾友》中称：

> 余自《国史大纲》以前所为，乃属历史性论文。仅为古人伸冤，作不平
> 鸣，如是而已。以后造论著书，多属文化性，提倡复兴中国文化，或作中西
> 文化比较，其开始转机，则当自为《思想与时代》撰文始。此下遂有《中国
> 文化史导论》一书，该书后由正中书局出版。是则余一人生平学问思想，先
> 后转折一大要点所在。[③]

---

① 罗义俊：《钱宾四先生传略》，江苏无锡县政协编：《钱穆纪念文集》，第 287 页。
② 钱穆为《思想与时代》杂志撰稿始于 1941 年。他的《两种人生观之交替与中和》即发表在
该杂志第 1 期上。钱氏自言为《思想与时代》撰稿，是其"入蜀以来在思想与撰述上一新转变。"《中
国文化史导论》最早一篇《古代观念与古代生活》刊于《思想与时代》杂志第 23 期上（1943 年）。在
此之前，他已在该杂志上发表了 18 篇文章。似乎钱穆在晚年的回忆中把为《思想与时代》杂志的撰
稿时间与《中国文化史导论》各篇的写作年代弄混了。又，据《吴宓日记》1945 年 10 月 5 日条载：
"下午钱穆来，出示其近著《中国文化史简编》，及全书英文译稿，命为校阅一过。宓厌苦之，允为择
可疑处对勘云云。"《日记》中所言的《中国文化史简编》即为钱穆后来出版的《中国文化史导论》，可
见该书在 1945 年已全部完成。
③ 钱穆：《纪念张晓峰吾友》，台湾《传记文学》第 47 卷第 6 期，1985 年 12 月。又收入《八
十忆双亲·师友杂忆》（新校本），九州出版社，2012 年版，第 352 页。

1940 年代初，钱穆之所以从历史研究转入文化研究，多从文化的层面来思考民族和国家的出路问题，不是偶然的。日寇入侵，大好河山沦丧，中华民族面临着亡国灭种的危险。空前严重的民族危机，引发了人们对民族文化精神的关注。在钱穆看来，要拯救国家，唤醒民众，凝聚力量抵抗侵略，最重要的手段就是要弘扬民族文化，振奋民族精神，因此他便转向中国文化研究，希望通过对民族文化的研究去寻找抗战救国的文化资源。而对近代以来，特别是五四新文化运动以来反传统思想的批判，则是他转入文化研究的现实动因。

　　自鸦片战争中国国门被枪炮轰开以来，中西文化的剧烈冲突就一直困扰着全体中国人，特别是富有强烈忧患意识的中国几代知识分子。这诚如钱穆所言："东西文化孰得孰失，孰优孰劣，此一问题围困住近一百年来之全中国人，余之一生亦被困在此一问题内。……余之用心，亦全在此一问题上。"[①] 面对西方文化的挑战，中国文化究竟何去何从？怎样去衡估中西文化的优劣短长？这是当时中国知识分子十分关注的问题。鸦片战争以后，特别是五四新文化运动以来，一部分知识分子把传统文化看成中国走上近代化、现代化的障碍，认为中国要实现近代化、现代化，就必须与传统决裂，全盘西化。在 1920 年代至 40 年代的中国学术界，这股全盘西化思潮应当说是很有市场的。钱穆在晚年自述他 1940 年代初之所以由历史研究转向文化研究，乃"国内之社会潮流有以启之"。[②] 这里所谓"社会潮流"，实际上是指流行于当时学术界的全盘反传统思潮。

　　钱穆对近百年来学术界流行的西化思潮作过比较深刻的分析。他说近百年来不断有两条相反的潮流在相激相荡：一条是潜伏在下层的"伏流"，那就是中华民族由于五千年来文化传统的积累，遭受到西方殖民帝国主义的长期压迫，而不断寻求挣扎的那种自觉自尊的激情，这条"伏流"表现着中国民族文化意义的潜在要求；另一条是显露在上层的"逆流"，那就是中国知识分子及其统治阶层对自己历史文化极端蔑视、排拒的自卑心理和无限向外的依托精神，它集中体现为对中国固有文化的自我否定和故意摧残。正因为在民族复兴意识强烈要求的主潮

---

① 钱穆：《八十忆双亲·师友杂忆》，第 46 页。
② 钱穆：《八十忆双亲·师友杂忆》，第 362 页。

浮层，有一股对自己文化传统极度轻蔑、厌弃的"逆流"在作指导，从而酿成了近代中国文化的悲剧。因此，中国人自己看轻自己的文化传统，自己对本民族的文化失去信心，这便是中国的最大危机，也是中国文化发展的最大隐忧和最大病害。而这种自卑媚外的文化心态，又障蔽着国人对传统文化的正确认识。

当五四新文化运动如揭地狂飙席卷中国大地之时，钱穆正在江南无锡、苏州等地中小学任教。他虽然"蛰居乡村"，但对当时学术界的中西文化论战也颇为关注，对思想界心慕西化的反传统思潮深为不满。他晚年曾回忆说："余幼孤失学，弱冠即依乡镇小学教读为生。然于当时新文化运动，一字、一句、一言一辞，亦曾悉心以求。乃反而寻之古籍，始知主张新文化运动者，实于自己旧文化认识不真。"①在纪念老友张其昀的文章中，他说 20 年代对北方《新青年》和南方《学衡》两杂志的文章，皆悉心拜读，但内心却是赞同学衡派"昌明国粹，融化新知"的文化主张的。②在 1928 年写成的《国学概论》中，钱穆对民初以来的全盘西化思想给予了批评，认为全盘否定自己的文化传统，实是孟子所谓"失其本心"。在 1940 年出版的《国史大纲》中，钱穆对把中国今日之贫穷落后统统透卸古人的历史虚无主义思想给予了尖锐的批评，他在《引论》中痛切地指出："凡此皆晚近中国之病，而尤莫病于士大夫之无识，乃不见其为病……转而疑及我全民族数千年文化本原，而唯求全变故常以为快。"

钱穆并不否认中国文化演进到近代衰颓不振、病痛百出这一事实。面对着西方文化的强劲挑战，它必须要进行一番彻底的调整与更新。但是，调整和更新却不能自外生成，它必须要体认和依凭中国文化内部自身的机制。因为"一民族文化之传统，皆由其民族自身递传数世、数十世、数百世血液所浇灌，精肉所培壅，而始得开此民族文化之花，结此民族文化之果，非可以自外巧取偷窃可得"。③所以，钱穆非常重视中国文化内部的自我调整与更新，在《国史大纲·引论》中，他把这种调整、更新称之为"更生之变"。他说："所谓更生之变者，非徒于外面

---

① 钱穆：《从中国历史来看中国民族性及中国文化·序二》，香港中文大学出版社，1979 年版，第 4 页。

② 参见钱穆《纪念张晓峰吾友》一文，载台湾《传记文学》第 47 卷第 6 期，1985 年 12 月。

③ 钱穆：《国史大纲·引论》，上海商务印书馆，1940 年版，第 27 页。

为涂饰模拟、矫揉造作之谓，乃国家民族内部自身一种新生命力之发舒与生长。"①
为此他主张中国近代文化的种种病痛应用中国文化内部自身的力量来医治，应对
自己的民族文化抱有坚定的信心，而不是与传统决裂，"尽废故常"。钱先生晚年
自述说，抗日军兴，避地昆明，各种思潮纷起，"我国家民族四五千年之历史传
统文化精义，乃绝不见有独立自主之望。此后治学，似当先于国家民族文化大体
有所认识，有所把捉，始能由源寻委，由本达末，于各项学问有入门，有出路。
余之一知半解，乃始有转向于文化学之研究"。②可见，对蔑己媚外、菲薄传统的
民族虚无主义思想的批判是促使钱穆在 1940 年代初转向文化研究的又一个重要
原因。

　　抗战时期，钱穆对中国文化的研究以及对中西文化异同的比较还反映在《国
史大纲》（1940 年）、《文化与教育》（1943 年）、《政学私言》（1945 年）等著作中。
他大力阐扬中国文化的价值，批评自我蔑视本民族文化传统的谬误，坚信"我民
族国家之前途，仍将于我先民文化所贻自身内部获得其生机"。③显然，抗战时期
钱穆对中国文化的研究，是以昂扬民族精神为主要内容的，强烈的民族意识是他
这一时期文化思想的灵魂。在欧风美雨浸染下的文化氛围里，在崇洋蔑己、全盘
西化甚嚣尘上的时代思潮中，钱穆转向文化研究，自觉以阐扬中华文化为己任，
这对于培育国人的民族自信心，凝聚民族向心力，重铸新的民族精神，确有其贡
献。台湾学者韦政通言："在抗日时期，对弘扬传统文化，发扬民族精神，钱先生
居功甚伟。"④严耕望也言抗战时期钱穆的著述讲演，"一以中华文化民族意识为中
心论旨，激励民族感情，振奋军民士气，故群情向往，声誉益隆，遍及军政社会
各阶层，非复仅为黉宇讲坛一学人。国家多难，书生报国，此为典范，更非一般
史家所能并论"。⑤

　　①　钱穆：《国史大纲·引论》，第 26 页。
　　②　钱穆：《八十忆双亲·师友杂忆》，第 362 页。
　　③　钱穆：《国史大纲·引论》，第 28 页。
　　④　韦政通：《儒家与现代中国》，上海人民出版社，1990 年版，第 183 页。
　　⑤　严耕望：《钱穆宾四先生与我》，第 21 页。

二、论中国文化发展的地理背景

人类创造历史文化的活动总是在一定的空间中进行的，从这个意义上讲，地理环境是人类社会生存的基础，是人类创造历史文化的舞台，人类文化精神的铸造与民族性格的形成与他们所处的地理环境休戚相关。基于这一理解，钱穆在《导论》中，首先从地理背景着眼对中国文化的起源、发展作了考察。

人类文化的最先开始，其居住地，均依赖河水的灌溉，好使农业易于产生。世界上的四大文明古国，莫不依赖于河流而产生。埃及古文明产生于尼罗河流域，印度文化产生于印度河、恒河流域，巴比伦文化起源于幼发拉底河和底格里斯河流域。中国文化产生于黄河，黄河流域是中国文化最重要的发源地。总体上讲，这些话大体上是不错的，不过钱穆对这种笼统的说法并不赞同，他作了更为具体细致的解说。他说准确地说，中国文化的发生并不依赖于黄河主流本身，它所依靠的是黄河的各条支流。每一个支流两岸及其流进黄河时两水相交的那个角落，才是古代中国文化的真正摇篮。两水相交而形成的三角地带，在中国古书上称"汭"，即两水环抱之内的意思，用现代的语言讲就是三角地带。

根据这一理论，钱穆对中国古文化的发源地作了具体的解说。他说唐虞文化发生在今山西省的西南部，黄河大曲的东岸及北岸，汾水两岸及其流入黄河的三角地带。夏文化发源于今河南省的西部，黄河大曲的南岸，伊水、洛水两岸及其流入黄河的三角地带。周文化则起源于今陕西省的东部，黄河大曲的西岸，渭水两岸及其流入黄河的三角地带。这些三角地带土地肥美，交通便利，很早就形成了一个文化共同体。以上是就中国古代西部文化系统发生过程而言的。中国古代东部文化系统主要是指殷商文化。商人迁到殷（今河南安阳附近）后，在此定居下来，这里有漳水、洹水流入黄河。漳水和洹水流入黄河所形成的那个三角地带，便是殷商文化的发源地。

中国文化的发生地，有着众多的河流和复杂的水系。这些河流、水系，按其大小又可分成不同等级。黄河、长江为第一级，汉水、淮水、济水、辽河等为第二级，渭水、泾水、洛水、汾水、漳水、洹水等为第三级，此下还可细分为第四、第五等水系。中国古代的农耕文化，首先在众多的小水系上酝酿、发展，渐渐扩大蔓延，弥漫到整个大水系。在这片复杂而广阔的地面上，到处都是可资农耕的灌溉区，各小水系间又相对隔绝独立，直到此区域内的文化积累发展到相当程度，便进入到大水系中参加更大区域的文化活动。因此，中国文化一开始便容易进入到一个大局面中。相比较而言，其他三大文明古国皆在一个小地面上产生，古埃及、巴比伦的地形单一，只有一个水系，一个平原；印度地形复杂，但其最早发展也只限于北部的印度河、恒河流域，河流不大，支流不多，其文化的生长、发展亦受到限制。

从气候上看，埃及、巴比伦、印度全都近在热带，全在北纬30度左右，物产丰富，衣食易给。中国地处北温带的较北地带，在北纬35度左右，其气候对农业生产而言是偏差的，而且降水也不丰沛、充足，在气候、物产等条件方面均不如其他几个文明古国好。这样的气候条件使中国人一开始便在一种勤奋耐劳的情况下创造了自己独特的文化。

中国古文化主要是在北温带平原农耕地带产生、发展起来的，它一开始就在一个复杂而又广大的地面上展开。这种特殊的地理环境使中国文化自始即走上了一条独立发展的路径，对中华民族的民族性格和文化精神的影响既深且巨。钱穆从以下三个方面作了具体论证。

第一，中国文化自始即在一个广大协和的环境下产生生长，故容易培养起社会管理方面的组织才干和维系各个地区的团结，使中国人很早就迅速完成了国家的统一。

第二，由于中国文化由一大平面向心凝结而成，故对外族的抵抗力特别强，使国家能够免遭摧残而保持本民族文化的独立发展。几千年来，中国文化一线绵延，传承不辍，历久弥新，足资证明。

第三，中国文化因在较苦瘠而广大的地面上产生，因而不断有新刺激和新发展的驱动力，而在文化生长的过程中，社会内部也始终能保持一种勤奋与朴素的美德，使文化有新精力，不易腐化。

钱穆认为，就世界人类文化以往成绩而论，只有西方欧洲文化和东方中国文化这两大系统，算得上源远流长，直到现在，仍然为人类文化两大主干。为此，他在《导论》中对中西文化的类型、宇宙观、人生观、思维行为方式以及学术上的种种相异作了比较。钱穆在分析中西文化的个性差异和特点时，仍是从地理环境着眼进行考察的。他说中国文化是典型的大陆农耕文化，由于安守田土、依时而行的生活方式促使农耕民族注重向内看，但求安足，不求富强，故文化能自本自根，一线绵延。西方文化属于典型的海洋商业文化，注重空间的拓展和武力的征服，流动进取，无限向外，特见其侵略性（详后）。

在 1940 年代，钱穆研究中国文化，比较中西文化的一个显著特点就是从地理环境方面着眼立论。1941 年，他应华西大学文化讲座的邀请作《中国文化与中国青年》的演讲，称中西文化之所以分道扬镳，各异其趣，"乃天地自然之机局，而非一二人之私智所得而操纵"。[1] 为了进一步论证中西文化之异根源于地理环境的不同，钱穆还具体分析了中西文化转动演进的趋向。他认为欧洲文化自古及今的演进图式为希腊→罗马→西、葡、荷、比、英、德、法→苏联，乃是不断由平趋高，由暖转凉，由小地面移向旷大处。由于它逆流而上，所以全部欧洲文化，"乃若精神弥漫，不断有奋进迈上之概"。[2] 而中国文化则由北方黄河流域推拓到南方的长江流域，再拓展到更南方的珠江流域，呈现出由高寒旷大处滑向低温稠小处的趋势，所以中国文化缺乏奋发向上的进取精神，趋向于安定守成。但他又指出，中国疆域广袤，回旋的余地甚大，各地区文化的盛衰兴落，无害于大系统文化的层出翻新。

从地理环境方面来考察和解说中西文化个性差异形成的原因，不无识见。因为各个民族都是在各自不同的自然环境下生存和发展，由此便形成了建立在民族心理基础之上的民族文化差异。从这个意义上而言，钱穆提出的由地理环境而决定生活方式的不同，由生活方式的不同而决定文化精神相异的观点，确有内在合理的因素，它以一种新的视角，拓展了时人解释中西文化之异的思路。但是，把

---

[1] 钱穆：《文化与教育》，第 106 页。
[2] 钱穆：《政学私言》，重庆商务印书馆，1945 年版，第 146 页。

地理环境看成一个民族历史文化形成的决定性因素却是片面的，因为人类社会的发展和文化类型的形成，并不是由地理环境单独决定的，它还要受各种社会条件，尤其是物质资料生产方式的制约。这即是说，地理环境虽然对文化类型、民族性格、文化精神的形成有重要影响，但是影响文化产生和发展的最终决定因素不是外部的地理环境，而是物质资料生产方式的变化和发展，是社会政治、经济的变化和发展。同时，钱穆把中西民族性格、文化精神的相异说成直接根源于自然环境的差别，也是失之片面的，因为自然环境与民族性格、文化精神的铸造并不是这样一个直接而简单的关系。

三、论中国文化史的分期

钱穆认为，中国学术思想最灿烂的时期是先秦，政治、社会最理想安定的时代，莫过于汉唐，而文学艺术的普遍发达，则是在唐代以后。所以他把中国文化的演进分为四期：秦以前为第一期，秦以后至唐为第二期，唐以后至晚清为第三期，现在则处在第四期。

第一期：先秦时代——宗教与哲学时期。

钱穆认为，先秦时代，中国人把对人生的理想和信念确立下来，这个理想和信念就是天下太平、世界大同，这是中国文化演进的大方针，也是中国文化的终极目标之所在。此一时期，中国文化又完成了民族融合和国家凝成这两大事业（分唐虞时代的禅让制、夏商时代的王朝传统制、西周时代的封建制、春秋时代的联盟制、战国时代的郡县制五个阶段而完成），同时还完成了学术、文字、观念、生活等方面的建设，为此后中国文化的进一步发展奠定了基础，此后的中国文化就是循着这一条路径而发展的。所以，《导论》第2—4章专论先秦文化。钱穆认为先秦时代，与西方的"宗教与哲学时代"近似，故借用此名。不过他所说的"宗教与哲学"，含义已发生变化，它实际上是指人们对人生的理想和信念的追求。

第二期：汉唐时代——政治与经济时期。

钱穆认为，秦汉隋唐，中国文化的最大成就主要体现在政治和社会组织方面，具体表现为大一统的政治和平等的社会之达成。秦汉时期，特别是汉武帝时代，政治上所取得的最大成就就是大一统政治的形成和文治政府的创建。经济上，主张财富平衡，重农抑商，控制经济，不使社会有大贫大富，此一政策为以后各朝所沿用。所以他认为秦汉时代，中国文化已完成了第一基础，即政治社会方面一切人事制度的基础。魏晋南北朝时期，就社会秩序与政治制度而论，的确为中国历史上一中衰期，但就学术思想和新民族、新宗教的再融合而言，此一时期非但不比两汉逊色，而且是"犹有过之"。从文化史的角度来看这一时代，中国文化并没有因国家的分裂、政治的动荡而倒退，它依然充满活力，在向前发展。到了隋唐盛世，文艺美术与个性伸展得到了充分的展现，中国文化完成了第二个基础，即在文学艺术方面一切人文创造的基础。如上两个基础的完成，构成了中国文化史上的两大主干，以后的中国文化全由此二者支撑。所以，《导论》第5—8章专论秦汉魏晋隋唐文化。

第三期：宋元明清时代——文学与艺术时期。

在钱穆看来，宋元明清时期中国文化的最大特点体现在文学和艺术的长足发展上。文学艺术偏向现实人生，又能代表一部分共同的宗教性能。所以中国在宋以后，一般人都走上了生活享受和生活体味的路子，在日常生活上寻求一种富于人生哲学的幸福与安慰。而中国的文学艺术，在那个时代，则尽了它最大的责任和贡献。《导论》第九章以"宗教再澄清、民族再融合与社会文化之再普及与再深入"为题，对这一时期的文化特征作了深入的剖析。

第四期：最近将来时期——科学与工业时期。

晚清以来，西学东渐，发生了大规模的中西文化冲突。在以"富强"为目的的西方商业文化的强力冲击下，以"安足静定"为特征的中国农耕文化不免显得相形见绌。在钱穆看来，中国传统文化中缺少的是西方的近代科学，所以他主张在中国农耕文化这个不能遗弃的"根"上附上一个工业、商业，在中国固有的理想之下，吸收西方的近代科学，使中国农耕文化在原来的基础上吐故纳新。所以这一时期，科学在理论方面必然将发挥实现第一时期的理想与信念，科学在实用方面必然受第二时期政治与经济理论的控制与督导。换言之，以中国文化为本去融通西学，这才是最近将来中国文化的前途和希望之所在。

四、论中国文化的融合精神

钱穆认为，中国文化是一种包容性和同化力很强的文化，早在春秋战国时期，便形成了融合会通的文化精神。在《导论》中，他从民族融合和文化融合等方面对中国文化的融合精神作了具体论证。

关于民族融合。中国文化由中华民族所独创，中华民族在古代有许多族系，经过长时期的接触融合而逐渐形成。钱穆以河流为例作了这样一个比喻，中华民族如同一大水系，乃由一大主干逐段纳入许多支流小水而汇成一大流的。在他看来，中国历史上的民族融合经过了四个时期。第一期：从上古迄于先秦，这是中华民族融合统一的最先基业之完成。在此期内，中华民族即以华夏族为主干，而纳入许多别的部族，如古史所称的东夷、西戎、南蛮、北狄之类，而融和成一个更大的中华民族，这便是秦汉时代的中国人了。因民族融合的成功，而有秦汉时代之全盛。第二期：自秦汉迄于南北朝。在此期内，中华民族的大流里，又融入了许多新流，如匈奴、鲜卑、氐、羌等民族，进一步融成一个更新更大的中华民族，这便是隋唐时代的中国人了。又因民族融合的成功，而有隋唐时代之全盛。第三期：自隋唐迄于元末。在此期内，尤其是在隋唐以后，又在中华民族里汇入许多新流，如契丹、女真、蒙古之类，而再进一步形成明代之中国人。第三次民族融合的成功，促成了明代全盛时期的到来。第四期：自清人入关直到现在，在中华民族里又继续融和了许多新流，如满洲、藏、回、苗等。此种融合趋势，迄今尚未完成。这一次民族融合的成功，无疑将是中国又一个全盛时期到来的先兆。

钱穆指出，以上四个阶段的划分仅是粗略的划分，中国历史上的民族融合总的趋势是常在不断吸收、不断融合和不断扩大和更新中。同时它的主干大流，永远存在，并不为它继续不断地所容纳的新流所吞灭或冲散。"我们可以说，中国民族是禀有坚强的持续性，而同时又具有伟大的同化力的。这大半要归功于其民族之德性与其文化之内涵。"① 那么中华民族不断融合、扩大、更新的原因何在呢？在这里，钱穆把民族观念与文化观念联系起来考察，提出了文化高于种族的论断。钱穆指出，民族创造出文化，而文化又融凝此民族，因而中国人的民族观念与文化观念又是密切相连的，在中国人的民族观念中，不以狭义的血统界线自封自限，而是以文化为其标准。他说："在中国人观念中，本没有很深的民族界线，他们看重文化，远过于看重血统。只有文化高低，没有血统异同。中国史上之所谓异民族，即无异于指着一种生活方式与文化意味不同的人民集团而言。"②

关于文化融合。钱穆说："中国人的文化观念，是深于民族观念的。换言之，即是文化界线深于民族界线的。但这并不是说中国人对自己的文化自高自大，对外来文化深闭固拒。中国文化虽则由其独立创造，其四周虽则没有可以为他借镜或取法的相等文化供作参考，但中国人传统的文化观念，终是极为宏阔而适于世界性的，不局促于一民族或一国家。换言之，民族界线或国家疆域，妨害或阻隔不住中国人传统文化观念的一种宏通的世界意味。"③ 这即是说，中国文化并不是一个封闭性的文化体系，而是一个开放性的文化体系，是一种包容性和同化力很强的文化，它对外来异质文化并不是以一种深闭固拒态度去加以排斥，而是以一种海纳百川的胸襟去加以融合会通，表现出了"有容乃大"的文化气魄。钱穆在《导论》中以中国文化消融印度佛学为例对中国文化的包容性和同化力作了具体的分析。

东汉魏晋南北朝隋唐时期，是中国接触吸纳印度佛教文化的时期。东汉初年，主张出世的佛学东传，与主张入世的中国文化相抵触。两种文化经过一番接触、冲突后，印度佛学逐渐为中国文化所接纳。魏晋六朝时期，是中国文化消融印度佛学最重要的时期，当时中国人对印度文化那种公开而恳切、谦虚而清明的态度，对异国僧人的敬意，以及西行求法的热忱、虔诚，便体现了中国文化的开放性和

---

① 钱穆：《中国文化史导论》，第23页。

② 钱穆：《中国文化史导论》，第133页。

③ 钱穆：《中国文化史导论》，第148—149页。钱氏在《国史大纲》中也有类似论述，他说："中国人的民族观念，其内里常包有极深厚的文化意义。能接受中国文化的，中国人常愿一视同仁，胞与为怀。"《国史大纲》下册，第596页。

博大胸襟。隋唐时期，印度佛学在中国文化园地上生根结果，完全成了中国化的宗教。特别是禅宗的兴起和兴盛，佛教教理更是中国化，中国人把佛教教理完全应用到实际人生的伦常日用方面来，再不是印度原来的佛教了。钱穆认为，佛教的中国化表明这一个事实："在中国史上，既没有不可泯灭的民族界线，同时亦没有不相容忍的宗教战争。魏晋南北朝时代民族新分子之羼杂，只引起了中国社会秩序之新调整；宗教新信仰之传入，只扩大了中国思想领域之新疆界。在中国文化史里，只见有吸收、融合、扩大，不见有分裂、斗争与消灭。"①

　　文化固然有冲突和变异，但中国文化的主要精神则表现为它的融合性。印度佛学的精华，全在中国。回教自唐宋以来，也成为中国文化的一部分。中华民族隋唐以前与印度接触，隋唐以后与波斯、阿拉伯文化接触，中国人莫不虚心接纳亚洲其他民族文化的优点而熔为一炉。近百年来，在西方殖民者刺刀、枪炮的伴随下，西学东渐。中国人对西方文化同样虚心接受，只要有可以消融于中国传统文化下的西方思想与文物制度，中国人无不乐于取法。可见，中国人对自己的文化传统十分自信和爱护，但对外来异质文化并非深固闭拒，而是乐于融合、肯于接纳。与西方文化相比较而言，中国文化的调和力量强，而西方文化则更重冲突与斗争。中国文化的一个重要特征，即在于能调和，使冲突之各方兼容并包，共存并处。为此，钱穆在《导论》中强调说：

　　　　中国人对外族异质文化，常抱一种活泼广大的兴趣，常愿接受而消化之，把外面的新材料，来营养自己的旧传统。中国人常抱着一个"天人合一"的大理想，觉得外面一切异样的新鲜的所见所值，都可以融合协调，和凝为一。这是中国文化精神最主要的一个特性。②

---

　　①　钱穆：《中国文化史导论》，第151—152页。
　　②　钱穆：《中国文化史导论》，第205页。

钱穆与中国文化史研究　　205

五、中西文化两类型说的提出

《中国文化史导论》是钱穆第一部系统阐述他对中国文化看法的著作。该书虽然主要是讨论中国文化，然而也多方面涉及中西文化的异同及其比较问题。钱穆在《导论》修订版序言中指出："本书虽主要在专论中国方面，实亦兼论及中西文化异同问题。迄今四十六年来，余对中西文化问题之商榷讨论屡有著作，而大体论点并无越出本书所提主要纲宗之外。"可见《导论》一书，不仅仅是钱穆讨论中国文化的著作，而且也是阐述他对中西文化基本看法的力作。仔细阅读全书不难看出，钱穆在《导论》中对中西文化异同的比较和阐释实际上又是建立在中西文化两类型说的基础之上的。

钱穆系统阐述中西文化两类型理论主要见于他 1952 年出版的《文化学大义》一书中。不过这一理论在《导论》中就业已形成。钱穆认为人类文化，穷其根源，最先是由于自然环境的不同，尤其是气候、物产的相异，而影响其生活方式，再由生活方式的不同而引生出种种观念、信仰、兴趣、行为习惯、智慧发展方向乃至心理上、性格上的种种不同。由此种种不同，而引发出文化精神的截然相异。基于这一理解，钱穆在《导论》中把人类文化分为农耕文化、游牧文化和商业文化三种类型。这三种文化就其文化的内涵和特征言，实际上又可并归为农耕文化和游牧商业文化两大类型。钱穆认为中国文化在文化类型上属于典型的大陆农耕文化。他说中国文化植根于农村，是在黄河流域这块土地上以农业为基础而发展起来的。由于农耕民族与耕地相连，其生活方式是安守田土，依时而行。因此，在农业社会中生长的民族，"一向注重向内看"，不求空间扩展，"惟望时间之绵延"，其文化以固守本土、安定守成、质朴厚重、沉着稳健、崇尚和平为其特征。与"但求安足"的中国农耕文化相反，西方文化则属于典型的"惟求富强"的商业文化。这种文化与发源于草原高原地带、逐水草而居的游牧文化一样，起源于"内不足"。这种"内不足"的经济状态促使他们不断地向外寻求、征服，以"吸收外面来营养自己"，因此商业文化比较注意空间的拓展和武力的征服，有强烈的战胜欲和克服欲，其文化以流动进取，崇尚竞争，内部团结，富有战斗性、侵略性和财富观念为其特征。①

在钱穆看来，中西文化的根本差异即在于农耕文化与商业文化之不同，中西文化的其他不同特点都是在这一根本差异的基础上衍生和发展起来的。比如在宇宙观上，由于中国文化是在平原农耕地带产生和发展起来的，为了在土地上发展生产，就必须要处理好人与自然的关系，即人与天的关系。因此长期在农耕文化氛围中生长的中国人常常把人与自然视为和谐的一体，主张人与天地万物融合贯通。由于中国文化主张天人交贯，"求循人以达天"，于是又形成了顺乎自然、行乎自然的人生观，这集中表现为中国人希望自觉地尊崇自然，顺应自然，力求将人生投入大自然中，与天地万物协调共存，生息相处。钱穆认为，中国人的人生观是有情的人生观，它扣紧人生实际，不主从宇宙大全体探寻其形上真理，再迂回来指导人生，而是直接面对人生实际，指导人生。就儒家言则为道德人生（自然的道德化），道家则言艺术人生（人生的艺术化），皆与近代西方文化表现出来的权力观、功利观迥然有别。②显然，在钱穆眼中，中国文化所讲的自然，是生命化、精神化的自然，人生是自然化、艺术化的人生，自然建立在人生中，人生又包蕴在自然中，表达自然即为表达人生，因此中国文化演进的趋向和途辙必然是"一种天人合一的人生之艺术化"。③

与中国文化天人合一的宇宙观、顺乎自然的有情人生观相反，西方文化"注重向外看"，比较偏向于先向外探寻自然，因而他们看世界时，主体（人）与客体（宇宙）总是处于两体对立的状态，"其内心深处，无论其为世界观或人生观，皆有一种强烈之对立感。其对自然则为天人对立，对人类则为敌我对立，因此而形成其哲学心理上之必然理论则为内外对立"。④所以，西方文化在宇宙观、人生

---

① 详见《中国文化史导论》第14—16页的相关论述。

② 钱穆称："中国人生彻头彻尾乃人本位，亦即人情本位之一种艺术与道德。儒家居正面，道家转居反面，乃为儒家补偏而救弊。然皆不主张欲，故亦绝不采个人主义之功利观与权力观，此则其大较也。"《晚学盲言》（下），第399页。

③ 详见《中国文化史导论》第四章《文艺美术与个性伸展》的有关论述。

④ 钱穆：《中国文化史导论·弁言》，第2—3页，又参见《导论》第18—19页的有关论述。

观方面明显表现出了天人对立、役使天地的倾向。

再如就学术而言，西方学术重区分，学术贵分门别类，宗教、科学、哲学、文化、艺术等皆各自独立发展。比如近代西方科学、艺术、宗教分而为三，而宗教与科学则对为两极。中国学术则重融通，一切学问皆会通合一，融为一体。中国传统学术分经、史、子、集四部，但中国学术并不因学分四部而隔断，而是主张将四部之学相融贯通，"总天下诗书礼乐而会于一手"。与此相连，中国学术又形成了尚通不尚专的学术精神，学术以会通为极致，主张学问先通后专，重通人而不尚专家。故与西方学术相比较，中国传统学术的意义与价值，主要在于"通"而不在于"专"，在其"合"处，而不在其"分"处。[①]

中西文化的根本差异即在于农耕文化与商业文化之相异，由此而形成了中西文化在宇宙观、人生观、思维方式和学术等方面的不同。由此，钱穆得出了"中西双方的人生观念、文化精神和历史大流，有些处是完全各走了一条不同的路"的结论。[②] 钱穆的这一结论实际上是针对全盘西化论的主张而提出来的。西化论者在比较中西文化异同时，只看到了中国固有文化与西方文化的时代落差，过分注重和强调了人类文化发展的共同趋向，忽略了对民族文化个性差异的分析，因而认为中西文化的差异是"古今之异"，是中国文化比西方文化落后了整整一个时代。这种观点无疑是在西方文化强烈震荡冲击下自卑情结郁发的一种文化心态，它集中体现了对自己固有文化有意识或潜意识的蔑弃和排拒。钱穆通过中西文化异同的比较，得出了与之完全相反的结论。他认为中西文化之异并非时间上的"古今之异"，恰恰相反，中西文化的根本差异在于文化类型的不同，在于农耕文化与商业文化的相异。换一句话说，中西文化并不是"古"（中国）与"今"（西方）的关系，而是中外之别，是两种文化体系的不同。既然中西文化是两种根本不同的文化，它们的渊源和发展道路各不相同，我们绝不可舍己之田而芸人之地，"袭取他人（西方）之格套，强我以必就其范围"。[③]

---

① 参见《中国文化史导论》第 224—226 页的论述。
② 钱穆：《中国文化史导论》，第 20 页。
③ 钱穆：《政学私言》，第 106 页。

在钱穆看来，这个世界除了盛极一时的西方文化外，还有许多不同体系、不同传统、各具特色的其他文化的存在。所谓世界文化，无非就是这个世界上各地区、各民族文化的总和，它必须要以承认世界各地区丰富多彩的民族文化的存在为前提条件。所以，他极力强调和张扬文化的民族个性，认为文化"贵在能就其个性来释回增美"。鉴于此，钱穆在比较中西文化异同时，多从中西文化各自的民族性着眼进行比较，进而强调世界上各种不同体系的文化各自具有其独特的个性和价值，这样便肯定了世界文化发展的多样性、民族性以及中国文化不同于西方文化的特殊价值。这实际上坚持了文化发展的多元论，是对西方文化中心说和全盘西化论的一种回应和反动，旨在以此来维护中国传统文化的基本价值。

既然中西文化是两种根本不同的文化，它们各自具有平等的、独特的价值，那么就决不能简单地把西方的价值取向、思维、行为方式和所经历的道路看成人类文化唯一正常的模式去衡量和评估其他文明。从这种文化发展的多元观出发，钱穆极力反对用西方的概念来硬套和强解中国的学术思想，反对以西方文化的一元发展模式来衡定和取舍中国文化，力主站在中国自己的文化立场上，用中国人自己的视角去观察和研究中国文化，在中国的文化大流里来认识中国人自己的人生观念和文化精神。钱穆在《导论》中说："我们要了解中国文化和中国历史，我们先应该习得中国人的观点，再循之推寻。否则若从另一观点来观察和批评中国史和中国文化，则终必有搔不着痛痒之苦。"① 这里实际上涉及到如何对待中国文化的态度和比较中西文化的方法问题。在钱穆看来，中西文化是属于自成体系、各有偏重、各具特色的两大文化体系，这两大文化的演进并非直线上升或下降，而是常循波浪式的曲线前进。因此，应把这两种不同类型的文化放到整个人类历史发展的全程中去衡定评估，道其短长。切勿横切某一个时期，单就眼前作评判定律。钱穆并不否认近二三百年来，西方文化主宰世界，执世界文化之牛耳这一事实。但是，在大规模的西学东渐之前，我们的祖先也曾创造了足以垂诸万世的

---

① 钱穆在《中国文化史导论》第一章中也讲道："我们若把希腊的自由观念和罗马帝国以及基督教会的一种组织和联合力量来看中国史，便得不到隐藏在中国史内面深处的意义与价值。我们必先了解中国人生观念和其文化精神，再来看中国历史，自可认识和评判其特殊的意义与价值了。但反过来说，我们也正要在中国的文化大流里来认识中国人的人生观念和其文化精神。"

古代文明，"中西两大文化之成绩，我固未见绌于彼也"。① 只有到了 19 世纪开始以后，西方近代科学突飞猛进，而此时的中国才相形见绌，逐步落后。如果把中西两大文化置放到整个人类历史发展的长河中去衡估，应当说双方各有优劣短长，"有时东方光辉上进，西方暗淡坠落；有时西方光辉上进，东方暗淡坠落"。"我们不该横切这短短的两百年来衡量全过程，而说中国文化根本要不得，便该全盘接受西方化。"为此他强调指出，比较中西文化，我们正确的态度和方法是"应在历史进程中之全时期中，求其体段，寻其态势，看他如何配搭组织，再看他如何动进向前，庶乎对于整个文化精神有较客观、较平允之估计与认识"。②

钱穆强调中西文化是各具特色、自成体系的两大文化系统，旨在揭橥文化的民族性。中西文化分途发展的两类型说的提出并非自钱穆始，自鸦片战争中国国门被西方列强轰开以来，近代学人就不断有人提及。梁漱溟在《东西文化及其哲学》一书中就作了比较全面、系统的论述。但与梁漱溟等人所不同的是，钱穆研究文化采取的是历史考察的方法而非哲学方法。钱穆是历史学家，他是由历史研究转向文化研究的，所以他极力强调研究文化，不单要用哲学的眼光，更需要用历史的眼光。因为在他看来，文化既然是一个民族生活的总体，它应当是具体的、有血有肉的，仅用哲学概念、范畴去概括一个丰富多彩、不断变化的文化实体，往往容易使研究者忽视文化的复杂性、具体性，而陷入抽象的思辨之中。③ 所以钱穆十分注意用历史实证的方法去研究和阐释中国文化，从政治、经济、学术思想、文学艺术、道德宗教、社会风俗等各个方面来探究中国文化的具体表现，在中国历史的发展进程中来指陈中国文化的真相。在《导论》中，自始至终都贯穿着这种"历史实证"的研究方法。可以说，运用"历史实证"的方法来研究和阐释中国文化，这正是钱穆的文化研究不同于其他学人的一大特色所在。

---

① 钱穆：《国史大纲》下册，商务印书馆，1940 年版，第 625 页。
② 钱穆：《中国文化史导论》"弁言"，第 6—7 页。
③ 钱穆对近代学人多从哲学着眼去考察和研究文化提出了尖锐批评。他说："近人讨论文化，多从哲学着眼，但哲学亦待历史作解释批评。真要具体认识文化，莫如根据历史。忽略了历史，文化真面目无从认识，而哲学亦成一番空论。"见《中国学术通义》，第 133 页。

六、固守传统与融会中西

抗战时期，一些对钱穆的文化主张持批评意见的学者把他当成复古主义代表而加以批评，他们所持的一个重要理由就是钱穆全盘肯定传统，拒斥西方文化。其实，这种批评并不全面。事实上，抗战时期的钱穆并不是一个固守传统、全盘赞美传统的复古主义者，他也有融会中西文化思想，而且这一思想比他其他任何时期态度更为鲜明、积极。《中国文化史导论》第十章《中西接触与文化更新》，实际上主要是谈中西文化融合问题的。他在书中指出，西学东渐后，中国人当前遇到了两大问题：

> 第一，如何赶快学到欧、美文化的富强力量，好把自己国家和民族的地位支撑住。
> 第二，是如何学到了欧、美西方富强力量，而不把自己传统文化以安足为终极理想的农业文化之精神斫丧或戕伐了。换言之，即是如何再吸收融和西方文化而使中国传统文化更光辉与更充实。
> 若第一问题不解决，中国的国家民族将根本不存在；若第二问题不解决，则中国国家民族虽得存在，而中国传统文化则仍将失其存在。[1]

1941 年，钱穆在《思想与时代》杂志创刊号上发表的《两种人生观之交替与中和》一文中也表达出了与《导论》类似的见解。他说：

> 东方中华文化偏在历史与艺术的右半圈，而西方欧洲文化则偏在宗教与科学的左半圈。若为人类此后新文化着想，东方人似应从西方纯科学的基础上来学科学，却不必提倡个人的功利主义。西方人则似应了解东方文化之人

---

[1] 钱穆：《中国文化史导论》，第204—205页。

生意味中来解决其已往两种人生观的反复与冲突。如是庶可交融互益。①

　　显然，抗战时期钱穆对西方文化并非采取排拒态度，他是主张融合中西文化的。从如上记载看来，他主张学习西方文化，实际上主要是学习西方的近代科学。钱穆认为说中国传统文化系统中没有科学的地位，这是一句冤枉话，不符合历史实情。中国人并不缺乏科学智慧，而且中国人在科学技术方面也有卓越成就，中国自春秋、战国时即有发达的医学、数学、音律学、天文学。但是，他又如实承认，科学在中国文化结构中所占的地位并不高。诚如他在《导论》中所言："中国传统文化，虽说未尝没有科学，究竟其地位不甚高。就中国全部机构言之，科学占的是不顶重要的部位，这亦是事实。"②

　　中国传统文化虽不缺乏创造发明，但是为什么没有发展出像近代西方那样的自然科学呢？钱穆在《导论》中也作了比较深入的分析。在他看来，中国人对物常不喜从外面作分析，而长于把捉物性直入其内里，故中国人力主人生与自然相融贯通，好谈"尽物之性"，而不喜谈"物质构造"。因此，中国人所谈的利用自然，在西方人眼中，是知其然而不知其所以然，尚未达到理性分析的境界。正因为中国人的观念中不重分析，不重理论的解释和说明，一切发明，只变成像是技术般的在社会传布，缺乏学理的解释与再探讨，造成自然科学的不发达。而西方文化则相反。西方文化比较偏重于先向外探究自然，在对外界自然有所认识、了解之后，再回过头来衡量人生的意义与价值。在西方人眼中，人是超然于自然界之外的，有绝对支配和统治自然界的力量。因此西方文化主张战胜自然、征服自然。这种把宇宙自然看作人类对立面而加以役使和征服的思想，必然会导致西方自然科学的高度发达，形成外在超越的科学型文化精神。钱穆指出："西方文化乃自然本位者（此即指其外倾），故爱从自然世界中来寻求建立人文世界之一切理论与根据。故科学发明，在西方文化体系中必然要引生极大的激动。"③而这种役

---

① 钱穆：《文化与教育》，第47页。
② 钱穆：《中国文化史导论》，第214页。
③ 钱穆《文化学大义》，台湾正中书局，1952年版，第73页。

使自然的制天、驭天观念也必然推动西方人对权力的崇拜和对外在物质利益的追求，形成追求物质利益的功利主义价值观和以个人主义为中心的人生信条。因此，"西方文化总会在外面客观化，在外在的物质上表现出它的精神来"。①

中国传统文化缺乏科学，没有发展出像西方那样的近代科学，但并不意味着中国文化就排斥科学，反对科学，就不需要科学。相反，中国文化不仅需要吸收西方的近代科学来充实自己，而且吸收了西方近代科学，也不会损伤中国文化原有的生机与活力。因为中国文化并非深固闭拒，它是一种包容性、消化力很强的开放型的文化体系，它对外来的异质文化总是以一种博大的胸怀加以吸收和融合。对此，钱穆在《导论》中作了许多非常精彩的分析：

> 中国固有文化传统，将决不以近代西方科学之传入发达而受损。因为中国传统文化，一向是高兴接受外来新元素而仍可无害其原有的旧组织的。这不仅在中国国民性之宽大，实亦由中国传统文化特有的"中和"性格，使其可以多方面的吸收与融合。(《导论》第221页)

> 中国文化是一向偏重在人文科学的，他注重具体的综括，不注重抽象地推概。惟其注重综括，所以常留着余地，好容新的事象与新的物变之随时参加。中国人一向心习之长处在此，所以能宽廓，能圆融，能吸收，能变通。若我们认为人文科学演进可以利用自然科学，可以驾驭自然科学，则中国传统文化中可以容得进近代西方之科学文明，这是不成问题的。不仅可以容受，应该还能融化能开新。这是我们对于面临的最近中国新文化时期之前途的希望。(《导论》第228页)

显然，在钱穆看来，中国传统文化较之西方，其短处在自然科学，其长处在人文政教，并不是中国传统文化精神与近代西方科学根本不相融。他希望现代的中国人能像宋儒消融佛学那样去消融西学，用西方文化之长来补中国文化之短。所以，他认定西方近代科学对中国文化传统理想实有充实恢宏之作用。从这个意

---

① 钱穆:《中国历史精神》，第151页。

义讲，钱穆认为中国文化里"尽可以渗进西方文化来，使中国文化更充实、更光辉。并不如一般人想法，保守了中国固有之旧，即不能吸收西方现代之新。"① 显然，在抗战时期，钱穆并不反对向西方文化学习，相反他对西方文化，特别是为中国文化所缺乏的西方近代科学，还是虚怀接受的。

钱穆自 1950 年代居港台以来，仍然有会通中西文化的思想。他曾多次指出，当前世界人类前途，其命运所系，"实大有赖于东西方两大文化体系之综合与调和这一番大工作之成功或失败"，"东方人如何学习西方而能保留得东方，如何能将东西双方之文化传统获得某种结合而从此再有更高之跃进"，"这是当前人类在发展文化前途一大课题"。② 钱氏这里所谓自觉地综合与调和东西两大文化体系，实质上仍然是 1940 年代所主张的把近代西方科学与中国传统文化相结合的继续。他说中国的"心性之学"，明体达用，但"格物之学则终较西方现代科学之所得为浅。故西方现代科学传入中国，正与中国传统文化有相得益彰之妙，而并有水乳交融之趣。格物之学与格心之学相会通，现代科学精神与中国传统道德精神相会通，正是中国学术界此下应努力向往之一境，亦是求中国文化进展所必应有之一种努力"。③ 不过从 1950 年代起，钱穆主张学习西方近代科学与 40 年代相比，确实又有一定程度的变化。在 40 年代，他对学习西方的近代科学抱有极大的热忱，会通西学的态度是坚定的。但 50 年代以来，钱穆虽然也不反对学习西方的近代科学，但是他更强调科学应受道德主宰和制约。钱穆认为西方文化最大的弊端，就在于过分强调物质经济，认为靠科技便可征服世界，主宰一切。两次世界大战，特别是第二次世界大战，给如日中天的西方文化敲响了警钟，表明西方文化急需有一番"去腐生新"的必要，应对自己的文化作重新的认识和评价。钱穆承认科学在人类文化中的重要作用，但他反对科学万能，科学至上，认为物质人生不能代表人类文化的全部，科学技术并不是解决一切问题的万应灵药。他主张一切物质生活，更当有一种精神生活主宰，人类"决不当由机器来领导，而终必

① 钱穆：《中国文化中的中庸之道》，收入《中国文化十二讲》，台北东大图书公司，1988 年版，第 111 页。

② 钱穆：《世界局势与中国文化》，第 229 页。

③ 钱穆：《中国文化与科学》，《世界局势与中国文化》，第 316 页。

以人道为领导"。① 而中国文化传统的主要特征，"即在于重视人胜过于重视物，中国人从不曾把经济条件看作社会中主要的条件"，因此中国这种特重人文精神、道德精神的文化，对西方社会迷失于偏物的歧路，可起着"去腐生新"、振衰救弊的作用。

当然，道德并非人生唯一的内容，钱穆也承认中国文化决不抹杀一切物质人生只重道德，中国文化也讲"开物成务""格物致知"，也有"利用、厚生"之道，但"利用"必须要以"正德"为前提，"一切物质表现都推本归趋于道德"。在钱穆看来，物质与科学、知识与权力仅仅是生命的工具，而不是生命的本身，只有人的道德精神，才是人的真生命，才是历史文化的真生命。他说中国文化精神之特殊，"在其偏重于道德精神之一端"，中国文化"向来之所贵，则曰道德精神。人文社会之有道德，亦犹如自然世界之有科学"，认为中国文化之所以历久弥坚，挺立不倒，正是这种道德精神长期永生与不断复活的结果。"中国文化绵延，实乃此项道德精神之绵延；文化光昌，实乃此项道德精神之光昌。"② 所以，他极力强调科学、机器应服从于人文与道德，主张在人文精神、道德精神的框架内去发展科学。显然，从 50 年代起，钱穆主张学习西方科学与 40 年代的主张在态度上有了明显的变化。在 40 年代，他认为中国"太贫太弱"，除非学到西方人的科学方法，中国终将无法自存。甚至更激进地提出："此下的中国，必需急激的西方化。换辞言之，即是急激的自然科学化。"③ 而自 50 年代起，他则着重强调道德精神、人文精神的作用，强调科学应受制于道德。

自 1950 年代以来，钱穆主张科学应服从于人文与道德，主张在人文精神、道德精神的框架内去发展科学，这种主张和看法应当说是对现代科技高度发达的社会中所出现的种种问题的回应和思考。第二次世界大战以来，西方文化由于科学技术的高度发展，在物质经济方面突飞猛进而使其他文化相形见绌。但是西方工具理性的过度膨胀和现代工业文明对人性的肢解，给人类也带来了真实而严重

---

① 钱穆：《晚学盲言》（上），第 8 页。
② 钱穆：《中国文化丛谈》，第 239 页。
③ 钱穆：《中国文化史导论》，第 212 页。

的威胁：环境污染，核威胁，能源危机，家庭解体，人与人、人与社会、人与自然处于尖锐的对立。钱穆敏锐地看到西方的现代化并没有带来相应的道德、理想的提升，相反物质的进步与精神上的坠落恰好是成正比的。因而他对当今西方和现代中国弥漫的唯科学主义给予了尖锐的抨击，斥责过分强调工具理性的唯科学主义对人类本质的曲解和人生价值的忽视。钱穆认为中国文化重人禽之别，重义利之分，尚和平，不尚斗争，论是非，不论古今，主张天人交贯，注重人与自然、人与社会的和谐，这些都是优于西方文化的。中国文化中的这些思想，"足以启示将来世界人类一条新生路"，"必为当前人类文化新趋势展示一方向"。因此，钱穆十分看重中国文化的道德精神、人文精神，极力彰显人的生命存在和天人合一的思想贡献给全人类，借此去挽救西方，拯救人类。所以他说复兴中国文化，不仅可以救中国，还可以救世界、救人类，为世界人类文化开其新生。

钱穆认为统一的、大同性的世界文化在今天已开始滥觞，而这种同一性的人类新文化，无非就是世界上各个民族文化的集合体，它必须以承认世界各地区的民族文化为前提条件。因此，人们应用平等的心态理智、客观地去分析世界各国、各地区民族文化的优劣短长，应对目前人类文化作一番整体的反思和检讨。由此，他对世界未来文化未来路向作了这样的预测："最近的将来，世界人类必然将有一个文化的新生，必然将重来一次新的文艺复兴。"将来人类的新文化，"其最高企向，就其鞭辟近里言，就其平实真切言，决然为道德的、艺术的，而非宗教的与哲学的"，未来世界文化的发展趋向将是"历史的、文化的、人文科学的、天人合一的长期人生与整个宇宙的协调动进"。① 而中国文化的长处正在于注重德性修养，主张天人合德，重视人文政教，故要"挽回世界颓势，为将来人类文化开辟新途径，东方文化精神实有值得提倡阐发之必要"。此下的中国"不仅仍当以民族传统民族精神为自己的立国之体，并当以此精神贡献全世界，作为此下世界新趋势惟一重要之指针"。对此钱穆满怀希望地指出，处在病痛中的西方文化应当让位于东方文明，中国文化领导世界前进应当"当仁不让"。

应当说，钱穆对现代西方文化弊端的分析和批判是深刻的，他的一些议论的

---

① 钱穆：《文化学大义》，第130、104页。

确切中了现代社会的弊病。中国传统文化思想对进入后现代社会的西方固然有补偏救弊之功，但能否便得出世界文化必定要走中国之路的结论呢？是否复兴中国文化便可以解决当今社会的一切问题？可为世界人类文化开其新生？在这里，钱穆显然又夸大了中国传统文化的基本价值。但是，不管钱穆对西方文化的审视、批判和对未来文化取向的预测有这样或那样的不足，但他却提醒我们：在现代工业文明高度发达、唯科学主义思潮泛滥的时代，人们不应当忘记道德理想、人文关怀，不应当忘记人类自身安身立命的终极价值。可见，他对现代资本主义工业文明弊端的批评，对科学消极作用的忧虑，对世界未来文化中儒学主体地位的张扬，对世界文化趋向的关切，表现了一位具有高度文化责任感的学者对人类文化命运的深刻关注和思考，表现了一代学者的睿智和理想。

美国学者狄白瑞在论及钱穆的学术贡献时说："钱穆最大的贡献，就是维护中国传统文化的观点以对付西方的影响。"[1] 钱穆毕生以弘扬中国传统文化为职志，他认同传统，维护传统，关心中国文化的传承，这是不成问题的。但是他对于中国文化也并不是全盘肯定，而是择善而从，在肯认传统的同时又不乏批判意识。钱穆在《导论》中对儒学缺点的分析，便是典型的一例。钱穆认为儒学为中国文化之中心，为中华文化之主脉，但是他对儒家思想也不是无条件地全盘赞扬，也没有把孔子抬到"通天教主"的地位。他在《导论》中说孔子一派的儒家思想，也有它的缺点，集中体现在三个方面：

第一，是他们太看重人生，容易偏向人类中心、人类本位而忽略了四围的物界与自然。

第二，是他们太看重现实政治，容易使他们偏向社会上层而忽略了社会下层；常偏向于大群体制而忽略了小我自由。

第三，因他们太看重社会大群的文化生活，因此使他们容易偏陷于外面的虚华与浮文，而忽略了内部的素朴与真实。[2]

---

① 狄白瑞著、李弘祺译：《中国的自由传统》，香港中文大学出版社，1983 年版，第 131 页。
② 钱穆：《中国文化导论》，第 84 页。

早在 1925 年出版的《论语要略》中，钱穆就明确指出，孔子学说是二千四百多年前那个时代的产物，他的思想和学说深深地打上了他那个时代的烙印，不可能处处能与现代生活相适应。^① 显然，这种对儒家学说采取历史的分析态度是正确的。同时，钱穆主张学习西学，但是吸纳和消融西学，必须应以本民族文化为主体，必须应保持本民族文化的主体性，这种看法尤其值得我们重视和肯定。

---

　　① 钱穆称："孔子为二千四百年以前之人物，孔子学说思想为二千四百年以前之学说思想……事过境迁，已不复适用于今日，而不足以资崇奉。""孔子一伟大之学者也……惟以时代之相去既远，在孔子当时学术界之情形，既与今绝不类，则孔子之言，自多不合于今日。"参见氏著《论语要略》，商务印书馆，1925 年版，第 16—17、133 页等处的论述。

钱穆与中国政治制度史研究

——以"传统政治非专制论"为考察中心

钱穆对中国传统政治的研究见解独到，得出了自秦以来中国传统政治并非专制的结论。此一观点在学界颇多质疑和批评。其实，在研究钱穆对中国传统政治的看法时起码应注意这样一些问题：钱穆的"非专制论"是在什么背景下提出来的？主要是针对近现代哪一派思想主张而言的？面对各方面的批评、责难，他为何一以贯之地坚持下去而不变初衷？依据儒家理念建立起来的科举制、台谏制、封驳制、铨选制是助长了君权，还是限制了君权？中国传统政治是否仅可用"专制黑暗"一语来加以概括？这种观点是否有将传统政治的理解简单化、片面化之嫌？钱穆对中国传统政治的研究是否有合理的因素？如果有，怎样去发掘、整合，作出合理的解释？他对传统政治理解的失误又在何处？怎样去加以分析？在此基础上，才能对钱穆研究中国传统政治所包含的合理因素及其失误作出客观的叙述和评说。

一、"非专制论"的提出及其内容

钱穆对中国传统政治的关注始于青年时代。他在《师友杂忆》中回忆说："余幼孤失学，年十八，即为乡村小学教师。每读报章杂志，及当时新著作，窃疑其谴责古人往事过偏过激。按之旧籍，知其不然。如谓中国自秦以下尽属帝王专制，而余读四史及《通鉴》，历朝帝王尽有嘉言懿行，又岂专制二字所能概括。进而读《通典》《通考》，见各项传统制度更多超于国人诟病之上者。"① 可见，青年时期的钱穆对学术界流行的自秦以来中国传统政治是帝王专制的说法颇不以为然，产生了想要对之加以匡正的念头。1932 年，在北京大学史学系任教的钱穆，提出开"中国政治制度史"的选修课，遭到了系方的阻难。系方的意见是中国秦以下政治是君主专制，今已进入民国时代，以前的政治不必再研究。在钱穆的再三要求下，课虽开了，但历史系学生无一人选课，选课的全是法学院政治系的学生。② 钱穆之所以要坚持开设此课，是因为他对中国传统政治的看法与当时主流学界所持的意见大异，他认为中国传统政治有它自身的特点，并非"专制黑暗"一语所能概括。所以，他在讲课中提出自秦以来的传统政治并非专制的见解。这是钱穆首次阐发他对传统政治的看法，1952 年他在香港自印出版了《中国历代政治得失》一书，实际上就是他当年在北大讲授"此课一简编"。③

抗战时期，钱穆流转西南，他对中国传统政治理解有了进一步的深入。在 1940 年出版的《国史大纲》中，他对中国传统政治进行了全面、系统的阐发，对传统政治专制论的见解大加批驳。他说："谈者好以专制政体为中国政治诟病，不知中国自秦以来，立国规模，广土众民，乃非一姓一家之力所能专制。"④ 这一见解在马一浮的复性书院，以及在西南后方的各地演讲中，在他的著作《文化与教育》《政学私言》等书中，也有淋漓尽致的展现。

1941 年 7 月，钱穆在重庆国民政府教育部史地教育委员会会议上作"革命教育与国史教育"一演讲，他在讲词中称：

> 我常听人说，中国自秦以来二千年的政体，是一个君主专制黑暗的政体。这明明是一句历史的叙述，但却绝不是历史的真相。中国自秦汉以下二千年，只可说是一个君主一统的政府，却绝不是一个君主专制的政府。就政府组织政权分配的大体上说，只有明太祖废止宰相以下最近明清两代六百年，似乎

---

① 钱穆：《八十忆双亲·师友杂忆》，第 361—362 页。
② 钱穆：《八十忆双亲·师友杂忆》，第 169 页。
③ 钱穆：《八十忆双亲·师友杂忆》，第 170 页。
④ 钱穆：《国史大纲·引论》，第 12 页。

迹近君主专制，但尚绝对说不上黑暗。人才的选拔，官吏的升降，刑罚的处决，赋税的征收，依然都有客观的规定，绝非帝王私意所能轻易动摇。如此般的政权，岂可断言其是君主专制。①

1950年，钱穆在香港《民主评论》第2卷11—12期上发表了《中国传统政治》一长文，他在文中说：

> 中国秦以后的传统政治，显然常保留一个君职与臣职的划分。换言之，即是君权与臣权的划分，亦可说是王室与政府的划分。皇帝为王室领袖，宰相为政府首脑。皇帝不能独裁，宰相同样地不能独裁。而近代的中国学者，偏要说中国的传统政治是专制是独裁。而这些坚决主张的人，同时却对中国传统政治，对中国历史上明白记载的制度与事迹，从不肯细心研究一番。……他们必要替中国传统政治装上"专制"二字，正如必要为中国社会安上"封建"二字一般，这只是近代中国人的偏见和固执，决不能说这是中国以往历史之真相。②

1978年10月，钱穆赴香港新亚书院"钱宾四先生学术文化讲座"，作"从中国历史看中国民族性及中国文化"的演讲。他在讲演中仍力申前说：

> 我想定要照西方观念来讲中国的传统政治，只可说是君主立宪，而绝非君主专制。君主专制这一种政治制度是违反我们中国人的国民性的。中国这样大，政治上一日万机，怎么可由一人来专制？中国人不贪利，不争权，守本分，好闲暇，这是中国人的人生艺术，又谁肯来做一个吃辛吃苦的专制皇帝呢？我认为帝王专制不合中国人的内心要求，中国人不喜欢这种政治。③

---

① 钱穆：《文化与教育》，第115页。
② 此节录该文大意，见《国史新论》，第83、89页。
③ 此节录该演讲词第三讲"中国人的行为"而成。详见《从中国历史看中国民族性及中国文化》，第54、57、60页。

由上不难看出，传统政治非专制论是钱穆毕生坚持的观点，从该观点的提出，直到晚年，他为中国传统政治进行辩护的言辞就一直没有停止过。纵观钱氏的论述，他对中国传统政治的具体解说主要包含如下几方面的内容。

其一，传统政治是民主政治。

钱穆认为，中国传统政治的关键在于选拔贤能。自秦汉以来的地方察举制、征辟制，自隋唐以来的科举考试制，都是为政府选拔贤能而设。政府从民间挑选其贤能而组成，既经过公开考试，又分配其数额于全国各地，从宰相以下，大小百官，都来自民间，既非王室宗亲，亦非特殊的贵族或军人阶级。政府由民众组织，政府的意见即代表民众的意见，政府与民众实际上已经融为一体，钱穆把它称为"政民一体"。既然中国传统政治以"政民一体"为尚，这种政体当属"民主政体"，钱氏把它称为"中国式的民主政治"。他说："中国传统政治既非君主专制，又非贵族政体，同时亦非阶级专政。中国传统政体，自当属于一种民主政体。""普遍以秦汉时代乃中国君主专制政体之创立，今我则谓秦汉时代乃中国古代民主思想与民主精神之发扬与成熟。"①

在钱穆看来，现代西方民主政治来源于"民众之契约"，政府乃君主与贵族的私人物品，国会代表民意监督政府，政府与民众之间是相互对立的，国会是两者对立的产物。所以西方政制是以一种"政民对立"的"契约"形式出现的，由国会代表民意监督政府，民众只有间接监督行政的权力，故是一种"间接民权"。而在中国传统政治中，政府由民众组成，民众与政府合一，政府的意见即为民众的意见，因此没有必要再另外设一个与西方国会类似的监督机关来监督政府，故是一种"直接民权"。所以钱穆认为："若以中国传统政制无国会，便谓中国传统政治无民权，此实皮相之见耳。"②

其二，传统政治是士人政治。

钱穆认为，中国社会之所以能形成"政民一体"，其关键原因即在于有"士"。他说中国社会是一个由士、农、工、商组成的"四民社会"，而"士"的地位最

---

① 钱穆：《中国民主精神》，《文化与教育》，第137—138页。
② 钱穆：《中国传统政治与五权宪法》，《政学私言》，第5页。

有特色，是这个社会的中坚和领导力量。钱穆认为中国传统社会的"士"不是一般的知识分子，士在文化传统上有着特殊意义与价值。"志于道"是传统社会士人最根本的特征，士人领导社会政治不仅仅是依靠知识，更是依靠学术来领导政治，以道统来驾驭政统。钱穆指出，中国传统政治，从贤不从众，主质不主量，故由四方的优秀分子"士"，共同造成中央政府。因此，自汉代以后的政府，既非贵族政府，也非军人政府、商人政府，而是一个"崇尚文治的政府"，即"士人政府"。士人来自社会，代表社会，起到消融社会阶级沟通政府和社会的职能。既然政府由受人民信托的士人组成，社会由士人来领导和控制，因此这种政治是"士人政治"或"贤能政治"。他说："中国传统政治，实乃一种士人政治。换言之，亦可谓之贤能政治，因士人即比较属于民众中之贤也。有帝王，乃表示其国家之统一；而政府则由士人组成，此即表示政府之民主。因政府既非贵族政权，又非军人政权与富人政权，更非帝王一人所专制，则此种政治，自必名之为民主政治矣。"①

其三，中国传统政治是"法重于人"。

学界一般的看法是西方重法治，中国尚人治，钱穆则持相反的意见，认为崇尚法治是中国传统政治的一大特色。钱穆指出，中国古代存在着完善的"法治"，国家依据严密的法律制度运行。他举秦汉以来制度为例说："自秦汉以来……如赋税、如兵役、如法律、如职官、如选举、如考试，何一不有明确精详之规定，何一不恪遵严守至于百年之外而不变。秦陇之与吴越，燕冀之与闽峤，其间川泉陵谷异变，风气土产异宜，人物材性异秀，俗尚礼乐异教，于此而求定之一统，向心凝结而无解体之虞，则非法治不为功。中国之所以得长治久安于一中央统一政府之下者，亦惟此法治之功。"②在钱穆看来，中国人并不是苦于法律的不健全，而是苦于法网之过密。所以他一再强调："中国政治，实在一向是偏重于法治的，即制度化的。"③"中国传统政治，一向是重职权分划，重法不重人。"④

---

① 钱穆：《中国政治与中国文化》，《世界局势与中国文化》，第247页。
② 钱穆：《人治与法治》，《政学私言》，第76—77页。
③ 钱穆：《中国历代政治得失》，九州出版社，2012年版，第171页。
④ 钱穆：《中国传统政治》（1950年），收入《国史新论》，第112页。

其四，王室与政府的划分。

钱穆认为，自秦以来虽然有一个高悬于政府之上的君主——皇帝的存在，但皇帝仅是国家的元首，象征着国家的统一，并不具有实权，实际政权则操纵在政府领袖宰相手中。皇帝是王室领袖，宰相是政府首脑，王室与政府是分开的。故言："自秦以来，中央最高首领为天子，而实际负行政之责者为丞相。以字义言，丞相皆副贰之意，丞相即副天子也。天子世袭，而丞相不世袭，天子为全国共戴之首领，不能因负政治责任而轻易调换。……丞相乃以副贰天子而身当其冲。最好固为君相皆贤，否则天子以世袭不必贤，而丞相足以弥其缺憾。纵使君相不皆贤，而丞相可以易置，如是则一代政治不致遽坏。"①

钱穆指出，宰相作为政府的领袖，负实际的行政责任，这在中国传统政治架构中具有十分重要的意义，以相权节制君权，即以政府节制王室，君权与相权之间有相互制衡的力量，这是一种良法美制，是历史的常态；而王室以私意宰割政府，侵夺政府权力，则属于历史的变态。所以他宣称有宰相制度，帝王就不可能一人大权独揽，"有丞相即非'君主独裁'，即非'专制'"，"判划政、权，分属君、相，实中国政治自秦以下一种重要之进向也"。②

钱穆认为中国虽无近代西方意义上的国会、内阁制，但中国古代的宰相制、监察制、封驳制、台谏制也有节制君权、弥缝君权的作用。他说谈政论政者，往往以中国有王室，无国会，为传统政治之病。然而"正为其缺乏一国会，故能逼出考试与铨叙制度。正为其有一世袭之王室，故能逼出监察与审驳制度"③，绝不能因传统政治中有王室无国会而将传统政治全盘否定。

基于如上理解，钱穆坚决反对用"专制"二字来概括中国的传统政治，得出了自秦以来中国两千年政治并非专制的结论。钱氏的这一见解一提出，即刻在学术界引起轩然大波，遭到众多学者的批评和质疑。马克思主义学者胡绳以沈友谷、范蒲韧为笔名连续发表多篇文章对钱穆的观点提出批评，认为中国秦汉以来

———————————
　① 钱穆：《国史大纲》（上册），第101页。
　② 钱穆：《国史大纲》（上册），第101页。
　③ 钱穆：《中国传统政治与五权宪法》，《政学私言》，第10页。

的政治并非专制政治这一论断并不是学术研究上的一种"新"见解,而是从根本上"歪曲了历史的真相",丧失了起码的学术的态度和精神,其目的在于"攀龙附凤",为当时国民党政权的专制统治歌功颂德。[①]自由主义学者胡适称钱氏这一见解,"多带反动意味,保守的趋势甚明,而拥护集权的态度亦颇明显"。[②]蔡尚思在《中国传统思想总批判补编》中专列"钱穆的复古论"一节批评钱氏"中国式的民主",萧公权在《中国君主政体的实质》、张友渔在《民主运动和复古倾向》中也针对钱穆的观点进行了批评。萧公权在剖析了中国君主政体的形成和实质后指出:"秦汉到明清二千年中的政体,虽因君主有昏明,国家有盛衰,而在效用上小有变动,然而其根本精神和原则却始终一贯。必须等到辛亥革命,然后才随着新建的民主政体而归于消灭。"[③]

钱穆的这一主张,同样受到了来自中国文化保守主义阵营内部的尖锐批评。现代新儒家代表人之一张君劢,读完钱穆在《民主评论》上发表的《中国传统政治》一文后深不以为然,认为钱氏为当代史学名家,其非专制的见解若果流行,必将极大影响今后国人对中国政治思想的看法,于是在《自由钟》杂志上陆续发表了一系列评论文章,共计36篇,最后汇成了30多万言《中国专制君主政制之评议——钱著〈中国传统政治〉商榷》一书,从钱著的逻辑方法、专制君主、宰相、三省、台谏、铨选、地方自治、政党、法治与人治、安定与革政10个方面对钱文的主要观点一一加以批驳。1970年代末,钱穆重返新亚书院讲学,再次重申了他的非专制说,立即遭到了港台新儒家另一位代表人物徐复观的猛烈抨击。他在《良知的迷惘——钱穆先生的史学》中尖锐地指出:

---

① 参见沈友谷(胡绳):《评钱穆著〈文化与教育〉》,《群众周刊》第9卷第3、4期,1944年2月。范蒲韧(胡绳)《论历史研究和现实问题的关联——从钱穆先生的〈国史大纲引论〉中评历史研究中的复古倾向》,《大学》(成都),1944年第3卷第11—12期;沈友谷:《历史能够证明中国不需要民主么?》,《群众周刊》第10卷第1期,1945年1月。

② 胡适著、曹伯言整理:《胡适日记全编》(7),第539—540页。

③ 萧公权:《中国君主政体的实质》,收入氏著《宪政与民主》,清华大学出版社,2006年版,第79页。该文写于1945年,主要是针对钱穆《中国传统政治与儒家思想》(《思想与时代》1941年第3期)一文作批评的。

我和钱先生有相同之处，都是要把历史中好的一面发掘出来。但钱先生所发掘的二千年的专制并不是专制，因而我们应当安住于历史传统政制之中，不必妄想什么民主。而我所发掘的却是以各种方式反抗专制，缓和专制，在专制中注入若干开明的因素，在专制下如何多保留一线民族生机的圣贤之心，隐逸之节，伟大史学家、文学家面对人们的呜咽呻吟，及志士仁人、忠臣义士，在专制中所流的血与泪。因而认为在专制下的血河泪海，不激发出民主自由来，便永不会停止。[①]

徐复观在文中甚至称钱穆"假史学之名，以期达到维护专制之实"，其批评的言辞是何等的尖锐和激烈。钱穆与现代新儒家对中国传统政治的理解截然不同，他们的分歧主要也在这里。

二、"历史意见"与"时代意见"

钱穆的中国传统政治非专制论，在学术界颇多非议，但仍为其终生所坚持，不曾有任何改变。钱穆的"非专制论"是在什么背景下提出来的？主要是针对近现代哪一派思想主张而言的？钱穆面对各方面的批评、责难，为什么一直坚持下去而不变初衷？依据儒家理念建立起来的科举制、台谏制、封驳制、铨选制、宰相制是助长了君权，还是限制了君权？中国传统政治是否仅可用"专制黑暗"一语来加以概括？这种观点是否有将传统政治的理解简单化、片面化之嫌？钱穆对中国传统政治的研究是否有合理的因素？如果有，这些合理的因素又是什么？怎样去发掘、整合，作出合理的解释？他对传统政治理解的失误又在何处？怎样去加以分析？对于这些问题，简单采取"非此即彼"的两极对立方法去加以定性、判识，似不足取，应对之作全面具体的分析。

钱穆的中国传统政治非专制论，实际上主要是针对近代维新派史学，特别是

---

① 徐复观：《良知的迷惘——钱穆先生的史学》，收入萧欣义编：《儒家政治思想与民主自由人权》，台北八十年代出版社，1979 年版，第 182 页。

梁启超的主张而言的。对中国传统政治的批判并不始于梁启超，明末清初的思想家就有激烈的批评。黄宗羲称天下之大害，"君而已矣"；[①]唐甄称"自秦以来，凡为帝王者皆贼也"。[②]那位在刑场上高呼"有心杀贼，无力回天"的维新派斗士谭嗣同在《仁学》中痛斥"二千年来之政，秦政也，皆大盗也；二千年来之学，荀学也，皆乡愿也"[③]，无异判了传统政治的死刑。但是，从理论上对传统政治进行全面批判，有体系地提出专制学说的，当推近代著名的维新派思想家梁启超。他在《拟讨专制政体檄》中，列举了专制政体十大罪状，在《中国积弱溯源论》中，历数了"私天下"给中国带来的无穷祸患。他把帝王视为"民贼"，认为中国"数千年民贼，既以国家为彼一姓之私产，于是凡百经营，凡百措置，皆为保护己之私产而设，此实中国数千年来政术之总根源也"！[④]梁氏称二十四史乃帝王之家谱，"无有一书为国民而作者"，提出了"史界革命"的口号。所以，钱穆在《国史大纲·引论》中称，清末有志功业之士，"所渴望改革，厥在政体。故彼辈论史，则曰中国自秦以来二千年，皆专制黑暗政体之历史也。彼辈谓二十四史乃帝王之家谱，彼辈于一切史实，皆以专制黑暗一语抹杀。彼辈对当前病证，一切归罪于二千年来之专制"。

中国君主专制政体经梁启超等维新派思想家的大力宣传之后，深入人心，即便是 20 世纪中国的文化保守主义者，也承认这一事实。比如港台新儒家就承认中国历史文化中缺乏西方近代的民主制度，中国过去历史中除早期的贵族封建政治外，自秦以后即为君主制度。在君主专制政体下，政治上最高之权源，在君而不在民，由此而使中国政治本身发生了许多不能解决的问题，以致中国之政治历史，"长显为一治一乱的循环之局。欲突破此循环之唯一道路，则只有系于民主政治制度之建立"。[⑤]所以他们对两千年的君主专制政体进行了比较深刻的批判，

---

① 黄宗羲：《明夷待访录》，《黄宗羲全集》第一册，浙江古籍出版社，1985 年版，第 3 页。

② 唐甄著、注释组注：《潜书注》下篇《室语》，四川人民出版社，1984 年版，第 530 页。

③ 谭嗣同：《仁学》，《谭嗣同全集》卷一，生活·读书·新知三联书店，1954 年版，第 54 页。

④ 梁启超：《中国积弱溯源论》，见张品兴主编《梁启超全集》第二卷《瓜分危言》，第 420 页。

⑤ 牟宗三、徐复观、张君劢、唐君毅：《中国文化与世界——我们对中国学术研究及中国文化与世界文化前途之共同认识》，收入《唐君毅全集》卷四，台湾学生书局，1991 年版，第 38—39 页。

希望将近代西方意义上的民主政治融入到中国文化传统中去，肯定现代中国社会必当以民主政治为依归。介于"政治与学术之间"的第二代新儒家的代表人物徐复观把对中国政治文化的剖析重点放到反专制上，对中国二千多年的专制政体进行了猛烈的批判，即为典型的一例。

在钱穆看来，梁启超把秦汉以来二千年的传统政治视为帝王专制，主要是为他维新变法的政治主张服务的。在梁氏的理论中，蕴含着这样一种历史认知：西方政体发展（君主专制→君主立宪→民主立宪，或神权→皇权→民权）是世界各国都要经历的普遍模式，因此中国也必然要循着西方政体发展的轨迹前进。帝王专制是一种政治制度，只要我们向西方学习，只要维新变法，改革制度即可以达到这一目的。因此，在梁启超的用法中，专制一词并非用来客观地描述一种政体，而是带有了强烈的价值判断。而梁氏之说后来又为革命党排满反满所利用，孙中山称专制是"恶劣政治的根本"。在革命党的宣传下，专制之说遂风靡全国。① 钱穆认为，"专制"二字，不足以概括秦以来二千来的中国政治。这"专制"二字，用在提倡革命，推翻满清政权时，作为一种宣传鼓动的口号，是有它一时之利的。但是，在推翻清政权后，这种宣传的口号就应该功成身退了。然而事实却正好相反，传统政治专制论为更多的激进思想家所接受。到了五四新文化运动时期，一些激进派思想家由批判传统政治而疑及传统文化之全部，这就有百害而无一利了。钱穆说："以后满清是推翻了，不过连我们中国的全部历史文化也同样推翻了。这因当时人误认为满清的政治制度便完全是秦始皇以来的中国旧传统。又误以为此种制度可以一言蔽之曰帝王专制。于是因对满清政权之不满意，而影响到对历史上传统政治也一齐不满意。因对于历史上的传统政治不满意，而影响到对全部历史文化传统不满意。"② 所以，钱穆一再宣称用君主专制来概括中国的传统政治，是"昧于历史情实"，不符合历史真相。

钱穆认为，任何一种制度，绝不会绝对有利而无弊，也不会绝对有弊而无利。

---

① 参见甘怀真：《皇帝制度是否为专制》，台北市立图书馆《钱穆先生纪念馆馆刊》第 4 期（1996 年），第 42 页。

② 钱穆：《中国历代政治得失》，第 165 页。

所谓得失，即根据其实际利弊而判定；所谓利弊，则是指其在当时所发生的实际影响而觉出。因此，要讲某一代制度的得失，必须要知道在此项制度实施时期有关各方意见的反映。他把这种意见称为"历史意见"，即指在那制度实施时代的人们所切身感受而发出的意见。这种意见，比较真实而客观。待时代久了，该项制度早已消失而不存在，而后代人单凭后代人自己所处的环境和需要来批评历史上以往的各项制度，那只能是一种"时代意见"。钱穆认为评价中国的传统政治，应将"历史意见"和"时代意见"相结合，不能只依据时代意见而忽略了历史意见。他说：

> 时代意见并非是全不合真理，但我们不该单凭时代意见来抹杀已往的历史意见。即如我们此刻所处的时代，已是需要民主政治的时代了，我们不能再要一个皇帝，这是不必再说的。但我们也不该单凭我们当前的时代意见来一笔抹杀历史，认为从有历史以来，便不该有一个皇帝，皇帝总是要不得，一切历史上的政治制度，只要有了一个皇帝，便是坏政治。[①]

对于钱穆提出的"历史意见"和"时代意见"的分别，徐复观并不赞同。1966 年 8 月，徐复观把先前写的文章《明代内阁制度与张江陵（居正）的权、奸问题》经修改后发表在《民主评论》上，对钱穆在《中国历代政治得失》一书中谈明代政治时对张居正地位的评价提出严厉批评，提出"我国专制政治到明代而发展到高峰，钱先生的高论，实质上是认为明代的专制还不够，然则中国的历史到底要走向何处"[②] 的质问。认为钱穆把明代大政治家张居正视为"权臣、奸相"有维护专制王权之嫌，并公开要求钱氏对这些问题做出回应。钱穆在答辩文字中回应徐氏的质疑，再次重申了"历史意见"和"时代意见"的分别：

---

① 钱穆：《中国历代政治得失·前言》，第 3 页。
② 徐复观：《明代内阁制度与张江陵（居正）的权、奸问题》，见氏著《中国思想史论集》"附录三"，上海书店出版社，2004 年版，第 238 页。

若论到整部中国史里的君权和相权，此乃中国政治制度史里主要一项目，我和徐先生看法却有好些不同处，而且是常涉到根本上的不同处。……我总认为历史应就历史之客观来讲。若自己标举一个理论，那是谈理论，不是谈历史。若针切着历史，那又是谈时代，不是谈历史。这并不是说历史经过，全符不上理论，全切不到时代。只是用心立说，应该各有一立场。……有时代意见即成为大理论，徐先生似乎有些像是站在近代欧美民主政治的时代意见之大理论下来衡评全部中国的政治史。我决不是有意菲薄近代民主政治的人，只认为论史该客观，不该和时代意见相杂揉。这一点，我占的地位，远不如徐先生有势又有力。①

在钱穆看来，徐复观在研究中国传统政治时比较注重"时代意见"，注重史家与时代经验、意识的互动。钱氏虽然承认史家的时代经验、时代意识有助于提升其认识的水平，但是过分强调"时代经验"的引导而忽视了"历史意见"，不免有以"今"度"古"之嫌。而作为论辩的另一方徐复观，则不会作如是观。他反驳道：

钱先生又提出"历史意见"的问题，历史中，一时谬误的意见，常能在历史的经过中得到澄清、纠正，中国过去之所以特别重视历史，正因为历史能提供是非的判断以保证，尽可以尽宗教中因果报应所能尽的责任，张江陵的情形，正是一个显著的例子。……但历史家若缺乏时代意识，则不仅他对历史是非的判断，无补于当时，并且因缺乏打开历史的钥匙，对历史上的是非，因之也无从把握。②

---

① 钱穆：《明代内阁制度与张江陵（居正）的权、奸问题·附跋》，《民主评论》第17卷第8期，1966年8月，第9页。该函又以《答徐君书》为题收入《钱宾四先生全集》第31册《中国历代政治得失》"附录"中。

② 徐复观：《明代内阁制度与张江陵（居正）的权、奸问题》，见氏著《中国思想史论集》"附录三"，第228—229页。

钱穆对中国传统政治的解说自有他的合理处。比如，科举考试制是中国传统政治一柱石，此项制度发展到明清时代，的确是弊端丛丛。当时的八股取士，使不少知识分子埋首书斋，皓首穷经，把数不尽的才智浪费到经学考据之中，忽视了对科学技术的研究。也正是在这时，中国文化才与西方文化拉开了距离。但是，不可否认，科举制度在实行中，特别是在唐宋时期，也的确选拔出了不少出类拔萃的优秀人才，为国家的繁荣、文化的昌盛作出过贡献。事实上，中国古代的科举制度对西方近代文官制度的产生就有很大的影响。西方学者普遍认为，西方的文官制度源自中国古代的科举选拔制。孙中山在 1921 年所作"五权宪法"的演讲中也说："考试制度在英国实行最早，美国实行考试不过是二三十年。现在各国的考试制度差不多都是学英国的。穷流溯源，英国的考试制度原来还是从中国学过去的。"[1] 所以，我们不能因为科举制在实践过程中发生过种种流弊而将其一概否定。

　　再如，就传统政治中的宰相制而言，虽然宰相制并不如钱穆所说的起那样大的作用，但宰相制自秦建立后，对君权的制衡作用多少还是存在的。萧公权对钱穆的"非专制论"持批评态度，但他也承认中国历代都有限制君权膨胀的方法，萧氏提出的"制度的限制"一项，就包括钱穆所称道的宰相制。自秦以后，皇权与相权争斗不断。到明太祖洪武十三年（1380 年），废中书省，罢丞相，权分六部，自秦汉以来延续了 1500 多年的宰相制，隋唐以来延续了 700 多年的三省制在历史上寿终正寝，君权和相权的长期争斗最终以极端的方式解决。从君权与相权争斗史中也不难看出，相权的制君作用也是存在的。唐朝行五花判事制，皇帝诏令、制敕不经宰相副署，不得发出，就明显有限制君权的意味。[2] 张君劢在《钱著〈中国传统政治〉商榷》中对钱穆的观点逐条加以批驳，但对这一条，他也不

---

　　① 中山大学历史系孙中山研究室、广东省社科院历史研究所、中国社科院近代史研究所中华民国史研究室合编：《孙中山全集》第五卷，中华书局，1985 年版，第 511 页。
　　② 钱穆在《中国传统政治》一文中说："唐代宰相是委员制，最高议事机关称政事堂。一切政府法令，须用皇帝诏书名义颁布者，事先由政事堂开会议决，送进皇宫划一敕字，然后由政事堂盖印中书门下之章发下。没有政事堂盖印，即算不得诏书，在法律上没有合法地位。"收入《国史新论》，第 85 页。

得不承认"此自为吾国政治上之善制"。① 自从朱元璋洪武废相，从政体上说，再也不存在牵制或分割皇权的其他权力因素了。即便是否认中国传统政治是君主专制的钱穆也承认，中国传统政治发展到明代发生了逆转、恶化，承认明清两代为君主独裁。所以他的通史著作《国史大纲》第 36 章即以《传统政治复兴下之君主独裁》为标题。他在《思想与时代》月刊第 3 期发表的《中国传统政治与儒家思想》（1941 年）中也说明代"废宰相，设内阁，政府大权，辖于王室，遂开晚近六百年君主独裁之新局"，满清"踵明祖私意而加厉，又增设军机处，于是中国乃有皇帝而无大臣"。②

钱穆认为，明清的政治制度诚为皇帝专制，若谓中国自古已然则非事实，历史地理学家张其昀与他持有类似的见解。和钱穆一样，张其昀也反对把中国古代政治笼统地称为专制政治。他说："中国古代虽有君主，然除明初及清代外，不能笼统地称之为专制政治。"③ 张氏认为，中国古代有"宫中府中"之称，"宫中"指王室，"府中"指政府。王室的元首为"天子"，天子是民族统一的象征，是国民全体的代表，政府的领袖为宰相。"宫中为政权之所寄托，府中则为治权之所寄托。天子代表政权，宰相代表治权。政权可以节制治权，而不能侵犯治权。天子与丞相分领了两大系统，于是政治机构乃能敏活推进。"④ 张氏还认为，中国虽然没有西方式的国会，但是有自己的选举制度，那就是科举制度。他把科举制度称为"中国式的议会"，这与钱穆的主张不谋而合。

钱穆对中国传统政治的研究启示我们，中国传统政治有其自身发展的特点和演进途辙，绝不能因为传统政治里有王室、君主而无近代西方意义上的立宪、国会制度便把它一概视为专制独裁，漆黑一团。如果传统政治果真如维新派所说的那样专制黑暗，一无是处，是形成国家一切灾祸的总根源，那么为什么它能在中

---

① 张君劢：《中国专制君主政制之评议——钱著〈中国传统政治〉商榷》，台北弘文馆出版社，1986 年版，第 564 页。

② 《政学私言》，第 103 页。

③ 张其昀：《五权宪法的历史背景》，收入氏著《民族思想》，台北正中书局，1951 年版，第 110 页。

④ 张其昀：《五权宪法的历史背景》，收入氏著《民族思想》，第 108 页。

232　钱穆与 20 世纪中国史学

国历史的舞台上长存两千年之久？有如此巨大的支配力和影响力？这种观点是否有将传统政治简单化、片面化之嫌？从这个意义上而言，钱穆的传统政治非专制的命题的确可以引发学术界反思常论，既可为今后研究中国传统政治提供一个新的视角，也可把这一研究课题进一步引向深入。

三、对传统政治弊端的剖析

钱穆肯定中国传统政治，这是不成问题的。但是，他对传统政治并非只是牧歌式的赞扬，对其弊端也曾作过诸多的考察和分析。

1941 年 10 月，钱穆发表了《中国传统政治与儒家思想》一文，称中国传统政治有二弊三病，这二弊是：（1）由于鄙斥霸术，不务富强兼并，乃时为强邻蛮族所乘；（2）民众不获直按预政，士大夫学术不常昌，乃时有独夫篡窃，肆其贼志。三病为：明太祖废宰相，设内阁，政府大权，辖于王室，造成传统政治的恶化；明代中叶的八股取士，摧残人才；明清两代大兴文字狱，学者怵于淫威，相率埋首考据，不问世事。[1]1942 年，钱穆在成都中英中美文化协会作"中国民主精神"一演讲，提出中国传统政治有四个缺点：其一，王权时时越限；其二，士大夫易于腐化；其三，下层社会对于政治，不易发生兴趣；其四，王室凌驾于政府之上。[2]

在 1950 年发表的《中国传统政治》一文中，钱穆提出传统政治在本质上有二大缺点：第一，是它太注重于职权分配的细密化。好处在于人人有职，造成政治上的长期稳定，缺点是使政事不能活泼推进，易于停顿麻痹化。第二，是太看重法制的凝固性与同一性。全国在同一制度的规定下，往往长期维持到一两百年，以后逐渐趋向敷衍文饰虚伪而腐化，终于到达不可收拾之境地。[3]关于制度繁密化的弊端，钱穆在《中国历代政治得失》中也作了深刻地剖析，认为："中国的政

---

① 参见《政学私言》，第 103 页。
② 钱穆：《中国民主精神》，《文化与教育》，第 148—149 页。
③ 参见《国史新论》，第 110 页。

治制度，相沿日久，一天天的繁密化。一个制度出了毛病，再订一个制度来防制它，于是有些却变成了病上加病。制度愈繁密，人才愈束缚。这一趋势，却使中国政治有'后不如前'之感。"①

钱穆不仅对传统政治的弊端作过深刻的解剖，而且对研究传统政治的方法也作过有见地的分析。他认为梁启超等人把秦汉以来的中国传统政治视为君主专制、帝王专制，在研究方法上或明或暗地有西方的政治理论在背后作依据。西方政治制度演进的途辙是由君主专制演进到君主立宪，再由君主立宪演进到民主立宪。或者说由神权演进到王权，再由王权演进到民权。在钱穆看来，中国的政治理论，并不以"主权"为重点，因此根本上并没有主权在上帝抑或在君主那样的争辩。若硬把中国政治史也分成神权时代与君权时代，不免有牵强附会之嫌。至于认为中国以往政治只是君主专制，说不到民权，同样是误用西方的政治理论和现成名词硬套中国，"不能贴切历史客观事实之真相"。

钱穆认为，中西政治制度，各有其演进途辙和发展路径，我们在讨论某一项制度时，固然应重视时代性、普遍性，同时又应重视其地域性、国别性和特殊性。在这一国家、这一地区，该项制度获得成立而推行有利，但在另一国家、另一地区，则未必尽然。我们讲中国历史上的各项制度更应重视中国历史的特殊性。

钱穆是一个具有强烈经世意识的学者，他关注传统政治，研究传统政治，其最终目的就是要为当今中国的政治发展指示一条路径。钱氏指出，中国政治是一独特的活的生命，是"国家民族全部历史文化之表现"，将来新中国的前途，必将由新政治开出，而新政治"必须从本民族文化之传统精神来求得"，决不可铲根削迹，把数千年传统政治理论及其精神全部毁弃，赤地新建，另造炉灶。钱穆并不否认西方的民主政治，也不否认民主政治是当今中国所需要，因为民主政治，既为世界潮流所归趋，又是中国传统政治最高理想和终极目标之所依向，只有民主政治，始可适应形势，符合国情。但是，他又强调中国今日所需要的民主政治，

---

① 钱穆:《中国历代政治得失》，第170—171页。

乃是一种适合自己国情的民主政治，而不是一味模仿抄袭外国。^① 所以中国当今的政治，既要采取西方的新潮流，同时又要配合中国的旧传统，自己按照时代的要求，另创一套新的政治制度。用钱氏的话说："于旧机构中发现新生命，再浇沃以当前世界之新潮流，注射以当前世界之新精神，使之焕然一新，岂非当前中国政治一出路。"^② 基于此理解，钱穆特别重视和欣赏孙中山的五权宪法，因为在五权宪法中，既有西方三权分立的政治理论，同时又保留了中国传统政治中的考试和监察制度，"只有孙总理的三民主义，努力把中国将来的新政治与已往历史的传统，连根接脉"^③，只有三民主义，"对中国已往自己文化，传统历史教训，则主保持与发扬"^④。像这样极尽赞美的言辞，在钱氏的著述中屡有道及。

钱穆研究中国传统政治时，把眼光特别投注在中国传统政治制度的特殊性上，极力强调中国传统政治有它自身存在的价值。他说："文化与历史之特征，曰连绵、曰持续，惟其连绵与持续，故以形成个性而见为不可移易。惟其有个性而不可移易，故亦谓之有生命、有精神。一民族文化与历史之生命与精神，皆由其民族所处特殊之环境，所遭特殊之问题，所用特殊之努力，所得特殊之成绩，而成一种特殊之机构。一民族所自有之政治制度，亦包融于其民族之全部文化机构中而自有其历史性。所谓历史性者，正谓其依事实上问题之继续而演进。问题则依地域、人事种种实际情况而各异（因此，各民族各自有其连绵的努力，与其特殊的创建）。一民族政治制度之真革新，在能就其自有问题得新解决，辟新路径。不管自身问题，强效他人创制，冒昧推行，此乃一种假革命，以与自己历史文化生命无关，终不可久。"^⑤ 他在《中国历史精神》一书中也强调说："中国政治将来的新出路，决不全是美国式，也决不全是苏俄式，跟在人家后面跑，永远不会有出路。我们定要能采取各国之长，配合自己国家实情，创造出一个适合于中国自

---

① 钱穆在《中国历代政治得失》"序"中说："我认为政治制度，必然得自根自生。纵使有些可以从国外移来，也必然先与其本国传统，有一番融合媾通，才能真实发生相当的作用。否则无生命的政治，无配合的制度，决然无法长成。"

② 钱穆：《中国传统政治与五权宪法》，《政学私言》，第9页。

③ 钱穆：《革命教育与国史教育》，《文化与教育》，第117页。

④ 钱穆：《国史大纲》（下册），第643页。

⑤ 钱穆：《国史大纲》（下册），第641页。

己理论的政治。"①这种看法,对西化论者完全照搬西方政治不啻为当头棒喝,无疑是值得我们深思和肯定的。

四、"掩其不善而著其善"

我们说钱穆对传统政治的解说有其合理性,并不意味着我们就赞同他的中国传统政治非专制的观点。事实上,中国传统政治的最大弊害就在于它的专制性。在中国传统政治制度中,君主以下设宰相制、三省制、文官制等,这些都是从君主制中孳生、流衍出来的。钱穆认为,汉唐时期,宰相权重,相权可以抗衡君权,实际情况并非如此。诚然,宰相秉承天子,助理万机,一人之下,万人之上,当有一定权力。但是国家大政方针的最后决定权,却掌握在君主一人之手,就连宰相的生死黜陟,也取决于皇帝的好恶。汉武帝设内朝牵制外朝,外朝宰相自杀者有李蔡、庄青翟,下狱而死者有赵周、公孙贺,腰斩者有刘屈氂,搞得人人自危,以至朝臣个个不愿当宰相。在臣君关系上,君尊臣卑,乃是一个不争的事实。人臣之生死,皆取决于君主一时之喜怒,这样的事例不胜枚举。秦始皇统一天下,有吕不韦徙蜀自杀。汉高祖威加海内,杀黥布,诛彭越,除韩信,开国功臣萧何投之狱中,张良愿弃人间事,欲效赤松子游。太尉周勃诛诸吕,迎代王(文帝),立大功,受上赏,处尊位,最后仍不脱牢狱之灾。唐太宗平时倚李勣为长城,临死之前,遗诏太子,"如勣不受,当杀之"。明太祖朱元璋兴胡蓝大狱,诛杀功臣良将,较前代尤为惨酷。钱穆大谈汉唐相权可制约君权,反驳者如萧公权认为,自两汉以来,虽有多种限制君主权力的办法,如宗教的限制、法律的限制、制度的限制,但就二千年中的大势来看,这些限制的效力事实上并不久远重大,不足以摇动专制政体的根本。②余英时在《"君尊臣卑"下的君权与相权》一文中也说:"君权是绝对的(absolute)、最后的(ultimate);相权是孳生的(derivative),它

---

① 钱穆:《中国历史精神》,第36页。
② 参见萧公权《中国君主政体的实质》一文第四部分"中国限制君权的制度"、第五部分"限制君权制度的实际效力"。

直接来自皇帝。"①

钱穆对中国传统政治弊端的分析不乏深刻之处，他甚至认识到民众不能直接参政，对政治不易发生兴趣，"时有独夫篡窃，肆其贼志"，政治"易于停顿麻痹化"，"逐渐趋向敷衍文饰虚伪而腐化"。他也不否认中国历史上"有一个迹近专制的王室"，称明太祖废相，为"传统政治之恶化"，清代"中国乃有皇帝而无大臣"。这些对传统政治弊端的分析、解剖无疑是深刻的，它体现了一位历史学家对中国传统政治的深刻关注和思考。但是，这里还应当看到，他的这种分析、解剖还是有限度的。② 他虽然称明太祖废相造成了中国传统政治的恶化，但同时又为明代政治作辩护。他说明代虽废宰相，但又设内阁大学士，此举不独为天子"襄理文墨"，亦与天子"造膝密议"，也多少带有制君分权的意味，不能说明代政治便是一人专制，更谈不上所谓"黑暗"。钱穆认为，清代政治比明代更为独裁，可以称得上是专制黑暗了。不过他又指出，清代政权是"部落政权"（即政权掌握在某一个部族手中），而非"士人政权"，不能代表汉唐以来中国传统政治的大趋势，"若说他们是专制，则该是部族专制，而仍非皇帝专制"。③ 可见，钱穆在研究中国传统政治时，最不愿触及传统政治专制性这一问题。为了对抗日益强大的西化潮流，他极力发掘、整合传统政治好的一面，全力表彰传统政治，对传统政治的弊端，特别是它的专制性一面，又缺乏客观、冷静的思考，不脱"掩其不善而著其善"之嫌。张君劢用西方资产阶级民主政治理论对钱氏着力表彰和美化传统政治的观点提出了批评。张氏指出，自秦开创大一统局面以来，中国的传统政治就是君主专制，在君主制度下，"无人民主权之规定，无国会之监督，无三权分立之牵制"，致使君主权力不受限制，才形成了专制性这一特点。而钱穆论中国传统政治，略去君主制度之本身，而大谈什么宰相制、三省制、文官制，恰好犯了本末倒置之病。对此张氏批评道："宰相、三省、文官等制，皆由君主制

① 余英时：《"君尊臣卑"下的君权与相权——〈反智论与中国政治传统〉余论》，收入氏著：《历史与思想》，台北联经出版事业公司，1987年版，第50页。

② 钱穆对中国传统政治弊端的论述，具体可参见翁有为《钱穆政治思想研究》一文，《史学月刊》1994年第4期。

③ 钱穆：《中国历代政治得失》，第143页。

中之所流衍而出，其制度之忽彼忽此，其人之忽黜忽陟，皆由君主一人之好恶为之，不能与今日西方国家之内阁制与文官制相提并论。钱先生以为君主专制之名不适用于中国君主，试考秦、汉、唐、宋历史，自秦始皇以下逮洪宪帝制，何一而非以一人之意独断独行，视天下为一家私产乎？其间虽有贤明之主与昏庸之主之分，其以天下为一家之私，如出一辙。"①张氏的批评，应当说是中肯的。

　　钱穆表彰中国传统政治自有他的道理。中国传统政治中确有一些好的东西，比如儒家的政治理想与政治模式是王道德治，圣君贤相，孟子就有反暴政、反君主家天下的民本思想。中国古代君主的权力并非绝对的无所限制，代表社会知识分子在政府中之力量的宰相制，谏诤君主的御史制，以及提拔知识分子从政的征辟制、选举制、科举制等皆有制衡和规范君权的作用。②不过对于这种制衡君权的作用，也不宜无限夸大。唐行三省制，皇帝诏敕的颁布需经政府的相关程序，其效力乃至合法性方能显现，这自是"吾国政治上之善制"。但有此"善制"是一回事，是否真正执行又是另外一回事。在唐代，"斜封墨敕""内旨""中旨"不经宰相副署之事时有发生，说明即便有此理想之制度，但往往难以真正得以实现，这表明相权对君权的制约还是很有限度的。

　　这里还需指出的是，钱穆极力宣传非专制论，也与现实因素的刺激有关。张君劢认为钱氏之所以极力表彰传统政治，是因为"民国当局，习于君主专制时代遗下之权奸风气，名为民主，而实行专制，虽屡经试验，终成纷乱不已之政局。

　　①　张君劢：《中国专制君主政制之评议——钱著〈中国传统政治〉商榷》，第18页。
　　②　钱穆主要是从儒家对君权的限制着眼来解说中国传统政治的。余英时对其师的"非专制论"作了这样的解读："据我反覆推究的结果，我以为钱先生所强调的其实是说：儒家的终极政治理论与其说是助长君权，毋宁说是限制君权。基于儒家理论而建立的科举、谏议、封驳等制度都有通过'士'权以争'民'权的涵义。他特别重视孙中山在西方三权之外再增设'考试'和'监察'二权，以上接中国的传统政治。这正是由于他深信儒家的政治理论有一个合理的内核，可以与现代的民主相衔接。这是一个属于整体判断的大问题，自然不能没有见仁见智之异。钱先生由于针对流行的'君主专制'说作反驳，行文之间难免引起误会，好像他断定传统的儒家政治即是'民主'。有些争议便这样引发的。但是如果不以辞害意，我们不妨说：钱先生认为在儒家思想的指导之下，中国行政官吏的选拔早已通过科举制度而建立了客观而公开的标准，既非任何一个特权阶级（如贵族与富人）所能把持，也不是皇帝所能任意指派的。在这个意义上，他自然无法接受'封建'或'专制'那种过于简化的论断。"应当说，余氏的解释大体是符合他老师本意的。参见余英时：《钱穆与新儒家》一文，收入氏著《犹记风吹水上鳞——钱穆与现代中国学术》，第50—51页。

钱先生失望之余，乃激而返求诸历史，且表彰传统政治，并'取于人以为善'之古训而忘之，尚以为古代制度中，犹有可以补救民国以来政治之过失者"。① 在张君劢看来，中国传统政治最大病害，即为君主专制。这是由于君主为权力之根源，其权力无由限制，而国家缺乏一部成文宪法以范围君主权力，致使君主恣行其所欲。而随君主而存在的封建、外戚、宦官，于是得以操纵中国之政治，导致政治少上轨道。张君劢认为，传统政治固然有一些好的东西，不能一概抹杀，但否定传统政治专制性这一最大弊端则是他根本无法认同的，所以他称钱穆的非专制说是"倒退钟表时间之举，吾人所不敢附和，而不能不与之明辨"。② 钱穆《中国传统政治》一文不到 2 万字，竟引起了他著文 30 余万言的批评，个中原因也就不难理解了。

---

① 张君劢：《中国专制君主政制之评议——钱著〈中国传统政治〉商榷》，第 83 页。
② 张君劢：《中国专制君主政制之评议——钱著〈中国传统政治〉商榷》，第 83 页。

钱穆与近现代史家交往述略

　　同时代学者相互之间的情感交往与学术交流，是学术研究的一个重要方面。钱穆的一生与 20 世纪的中国同行，差不多可以说是 20 世纪中国学术的全部见证人。在钱穆一生的学术历程中，他与当时的著名学者皆有交往，这其中包括"新汉学运动"的领袖胡适，古史辨派的主将顾颉刚，史料学派的舵手傅斯年，学衡派的灵魂人物柳诒徵、吴宓，著名历史学家陈寅恪、吕思勉、蒙文通、张荫麟、张其昀、缪凤林，著名哲学史家汤用彤，哲学家冯友兰、贺麟，现代新儒家的代表人物张君劢、梁漱溟、熊十力、唐君毅、徐复观、牟宗三……本篇主要选取与钱穆治史理念大体相近的几位著名史家柳诒徵、吕思勉、陈寅恪、张荫麟、汤用彤为研究对象，透过他们的交往及其论学的叙述，展现他们各具特色的治史风格和共同的文化理想，希望能加深对钱穆治学特征和为学宗旨的理解，为全面认识 20 世纪的中国学术史、史学史提供一个多元的观察角度。

一、钱穆与柳诒徵

　　柳诒徵（1880—1956），字翼谋，号知非，晚号劬堂，江苏镇江人。早年曾随其师缪荃孙东渡日本考察教育，归国后任教于南京两江师范学堂、南京高等师范学校（以下简称"南高师"）、东南大学（以下简称"东大"），后来长期主持江苏省立图书馆。

　　当柳诒徵早年讲学南雍、名重东南之时，钱穆正在苏南无锡、苏州一带的中小学担任教职。钱穆的好友施之勉是柳诒徵的学生，毕业于南高师；他在无锡第三师范任教时，一校同事大多毕业于南高师和东南大学，故对柳诒徵的为人和治学也时有所闻。

就现有的材料来看，钱穆评价柳诒徵的文字最早见于他早年著作《国学概论》中。是书完成于1928年春，在该书最后一章"最近期之学术思想"中，他在叙述民初以来诸子学的复兴时引述了柳诒徵1921年发表在《史地学报》创刊号上《论近人讲诸子之学者之失》一文。柳氏在文中指名道姓地批评了章太炎、梁启超、胡适三人研究诸子之失，指出三人研究诸子，虽标榜客观，实"多偏于主观，逞其意见，削足适履，往往为莫须有之谈"。[①]故对章太炎《诸子学略说》、胡适《诸子不出王官论》、梁启超《中国古代思潮》诸篇所论，"历加驳难"。钱穆在评论这篇文章时称柳氏之言，"颇足以矫时弊"。不过他在肯定柳文的同时又大有保留，对章、梁、胡三家的诸子学研究也有积极的评价，说："清儒尊孔崇经之风，实自三人之说而变。学术思想之途，因此而广。启蒙发凡，其说多疏，亦无足怪。论其转移风气之力，则亦犹清初之亭林、梨洲诸家也。"[②]

1922年1月，《学衡》杂志创刊，《发刊词》即出自柳诒徵之手。在发刊词中，柳氏把《学衡》的创刊宗旨概括为诵述中西先哲之精言以翼学，解析世宙名著之共性以邮思，籀绎之作必趋雅文以崇文，平心而言不事谩骂以培俗，揭橥真理不趋众好五项。在《学衡》第三期上，又刊出了《学衡简章》，把该杂志的宗旨更为精简的概括为："论究学术，阐求真理，昌明国粹，融化新知。以中正之眼光，行批评之职事。无偏无党，不激不随。"在《学衡》刊发的文章中，有不少批评五四新文化运动的内容，如攻击胡适的"文学革命"，抨击新文化运动的反孔，批评古史辨学者的疑古过头，由此在南方形成了以东南大学为中心，以《学衡》杂志为阵地，以批评新文化运动激进思想为内容，与北大新青年派相抗衡的力量，这就是在五四新文化运动后期崛起于思想文化界的学衡派。

学衡派是作为新文化运动的批评者而活跃在当时的思想文化舞台上的，对于

---

① 柳诒徵:《论近人讲诸子之学者之失》，《史地学报》1921年第1期。

② 钱穆:《国学概论》，第325页。

学衡派与新青年派的文化主张，钱穆早年也多有注意，对《学衡》《新青年》两杂志，皆"披诵殷勤"。钱穆在纪念好友张其昀的文章中回忆道：

> 民国初年以来，陈独秀、胡适之诸人，先后任教于北平北京大学，创办《新青年》杂志，提倡新文化运动，轰传全国。而北京大学则为新文化运动之大本营所在。
>
> 民国十年间，南京中央大学（应为东南大学，北伐胜利后改名为中央大学——引者）诸教授起与抗衡。宿学名儒如柳诒徵翼谋，留美英俊如吴宓雨僧等，相与结合，创办《学衡》杂志，与陈、胡对垒。
>
> 余家贫，幼年即为乡村小学教师，不获升大学。先则有志升北京大学，嗣又起念进中央大学，皆不能如意以达。乃于《新青年》《学衡》两杂志，则披诵殷勤，备稽双方持论之相异。[1]

诚如钱穆在文中所言，1920 年代的中国学术界，确实存在着学分南北、南北对垒之势。在这场南学与北学的对峙中，学衡派的灵魂人物毫无疑问应是南方学界耆宿柳诒徵。柳氏的学生张其昀在纪念乃师的文章中称："民国八年（1919）以后，新文化运动风靡一时，而以南京高等师范为中心的学者们，却能俨然以继承中国学统，发扬中国文化为己任。……世人对北大、南高有南北对峙的看法。柳师领袖群伦，形成了中流砥柱的力量。"[2] 钱基博在《国学文选类纂》"总叙"中也说："丹徒柳诒徵，不徇众好，以为古人古书，不可轻疑；又得美国留学生胡先骕、梅光迪、吴宓辈以自辅，刊《学衡》杂志，盛言人文教育，以排难胡适过重知识论之弊。一时之反北大派者归望焉。"[3]

柳诒徵年长钱穆 15 岁，对钱而言，柳是前辈学者。在 20 世纪二三十年代，两人是否有直接交往，由于材料所限，难以确知。不过钱穆与柳氏的学生，以治

---

① 钱穆：《纪念张晓峰吾友》，《传记文学》，第 47 卷第 6 期（总第 283 期），1985 年 12 月。又收入《八十忆双亲·师友杂忆》（新校本）"附录四"，九州出版社，2012 年版，第 349 页。
② 张其昀：《吾师柳翼谋先生》，《传记文学》第 12 卷第 2 期，1968 年 2 月，第 40 页。
③ 钱基博著、曹毓英选编：《钱基博学术论著选》，华中师范大学出版社，1997 年版，第 18 页。

中国通史闻名的缪凤林，以专精中国历史地理而享誉学界的张其昀之间的交往却十分密切。30年代钱穆任教北大时，两人曾先后北上拜访。钱穆晚年在《师友杂忆》中回忆，缪凤林赴北平时，住在他家，两人同游卢沟桥，"坐桥上石狮两旁，纵论史事，历时不倦"。

据柳诒徵《劬堂日记》记载，钱、柳二人在抗战时期的西南有一段交往。1941年，钱穆在成都齐鲁大学国学研究所任教时，受教育部国立编译馆的委托负责编写《清儒学案》。当时，蒋介石有意提倡宋明理学家言，命编译馆主编宋元明清四朝学案。宋元明三朝学案可就黄宗羲、全祖望的《明儒学案》《宋元学案》删节而成，唯有清代，虽有唐鉴的《国朝学案小识》15卷，但该书止于道光，"未及其全"。近人徐世昌所辑《清儒学案》208卷，止于清末，最为详备。然该书出于众手，未见别择，被后世讥为"庞杂无类"。所以，编译馆决定重编《清儒学案》，将编写的重任委托给钱穆。钱氏对清代学术素有研究，在此之前，已出版了研究清代学术史的名著《中国近三百年学术史》，在梁启超同名著作基础上精进开拓，贡献良多。日本学者岛田虔次称"能与《明儒学案》《宋元学案》相颉颃者，当数钱穆的《中国近三百年学术史》"。所以，由钱穆来编写《清儒学案》，当是恰当的人选。

钱穆接受编写任务后，全副精力投入编写中。他先读清人诸家文集，作详尽的资料搜集。又托友人代为收购清代关学遗书20种左右，有清一代关学材料，"网罗略尽"。勤读李二曲集，采其言行撰一新年谱，所花精力尤多。又遍览四川省立图书馆所藏江西宁都七子之书，"于程山独多会悟"。对于苏州汪大绅以下，彭尺木、罗台山各家集，也提要钩玄，"颇费苦思"。钱穆称《学案》一书的编写，以这几篇最有价值。全书约四五十万字，共编孙夏峰、黄梨洲等64个学案，一代学林中人，大多网罗其中。而此书的审稿者，正是柳诒徵。近代学者研究清代学术，成绩卓著，柳氏即为其中之一，他在著作《中国文化史》第三编"近世文化史"中，专列四章来讨论清代学术，阐发精微，新见迭出，钱穆晚年撰《柳诒徵》一文，对书中所论清代学术的精彩创辟处作了专门的摘录。所以，由柳氏来审察钱穆的这部书稿，可谓得其人选。

1943 年，钱穆应张其昀的邀请，赴浙江大学讲学。2 月 15 日，钱穆自成都赴贵州遵义。23 日，柳诒徵也专程从重庆赶来会晤钱穆，民国时期两位著名历史学家终于在滇北这座古城相会。自 25 日起，柳诒徵逐日审阅钱著《清儒学案》稿，后写成《审查〈清儒学案〉报告书》，对钱著有"体裁宏峻，抉择精严，允为名著"①的评价。在《审察报告书》中，柳诒徵对钱稿也提出了若干商榷性意见，如建议将此稿第一编从孙夏峰至费燕峰 14 学案移入《明儒学案》，以符合晚明诸儒惓惓故国之思。此意见在遵义会面已转达给作者，得到了钱穆的赞同。又提出添入安溪、望溪、白田、艮峰、存之、灵峰诸人，清代诸儒辨析宋明诸儒《语录》，未及详检宋明两编，宜应综合校阅。

　　《清儒学案》约四五十万字，字字皆亲手抄写。由于当时处抗战中，生活艰苦，没有再找人另抄副本，直接将手稿寄到重庆中央国立编译馆。抗战胜利时，此稿尚未付印，全稿装箱，由编译馆雇江轮载返南京。不料箱置船头，坠落江中，葬身鱼腹。全书除"序目"一篇在寄稿前已刊于四川省立图书馆所编的《图书集刊》第 3 期上外，全稿竟佚。钱穆后来打算重新撰写，"然已无此精力，无此兴趣矣"。假如钱氏此稿不失，当可为清代学术史这一研究领域增添又一有力之著作。这当是清学史研究的一大憾事。然而这一遗憾在柳诒徵的《日记》中得到了一定程度的弥补。柳氏在审订钱稿期间，曾摘抄原书，间加批语，至今保存在他的日记中，前后长达 12 页之多。从柳诒徵的摘抄中，我们也不难窥见钱穆这部书稿的一鳞片爪，其材料弥资珍贵。

　　柳诒徵的名著《中国文化史》《史学要义》，颇为钱穆所欣赏。《中国文化史》是柳诒徵在南高师、东南大学讲授中国文化史时编写的讲义，胡适称此书对文化史这一领域的研究有"开山之功"，钱穆把此书誉为"名世之作"②，梁漱溟因读此书"深受启迪"而有《中国文化要义》一书的写作。钱穆对《中国文化史》论宋明学术、清代学术颇多推崇。与民初以来的新派学者菲薄宋学相反，柳诒徵对

---

　　① 柳诒徵：《审查〈清儒学案〉报告书》，收入《钱宾四先生全集》第 22 册《中国学术史论丛》(八)，第 639 页。

　　② 罗时实：《南雍忆旧录之二》，《中外杂志》7 卷 6 期，1970 年 6 月。引自柳曾符、柳佳编：《劬堂学记》，上海书店出版社，2002 年版，第 309 页。

宋儒义理心性之学特别重视，极力表彰宋学经国济世的思想，此点尤为钱穆所激赏。柳诒徵对新派学者推尊乾嘉汉学不以为然，称："世尊乾、嘉诸儒者，以其以汉儒之家法治经学也。然吾谓乾、嘉诸儒所独到者，实非经学，而为考史之学。"① 钱穆也有类似的见解，他说乾嘉时代自称其经学为汉学，其实汉儒经学，用心在治平实事上，乾嘉经学用心在训诂考据上，远不相侔，故乾嘉汉学，"最其所至，实亦不过为考史之学之一部"。②

柳诒徵论清学与宋明学术之异，以及晚明清初诸儒之学时称："清代学术与宋、明异者，有一要点，即宋、明儒专讲为人之道，而清代诸儒则只讲读书之法（此指乾嘉学派而言）。惟明末清初之学者，则兼讲为人与读书，矫明人之空疏，而济之以实学。凡诸魁杰皆欲以其学大有造于世，故其风气与明异，亦与清异。其后文网日密，士无敢谈法制经济，惟可讲求古书，尽萃其才力聪明于校勘训诂，虽归本于清初诸儒，实非诸儒之本意也。"③ 钱穆在 1928 年发表的《述清初诸儒之学》一文中称，清初诸儒"上承宋明理学之绪，下启乾嘉朴学之端。有理学家之躬行实践，而无其空疏；有朴学家之博文广览，而无其琐碎。宋明诸儒，专重为人之道，而乾嘉诸儒则只讲读书之法。道德、经济、学问，兼而有之，惟清初诸儒而已"。④ 柳诒徵说近人盛称乾嘉学派的治学之法，"谓合于西洋之科学方法，实则搜集证佐，定为条例，明代学者已开其端，非清人所得专美"。⑤ 钱穆亦说："亭林治经学，所谓明流变，求左证，以开后世之途辙者，明人已导其先路。"⑥ 在这些论述中，钱穆的观点不仅与柳诒徵相同，就是遣词造句也大体相似。柳诒徵的《中国文化史》1925 年 10 月在《学衡》46 期上开始连载，至 1929 年 11 月刊出的 72 期上连载完毕。钱穆早年对《学衡》杂志"披诵殷勤"，在该杂志上连载的《中国文化史》他一定拜读过，而且在其早年著作《国学概论》第九章"清代

---

① 柳诒徵：《中国文化史》下册，中国大百科全书出版社，1988 年版，第 747 页。
② 钱穆：《国学概论》，第 315 页。
③ 柳诒徵：《中国文化史》下册，第 722 页。
④ 钱穆：《述清初诸儒之学》，收入《钱宾四先生全集》第 22 册《中国学术史论丛》（八），第 1 页。
⑤ 柳诒徵：《中国文化史》下册，第 745 页。
⑥ 钱穆：《中国近三百年学术史》，第 141 页。

考证学"、第十章"最近期之学术思想"也直接引述过柳氏此书的内容。不难想象，柳诒徵论清代学术对钱穆当有一定影响。

《史学要义》是柳诒徵的史学代表作，该书是他在抗战后期为重庆中央大学研究生讲授史学原理的讲义汇编而成，分为史原、史权、史统、史联、史德、史识、史义、史例、史术、史化 10 篇，是对中国传统史学理论的系统总结，1948 年由上海中华书局出版。熊十力称此书"博而能约，密而不碎，真不朽之作也"。①柳门弟子张其昀把此书与刘知幾的《史通》、章学诚的《文史通义》相提并论，誉为"一部空前的名著"。柳诒徵在《史学要义》中特别强调"礼"在中国历史、中国文化中的核心地位，他说："史官掌全国乃至累世相传之政书，故后世之史，皆述一代全国之政事。而尤有一中心主干，为史法、史例所出，即礼是也。……故礼者，吾国数千年全史之核心也。"又说："吾国以礼为核心之史，则凡英雄宗教物质社会依时代之演变者，一切皆有以御之，而归之于人之理性，非苟然为史已也。"②柳氏"言史一本于礼"③深得钱穆的推崇，他晚年写有《柳诒徵》一文，即引柳氏论礼为吾国核心之史这一论断，称："柳氏之学，尤长于史，有《史学要义》一书，谓：'礼者，吾国数千年全史之核心。社会变迁，人事舛牾，史官所持之礼，仅能为事外之论评。而赖此一脉之传，维系世教，元凶巨慝有所畏，正人君子有所宗。虽社会多晦盲否塞之时，而史书自有其正大光明之域。'"④如同柳诒徵一样，钱穆也非常重视"礼"在中国历史、中国文化的核心作用，认为要理解中国的历史文化，必须要理解"礼"这个核心概念。他曾对来访的西方学者说："在西方语言中没有'礼'的同义词，它是整个中国人世界里一切习俗行为的准则。……'礼'是一个家庭的准则，管理着生死婚嫁等一切家务和外事。同样，'礼'也是一个政府的准则，统辖着一切内务和外交，比如政府与人民之间的关系，征兵、签订和约和继承权位等等。要

---

① 柳诒徵：《国史要义·题辞》，华东师范大学出版社，2000 年版，第 1 页。
② 柳诒徵：《国史要义》，第 9、12、13 页。
③ 此为熊十力语，熊氏在致柳诒徵的信中说："公精于礼，言史一本之礼，是独到处。"见柳诒徵《国史要义·题辞》，第 1 页。
④ 钱穆：《柳诒徵》，《钱宾四先生全集》第 23 册《中国学术思想史论丛》（九），第 201 页。

理解中国文化非如此不可。"又说:"中国文化中还有一个西方没有的概念,那就是'族',你可以说是'家'。在家里'礼'得到传播。但我们一定要区分'家庭'与'家族'。通过家族,社会关系准则从家庭成员延伸到亲戚。只有'礼'被遵守时,包括双方家庭所有亲戚的'家族'才能存在。换言之,当'礼'被延伸的时候,家族就形成了,'礼'的适应用范围再扩大成'民族'。中国之所以成为民族,就是因为'礼'为全中国人民树立了社会关系的准则。……中国的核心思想就是'礼'。"①

柳诒徵与钱穆以史学名家,都以倡导民族文化史观而驰名 20 世纪的中国学术界。柳诒徵《中国文化史》以六经诸史为经而纬以百家,凡典章、政治、教育、文艺、社会、风俗,以至经济生活、物产建筑、图画雕刻之类,皆就民族全体之精神表现,广搜列举,"以求人类演进之通则,以明吾民独造之真际"。出于对民族文化的真诚热爱,该书关注的重点多倾向于中国历史辉煌的一面,以"表彰国光为己任"。钱穆在抗战时期,大力弘扬民族文化,其著述讲演也以民族意识为中心论旨。诚如台湾学者许倬云所言:"抗战军兴,钱穆先生在警报声中,讲授国史,其贯注的精神,也是民族史观。是以《国史大纲》对于中国文化的优美之处,发扬阐释,甚多卓见。"②

在捍卫和弘扬中国文化方面,柳诒徵与钱穆的立场是一致的。钱穆认为,要对中国过去的历史文化作一个客观、公正的评价,一个基本的前提就是回过头去弄清中国历史文化的真相,应用理性求知的方法对自己固有文化的基本价值作一番重新的检讨和评价。如果这个根本的方法论问题不加以解决,那么一切凿空之论,犹如隔靴搔痒,终究无助于问题的解决。所以他说:"我们要解决我们自己的问题,该回头来先认识自己。若要认识自己,则该用沉静的理智来看看自己以往的历史文化。"③在他看来,柳诒徵对中国文化的最大贡献在于他力图守住中国过去的文化传统,所以他发出了"开新之前,必先守旧"的疾呼。1971 年,钱穆发

---

① 邓尔麟著、蓝桦译:《钱穆与七房桥的世界》,第 8—9 页。

① 邓尔麟著、蓝桦译:《钱穆与七房桥的世界》,第 8—9 页。

② 许倬云:《台湾史学五十年序言——也是一番反省》,王晴佳:《台湾史学五十年(1950—2000):传承、方法、趋向》,台北麦田出版 2002 年,vii。

③ 钱穆:《中国历史精神》,第 17 页。

表了一篇纪念柳诒徵的文章，把他作为新文化运动反传统思潮自觉的对立面、反抗面而加以表彰、称赞。他说：

> 当民国十年前后，学术界掀了"新文化运动"之大浪潮，以北京大学为大本营，以《新青年》杂志为总喉舌。登高而呼，四野响应。所揭橥以相号召者，举其要旨，为"礼教吃人"，为"非孝"，为"打倒孔家店"，为"线装书扔毛厕里"，为"废止汉字"，为"罗马字拼音"，为"全盘西化"。其他惊众骇俗之谈，挟一世以奔赴恐后者，不遑枚举。时则有南京东南大学诸教授持相反议论，刊行《学衡》杂志，起与抗衡。其中执笔之士，尤为一时注目者，则为丹徒柳诒徵翼谋。因学衡社同人，亦多游美留学生归国，惟柳氏独以耆儒宿学厕其间，故益以倾动视听也。[①]

在钱穆看来，柳诒徵讲学南雍，虽也有"俊彦群凑"，隐然为一方重镇，然而当时北方学者发动的新文化运动声势方张，虽有柳氏诸人奋起抗衡，但"砥柱之屹立，终无以障洪流之奔腾"。此后反传统思潮一浪高过一浪，最终导致中国传统文化本源的丧失，对此钱穆发出了"痛定思痛"的长叹。他说今日重读柳氏之书，重温柳氏"守先待后"的文化主张，对思想界的反传统思潮不啻当头棒喝，对柳诒徵维护和保守中国文化传统所作出的杰出贡献表示了极大的敬意。

二、钱穆与吕思勉

在近年来民国学术地图的绘制中，不少学者推尊"史学二陈"（陈寅恪、陈垣）。在"二陈"中，陈寅恪的地位尤为显赫，被目为民国学术界的"龙头老大"，"现代史学的第一人"。也有学者提出，中国现代史学家中最杰出的有四人，那就

---

① 钱穆：《柳诒徵》，《钱宾四先生全集》第 23 册《中国学术思想史论丛》（九），第 199 页。

是"二陈"再加吕思勉和钱穆，称为"现代史学四大家"。①在这四大家中，吕思勉和钱穆是一对师生，吕是钱的老师，钱则是吕早年任教常州府中学堂的学生，两人皆以治学广博、著述宏富、精研中国通史而名播学界。

吕思勉（1884—1957），字诚之，江苏武进（今常州市）人。早年曾受学于近代史学巨擘屠寄，勤治历史、地理。他一生以阅读正史为"日课"，曾把二十四史从头到尾读过三遍，在20世纪中国史学家中可以称得上是最博学的人了。1905年，吕思勉在常州溪山小学堂任教，开始了长达半个世纪的教书生涯，著名语言学家、清华国学研究院四大导师之一的赵元任便是他这一时期的学生。

1907年秋，常州知府许星璧、士绅恽祖祁等人创办常州府中学堂，用屠寄的长子屠宽为监督（校长）。屠宽上任后，立即聘请他父亲的高足吕思勉到校任教。当时在苏州东吴大学教国文、历史的吕思勉，因不习惯教会大学的环境辞职归常州，很快便接受了聘请。这年冬，钱穆的哥哥钱挚从荡口果育小学毕业，报考常州府中学堂，时在果育小学读三年级的钱穆也随兄长报名应考，结果兄弟二人皆被录取。哥哥入师范班，弟弟入中学班，分别是两班中年龄最小的学生，而给他们上课的吕思勉则是该校最年轻的教师，年仅25岁。

吕思勉年纪虽轻，但知识广博，23岁那年已将二十四史通读过一遍，国学功底深厚。他上课时，从不看讲稿，尽在讲台上来往行走，口中娓娓道来，但无一言半句闲言羼入，而且时有鸿议创论，深得同学们的喜爱和推崇。

吕思勉在常州府中学堂教历史、地理两门课。钱穆在《师友杂忆》中曾详细地回忆过当年吕思勉给他们上地理课的情形："诚之师上地理课，必带一上海商务印书馆所印中国大地图。先将各页拆开，讲一省，择取一图。先在附带一小黑板上画一十字形，然后绘此一省之四至界线，说明此一省之位置。再在界内绘山脉，次及河流湖泽。说明山水自然地理后，再加注都市城镇关卡及交通道路等。一省讲完，小黑板上所绘地图，五色粉笔缤纷皆是。听者如身历其境，永不忘怀。"

---

① 此为严耕望的提法。他说："民国以来，中国史学界名家辈出……论方面广阔，述作宏富，且能深入为文者，我常推重吕思勉诚之先生、陈垣援庵先生、陈寅恪先生与钱穆宾四先生为前辈史学四大家，风格各异，而造旨均深。"参见氏著：《钱穆宾四先生与我·序言》，台湾商务印书馆，1992年版，第1—2页。

钱穆后来喜治历史、舆地之学，在考证古史地名上卓有成就，吕思勉早年对他影响当有较大的关系。

有一次地理考试，吕思勉出了四道题目，每题 25 分，其中第三题是叙述吉林省长白山的地势军情。钱穆对这道题目很感兴趣，首先作答，下笔后思如泉涌，欲罢不能，直到交卷时，才发觉自己只答完了一题。考试结束后，吕思勉在办公室批阅试卷，有几位同学趴在窗外偷看，刚好轮到批改钱穆的那份试卷。吕思勉阅完试卷后，正在卷后写批语。本来这种考卷不必发回，只需批一分数就行了，然而老师的批语，写了一张又一张。钱穆只答了一题，最后竟然得了 75 分，足见吕思勉对钱穆的欣赏了。

吕思勉在常州府中学堂执教二年多后，便应其师屠寄之召赴南通国文专修馆任教，不过他与钱穆的师生情并没有因他的离去而中断，以后钱穆多次向老师写信求教，虚心问学，吕思勉对这位天赋极佳的学生也另眼相待，时有关心和鼓励。钱穆自 18 岁起，便在苏南一带的中小学任教，长达 18 年之久。此时的吕思勉已经成名，在学术界地位日隆。但他对钱穆的关心依旧，对他也时有提携。1928 年春，钱穆完成了他早年的重要著作《国学概论》。此书是他在无锡三师、苏州中学教授"国学概论"一课的讲义，叙述了上至春秋孔子、下至民国初期的学术思想，后由吕思勉推荐给上海商务印书馆，于 1931 年出版。该书是一本学习中国学术思想史的入门读物，出版后广受称赞，著名历史学家金毓黻在 1931 年 8 月 30 日的《日记》中赞道："时人钱穆著《国学概论》，取材既富，摘词亦雅，近顷罕见之作也。"[①] 后来又用"分条擘理，执简驭繁，直凑单微，百读不厌"[②] 十六字加以褒扬，足见此书的魅力所在了。

抗战全面爆发后不久，上海沦陷，租界成为"孤岛"，吕思勉任教的光华大学在租界内借宿舍继续上课。自此，吕思勉寄居租界，在"孤岛"上生活了四年多时间。1940 年，从西南后方回苏州省亲的钱穆来上海拜访吕思勉。当时他的通史著作《国史大纲》已写成，交商务印书馆上海印刷厂付印。钱穆告诉商务印书

---

① 金毓黻：《静晤室日记》卷 60，辽沈书社，1993 年版，第 2646 页。
② 金毓黻：《静晤室日记》卷 93，第 3976—3977 页。

馆总经理王云五，光华大学教授吕思勉是他的老师，可将书稿的最后校样送其过目审读。为了书稿之事，在苏州侍母的钱穆又亲自赴沪上拜见老师。当时吕思勉住法租界霞飞路（今淮海路）兰村 16 号，钱穆对老师说，《国史大纲》刚完稿，即将付印，书中恐多错误，"盼师作最后一校"。如遇疏误处，请师在书稿上直接改正。

钱穆之所以要他的老师为《国史大纲》"作最后一校"，是因为吕思勉是当时国内治中国通史的大家。吕思勉一生写有两部通史，第一部是《白话本国史》，这是我国第一部用白话体写成的中国通史著作，1923 年 9 月由上海商务印书馆出版。在此之前，虽有夏曾佑的《最新中学中国历史教科书》（后易名为《中国古代史》）、刘师培的《中国历史教科书》，但夏书止于隋朝，刘书仅写到西周，都是未完成之作。而《白话本国史》上起远古，下至民国十一年（1922 年）华盛顿会议，首尾完整，贯通古今，是当时最为完整的一部通史著作。顾颉刚在《当代中国史学》中称："编著中国通史的人，最易犯的毛病，是条列史实，缺乏见解，其书无异为变相的《纲鉴辑览》或《纲鉴易知录》之类，极为枯燥。及吕思勉先生出，有鉴于此，乃以丰富的史识和流畅的笔调来写通史，方为通史写作开一个新的纪元。"[①]《白话本国史》自初版发行后，不断再版，成为二三十年代发行量最大的一部通史，被不少大学用作教本。在"孤岛"时期，吕思勉又完成另一部通史著作《吕著中国通史》的写作，在学术界产生了广泛的影响。钱穆喜治通史，1930 年代中期他在北大主讲中国通史，编写讲义，除受过夏曾佑的影响外，也受到他的老师吕思勉的影响，他把《国史大纲》送师作最后一校，不是偶然的。

有一次，钱穆从苏州赴沪拜见老师，吕思勉告诉他，商务印书馆每天送来的清样在六七十页以上，催他速校，第二天便派人前来取稿，无法细读内容，只改了一些错字。当然，这自是他老师的谦词。事实上，经过吕思勉的最后校读，书中的错误也大为减少。1972 年钱穆在给学生严耕望的一封信中说："排样经吕师诚之思勉通体代校，迄今重读，差误不多。"[②] 吕思勉对他学生写的这部通史著作

---

① 顾颉刚：《当代中国史学》，第 77 页。
② 钱穆：《致严耕望书》，《钱宾四先生全集》第 53 册《素书楼余渖》，第 391 页。

也有极高的评价，称赞书中"论南北经济一节。又谓书中叙魏晋屯田以下，迄唐之租庸调，其间演变，古今治史者，无一人详道其所以然。此书所论诚千载只眼也"。[1]钱穆在晚年的《师友杂忆》中饱含深情地回忆说，几十年来，没有一个人能像吕师那样评论《国史大纲》的，对乃师"特加赏识之恩"，常存于心，未曾忘怀。

钱穆在苏州侍母一年，其间每隔一两月必去沪上拜访老师。吕思勉所住法租界霞飞路兰村寓所不宽，"一厅容三桌"，近窗右侧一长方桌，是他写作著述的地方。书桌两边八个抽屉藏满卡片，动笔写作时，资料皆取之卡片。钱穆到吕思勉的寓所后，或坐师桌旁，或移两椅到窗外厅廊中坐谈。每次见面必长谈半日或竟日，历三四日始归。一年中，如此相晤，大约有六七次。

吕思勉还邀请钱穆到光华大学做学术讲演。据钱门弟子胡嘉回忆，钱穆来沪时，光华大学"正迁在汉口路证券大楼上课，吕先生曾请钱先生来校讲学。有一次讲后，我请吕、钱二先生和童丕绳（书业）、杨宽正（宽）等，在四马路会宾楼晚餐，继续畅谈，在座的恰好都是顾颉刚先生发起的禹贡学会会员"。[2]

受老友顾颉刚的委托，钱穆在苏州省亲期间为内迁到成都的齐鲁大学编《齐鲁学报》。钱穆请其师协助编写，吕思勉把自己所写的重要论文，如《秦汉移民论》《汉人誊产杂论》《道教起源杂考》等皆交给钱穆在该刊上发表。《齐鲁学报》共编有二期，由上海开明书店出版发行，这是当时"孤岛"时期一份很有学术分量的文史研究刊物。

吕思勉一生写有四部断代史，分别是《先秦史》《秦汉史》《两晋南北朝史》和《隋唐五代史》。而吕思勉从事断代史的撰述，也和钱穆有一定的关系。钱穆的《国史大纲》出版后，深得学界好评，一时有通史名家之誉，上海开明书店曾约他撰写"国史长编"。钱穆认为他的老师吕思勉遍读正史，学问广博，是撰写"长编"的最佳人选。在征得其师的同意后，他向开明书店推荐吕思勉代替自己。吕思勉的第一部断代史著作《先秦史》，1941 年由开明书店出版发行。

---

① 钱穆：《八十忆双亲·师友杂忆》，1998 年版，第 61 页。
② 胡嘉：《钱师音容如在》，江苏无锡县政协编：《钱穆纪念文集》，第 84 页。

钱穆的学生严耕望认为，在 20 世纪出版的各种中国通史教材中，仍以钱穆的《国史大纲》为最佳。但他又指出，在阅读钱著时尚须辅以吕思勉的几部断代史著作效果才能更好。在严耕望看来，钱书才气磅礴，笔力劲悍，有一贯的体系，一贯的精神，可谓是一部近乎"圆而神"的著作，讲者可以拿他作一条贯串的线索。吕书周赡绵密，材料翔实，考证精到，可谓是一部近乎"方以智"的著作，所以，讲者可以拿他作为钱书之辅，以济钱书的疏阔。同时，吕书征引原始材料非常详备，最便于讲授者从中撷取作参考之用。

　　钱穆从苏州回到西南后方后，痛感日寇侵逼，河山沦丧，爱国救世之心，不能自拔，于是直论世事，评衡时局，为抗日救国奔走呼号，不遗余力，其著述讲演，皆以弘扬民族文化，昂扬民族精神为宗旨，体现了知识分子以天下兴亡为己任的时代责任感和文化担当精神。而处于"孤岛"时期的吕思勉，也表现出了强烈的民族意识和高昂的爱国热情。八一三事变后，吕思勉之所以来到"孤岛"而不返老家常州，是因为常州城门口有日本兵把守，行人进出城门，要向日本兵行礼鞠躬，所以他坚决不肯回去。汪伪政权的报刊曾以优厚的稿酬向他约稿，也遭到了他的严词拒绝。在"孤岛"时期，他用各种笔名写出了许多洋溢民族正气、揭露日寇暴行的文章。比如，他用"淡言"的笔名写了一篇名为《狗吠》的杂文，刊在 1940 年的《青年月刊》上。该文以辛辣的笔调痛斥敌伪的暴行，讽刺日寇的武士道精神，并断言为虎作伥的汉奸绝没有好下场。在《吕著中国通史》最后一章"革命途中的中国"中，他宣称今日中国革命前途的重要问题是"不在对内而在对外"，"非努力打退侵略的恶势力，决无可以自存之理"。吕思勉的这些激扬民族正气的文章、著作赢得到人们的广泛尊敬。诚如范泉在《回忆"孤岛"时期的文艺战友们》一文所言：

　　　谁都不会相信：一位年老体弱，成天钻研古史的著名历史学家吕思勉先生，竟在"孤岛"时期变得那样年青，用"野猫""六庸"一类的笔名，写下了一系列富有文艺气息的文章，如《武士的悲哀》《眼前的奇迹》等，为中国民族伸张了浩然的正气。……他为了抗战胜利，不计酬劳，默默地奋笔疾书。他那旺盛的写作热情，使我深深体会到：这不是在写作，这是在战斗。①

　　1941年12月8日，太平洋战争爆发，上海租界沦陷。为了不做亡国奴，吕思勉毅然决定回老家常州乡下教书。临别前，学校师生合影留念，他在照片上方写下"一片冰心"四字，互勉坚守气节。回到常州后，他在游击区所在的湖塘桥青云中学和板上镇辅华中学任教。1943年，吕思勉辞去教职后，在家中专心于《两晋南北朝史》的撰写。该书写于抗战后期，他在书中歌颂抗魏义民，表彰陈武帝击退北齐保存华夏文化之功绩，誉为"六朝英主"，着意激扬民族大义。

　　"孤岛"沦陷后，吕思勉返回故乡，入城门时有日军岗哨，行人要脱帽。他不肯向日寇低头，于是不再戴帽，发誓"必光复乃戴"。1945年8月抗战胜利，国土重光，光华大学复校，吕思勉重回上海，买一顶六合帽，于当年12月30日戴帽昂首归故乡。

　　抗战胜利后，钱穆因患胃病仍留成都任教，1946年夏返苏州，居新桥耦园。10月，吕思勉到苏州，与钱穆、顾颉刚等人同游耦园、拙政园。钱穆在无锡江南大学任教期间，曾同施之勉一道赴常州拜访吕思勉。据吕思勉的学生李永圻回忆，一天下午三时许，钱穆与施之勉来到老师的住所十子街故居，"当时我和师母在家，老师则去西庙沟某茶馆喝茶下棋，师母便叫我去茶馆通告老师。老师回来后，非常高兴，晚餐时，还特地去菜馆里叫了菜。饭后，师生一起在书房里畅谈，那一晚一直谈到深夜。钱穆其时胃病新愈，人很消瘦，而双目炯炯有神，对自己的见解，坚信不疑，有一种罕见的力量在，令人永远难忘。他谈锋甚健，论古说今，议论风发，金声玉音，满室生辉"。②第二天一早，吕思勉亲自领学生去访常州府中学堂旧址，故地重游，师生俩回忆起了当年教书、读书的情景，心情格外高兴。常州府中学堂民国后改名为常州第五中学，吕思勉叫钱穆为该校学生作演讲，钱

---

　　① 转引自张耕华：《人类的祥瑞——吕思勉传》，华东师范大学出版社，1998年版，第192—193页。

　　② 引自张耕华：《史学大师吕思勉》，上海教育出版社，2000年版，第175页。

穆欣然应命，在学校一广场上谆谆告诫那些青年学子：

> 此学校四十年前一老师长，带领其四十年前一老学生，命其在此演讲。房屋建筑物质方面已大变，而人事方面，四十年前一对老师生，则情绪如昨，照样在诸君之目前。此诚在学校历史上一稀遘难遇之盛事。今日此一四十年前老学生之讲辞，乃求不啻如其四十年前老师长之口中吐出。今日余之讲辞，深望在场四十年后之新学生记取，亦渴望在旁四十年之老师长教正。学校百年树人，其精神即在此。[①]

此时的钱穆，望重学林，其学术地位已不在乃师之下，而句句以学生自居，对其师尊重和推崇的虔诚之心展现无遗。讲演完毕后，吕思勉还兴致勃勃地带钱穆去街坊品尝常州土特食品，师生情谊深厚，可见一斑。

在中国现代史坛上，吕思勉与钱穆都精于考证，以治通史名家，师生之间在学问上互有影响。比如，在评价古史辨派的古史理论和方法上，两人就有不少相同的见解。早在古史辨运动兴起之前，学术界围绕着井田的有无问题展开了一场讨论，胡适称古代中国并没有均产的井田制，"井田的均产制乃是战国时代的乌托邦"，是孟子"托古改制"想象杜撰出来的。胡汉民、廖仲恺、朱执信等人则认为《孟子》一书所记是可信的史实，不能轻疑。吕思勉也参加了这场讨论，他在1920年8月的《建设》杂志上发表了《论货币与井田——给廖仲恺、朱执信的公开信》，对胡适完全否定井田制的存在深不以为然，指出"曾经推行天下，绵历千载之井田，自然无有；而行之一时一地之井田，则不能谓其无有也"。认为全盘怀疑古代的历史记载，"未免武断"。近代以来，疑古之风盛行，不少学者怀疑先秦秦汉的古籍为伪造。比如，近人都认为现存的《尉缭子》《六韬》是伪书，吕思勉则认为两书"皆多存古制，必非后人所能伪"。又如，《周官》一书，疑古派学者多视为刘歆伪造，吕思勉则认为"《周官》为古代政典……盖战国时

---

① 钱穆：《八十忆双亲·师友杂忆》，第62页。

学者所述。欲考战国时制者，独赖此书之存"。① 对于古史辨学者深为推崇的《崔东壁遗书》，吕思勉也深不以为然，称"《崔东壁遗书》，近人盛称其有疑古之功，此特门径偶然相合，其实崔氏考据之学，并无足称"，"崔氏所疑，实甚浅显"。② 对于古史辨学者怀疑先秦两汉经子典籍记载之真实性，吕思勉也提出了批评："近二十年来，所谓'疑古'之风大盛，学者每訾古书之不可信，其实古书自有其读法，今之疑者，每援后世书籍之体例，訾议古书，适见其卤莽灭裂也。"③

　　1941 年，吕思勉与顾颉刚的学生、古史辨派的后劲童书业合编《古史辨》第七册，书中三分之一的内容由其亲自校阅，而且还把自己全部讲古史的论文送入该册发表。不过，吕思勉本人并不属于古史辨派这一阵营，他治古史的理论也与该派的主张大不相同。他在《古史辨》第七册"自序一"中提出古史既有"层累造成"的一面，同时又未尝没有"逐渐剥蚀"的一面。在后来所著的《中国史籍读法》中，他更明确指出，"读古书的，于近人所谓'层累的造成'之外，又须兼'逐渐的剥落'一义言之，方为完备"，主张疑古、考古、释古三者并重。钱穆在《国史大纲》第一编"上古三代之部"中，针对顾颉刚"古史层累造成说"提出了"古史层累遗失说"，认为古史固然有"层累造成"的一面，同时也有"层累遗失"的一面，层累造成的伪古史固应破坏，而层累遗失的真古史尤应探索。吕思勉"古史逐渐剥落说"与钱穆"古史层累遗失说"大体相近，钱穆的《国史大纲》成书于 1939 年 6 月，又是经过其师作最后的校订，我们推测在这一问题上，吕思勉的观点极有可能是受了学生钱穆的影响。

　　又如，在治古史地理的理论和方法上，两人也有不少相同的见解。钱穆喜治古史地理，尤重古史地名的考证，写过《周初地理考》《古三苗疆域考》《楚辞地名考》《黄帝故事地望考》《秦三十六郡考》等考证古史地名文章，并在长期的研究实践中形成了一套研治古史地名的理论与方法。他说："治古史的应该看重考地的工作。而考论古史地名尤关重要的一点，即万勿轻易把秦以后的地望来推说秦

---

① 吕思勉：《先秦史》，上海古籍出版社，2005 年版，第 11 页。

② 吕思勉：《读〈崔东壁遗书〉》（1934 年），《吕思勉论学丛稿》，上海古籍出版社，2006 年版，第 708 页。

③ 吕思勉：《先秦史》，第 6 页。

256　钱穆与 20 世纪中国史学

以前的地名，而应该就秦以前的旧籍，从其内证上，来建立更自然的解释，来重新审定更合当时实际的地理形势。"①吕思勉也有类似的见解，他说："在历史上，地理形式不必和现在相同，把现在的地理情形，去解释史事，就要陷于误谬了。所以治史学者，对于历史地理，不能不有相当的知识。其中最重要的，就是要知道各时代地面上的情形和现在不同的，因以推知其时的地理及于其时人类的影响和现在的不同。"②1931年，钱穆在《燕京学报》第10期上发表《周初地理考》一文，认为周人起于冀州，在大河之东。后稷封邰，公刘居豳，皆今晋地。及太王避狄居岐山，始渡河西进。这与传统说法周人起源于今陕西西部泾、渭上流，其势力自西东渐完全相反。钱氏此说首先得到了其师吕思勉的赞同和采纳，他在《先秦史》第八章"周先世事迹"中说：

> 邰旧说谓今陕西武功县，豳为今豳县，岐为今岐山县，钱穆《周初地理考》谓邰即台骀之地，居汾、涑之域也。……汾即邰，亦即豳。然则公刘旧邑，实在山西；大王逾梁山，当在今韩城；岐山亦当距梁山不远也。予案虞、夏之间，吾族以避水患，西迁河、洛，更渡河而入河东，说已见前。山西之地，三面皆山，惟自蒲津渡河入渭域为平坦，钱氏之言，衡以地理情势，固无不合矣。③

钱穆考证齐桓公西征白狄，"涉流沙"，"流沙"一名，一见便似远在甘肃塞外，其实古代中国内地河道有不少以流沙命名的，齐桓公所涉流沙实在山西（太行山以西）。考证《楚辞》所言洞庭在江北而不在江南，屈原沉"湘"，乃汉水之别称，非为洞庭之湘水。吕思勉对此也颇表赞同，说"钱氏以流沙为水名，似奇而实确矣"，"钱氏之论，可谓极精"。④"钱宾四有《战国时洞庭在江北不在江南

---

① 钱穆：《提议编纂古史地名索引》，《禹贡》第1卷第8期（1934年）。又见氏著《古史地理论丛》，台北东大图书公司，1982年版，第282页。
② 吕思勉：《历史研究法》，收入《吕著史学与史籍》，华东师范大学出版社，2002年版，第30页。
③ 吕思勉：《先秦史》，第111页。
④ 吕思勉：《吕思勉读史札记》增订本（上），上海古籍出版社，2005年版，第68页。

辩》，其说甚谛。此是战国前事，至秦、汉，则其说渐移于今之洞庭。"①1940年，钱穆隐居苏州藕园写《史记地名考》，曾专程到上海就一些古史地名问题向吕思勉请教，并提出有意要写一本关于治古史地理方面的书，吕思勉对钱穆的这项研究计划非常赞同，鼓励有加，认为"这是极紧要极好的事情"。②

吕思勉与钱穆在治学上有诸多相通处，但歧异的地方也不少。比如，在对待今古文经学的问题上，钱穆曾多次向其师请教问学，两人"往返长函几达十数次"。吕思勉在经学上，是一位今文学大师，谨守常州今文学派前辈的观点。他在一篇文章中说："自武进庄氏、刘氏，以至最近南海康氏、井研廖氏，则破坏莽、歆所造古文经，以复孔子学说之旧也。今后学者之任务，则在就今文家言，判决孰为古代之真事实，孰为孔子之所托，如此，则孔子之学说与古代之事实，皆可焕然大明。"③又说康有为《新学伪经考》一书，"于重要事实，考辨甚详……读之，不啻读一详博之两汉经学史也"。④钱穆不信古文经为刘歆伪造，其成名作《刘向歆父子年谱》主要是批驳康有为《新学伪经考》的。所以，在刘歆是否伪经这一问题上，他曾多次写信向其师"加以质疑问难"，双方"各累数万字"。吕思勉在最后一封回信中说："君学可比朱子，余则如象山，尽可有此异同。"⑤当然，吕思勉的观点后来发生了较大改变，由"谨守常州今文学派前辈的观点"到主张"今古文之贯通运用"，完成了由今文学派立场向"今古贯通"的经学转换。⑥

再如在通史的写法上，吕思勉主张以社会经济的发展为主线，钱穆则强调以政治制度为"主脑"。《吕著中国通史》是吕思勉撰写的第二部中国通史著作，该书内容的编排次序是：先社会经济制度，次政治制度，最后是学术文化。吕思勉治史多把目光投注在社会经济方面，在他所撰写的通史和各种断代史中，这方面的内容所占的篇幅极大，这与钱穆治史多注意政治、文化有所不同。钱穆称通史

① 吕思勉：《吕思勉读史札记》增订本（上），第73页。
② 吕思勉：《历史研究法》，《吕著史学与史籍》，第30页。
③ 吕思勉：《答程鹭于书》，《吕思勉论学丛稿》，上海古籍出版社，2006年版，第675页。
④ 吕思勉：《经子解题》，华东师大出版社，1995年版，第7页。
⑤ 钱穆：《八十忆双亲·师友杂忆》，第61页。
⑥ 参见王刚：《吕思勉学术体系中的经学问题》，收入陈勇、谢维扬主编：《中国传统学术的近代转型》，上海人民出版社，2011年版，第119—127页。

的撰写"首曰政治制度,次曰学术思想,又次曰社会经济"。所以在他的通史著作《国史大纲》中,多以"上层之结顶"的政治制度和"中层之干柱"的学术思想为主要内容,不免忽略了作为"最下层之基础"的社会经济方面的内容。在这一问题上,他的老师也有批评之语。吕思勉在1946年写的一篇长文《从章太炎说到康长素梁任公》中说:"现存的学者中,我觉得钱宾四先生气像颇有可观;惟觉他太重视了政治方面,而于社会方面畸轻,规模微嫌狭隘而已。"①

吕思勉与钱穆对唯物史观和马克思主义的理解也截然异趣。吕思勉自述一生思想有三变,"成童时,最信康(有为)梁(启超)之说","笃信而想望者,为大同之境及张三世之说"。17岁以后,"服膺法家",尤其是法家中"术家"之说,"以为凡事皆当藉政治之力改良之"。47岁,受老同学马精忠的提示,多读马列之书,服膺唯物史观。②1943年,60岁的吕思勉在给女儿吕翼仁所写的长诗中就有"圣哉马克思,观变识终始"之句,表达了对马克思的崇敬和仰慕之情。在第二年所写的《历史研究法》中,吕思勉公开宣称"马克思以经济为社会的基础之说,不可以不知道",并称"以物质为基础,以经济现象为社会最重要的条件,而把他种现象,看作依附于其上的上层建筑,对于史事的了解,实在是有很大帮助的"。③钱穆早年在无锡乡间小学任教时就接触到了马克思主义学说,与他的老师吕思勉所不同的是,他把马克思主义唯物史观理解为经济决定论和阶级斗争论而大加批评。在《国史大纲》中,他对马克思主义阶级斗争理论和中国历史上的农民起义和农民革命多有攻击。师生二人对马克思主义学说的不同态度,也决定了1949年大陆政权易帜之时的不同选择。

1949年春,钱穆离开无锡南下广州之前,专程到沪上看望吕思勉,这是师生之间的最后一次见面。50年代初,钱穆主持新亚书院时,师生之间仍有好几次书信往来,吕思勉劝学生回大陆教书讲学,对流寓海外的钱穆关心依旧。但钱穆拒绝了老师的好意,他在给吕思勉的一封回信中说:

---

① 《吕思勉论学丛稿》,上海古籍出版社,2006年版,第406页。

② 参见吕思勉:《自述》,俞振基编著:《蒿庐问学记:吕思勉的生平与学术》,生活·读书·新知三联书店,1996年版,第223—224页。

③ 吕思勉:《历史研究法》,《吕著史学与史籍》,第32页。

老师一生劳瘁，无一日之余闲，现在年事已高，我做学生的不能为您尽一点孝心，不能为老师扫扫地，铺铺床，每想到此，心中总感到非常遗憾。老师劝我沪港两地自由来往，这是我做不到的。回来虽无刀镬之刑，但须革心洗面，重新做人，这是学生万万做不到的。学生对中国文化薄有所窥，但不愿违背自己的主张……愿效法明末朱舜水流寓日本传播中国文化，也很希望在南国传播中国文化之一脉。[①]

吕思勉治史精勤，自言"性好考证"，自 23 岁以后"即专意治史"。一生著有二部通史、四部断代史、五部专门史（《中国民族史》《中国制度史》《先秦学术概论》《理学纲要》《宋代文学》），以及大量的富有学术见解的史学札记（《燕石札记》、《燕石续札》等）。然而在近现代中国史学界，他的声名和学术地位远不及他的学生钱穆和"史学二陈"那样显赫，对此严耕望在《通贯的断代史家——吕思勉》一文中作了如下分析。

其一，近代史学风尚，偏向尖端发展，一方面是扩大新领域，一方面是追求新境界。这种时尚，重视仄而专的深入研究与提出新问题，发挥新意见，对于博通周赡但不够深密的学人就不免忽视。吕思勉属于博赡一途，故不免为一般学人所忽视和低估。

其二，近代史学研究特别注重新史料的运用，包括发掘不常被引用的旧史料，把是否征引新材料作为衡量史著的重要尺度，而吕思勉的重要著作主要取材于正史，并不去刻意征引罕见的史料，这也使一般人低估了他的论著。

其三，吕思勉生活的时代，第一流大学多在北平，学术中心也在北平。前辈史学家能享大名，声著海内者，莫不在北平著名大学任教。吕思勉长期任教于上海光华大学，上海非学术中心，光华尤非一般学人所重视，再加上吕思勉是一个埋头枯守，默默耕耘，不求闻达的学人，致使其人其书不被时人特别看重。

吕思勉生前的学术声名虽不如二陈一钱三位显赫，但他实际上的学术成就绝

---

① 此信在"文革"中毁失，信中内容据吕思勉的学生李永圻回忆而来，信的最后一句是："临颖不胜故国神驰"，署名"梁隐"。参见张耕华：《人类的祥瑞——吕思勉传》，第 264 页。

不在他们三人之下。严耕望认为，仅就吕思勉四部断代史而言，每部书前半部综述这一时代的政治发展概况，后半部就社会、经济、政制、学术、宗教各个方面分别论述。前半部有如旧体纪事本末，较易完成；后半部虽类似正史诸志，而实则不同。除政制外，多无所凭借，无所因袭，所列章节虽尚不无漏略，但大体已很周匝赅备，皆采正史，拆解其材料，依照自己的组织系统加以凝聚组合，成为一部崭新的历史著作。其内容虽不能说周赡密匝，已达到无懈无憾的境界；但以一人之力能如此面面俱到，而且征引繁富，扎实不苟，章节编排，篇幅有度，无任性繁简之病，更无虚浮矜夸之病。此等成就，实不易达。尤其是以一人之完成四部断代史，此等魄力与毅力，实在令人惊服。在前辈成名史学家中，除吕思勉外，恐怕都难做得到。严耕望的评价是符合事实的。

吕思勉一生有不少弟子，如战国史专家杨宽，魏晋隋唐史专家唐长孺，唐史专家黄永年，文献学专家胡道静等。在众弟子中，似乎只有钱穆最近乃师，师生二人皆走博通周赡之路，在通史、断代史研究上有极高的造诣。诚如一些论者所言："在现代中国史学，兼有中国通史和断代史著作的史学家，可谓寥若辰星，而吕思勉与钱宾四师弟两人都耀列其间"，"维系了师生传承的中国文化传统和中国史学学脉"。①

三、钱穆与陈寅恪

陈寅恪（1890—1969），江西修水人，出身名门世家。祖父陈宝箴为晚清重臣，曾在湖南启用维新派人士推行新政，使湖南成为当时全国 18 个省中最富朝气的一省。其父陈三立（1852—1937），号散原，光绪年间进士，是同光体诗派的领袖。1902 年春，13 岁的陈寅恪随兄长陈衡恪东渡扶桑，游学日本。以后又负笈欧美，就读于德国柏林大学、瑞士苏黎士大学、法国巴黎大学、美国哈佛大学。陈寅恪出身书香世家，自幼接受传统国学的熏陶，旧学功底厚实，又长期游

---

① 罗义俊：《中国史学的学脉——吕思勉与钱宾四》，《历史教学问题》1998 年第 1 期。

学域外，对西方学术广泛涉猎，通晓十余国语言，学问广博，被吴宓誉为"全中国最博学之人"。1926年，陈寅恪受聘清华，是清华国学研究院四大导师之一。国学研究院停办后，他受聘于清华大学历史系、中文系，是该校文学院中唯一一位合聘教授，清华的一些教授都慕名前去听课，被誉为"教授中的教授"。

钱穆在北大任教之初，住西城潘宅（潘佑荪家），以后迁到二道桥受璧胡同。有一段时间，钱穆的家眷南归苏州，他只身一人在校。好友汤用彤恐其"饮食不便"，故割其前院一书斋供其居住。汤用彤与陈寅恪系留学哈佛的同学，当时汤在北大哲学系开"东汉魏晋南北朝佛教史"，陈在清华中文系开"佛经翻译文学"，两人对佛教典籍皆有精深的研究，陈寅恪常进城到南池子汤家拜访，寓居汤宅的钱穆因此而结识了陈寅恪，三人常在钱穆所居的前院书斋聚谈，这是钱、陈二人认识之始。

陈寅恪在清华历史系主讲"魏晋南北朝史专题"和"隋唐史专题"两课程，住清华园中。陈氏生活作息时间颇有规律，其寓所门上下午常挂"休息敬谢来客"一牌，相见颇不容易。钱穆也在清华兼课，讲授"秦汉史"。据他的侄儿，当时在清华读书的钱伟长回忆，钱穆每周星期四上完课后，在清华工字厅住一夜，第二天下午方返北大红楼上课。钱上课之余，也不时到陈宅聚谈。两人皆穿长袍，北平的冬天非常寒冷，陈寅恪常在棉袍外再穿一皮袍，有时还在皮袍外加一青布马褂。钱穆对陈寅恪的学问非常佩服，而且在穿作中也仿效陈氏。据他回忆："余本穿长袍，寅恪亦常穿长袍，冬季加披一棉袍或皮袍，或一马褂，或一长背心，不穿西式外套，余亦效之。"①

钱穆早年治诸子学，早在苏州中学任教时，就完成了他早年最重要的学术著作《先秦诸子系年》（以下简称《系年》）初稿的写作。进入燕大、北大任教后，他又利用北平城丰富的藏书，对旧稿加以修订、增补。书成之后，由顾颉刚推荐给清华，申请列入《清华丛书》。当时列席审察此书的有陈寅恪、冯友兰等三人。冯友兰认为此书当改变体裁，便人阅读，陈寅恪的审读意见恰好相反，认为《系年》"作教本最佳"，盛赞"自王静安（国维）后未见此等著作矣"。由于审读意

---

① 钱穆：《八十忆双亲·师友杂忆》，第180页。

见的分歧，钱著最终没获得通过。陈寅恪对这一结果相当不满，多次在不同场合中称赞钱著。朱自清在 1933 年 3 月 4 日的日记中记道："晚（叶）公超宴客，座有寅恪。……谈钱宾四《诸子系年》稿，谓作教本最佳，其中前人诸说皆经提要收入，而新见亦多。最重要者说明《史记·六国表》但据《秦纪》，不可信。《竹书纪年》系魏史，与秦之不通于上国者不同。诸子与《纪年》合，而《史记》年代多误。谓纵横之说，以为较晚于《史记》所载，此一大发明。"①

冯友兰反对出版钱著的正面理由是《系年》的体裁不便阅读。《系年》是一部考证诸子年代、行事的考据之作，在哲学家冯友兰看来，作教本最好采用章节体例，使用通识性的语言文字，考据性的文字不免有冗长、繁琐之弊，故作教本当改变体例。陈寅恪是史学家，是 20 世纪中国著名的考据学大师，他强调治学重证据，凡立一说，必旁搜博采，博求证据。《系年》的考证方法与他的治史理念相通，所以在审读钱著时，自然引起了他强烈的共鸣。这是陈特别欣赏《系年》的原因所在。

陈寅恪称赞《系年》的考证工夫，甚至认为钱著"作教本最佳"，这体现了一位历史学家的偏爱和治史眼光。当钱穆由早年的考据转向义理的探寻，多写通识性的论著时，他对陈寅恪的考据文字也渐有批评。他晚年对门下弟子说，陈寅恪"文不如王（国维），冗沓而多枝节，每一篇若能删去其十之三四，始为可诵。且多临深为高，故作摇曳，此大非论学文字所宜"。② 这些评论，自是后话。

七七事变后，北平沦陷，陈寅恪的父亲散原老人终日忧愤，不食而逝。陈寅恪料理好父亲的丧事后，于 11 月 3 日带领全家离开北平到天津。在天津小住期间，遇到了钱穆、汤用彤等人。以后钱穆乘船南下，绕道香港赴长沙临时大学；陈寅恪则由青岛乘火车经济南、郑州、汉口，转至长沙。由于路途耽误了时间，他们到达长沙时，得知临时大学移迁昆明，陈寅恪随后带领全家南行，从香港赴滇。当行至香港时，已近旧历年底，陈寅恪的夫人唐篔因旅途劳累心脏病发作，滞留香港，他则只身取道安南、海防，于 1938 年 4 月 8 日到达西南联大文学院

① 《朱自清日记》，《朱自清全集》第十卷，江苏教育出版社，1997 年版，第 202 页。
② 钱穆：《致余英时书》，《钱宾四先生全集》第 53 册《素书楼余沈》，第 428 页。

所在地蒙自上课。

陈寅恪在西南联大讲"两晋南北朝史"，钱穆仍教"中国通史"。对于两人的讲课风采，当年在西南联大历史系读书的何兆武有如下两段回忆：

> 当时教中国通史的是钱穆先生，《国史大纲》就是他讲课的讲稿。和其他大多数老师不同，钱先生讲课总是充满了感情，往往慷慨激越，听者为之动容。据说上个世纪末特赖齐克 (Treischke) 在柏林大学讲授历史，经常吸引大量的听众，对德国民族主义热情的高涨，起了很大的鼓舞作用。我的想像里，或许钱先生讲课庶几近之。据说抗战前，钱先生和胡适、陶希圣在北大讲课都是吸引了大批听众的，虽然这个盛况我因尚是个中学生，未能目睹。钱先生讲史有他自己的一套理论体系，加之以他所特有的激情，常常确实是很动人的。

> 陈寅恪先生当时已是名满天下的学术泰斗，使我们初入茅庐（西南联大的校舍是茅草盖的）的新人 (freshman) 也禁不住要去旁听，一仰风采。陈先生开的是高年级的专业课，新人还没有资格选课。陈先生经常身着一袭布长衫，望之如一位煦煦然的学者，一点看不出是曾经喝过一二十年洋水的人。陈先生授课总是携一布包的书，随时翻检；但他引用材料时却从不真正查阅书籍，都是脱口而出，历历如数家珍。[1]

陈寅恪是史家，也是诗人。在授课之余，也写了不少感怀之诗。其《蒙自南湖》诗云：

> 景物居然似旧京，荷花海子忆升平。
> 桥边鬓影还明灭，楼外笙歌杂醉醒。
> 南渡自应思往事，北归端恐待来生。

---

① 何兆武：《历史理性批判散论·自序》，湖南教育出版社，1994 年版，第 7 页。

黄河难塞黄金尽，日著人间几万程。①

　　转徙西南间的颠沛流离之苦，亲人卧病香江不能相见的思念之情，增添了陈寅恪对北平时期安定生活的怀念，诗中所言的"旧京"，即指抗战前陈氏从事教学、著述的北平城。从 1926 年 7 月受聘清华国学研究院，到 1937 年 11 月逃离北平的 11 年间，是陈寅恪一生中生活安定、心情愉快、读书著述环境俱佳、学问突飞猛进的黄金时期。据统计，陈寅恪一生著文约百篇，这一时期即多达 54 篇，占一半左右。正当他一心向学、著述有成之时，日本人的入侵却打断了这一切，八年来的流转乱离生活拖垮了他的身体，怎不令他感慨万端。钱穆与陈寅恪也有相同的感慨。他回忆抗战前北平城人文荟萃、学者云集的情景时深情地说，这些学者学有专长，意有专情，埋首学问，著述有成，循此发展，积之有年，"或可酝酿出一番新风气来，为此下开一新局面"。②不料日寇侵逼，战端四起，北平学术界声光顿息。八年抗战，虽然驱逐强寇，重光疆土，但是学术界神耗气竭，光彩无存，故常有不堪回首，"天不佑我中华"之叹。

　　1938 年秋后，文学院从蒙自迁回昆明，陈寅恪住在中央研究院史语所租赁的静花巷青园学舍三楼上，钱穆则卜居宜良岩泉寺，每周三日去昆明上课，三日则在山中撰写《国史大纲》。寒假到了，陈寅恪和汤用彤一道来山中拜访，在岩泉寺的楼上住了一个晚上，两人曾在院中石桥上临池而坐，陈寅恪说："如此寂静之境，诚所难遇，兄在此写作真大佳事。然使我一人住此，非得神经病不可。"③陈寅恪兼史家与诗人于一身，天性涵具诗人气质，而钱穆则是一个耐得住寂寞的苦学者，当初贺麟、汤用彤送他到岩泉寺时也有此问，"君一人独居，能耐此寂寞否"，钱穆的回答是，"居此正好一心写吾书，寂寞不耐亦得耐"。从陈寅恪的这一席话中，也可见两人不同的性情。

　　《国史大纲》出版前，钱穆先撰有"引论"一篇，发表在昆明版的《中央日

---

　　①　陈寅恪：《陈寅恪集·诗集》，第 24 页。
　　②　钱穆：《八十忆双亲·师友杂忆》，第 181 页。
　　③　钱穆：《八十忆双亲·师友杂忆》，第 223 页。

报》上。该文是他流转西南以来的"最用力之作",也是阐发他史学思想的代表作,文中的主要观点在当时西南联大师生中引起了热烈的讨论。钱穆宣称:"欲其国民对国家有深厚之爱情,必先使其国民对国家以往历史有深厚的认识。欲其国民对国家当前有真实之改进,必先使其国民对国家以往历史有真实之了解。"① 此一思想与陈寅恪"在史实中求史识",总结历史教训而为当下现实作借鉴和参照的见解相通,所以"引论"的观点自然引起了他深深的共鸣,他对来访的张其昀推荐了该文,称这是一篇值得一读的"大文章"。

1940 年 6 月,《国史大纲》由商务印书馆正式出版。钱穆写信给陈寅恪,请直告书中的错误,他回信称书中的引文未注明出处,难以查检,钱穆也以此为憾。1972 年,钱穆拟对旧著重新加以修订,决定依陈氏之言,将书中材料出处一一加以增补,写信给弟子严耕望征求意见。严耕望认为,此书以通识见长,与考证之作不同。考证之作,重在实证,必须一字一句明其来历;通识之作,尤其是通史,重在综合,重视章节布局,提出整体意见。就一个时代言,须综观全局,作扼要说明;就前后时代言,须原始察终,通变古今,不在一事一物的点滴考证。另外,有一些重大问题,只能凭借作者的才智和深厚学养,提出简要的慧解,很难在有限的篇幅中原原本本地加以证明,只有让看书多、程度深的读者,循此慧解的线索,自己体会,获得了解。这些地方,一点一滴的考证方法,几难有用武之地,何能事事注明出处。于是致书其师:"陈(寅恪)先生从考证法度指出此类小弱点,不足介意。若今日再逐句寻出处,费大事而就小功,殊不值得。与其在这些小处着墨,不如在大处加工,完成一部通体融会的通史读本。"② 钱穆最终采纳了严耕望的意见,修订后的《国史大纲》在材料上仍未注明出处。

陈寅恪流转西南,伤及双目。为治眼病,他应英国牛津大学之聘,于 1941 年春赴香港,准备转赴英伦。但当时欧战正炽,地中海已完全不能通航,只好暂居香江,等待赴英的机会。不料年底太平洋战争爆发,香港被日军攻占,赴英计划彻底落空。在困居香港期间,有旧日学生来访,称奉命请陈到当时沦陷区的广

---

① 钱穆:《国史大纲·引论》,第 3 页。
② 严耕望:《钱穆宾四先生与我》,第 100 页。

州或上海任教，并拟拨港币 40 万交其筹建东方文化学院，为其严词拒绝。1942年 5 月 5 日，陈寅恪一家逃出香港，取道广州湾返回广西内地。"万国弋兵一叶舟，故丘归死不夷忧"①，这是陈寅恪当年乘船过广州湾时吟出的诗句，他在《陈述〈辽史补注〉序》中也说："寅恪侨寓香港，值太平洋之战，扶疾入国，归正首丘。"②这些皆表现了他崇高的民族气节和爱国热情。

陈寅恪返回内地后，以部聘教授的名义在桂林广西大学法商学院任教，讲授"唐代政治史"。1943 年夏，战火逼近湖南，长沙等地吃紧，迫于形势，陈寅恪全家从桂林出发，经宜山、贵阳、重庆，于年底到达成都，任教燕京大学。

燕京大学原在陕西街上课，陈寅恪一家住在学校租赁的民房中，后来燕大借华西大学校舍上课，陈氏一家迁到华西坝广益宿舍内，从此生活安定了下来。钱穆自 1943 年秋受聘于华西大学文学院，钱、陈二人在华西坝比邻而居，故得以经常见面。据杨向奎回忆："我和陈先生只有一面之识，那是在 1944 年的暑假中，当我从外地来到成都，住在华西坝，和当时任教于燕京大学的陈寅恪先生、任教于华西大学的钱宾四先生都是比邻而居。我和钱先生几乎每天见面，总是在晚饭后，我去看他，他就和我在华西坝的一个广场上散步谈天，同时我也曾经去看望陈先生。我和陈先生本不相识，看他，一方面表示我的仰慕之情，一方面打算向他请教有关隋唐史中的若干问题，因为当时我正在教这一门课。"③

钱、陈二人同居华西坝，见面的机会较多，但当时两人皆在病中，钱患胃病，卧床不起；陈患眼疾，几近失明。有一天，卧病中的钱穆偶然读到 30 年代初胡适所写的《神会和尚遗集》，认为其说"随便"，不能令人信服，不禁操笔为文，写下《神会与坛经》一长文，对胡适的"新说"（《坛经》为神会所作）加以批评。陈寅恪精于佛经研究，当时他本想向陈请教，讨论这一问题，但想到两人俱在病中，因而放弃了这一想法。钱穆在晚年的回忆中忆及此事，称未能与之讨论，"迄今以为憾"。

---

① 陈寅恪：《陈寅恪集·诗集》，第 32 页。

② 陈寅恪：《金明馆丛稿二编》，生活·读书·新知三联书店，2001 年版，第 264 页。

③ 杨向奎：《忆陈寅恪先生》，张杰、杨燕丽选编：《追忆陈寅恪》，社会科学文献出版社，1999年版，第 340 页。

1940 年春，陈寅恪赴重庆参加中央研究院评议会，在夜宴中见到领导抗战的最高领袖蒋介石，"深觉其人不足有为，有负厥职"，故吟出了"食蛤那知天下事，看花愁近最高楼"①的诗句。抗战期间，钱穆也多次受蒋介石的召见、赐宴，并三次赴陪都重庆，在复兴关为国民党"中央训练团"讲课。最后一次赴复兴关讲课时，钱穆与冯友兰、萧公权、萧叔瑜同住一室，在元旦的那天早晨，蒋介石还亲临其住所看望，问寒问暖，令他感动不已。以抗战领袖的身份关心文化学术，蒋对钱有"知遇之恩"，他在政治上真心拥蒋，把民族复兴的重任寄托在蒋介石的身上。两人对蒋介石的不同态度，在一定程度上也决定了 1949 年的去留。

1948 年底，解放军包围了北平城。在围城期闻，南京政府"抢救"北平学人的计划也在紧张实施着，陈寅恪便是被列入重点"抢救"的学人之一。

国民党"抢救"北平学人的计划具体由蒋经国、陈雪屏、傅斯年等人负责实施。在围城之初，曾任过北大教授的陈雪屏，受教育部委托多次请陈寅恪乘专机与他一道南下，为其拒绝。有人认为陈不愿意离开北平，恐与事实不尽相符。浦江清在《清华园日记》中记道：

> 十二月十二日晨九时，访问寅恪先生。上回我为了系中同人提出添聘孙蜀丞事，特地去看他，征询他的意见。陈先生说，此刻时局很危，不宜在此时提出。他虽然双目失明，如果有机会，他愿意即刻离开。……他不反对共产主义，但他不赞成俄国式共产主义。我告诉他，都是中国人，中国共产党人未必就是俄国共产党人。学校是一个团体，假如多数人不离开，可保安全，并且可避免损失和遭受破坏。他认为我的看法是幻想。

浦江清又告陈雪屏来北平，似为抢救若干教授学者，给予便利以南行，惟人数必有限制，极少数。陈先生如有行意，可通知梅公（梅贻琦）。陈谓他早已知道此消息，并已洽梅公云云。他谢我特为通知的好意，并且劝我也可去梅公处登记。上回他谈，认为清华在南方还是要慢慢设立的，虽然不一

① 陈寅恪：《陈寅恪集·诗集》，第 30 页。

定再用清华大学名义。①

1948 年 12 月 15 日,国民党派专机接北大校长胡适南下,揭开了"抢救学人"计划的序幕,与胡适同机离开的有陈寅恪一家。陈寅恪解释说先前不愿坐陈雪屏的专机走,是因为陈是国民党青年部长,是官僚,他不愿坐国民党的飞机离开。胡适是北大校长,是学人,跟他一起走,走得心安理得。

当冯友兰等清华学人正在为护校作努力之时,听说陈寅恪不辞而别,尽室南下,颇感诧异。后来冯氏对陈寅恪的"突走"作了这样的解释:

> 静安先生与寅恪先生为研究、了解中国传统文化之两大学者,一则自沉,一则突走,其意一也。静安先生闻国民革命军将至北京,以为花落而春意亡矣,不忍见春之亡,故自沉于水,一瞑不视也。寅恪先生见解放军已至北京,亦以为花落而春意亡矣,故突然出走,常往不返也。其义亦一也。一者何?仁也。爱国家,爱民族,爱文化,此不忍见之心所由生也。不忍,即仁也。孔子门人问于孔子曰:伯夷、叔齐怨乎?孔子问答说:求仁而得仁,又何怨。静安先生、寅恪先生即当代文化上之夷叔也。②

陈寅恪在南京住了一夜,第二天便离京(南京)赴沪,住在他表弟俞大纲家。1949 年 1 月 16 日,陈氏一家乘海轮"秋瑾号"离沪,三天后到达广州,任教岭南大学。

陈寅恪晚年栖身岭表,并非突发奇想,而是经过了一番深思熟虑。经过抗战八年的颠沛流离,拖垮了他的身体。复员回到清华后,身体每况愈下,医生建议他到南方暖和之地去休养。1948 年夏,岭南大学校长陈序经来北平,曾向陈寅恪发出了邀请。陈序经曾做过西南联大法学院院长,与陈寅恪是旧友。当时北平城

---

① 浦江清:《清华园日记·西行日记》(增订本),生活·读书·新知三联书店,1999 年版,第 246—247 页。

② 冯友兰:《怀念陈寅恪先生》,张杰、杨燕丽选编:《追忆陈寅恪》,社会科学文献出版社,1999 年版,第 28 页。

尚远离战火，他没有立即答应岭大之聘。陈寅恪离开北平后，在上海待了整整一月，其间有足够的时间考虑今后的去留问题。他经过考虑后，主动致信陈序经，接受了岭南大学之聘，从此栖身岭表达二十年。

当陈寅恪在岭南大学任教不久，钱穆也接受了华侨大学之聘，由无锡来到了广州。居穗期间，钱穆曾两次专程去岭南大学访陈寅恪。一次只见到了陈的夫人唐筼，还有一次与罗倬汉一道同访。后来钱穆避地香港，创办新亚书院，曾多次写信给陈寅恪，邀请他赴港办学，遭到了拒绝。

陈寅恪任教岭南大学之初，已去台湾做台大校长的傅斯年多次来电催他入台，为其拒绝。在广州解放的前夜，国民党教育部长杭立武曾亲自到陈家劝说，要其赴台，或走香港，陈也未答应。陈寅恪不作迁台之想，是因他对国民党政府的腐败已有相当深的认识。抗战胜利后，陈寅恪高兴万分，吟出了"降书夕到醒方知，何幸今生见此时。……国仇已雪南迁耻，家祭难忘北定时"[1]的诗句。回到故都北平后，以为天下远离战火，从此太平。不料内战爆发，战火连绵，生活的窘困远甚从前。陈寅恪因经济拮据，无钱买柴取火，竟将自己一生视为珍宝的巴利文藏经和最好的东方语言书籍全数卖给了北大东语系，用以买煤取暖。58岁的陈寅恪在除夕之夜无奈地写下了"五十八年流涕尽"的辛酸诗句，可以想见他当时的悲愤心情。"党家专政二十载，大厦一旦梁栋摧。乱源虽多主因一，民怨所致非兵灾。"[2]这一首分析国民党溃败大陆原因的《哀金源》诗，把他对国民党政权的失望和愤怒表露无遗。他不愿跨海入台，不愿跟随国民党走，也就不难理解了。

当年冯友兰听说陈寅恪一家从上海南下，以为陈氏"将避地于香港"。冯友兰猜错了，钱穆同样也猜错了。钱氏以为陈寅恪是暂时栖身岭表，故多次写信邀请陈氏入港办学，为其坚拒。陈寅恪既不愿浮海入台，当然更不愿客居香江。陈寅恪在"第七次交代底稿"中自言："当广州尚未解放时，伪中央研究院历史语言研究所所长傅斯年多次来电催往台湾，我坚决不去。至于香港，是英帝国主义殖

---

① 陈寅恪：《陈寅恪集·诗集》，第49页。
② 陈寅恪：《陈寅恪集·诗集》，第68页。

民地。殖民地的生活是我平生所鄙视的。所以我也不去香港，愿留在国内。"① 与陈寅恪交往甚深且有姻亲关系的傅斯年（傅的妻子俞大彩是陈寅恪的表妹）尚未请动陈氏赴台，又何况与他交往并不太深的钱穆。② 钱穆对陈寅恪的举动很不理解，在晚年的回忆录中发出了无可奈何的感叹。

1949 年陈寅恪既不跨海入台，也不过岭南一步，对于他的这种人生选择，引发了海外学者的著文讨论，引起了余英时和冯衣北、汪荣祖等人的笔战。余英时通过对陈寅恪《论再生缘》《柳如是别传》及其晚年诗文的分析和解读，认为在1949 年大陆政权即将易帜之际，陈氏充满着明末遗民式的悲愁苦恨，他晚年绝不可能认同中共政权，甚至提出陈氏晚年"著书唯剩颂红妆"，表面上颂扬的是柳如是，实际上颂扬的是陈夫人，因为陈夫人提出去台湾而为他拒绝，后来发觉自己选择大误，而佩服夫人有先见之明。余氏在分析中引述了他的老师钱穆在《师友杂忆》的一段记载：

> 又一日，余特去岭南大学访陈寅恪，询其此下之行止。适是日寅恪因事赴城，未获晤面，仅与其夫人小谈即别。后闻其夫人意欲避去台北，寅恪欲留粤，言辞争执，其夫人即一人独自去香港。幸有友人遇之九龙车站，坚邀其返。余闻此，乃知寅恪决意不离大陆，百忙中未再往访，遂与寅恪失此一面之缘。

陈门弟子蒋天枢看到钱穆这段记载后说，"钱宾四所记非实"。蒋在给汪荣祖的信中说："在 1949 年解放前夕，先生（陈寅恪）无独自一人只身入城之可能，未获晤面或别有故。留粤去台的争执也非实。先生去穗过沪时，我屡次见到先生和师母。其时胡适在沪，力劝先生去台，先生和师母都说不去。我也听说过师母

---

① 蒋天枢：《陈寅恪先生编年事辑》卷下，上海古籍出版社，1981 年版，第 137 页。
② 王晴佳在《陈寅恪、傅斯年之关系及其他》（《学术研究》2005 年第 11 期）一文中以台湾中研院史语所、近史所所藏"傅斯年档案""朱家骅档案"中的信件材料为基础，分析了陈、傅之间的关系，认为自 20 世纪 30 年代末期开始，陈、傅之间的关系曾一度十分紧张，此后陈寅恪对傅斯年"采取了躲避政策"，最终没有随史语所迁台，当与此有关。

曾去港，系有别事，并无友人坚促其返之说。"① 汪荣祖在《史家陈寅恪传》中作
了这样的分析：陈氏一家到达岭南至中共军队入广州，尚有好几个月的时间，若
陈夫人如此坚决去台，大可在这段时间内去台湾看看情况，何必绕道香港？何况
傅斯年一再催促，并谓可随时搭军机入台。陈夫人在解放之前到过香港，当时广
州、九龙之间来往便捷，访友购物皆有可能，不足为奇，夫妻之间吵架也有可能，
但并无为去留而争吵的痕迹。② 最近一些研究者根据《陈君葆日记全集》《陈君葆
书信集》，以及傅斯年致台湾省警务处的一份代电等新发现的资料论证陈寅恪在
1949 年不仅有赴港、台的打算，而且还有所行动，这似乎给余英时先前提出的
"避地"之说以支持。③

　　陈寅恪不认同中共宗奉马列，在晚年的诗作有不少低沉悒郁、愁苦凄绝不能
自己的诗句，这是事实。余英时解析陈寅恪晚年的诗文自有他的独见和贡献，但
若像余氏所言，陈寅恪晚年诗文有一套存心设计的"密码"，恐又未必符合事实，
诚如陈门弟子周一良所言，余英时最初的文章说陈先生开始就打算离开大陆，那
是片面的议论，后来的《陈寅恪晚年诗文释证》，"个别地方或许失于求之过深，
近乎穿凿"。④

　　纵观钱穆与陈寅恪的交往，并非太深、太密，但是从两人所持的文化主张而
言，却又是声气相通、引为同调的。这主要表现在：

　　其一，同是新文化运动的批评者。陈寅恪因与胡适等主流派学者关系密切，
其一生未对新文化运动作正面的公开批评，但这并不意味他就赞同新青年派激进
的反传统主张。早在哈佛留学期间，他就在吴宓的引荐下拜访过新人文主义大师
白璧德，对胡适等人的过激主张表示过不满。回国以后，他虽然没有像吴宓、梅
光迪等学衡派学人那样公开撰文攻击胡适，但在文化观上却是赞同学衡派的主张

　　① 蒋天枢致汪荣祖书（1983 年 7 月 8 日）。转引自汪荣祖：《史家陈寅恪传》，北京大学出版社，
2005 年版，第 158 页。
　　② 汪荣祖：《史家陈寅恪传》，北京大学出版社，2005 年版，第 158 页。
　　③ 参见胡文辉：《陈寅恪一九四九年去留问题及其他》，《东方早报·上海书评》，2009 年 5 月
24 日；张求会：《陈寅恪一九四九年有意赴台的直接证据》，《南方周末》，2010 年 4 月 29 日。
　　④ 周一良：《从〈陈寅恪诗集〉看陈寅恪先生》，《周一良集》第 5 卷《杂论与杂记》，辽宁教育
出版社，1998 年版，第 239 页。

的。在新青年派鞭打纲常名教、痛斥"礼教吃人"之时，他借悼念王国维之死大讲"三纲六纪"对中国文化的作用，强调"礼"对维系民族生存的重要意义。在这一点上，钱穆与陈寅恪有相同的见解。钱穆认为，要理解中国文化，必经要理解"礼"这个核心概念，因为它是整个中国文化世界里一切行为的准绳。钱氏公开宣称中国文化就是"礼"的文化，"孝"的文化，直到晚年美国学者邓尔麟到台北素书楼来拜访他时，他仍然念念不忘"礼"和"家"在中国文化系统中的意义。[1]

与陈寅恪对新文化运动的委婉、间接的批评相反，钱穆对新文化运动作了直接而尖锐的批评。他说五四新文化运动是"一种自我文化之谴责与轻蔑"，是对中国固有文化的唾弃和抨击，其口号如打倒孔家店、线装书扔茅厕里、废弃汉字等，"全是一种偏激的意见和态度，并不曾转变成为一种严肃的、深细的思想问题来讨论、来争持"[2]，结果是"正面向外的接受反少，反面向内的攻击转多"，因而上演了一幕幕彷徨、迷惑、浅薄、错乱的"悲喜剧"。

其二，同是中国历史文化的守护者。钱、陈二人都是中国现代著名历史学家，都强调历史知识的价值，试图从历史中为中国文化寻求意义，以唤醒国人的文化自尊、自信。陈寅恪大声疾呼，"国可灭，而史不可灭"，"对于历史文化，爱护之若生命"。钱穆则宣称"欲灭其国，必先去其史"，"一民族对其已往历史无所了知，此必为无文化之民族"，"断断无一国之人，相率鄙弃其一国之史，而其国其族，犹可长存于天地之间者"。[3]

两人治史都特别注重种族（民族）与文化的关系，强调文化高于种族，文化决定种族。陈寅恪称"种族与文化"是"治吾国中古史最要关键"，而判别"种族"的标准是"文化"而不是"血统"。他说："种族之分，多系于其人所受之文化，而不在其所承之血统"[4]，此一观点在其著作《唐代政治史述论稿》《隋唐制度

---

① 参见邓尔麟：《钱穆与七房桥的世界》（蓝桦译），第8—9页。
② 钱穆：《五十年代中之中国思想界》，收入《历史与文化论丛》，第250页。
③ 钱穆：《国史大纲·引论》，第2、29页。
④ 陈寅恪：《白乐天之先祖及后嗣》，《元白诗笺证稿》，上海古籍出版社，1978年版，第308页。

渊源略论稿》中也多有阐述。钱穆认为，中国文化由中华民族所独创，中国人的民族观念与文化观念密切关联，其民族观不以血统而以文化为其标准。他说："在古代观念上，四夷与诸夏实在另有一个分别的标准，这个标准，不是血统，而是文化。所谓'诸侯用夷礼则夷之，夷狄进于中国则中国之'，此即是以文化为华、夷分别之明证。"①这与陈寅恪的观点如出一辙。

两人都重视对民族文化作"同情之了解"。陈寅恪在《冯友兰〈中国哲学史〉上册审查报告》中称："凡著中国古代哲学史者，其对于古人之学说，应具了解之同情，方可下笔。"钱穆把这种"了解之同情"推及整个中国的历史文化，称治史应"附随一种对本国已往历史之温情与敬意"。

在对待外来文化输入的态度上，陈寅恪在《冯友兰〈中国哲学史〉下册审查报告》中有一段名言："一方面吸收输入外来之学说，一方面不忘本来民族之地位。"②钱穆在 1941 年所写的《东西文化学社缘起》一文中说："各民族文化进展，常需不断有去腐生新之势力，而欲求去腐生新，一面当不断从其文化源头作新鲜之认识，一面又当不断向外对异文化从事于尽量之吸收。"③钱、陈的观点不仅相同，连遣词造句都何其相似。

在中国文化的发展路径上，两人皆主张以传统文化作为创造和发展新文化的主体，认定新文化只能从已往旧有中蕴孕生长，绝不能凭空翻新，绝无依傍。陈寅恪提出"新瓶装旧酒"的主张，钱穆则主张"据旧开新""老干萌新芽"。

其三，同是宋学精神的倡导者。陈寅恪在《邓广铭〈宋史职官志考证〉序》中说我华夏民族之文化，"历数千载之演进，造极于赵宋之世"，中国将来的学术文化必将是"宋代学术之复兴，或新宋学之建立是已"。④钱穆称："讲中国学术史，宋代是一个极盛时期。上比唐代，下比明代，都来得像样。"⑤近人常拿清代学术比拟西方的文艺复兴，其实宋代才是我国的文艺复兴时代。在《中国近三百

---

① 钱穆：《中国文化史导论》（修订本），商务印书馆，1994 年版，第 41 页。
② 陈寅恪：《金明馆丛稿二编》，第 284—285 页。
③ 钱穆：《文化与教育》，第 29—30 页。
④ 陈寅恪：《金明馆丛稿二编》，第 277 页。
⑤ 钱穆：《中国史学名著》，第 162 页。

年学术史》中，他提出清代汉学渊源于宋学，"不知宋学，则亦不能知汉学，更无以评汉宋之是非"的主张。在《国史大纲》中，他对宋学为疏陋之学，"至清始务笃实"的观点大加批驳，称"自宋以下学术，一变南北朝隋唐之态度，都带有一种严正的淑世主义"[①]，"以天下为己任，此乃宋明以来学者惟一精神所寄"[②]。

其四，两人都强调学术研究的独立性。陈寅恪视"独立之精神，自由之思想"比生命还重要，视其信仰和做人为学的准则。1953 年，他在《对科学院的答复》中说："我认为研究学术，最主要的是要具有自由的意志和独立的精神。……没有自由思想，没有独立思想，即不能发扬真理，即不能研究学术。"[③] 陈氏晚年"著书唯剩颂红妆"，意在考察当时政治（夷夏）、道德（气节）的真实情况，"以表彰我民族独立之精神，自由之思想"。钱穆认为研究学术"应自有客观性，而勿徒为政客名流一种随意宣传或辩护之工具"。他治学不迎合时尚，轻弃己见，也不屈从政治、社会压力而作违心之论，更不随风而倒，始终坚持学术研究的独立性、严肃性。他曾受台北孔孟学会的邀请撰写《孔子传》一书，坚持《易传》非孔子作，受到了孔孟学会评议会的指责，指令他按评议会意见改写。他的回答是"学术著作，不比政治行事，可遵会议决定"，"学术著作须作者本人负责"而断然加以拒绝。[④]

总体而论，钱穆与陈寅恪一生尽管交往非深，但在文化思想上却是精神意气相通，他们是为中国文化所化之人，是为中国历史文化招魂续命之人。从这个意义而言，他们又可谓是"知己同调"。

四、钱穆与张荫麟

张荫麟（1905—1942），广东东莞人，笔名素痴。1923 年秋，张荫麟负笈北上，考入清华学堂中等科三年级，在清华园求学七年（1923—1929）。在民国学

---

① 钱穆：《国史大纲》（下册），第 555 页。
② 钱穆：《国史大纲》（下册），第 606 页。
③ 转引自陆健东：《陈寅恪的最后 20 年》，生活·读书·新知三联书店，1995 年版，第 111 页。
④ 钱穆：《八十忆双亲·师友杂忆》，第 356 页。

术界，张氏是一位天赋极高、聪明早慧的学者，18岁时在《学衡》杂志上发表批评梁启超考证《老子》晚出说的文章而一鸣惊人，为梁氏欣赏，誉为"天才"。在清华学习期间，经常得到外文系教授、《学衡》杂志主编吴宓的点拨，自言其文学兴趣，"实由吴宓所启发"。

1929年秋，张荫麟以公费出国留学，入美国西部斯坦福大学学习哲学和社会学。1933年秋，张荫麟在斯坦福大学获得博士学位后归国。他的老师陈寅恪曾给史语所所长傅斯年写信，推荐他入史语所和北大，信称："张君为清华近年学生品学俱佳者中之第一人，弟尝谓庚子赔款之成绩，或即在此人之身也。……若史语所能罗致之，则必为将来最有希望之人材，弟敢书具保证者，盖不同寻常介绍友人之类也。北大史学系事，请兄转达鄙意于胡（适）、陈（受颐）二先生。"① 但陈氏如此卖力的推荐并未打动傅斯年的心，北大史学系也没有接纳张荫麟。最后张氏只好回到母校清华大学，被历史和哲学两系聘为专任讲师。

钱穆与张荫麟大约相识于1934年春夏间。当时钱穆在北大史学系任教，在清华兼课，讲授秦汉史；张荫麟在清华任教，又在北大兼课，教授"历史哲学"，二人由此相识。关于二人在这一时期的往来情况，钱穆在晚年有如下二段回忆：

> （张）荫麟自美留学归来，任教于清华大学。其先为清华学生，与同学贺麟，同为其师吴雨僧创办天津《大公报·文学副刊》撰文，一时号称"二麟"。贺麟留学欧洲，归任教于北京大学之哲学系。荫麟在清华史学系，两人与余往来皆甚密。②

> 荫麟在清华历史系任教。余赴清华上课，荫麟或先相约，或临时在清华大门前相候，邀赴其南院住所晚膳。煮鸡一只，欢谈至清华最后一班校车，荫麟亲送余至车上而别。③

---

① 陈寅恪：《致傅斯年》，《陈寅恪集·书信集》，第47页。
② 钱穆：《纪念张晓峰吾友》，台北《传记文学》第47卷第6期，1985年12月。
③ 钱穆：《八十忆双亲·师友杂忆》，第180页。

钱穆年长张荫麟 10 岁，其辈分较张氏为高，然而年龄的大小并没有妨碍二人迅速定交，成为好友，一个重要的原因是当时二人皆"有志为通史之学"。北大 1932 年开设中国通史课（必修课），分聘北平史学界治断代史的名家分任。钱穆认为，通史由众人分讲，不能一线贯通而下，有违通史的会通之旨，故对这种讲法大不以为然。由于合讲通史组织费事，仅实行一年而罢，钱穆自告奋勇，主动提出由他一人独任此课，得到了北大当局的同意。钱穆在讲授通史的同时，又自编讲授提纲和通史参考资料，成为北大讲授通史的名家。

在钱穆独任北大中国通史课的这一年冬天，张荫麟从美国学成归国。张氏留美期间虽然学的是哲学和社会学，但他的志业却在史学上。1933 年 3 月，在斯坦福大学求学的张荫麟在给好友张其昀的一封信中说："国史为弟志业，年来治哲学社会学，无非为此种工作之预备。从哲学翼得超放之博观与方法之自觉，从社会学翼明人事之理法。"[①] 陈寅恪在向傅斯年推荐张氏的信中也说，"其人记诵博洽而思想有条理，若以之担任中国通史课，恐现今无更较渠适宜之人"，对张氏讲授通史寄予了厚望。张荫麟是留美博士，受过西学的系统训练，在时人眼中当为"新派"学者；钱穆没有出国留学，无缘接受西方文化的雨露，是一个地地道道的土学者，然而张氏回国后和钱穆一见如故，迅速定交，时相过从，"共有志为通史之学"，当是二人论交的基础。换一句话说，通史之学是二人联系的纽带和中介，使他们有一个共同论学的基础。

1935 年，张荫麟受教育部的委托，负责主编高初中历史教科书。在此之前，张荫麟在《大公报·史地周刊》上发表了《关于"历史学家的当前责任"》一文，提出中学生国史知识的低下，良好的国史课本的缺乏要负很大的责任，故编写一本较理想的国史课本成为当务之急。张氏把创编高中本国史的计划分成三步：第一步拟定纲目，先把四千年的史事分为数十个专题，权衡轻重，广征意见；第二步分工合作，汉以前由他自己执笔，唐以后由吴晗负责，其他专题分别邀请专家撰述；第三步综合提炼，稿子撰成后编为长编，再就长编加以贯通融会，去其重

---

① 张荫麟：《与张其昀书》，周忱选编：《张荫麟先生纪念文集》，汉语大词典出版社，2002 年版，第 359 页。

复抵牾之处，以通俗生动的文笔，写出四千年来变动发展的历史。

1935 年 2 月 7 日，《大公报·史地周刊》第 21 期刊出了《中学本国史教科书编纂会征稿启示》一文，内附《高中本国教科书草目》（以下简称《草目》），即张荫麟编纂高中国史课本的写作提纲，共分 4 卷 80 章，向学界专家通人征求意见。在这些专家通人中，自然少不了与自己志趣相投的钱穆。2 月 26 日，张荫麟派哲学系助教王维诚把《草目》送到马大人胡同钱穆的寓所，请其"嘱参意见"。第二天，钱穆便回函陈述了自己的看法。

钱穆对《草目》提出一条根本性意见，那就是："最好全书叙述，仍以政治方面为主脑，而以学术社会种种情形就其相互影响者为串插，使读者于历史盛衰治乱之大纲，先得一明晰之基本知识，将来自能引伸。否则头绪一多，茫无畔岸，此后研求历史，仍须从头讲起。"[①] 随后他对《草目》中几处于普通政治史上的脉络条贯尚欠完整之处提出了具体的修改意见，如第 22 章"五胡十六国"以下，第 26 章"南北的混和"以前，只叙南北朝社会文物，第 39 章"宋室南渡"以下，只叙南宋文物提出商榷意见，认为社会文物固须讲，而普通政治事实更应先及，如东晋、南宋何以不能恢复中原问题，若仅以"社会和文物"为题，势难详述，建议改为"东晋之恢复运动及其内乱"加以叙说。

对于《草目》的其他篇章，钱穆也贡献了一己之见。他认为第 59 章"复明运动的失败"内附"明遗老学术思想及其影响"，篇章安排欠妥，因为"明遗老学术思想及其影响"一节，实为近代学术开一新境，较之阳明只是理学末梢不同。就学术思想史上的地位而论，王阳明地位固然崇高，若编通史，似应多写顾、黄、王诸人，而不必多写阳明。至于在内容的写法上，他也提出注意之点。如第 47 章"明的建国及其规制"，《草目》提出注意八股考试制度，钱穆认为明代建国规制，如废丞相、立内阁，尤须注意，不仅有明一代，全受此制影响，即如清代政治，亦与此制有莫大关系。至于考试制度，固然重要，然究竟是沿袭唐宋而来，与内阁制之为新创者不同。且明代考试，更应注意其考试科程之内容，即四书五

---

① 钱穆：《关于高中本国教科书之讨论·钱宾四教授来信》，原载《大公报·史地周刊》第 26 期，1935 年 3 月 15 日。收入周忱选编：《张荫麟先生纪念文集》，第 386 页。

经大全，而考试文学的形式，即八股，尚属其次。钱穆在回函中还对《草目》没有涉及的内容提出了增补意见。在他看来，中国疆域广阔，各地开发的历程极需注意，特别是唐中叶以后长江流域在中国史上的经济地位，北方日就芜落，南方人文日盛，以及漕运及江南税重等问题，当在章节中有所反映。钱穆在以后所写的《国史大纲》中用了三章的篇幅叙述中唐至明代几百年间南北经济的变迁转移状况，创获实多，受到了学术界的好评。

在钱穆回函的第二天，即 2 月 29 日，张荫麟就复书钱穆，部分接受了他的意见。回函称："先生指出东晋、南宋何以不能恢复中原之问题，诚为重要问题，吾人属笔时自当因先生之提醒而特别注意。"明遗民学术思想另立一章，孔墨及其时代分二章叙述。但对于钱穆提出的写通史应以政治史为主干这一根本性意见，张荫麟却大有保留。他说："通观全目，其非以文化史相标榜，而遗略政治者，盖可了然。曾闻人议其过重政治者，弟亦不暇辨。尊意'以政治为主脑'，就全局而论，实治鄙怀。唯以初中与高中较，则弟意前者宜较详政治，后者宜较详文物。此意当为高明所颔许。"①

不过，钱穆主张写通史应以政治史为"主脑"的观点在 1940 年代后有了较大改变。钱穆在 30 年代末完成的通史名著《国史大纲》中，虽然仍以政治史为重点，但也非常重视文化尤其是各个时期学术思想的叙述，有的篇章甚至以文化为主干，与先前的观点相比有了很大改变。《国史大纲》完成后，钱穆治学的重心发生了转变，由历史研究转入文化研究。钱氏认为，文化就是全部历史的整体，历史便是民族文化精神的展开和演进，研究历史最应注意的地方就是在此历史背后所蕴藏而完成之文化，历史是其外表，文化才是其内容。后来钱穆在所写的《中国历史研究法·序》中则干脆说，"其实文化史必然是一部通史，而一部通史则最好应以文化为其主要之内容"，得出了一部历史便是一部文化史的结论，这是对他 30 年代写通史"最好以政治方面为主脑"的修正，表明他对张荫麟观点的认同。

---

① 张荫麟：《关于高中本国教科之讨论·复书》，原载《大公报·史地周刊》第 26 期，1935 年 3 月 15 日。收入周忱选编：《张荫麟先生纪念文集》，第 389 页。

钱穆和张荫麟是学者，但绝非是埋首书斋、孤芳自赏、不问时事的学者，他们都具有强烈的民族意识和以天下兴亡为己任的使命感。九一八事变后，日军进逼华北，国难深重。在民族存亡绝续之际，远在美国留学的张荫麟给好友张其昀写信，称"国史目前诚无使人乐观之余地，然吾人试放远眼光从世界史趋势看来，日寇之凶焰决非可久者"①，"当此国家栋折衰崩之日，正学人鞠躬尽瘁之时"②，表达了他对日寇侵华的痛恨以及对战胜日军的必胜信心。此时身在北平"危城"的钱穆对日本人的侵略愤慨尤深。一二九学生运动被国民党当局镇压之时，钱穆正在给顾颉刚主编的《崔东壁遗书》一书写序。他在序中说，"北平各大学青年爱国运动骤起，牢狱之呻呼，刀刃之血滴，触于目，刺于耳，而伤于心"，令他"一室徘徊，胸沸脉竭"，颇能表白他当时的沉痛心情。他对国民党当局对日妥协、放弃华北的政策颇为不满，曾对学生谈到对时局的看法时说："为拯救垂危的民族，不妨背城借一，作一决战。"③张荫麟对国民党政府镇压北平学生运动给予了愤怒的谴责，他在一篇文章中说："一方面对于劫夺我土地，残害我人民，以倾覆我国家为天职的恶敌，则打躬作揖，满堆笑脸地来讲亲善；一方面对于天真浪漫，拿云捉月，从未曾给过社会以丝毫损害的少年男女，则凌以雷霆万钧的凶威。这种情形所表现一个国家的'政治人格'，在稍为有审美观念的人看来，是何等丑恶！"④认为国民党当局继续持续这种政策必然会"失却有血性、有头脑的青年的同情"，"古今中外，没有一个政府，失却全国有血性、有头脑的青年的同情而寿命能长久的"⑤，表达了对青年爱国运动的支持。

1936年，日本中国驻屯军不断增兵平津，两次挑起丰台事件，迫使国民党军队撤兵丰台（北平南郊），亡国灭种的阴云笼罩在北平城的上空。面对着日本侵

---

① 张荫麟：《与张其昀书》（1933年3月7日），周忱选编：《张荫麟先生纪念文集》，第360页。

② 张其昀：《敬悼张荫麟先生》，《思想与时代》第18期"张荫麟纪念专号"，1943年1月，收入周忱选编：《张荫麟先生纪念文集》，第174页。

③ 参见詹耳：《宾四先生二三事》，香港《人生》半月刊第8卷第6期，1954年8月1日，第18页。

④ 张荫麟：《论非法捕捉学生》（1935年4月），李红岩编选：《素痴集》，天津百花文艺出版社，2005年版，第71页。

⑤ 张荫麟：《论非法捕捉学生》（1935年4月），李红岩编选：《素痴集》，第72页。

略者的压城之黑云，身处危城中的知识分子并没有退让，反而进一步激发了他们日益高涨的民族情绪和爱国热情。1936年1月27日，北平文化界救国会正式成立，并发表宣言庄严宣称："中国是民众的中国，土地是民众的土地，不像在皇帝统治时代，'朕即国家'，因内政外交的失败，将一块一块的土地让给帝国主义列强。"在敌人贪欲无餍、得寸进尺之时，"不但华北垂亡，整个的民族都要快沦为奴隶了，我们还等待么，我们还能迟疑吗"？"宣言"最后大声疾呼："华北的民众，全国的民众，起来！赶快起来！抵抗敌人的侵略，救护我们的国家，收复我们的失地，争取我们的自由。"[①]在这次宣言上签名的就有张荫麟。

1936年10月13日，由张荫麟起草，经钱穆、顾颉刚、徐炳昶、冯友兰、崔敬伯等人三次修改，104名北平学术界教授联名发表了"抗日救国宣言"（又称"教授界对时局意见书"），《宣言》称：

> 溯自沈阳之变，迄今五载，同人等托迹危城，含垢忍泪，不知其运命之所届。去秋以来，情势更急，冀东叛变，津门倡乱，察北失陷，绥东告警，丰台撤兵，祸患连骈而至，未闻我政府抗议一辞，增援一卒，大惧全国领土，无在不可断于日人一声威吓之中。近来对华进行交涉，我政府所受之威胁虽尚未宣布，然据外电本诸东报所传，谓日本又有侵害中国主权之五项新要求对我提出，姑勿论所传之虚实如何，任承其一，即足以陷我民族于万劫不复之深渊，堕"中国之自由平等"之追求于绝路；中山先生所遗托于吾人之重任，数十年先烈所糜躯洒血以殉者亦将永绝成功之望。我全国人民，至于今日，深知非信仰政府不足以御外侮，精诚团结，正在此时，深不愿我政府轻弃其对国民"最后关头"之诺言，而自失其存在之领导地位。故为民族解放前途计，我政府固有根本拒绝此诸条款之责任，而为国家政权安定计，我政府亦当下拒绝此条款之决心。在昔绍兴之世，宋虽不竞，犹有顺昌之樱；端平之世，宋更陵夷，复有淮西之拒。我中华民族，数千年来，虽时或沦于不

---

① 原载《大众生活》第1卷第14期，1936年2月15日。引自《一二九运动资料》第一辑，人民出版社，1981年版，第295—299页。

才之肖，从未有尽举祖宗所贻，国命所系，广土众民，甘作敝屣文弃者。此有史以来所未闻之奇耻大辱，万不能见创于今日。是则同人等觇民意之趋向，本良心之促迫，所敢为我政府直言正告者也。同人等以国防前线国民之立场，在此中日交涉紧张之际，为愿政府明了华北之真正民意与树立救亡之目标起见，特提出下列数项要求，望政府体念其爱国赤诚，坚决进行，以孚民望而定国是，不胜企祷之至。

一、政府应立即集中全国力量，在不丧国土不辱主权之原则下，对日交涉；

二、中日外交绝对公开，政府应将交涉情形随时公布；

三、反对日人干涉中国内政，及在华有非法军事行动与设置特务机关等情事；

四、反对在中国领土内以任何名义成立由外力策动之特殊行政组织；

五、根本反对日本在华北有任何所谓特殊地位；

六、反对以外力开发华北，侵夺国家处理资源之主权；

七、政府应立即以武力制止走私活动；

八、政府应立即出兵绥东，协助原驻军队，剿伐藉外力以作乱之土匪。[①]

10 月 17 日，《申报·北平特讯》以《文化城中文化界之呼声》为题报道了签发《宣言》的缘起和经过。该《宣言》表达了张荫麟、钱穆等"托迹危城"的百余名教授反对政府对日妥协，要求集中力量，一致对外的爱国愿望，表达了他们在国难当头的危难局势下，以知识分子的良知和责任，坦诚地发表自己对国家前途、民族命运的看法，体现了他们以天下为己任的强烈爱国意识和文化担当精神，对于促成南京政府早定抗日大计贡献了知识分子的一份力量。

卢沟桥的枪炮揭开了全面抗战的序幕，北平城的沦陷使张荫麟、钱穆开始了流转西南的学术生涯。七七事变后，张荫麟只身南下，应浙江大学聘，讲学天目山中；钱穆则随北大南迁，由长沙而昆明，任教于西南联大。1938 年夏，张荫麟

---

① 周忱选编：《张荫麟先生纪念文集》，第 330—331 页。

辗转来到昆明，受聘于西南联大历史系、哲学系，经过长时期的辗转流徙，两人终于在滇中得以重见。在西南联大任教期间，两人仍主要从事通史的讲授和著述，共同的志业使他们的交谊日深，钱穆在西南联大讲授通史时曾对学生李埏（同时又是张荫麟的弟子）说："晚近世尚专，轻视通史之学，对青年甚有害。滇中史学同仁不少，但愿为青年撰中国通史读本者，唯张荫麟先生与我，所以我们时相过从，话很投机。"①

1939 年秋，钱穆离开西南联大，以后任教于成都齐鲁大学国学研究所；1940年秋，张荫麟也离开了西南联大，再次应浙江大学之聘，讲学古城遵义。从此两人再未谋面，不过《思想与时代》杂志的创刊再次将两人紧密地联系了起来。

1941 年 8 月，张荫麟、张其昀等人在浙江大学创办《思想与时代》月刊，由"思想与时代社"发行，该社的基本社员有张荫麟、钱穆、张其昀、朱光潜、贺麟、郭洽周六人。钱穆踊跃为杂志撰稿，最初每月皆撰一文寄去，他的《两种人生观之交替与中和》就发表在该杂志的创刊号上。

《思想与时代》月刊的主编是张其昀，但张氏为浙大史地系主任，又为国民参议会参议员，事务繁忙，故张荫麟成为该杂志的实际负责人。张荫麟积极为杂志约稿，对来稿的质量要求极高。据他的好友谢幼伟回忆："当《思想与时代》月刊初出版的时候，他来约作者写文章，可是作者却非常害怕。怕的是文章到他手里，不见得可以通得过。所以作者的文章写好之后，首先就送给他看。只要他点了头，没有话说，作者才放心。……有不少同事的文章，不惟给他批评得体无完肤，且坚决主张不登。他因此得罪了不少好友和同事。"②不过对于钱穆的来稿，张荫麟从来就不吝惜纸张，篇篇照登。张荫麟主持《思想与时代》月刊共 15 期，几乎期期皆有钱穆的文章，足见他对钱氏文稿的重视。

如前所述，张荫麟、钱穆的终身志业是编纂一部为时代所需的新通史。早在北大主讲中国通史时钱穆就提出："今日所急需者，厥为一种简要而有系统之通史，与国人以一种对于已往大体明晰之认识，为进而治本国政治、社会、文化、

---

① 李埏：《昔年从游之乐，今日终天之痛》，江苏省无锡县政协编：《钱穆纪念文集》，第 13 页。
② 谢幼伟：《张荫麟先生言行录》，周忱选编：《张荫麟先生纪念文集》，第 216—217 页。

学术种种学问树其基础，尤当为解决当前种种问题提供以活泼新鲜之刺激。"① 张荫麟也说"我们正处于中国有史以来最大的转变关头"，"在这个时候，写一部新的中国通史，以供一个民族在空前大转变时期的自知之助"，是史学家应有之责任。而他组织"思想与时代社"，创办《思想与时代》月刊的一个重要目的就在于以"学社为中心，负荷国史编纂之业，刊行国史长编丛书"。② 在西南联大任教期间，钱穆每周去昆明讲课外，其余时间则隐居宜良山中从事通史的撰述。1940年 7 月，钱穆撰写的中国通史著作《国史大纲》由商务印书馆出版，被国民政府教育部指定为全国大学用书，风行全国。牟润孙称此书"自尧舜以迄民国，为完整之中国通史。识见、议论、编排、文章，均超越前人之作。享誉史学界，诚非幸致"。③ 在钱著出版后的次年 5 月，张荫麟的传世名作《中国史纲》（上册）也由浙江大学史地教育研究室印行。是书出版，好评如潮。陈梦家称赞此书是"最近所看到历史教科书中最好的一本创作"，作者"既详细利用所有的材料，并且遵守若干预立的原则，有条不紊的把融化了史实用清楚明白而动人的文字写出来，使读者在优美的行文中浏览古代社会的大略"。④ 对该书考据上、叙述上的疏误提出商榷意见的童书业也不得不承认，张著"综论大势，往往有出人之见解。且所述之古史轮廓，颇见正确，立论既不偏于疑古，亦不固执而信古；既有丰富之史学知识，又具通贯之史学眼光；深入浅出，人人能解：在当代通史作品中，允称佳著"。⑤

张荫麟的《中国史纲》止于东汉，正当他潜心著述之时，病魔却夺取了他那年轻的生命。1942 年 10 月 24 日，张荫麟病逝于贵州遵义，时年 37 岁，民国学术界一颗光芒四射的彗星，就此坠落。引为知己同调的钱穆闻之悲伤不已，于当年 11 月 22 日在成都北郊赖家园一气写下了《中国今日所需要之新史学与新史学

---

① 钱穆：《评夏曾佑中国古代史》，《大公报》1934 年 3 月 31 日。

② 张其昀：《敬悼张荫麟先生》，周忱选编：《张荫麟先生纪念文集》，第 172 页。

③ 牟润孙：《记所见之二十五年来史学著作》，杜维运、黄进兴编：《中国史学史论文选集（二）》，台北华世出版社，1976 年版，第 1122 页。

④ 陈梦家：《评张荫麟先生〈中国史纲〉第一册》，《思想与时代》月刊第 18 期，1943 年 1 月 1 日。

⑤ 童书业：《评张荫麟〈中国史纲〉第一册》，周忱选编：《张荫麟先生纪念文集》，第 111 页。

家》一文痛悼亡友：

> 故友张君荫麟，始相识在民国二十三年春夏间。时余与张君方共有志为通史之学。常谓张君天才英发，年力方富，又博通中西文哲诸科，学既博洽，而复关怀时事，不甘仅仅为记注考订而止。然则中国新史学之大业，殆将于张君之身完成之。岂期天不假年，溘然长逝。此数年来，强寇压境，蹙吾半国，黉舍播迁，学殖荒落。老者壮者无所长进，少者弱者丧其瞻依，张君独奋志潜精，日就月将，吾见其进，未见其止，明星遽坠，长夜失照，眺前瞩后，岂胜悼怆。特草此文以当追念，而斯人不作，安得复相与一畅论之。然后生可畏，焉知来者之不如今，是所望于诵斯文而有慕于张君者。

五、钱穆与汤用彤

汤用彤（1893—1964），字锡予，湖北黄梅人。1911年考入清华学堂。就读期间，与同学吴宓创立"天人学会"，以"融合新旧，撷精立极"为学会宗旨，表现出了会通中西、熔铸古今的学术抱负。曾任《清华周刊》总编辑，并以学生身份担任学校国文课教师。1918年赴美留学，先入明尼苏达州汉姆林大学哲学系，第二年转入哈佛大学研究院学习梵文、巴利文和印度哲学。其间与吴宓、陈寅恪交往甚密，在同学中有"哈佛三杰"之誉。1922年夏，在哈佛大学获得哲学硕士学位后归国，应东南大学之聘，在该校哲学系任教授。

汤用彤在文化观上认同学衡派"昌明国粹，融化新知"的文化主张，早在留学期间就由吴宓引见认识了美国新人文主义大师白璧德，他回国后的第一篇文章《评近人文化之研究》就发表在《学衡》杂志12期上（1922年）。在文中，汤用彤对当时讨论文化问题中的"诽薄国学者""输入欧化者""保守旧文化者"三种人提出批评，认为他们的共同缺点是"浅"和"隘"，浅则论不探源，隘则敷陈多误，其结果必然是"是非颠倒，真理埋没"，力主对中外文化之材料"广搜精求"，平实立论。除此文外，汤氏在《学衡》杂志上还发表有《佛教上座部九心轮略释》（26 期）、《印度哲学之起源》（30 期）、《释迦时代之外道》（39 期）、《唐太宗与佛教》（75 期），译文有《亚里斯多德哲学大纲》（英人 Edwin Wallace 著，17—19 期连载）、《希腊之宗教》（24 期），向达翻译的《亚里斯多德伦理学》也是经过他之手校正润色发表在《学衡》杂志上的。可见，在《学衡》杂志存在的 10 年间，汤用彤始终与该刊保持着较为密切的联系。

汤用彤虽属学衡派阵营中人，不过与学衡派其他学人对新派领袖胡适持严厉的批评态度不同，他与胡适保持了较为密切的接触。1928 年 7 月，在南京中央大学（前身为东南大学）任教的汤用彤与胡适有书信往返讨论禅宗问题，此时的汤用彤已是国内治汉魏两晋南北朝佛教史屈指可数的名家了。胡适的成名作《中国哲学史大纲》仅有上部，准确地说是一部先秦哲学史。他之所以迟迟没有写出中部、下部，一个重要的原因就是被汉魏两晋以来的佛学发展问题难住了。此点汤用彤的好友贺麟看得最清楚，他说：

> 写中国哲学史最感棘手的一段，就是魏晋以来几百年佛学在中国的发展，许多写中国哲学史的人，写到这一期间，都碰到礁石了。然而这一难关却被汤用彤先生打通了。[①]

汤用彤治中国佛教史的成就为胡适所激赏。1931 年夏，胡适以英庚退款补助特聘教授的名义，迫不及待地把汤用彤请进了北大文学院哲学系。

在汤用彤进入北大的同年，自学成才的钱穆也由顾颉刚的推荐进入北大史学系任教，两人同在文学院共事，得以相识。汤用彤在北大主讲中国佛教史，在此之前，他在东南大学、中央大学讲授佛教史多年，已编有讲义，但心感不满，故在北大讲授时尽弃旧稿，从头撰写。对于这种严谨不苟的治学态度，钱穆敬佩不

---

① 贺麟：《五十年来的中国哲学》，第 21 页。梁漱溟也有类似看法，他说胡适治学的缺陷是不能深入，"他的《中国哲学史大纲》只有卷上，下卷就写不出来。因为他对佛教找不见门径，对佛教的禅宗就更无法动笔，只得做一些考证；他想研究佛法，但著名的六祖慧能不识字，在寺里砍柴、舂米，是个卖力气的人，禅宗不立语言文字，胡先生对此就无办法"。梁漱溟：《略谈胡适之》，《梁漱溟全集》卷七，山东人民出版社，2005 年版，第 625—626 页。

已。他晚年写有《忆锡予》一文，称"锡予为学，必重全体系，全组织，丝毫不苟"，即就此事而言。钱穆对佛教典籍也有兴趣，喜读《坛经》、天台宗《小止观》，两人又是同年入北大任教，故"时相往返"，交往甚密。

1932年，熊十力自杭州来北平，在北大讲唯识学。第二年，蒙文通从开封河南大学来北大任教，此时钱穆寓居在南池子缎库胡同三号汤用彤家中。熊、蒙、汤三人以前在南京支那内学院师从佛学大师欧阳竟无，同为听讲之友。对钱穆而言，熊十力是新交，蒙文通早在苏州相识，是旧友，四人常在汤家聚谈，过从甚密。当时晤谈的话题多为佛学、宋明理学。熊十力不同意其师欧阳竟无的唯识学，著《新唯识论》阐发己解，蒙文通则坚守师说，对熊的观点大加批驳，双方"喋辩不休"。汤用彤是佛学史的专家，对双方争论的是非最有发言权，但在争论中，他却常常保持沉默，不发一言。钱穆则总是充当熊、蒙二人的调解人。当他们讨论的话题自佛教转入宋明理学时，二人又起争论，钱穆亦在二人之间作缓冲。

四人常相聚外，有时又有林宰平、梁漱溟二人加入。五四新文化运动时，在一片"打倒孔家店"的呐喊声中，首先站出来为孔子说话的是梁漱溟，他著《东西文化及其哲学》一书，以尊孔、扬孔，弘扬儒学为己任。当他们谈到胡适诸人提倡的新文化运动和时局政事时，汤用彤也很少贡献自己的意见。

汤用彤对以上争论的问题常常"沉默不发一语"，并不表明他没有学问，没有独立的思想和见解，这大概与他不喜争辩、为人和气的性格有关。汤用彤信奉"极高明而道中庸"的儒家处事原则，"为人一团和气"，在北大同人中有"汤菩萨"的雅号，与熊、蒙、钱三人的性格大有不同。熊十力以"天上地下，唯我独尊"的圣贤自居，指斥汉宋群儒，在佛学意见上与师门闹翻，形同水火。蒙文通与胡适多有不合，在北大任教一年多即被胡氏解聘。钱穆把批评科学考据派的意见诉诸笔端，引起了主流史学阵营的强烈不满。学衡派对胡适群起攻之，而被胡氏斥之为"学骂"，身为学衡派成员的汤用彤却与胡适相处颇善。诸如此类，皆表明四人在性格上的相异。身为汤用彤的挚友，清华、哈佛二度同学的吴宓对汤氏为人处世的评价是："其治事处世，纯依庄老，清静无为，以不使一人不悦为原则。"① 钱穆把汤用彤归为"柳下惠圣之和"一类,可谓深识汤氏之为人。

在北大任教期间,钱穆与汤用彤也时常切磋学问。当时,钱穆为学生讲授"中国近三百年学术史"一课程,并撰写讲义。讲义写成后草有一序,曾论及南北朝时南北为学之相异,汤用彤对钱穆这一见解多有称赞,告钱:"君此一意,对予编写佛教讲义启益良多。"② 北平为文化古都,书肆中珍本、善本书籍甚多。钱穆居南池子汤宅时,两人时常一同出去购书,琉璃厂、隆福寺是他们常常光顾的地方。在钱穆购置的各种古籍中,以《竹书纪年》最为完备,他撰写《先秦诸子系年》,以古本《竹书纪年》校《史记》之误,心得极多。在北平期间,他多方搜集《竹书纪年》,古今异本搜罗始尽,"专藏一玻璃柜中"。汤用彤治中古佛教史,也仿照钱穆,收藏《高僧传》,遇异本必搜求购取,这对于他后来校点《高僧传》,颇多益处。

钱穆性喜游历,寄情山水。1936 年夏,他只身一人来游庐山。当时汤用彤家在庐山牯岭大林路旁购有一宅,钱穆来后即住在汤家。庐山为我国佛教名山,山中古寺林立,最著名者有三寺,东林寺是当年净土宗初祖慧远聚众讲经,发愿往生西方净土之地。西林寺是竺道生所居之地,生公晚年曾在此注释《法华经》。大林寺是禅宗四祖道信寄居之地,道信在此留居十载,然后入蕲州黄梅双峰山,宣讲大法,开启东山法门。汤用彤来庐山后,陪钱穆游开先寺,与寺中方丈谈佛论道。钱氏离开后,他卜居大林峰的左侧,在此读书著文,后结集《大林书评》数篇,其中《评日译〈梁高僧传〉》(日人常盘大定译)等,就是这一年"结庐仙境,缅怀往哲"时写成的。③

七七事变爆发后,北大南迁,钱穆与汤用彤、贺麟同行,绕道香港赴长沙。当年 12 月 4 日,经过长途跋涉的旅途颠簸,终于到达长沙临时大学文学院暂居

---

① 吴学昭整理:《吴宓日记》第六册,生活·读书·新知三联书店,1998 年版,第 359 页。

② "汤用彤先生纪念论文集"编辑委员会编:《燕园论学集》,北京大学出版社,1984 年版,第26 页。

③ 汤用彤:《大林书评·序》,汤一介选编:《汤用彤选集》,天津人民出版社,1995 年版,第 51页。

地南岳衡山。在南岳山中，钱穆从事中国通史的讲授和著述，汤用彤则最终完成了他的名著《汉魏两晋南北朝佛教史》一书的写作。1938年元旦，在南岳掷钵峰下，汤用彤一气呵成写下了该书的序言，四易其稿的著作当年即由商务印书馆出版。

《汉魏两晋南北朝佛教史》是汤用彤一生中最重要的学术代表作，由此奠定了他在民国学术界一流学者的地位。其实，该书尚未出版前已获学术界广泛赞誉，胡适在校阅该书稿第一册时曾在《日记》中写下感言："此书极好。锡予与陈寅恪两君为今日治此学最勤的，又最有成绩的。锡予的训练极精，工具也好，方法又细密，故此书为最有权威之作。"[1] 该书出版后，更是好评如潮。1938年9月，吴宓读完此书在所写的《日记》中赞道："此书堪称精博谨严，读之获益甚大。"[2] 贺麟对此书尤为推崇，称："《汉魏两晋南北朝佛教史》一书，材料的丰富，方法的谨严，考据方面的新发现，义理方面的新解释，均胜过别人。……他的佛教史虽采用了精密的考证方法，然而却没有一般考据史家支离繁琐的弊病。据作者看来，他得力于两点：第一为以分见全，以全释分的方法……第二，他似乎多少采取了一些钱穆先生所谓治史学者须'附随一种对其本国已往历史之温情与敬意'的态度。"[3]

1938年4月，长沙临时大学移迁昆明，改名西南联合大学，文学院设在蒙自。其间，钱、汤等人曾同住"天南精舍"，切磋问学，朝夕相处。有一次，钱穆与贺麟到安宁旅游，因山水奇佳，"久坐不忍去"，数日中盘缠用尽，囊空如洗，只好写信给汤用彤，由他亲来将二人"解救"回去。钱穆卜居宜良山中撰写《国史大纲》，汤用彤与贺麟亲自相送，在岩泉下寺与他"同卧外室地铺上"作长夜之谈。[4] 在《国史大纲》写作过程中，钱穆也常与汤氏讨论。钱穆自言："书成仓促，相知惟汤君锡予，时时读其一二篇，有所商讨。"[5] 汤用彤对钱穆的

---

[1] 曹伯言整理：《胡适日记全编》第6册，1937年1月17日，第641页。
[2] 吴学昭整理：《吴宓日记》第六册，第351页。
[3] 贺麟：《五十年来的中国哲学》，商务印书馆，2002年版，第22页。
[4] 钱穆：《八十忆双亲·师友杂忆》，第219页。
[5] 钱穆：《国史大纲·书成自记》，第3页。

这部著作也有极高评价。1944年徐复观到西南联大去拜访他，要他推荐一些书看，汤用彤当即向徐推荐了《国史大纲》，说"这部书很好，可以看看"。[①]钱穆晚年撰文称"吾友汤锡予先生用彤，自平迄滇，长日相从，几于形影不离"[②]，诚非虚言。

北平沦陷后，钱、汤二人皆是只身南下，家眷均留北平。以后钱穆家眷回到苏州，汤的家眷仍滞留北平。1939年夏，钱穆离滇回苏州省亲，汤用彤回北平接家人南下，两人同行，由河内转香港，同赴上海，又到苏州钱氏家中。当时《国史大纲》已完稿，钱穆遂向老友咨询此下的研究方向。汤用彤称兄于古今典籍四部纲要窥涉略备，此下可旁治佛学，当可开拓新路。如不喜向此途用力，可"改读英文，多窥西籍，或可为兄学更辟一新途境"。[③]一天，二人同游苏州街市，沿街多英文书籍，"皆自东吴大学散出"。汤用彤亲自为钱穆选购三书，瞩先试读。钱氏照办，称自己开始有系统地读英文书自此始。

《国史大纲》成书后，汤用彤建议钱穆"穷研佛典，求新接触"。钱穆不忘老友的叮嘱，对隋唐以来佛教史多有撰述。1944年9至11月间，钱穆在《思想与时代》月刊上连续发表三篇《论禅宗与理学》的文章，来讨论禅宗与宋明理学的关系。1945年在《东方杂志》上发表《神会与〈坛经〉》一长文，对胡适《坛经》出自神会的创说提出商榷。抗战胜利后，在昆明五华学院读智圆书，写有《读智圆闲居编》一文。居香港时期，撰有《读六祖〈坛经〉》《记〈坛经〉与〈大涅槃经〉之定慧等说》《读少室逸书》《读宝志十四科颂》等文。定居台北后，又撰有《〈六祖坛经〉大义》《略述有关〈六祖坛经〉之真伪问题》《再论关于〈坛经〉真伪问题》《读宗密〈原人论〉》《读契嵩〈镡津集〉》《评胡适与铃木大拙讨论禅》等文。这些文章以禅宗问题为中心，旁及天台、华严两宗，对佛学史的研究作出了贡献。而这一系列研究佛学的文字，与汤用彤一席话的促成不无关系。钱穆在

---

① 徐复观：《沉痛的追念》，收入《徐复观全集》第25册《无惭尺布裹头归·交往集》，第77页。

② 钱穆：《再记火珠林占易卜国事》，《钱宾四先生全集》第23册《中国学术思想史论丛》（十），第203页。

③ 钱穆：《八十忆双亲·师友杂忆》，第232页。

晚年的《师友杂忆》中回顾这段往事时，仍念念不忘老友的提示之功。他说："余昔曾屡促锡予为初唐此三大宗（指天台、华严、禅宗——引者）作史考，锡予未遑执笔。余此诸文，前后亦历三十年之久，惜未获如锡予者在旁，日上下其议论也。"①

1946 年，西南联大三校分家，北大复员北平。汤用彤自昆明返旧京，钱穆因胃病滞留四川，两人曾在成都相聚二旬。钱穆自《国史大纲·引论》发表后就与主流史学阵营分道扬镳，退居边缘，另谋出路。抗战胜利后，他力避纷扰，足迹不到京津平沪，而择一偏远地，落脚栖身，钱氏把自己的这种人生选择称为"择地之助"。1947 年夏，汤用彤应加利弗尼亚大学的邀请赴美讲学，第二年秋天回国，曾到钱穆任教的江南大学拜访，两人畅游太湖、鼋头渚、梅园诸胜景，盛叹钱氏"择境之善"，颇有转江南大学任教之意。钱穆告诉老友："国事蜩螗，无分南北。明年倘得机缘，当邀君来同享此三万六千顷之太湖风光。"② 不料时局变化之速，大出意料之外，二人自此一别，竟成永隔。

北平解放后，汤用彤任北大校委会主席，以后改任为分管基建和财务的副校长。学非所用，制约了这位学问巨擘向新的境界迈进，其学术的黄金时代遂成过去。钱穆认为，汤用彤是一位纯粹的笃学之士，既恬淡为怀，又饮食起居、进退作息皆有节制，倘若环境安定，安于教学，潜心学术，得享高寿，当可为 20 世纪的中国学术作出更大的贡献。钱穆晚年在台湾听说老友之事，感叹再三。

1964 年 5 月 1 日，汤用彤在北京去世，享年 71 岁。1983 年，是汤用彤诞辰90 周年的纪念日，北京大学出版社拟出版纪念文集向钱穆征文，88 岁高龄的钱穆欣然写下《忆锡予》一文，深情地回忆了他当年与老友的交往：

> 余与锡予交最久，亦最密。自初相识，迄于最后之别，凡追忆所及，均详余之《师友杂忆》中。……今闻有锡予纪念论文集之编印，欲余为一文。

---

① 钱穆：《八十忆双亲·师友杂忆》，第 254 页。

② 钱穆：《再记火珠林占易卜国事》，《钱宾四先生全集》第 23 册《中国学术思想史论丛》（十），第 203 页。

回念前尘，一一如在目前，亦一一如散入沧海浮云中。人生如是，岂为道为学亦复如是。不得起锡予于地下而畅论之。不知读锡予书纪念于锡予之为人为学者，意想复如何？临笔怆然，岂胜欲言。[①]

---

① 《燕园论学集》，第 27 页。

主要参考书目

一、钱穆著作

《论语要略》，上海：商务印书馆，1925 年。

《墨子》，上海：商务印书馆，1930 年。

《国史大纲》，上海：商务印书馆，1940 年。

《文化与教育》，重庆：国民图书出版社，1943 年。

《政学私言》，重庆：商务印书馆，1945 年。

《学籥》，香港自印本，1958 年。

《中国文化丛谈》，台北：三民书局，1969 年。

《中国学术思想史论丛》（一），台北：东大图书公司，1975 年

《中国学术思想史论丛》（八），台北：东大图书公司，1980 年。

《中国学术通义》，台北：台湾学生书局，1976 年。

《世界局势与中国文化》，台北：东大图书公司，1977 年。

《从中国历史来看中国民族性及中国文化》，香港：香港中文大学出版社，
1978 年。

《历史与文化论丛》，台北：东大图书公司，1979 年。

《中国历史精神》，台北：东大图书公司，1981 年。

《古史地理论丛》，台北：东大图书公司，1982 年。

《先秦诸子系年》，北京：中华书局，1985 年。

《中国近三百年学术史》，北京：中华书局，1986年。

《现代中国学术论衡》，长沙：岳麓书社，1986年。

《朱子新学案》，成都：巴蜀书社，1986年。

《老子辨》，北京：中国书店，1988年。

《中国历史研究法》，台北：东大图书公司，1988年。

《中国史学发微》，台北：东大图书公司，1989年。

《新亚遗铎》，台北：东大图书公司，1989年。

《中国文化史导论》（修订本），北京：商务印书馆，1994年。

《国学概论》，北京：商务印书馆，1997年。

《八十忆双亲·师友杂忆》，北京：生活·读书·新知三联书店，1998年。

《钱宾四先生全集》，台北：联经出版事业公司，1998年。

《中国学术思想史论丛》（二），《钱宾四先生全集》第18册。

《中国学术思想史论丛》（八），《钱宾四先生全集》第22册。

《中国学术思想史论丛》（十），《钱宾四先生全集》第23册。

《素书楼余沈》，《钱宾四先生全集》第53册。

《中国史学名著》，北京：生活·读书·新知三联书店，2000年。

《两汉经学今古文平议》，北京：商务印书馆，2001年。

《国史新论》，北京：生活·读书·新知三联书店，2001年。

《孔子传》，北京：生活·读书·新知三联书店，2002年。

《晚学盲言》（上、下），桂林：广西师范大学出版社，2004年。

《宋明理学概述》，北京：九州出版社，2010年。

《中国历代政治得失》（新校本），北京：九州出版社，2012年。

《八十忆双亲·师友杂忆》（新校本），北京：九州出版社，2012年。

二、研究钱穆的资料与著作

张君劢：《中国专制君主政制之评议——钱著〈中国传统政治〉商榷》，台北：弘文馆出版社，1986年。

马先醒主编：《民间史学》"钱宾四先生逝世百日纪念"，台北：民间史学杂志社，1990年。

余英时：《犹记风吹水上鳞——钱穆与现代中国学术》，台北：三民书局，1991年。

严耕望：《钱穆宾四先生与我》，台北：商务印书馆，1992年。

江苏无锡县政协编：《钱穆纪念文集》，上海：上海人民出版社，1992年。

李木妙：《国史大师钱穆教授生平及其著述》，香港：香港新亚研究所，1994年。

郭齐勇、汪学群：《钱穆评传》，南昌：江西百花洲文艺出版社，1995年。

罗义俊：《钱穆学案》，收入方克立、李锦全主编：《现代新儒家学案》（中），北京：中国社会科学出版社，1995年。

汪学群：《钱穆学术思想评传》，北京：北京图书馆出版社，1998年。

（美）邓尔麟著、蓝桦译：《钱穆与七房桥世界》，北京：社会科学文献出版社，1998年。

陈勇：《钱穆传》，北京：人民出版社，2001年。

陈勇：《国学宗师钱穆》，北京：北京大学出版社，2007年。

香港中文大学新亚书院编：《钱宾四先生百龄纪念会学术论文集》，香港中文大学新亚书院，2003年。

徐国利：《钱穆史学思想研究》，台北：台湾商务印书馆，2004年。

张丽珍、黄文斌合编：《钱穆与中国学术思想研究》，马来亚大学中文系，2007年。

黄兆强主编：《钱穆研究暨当代人文思想国际学术研讨会论文集》，台北：东吴大学，2010年。

三、其他参考著作

张其昀：《民族思想》，台北：正中书局，1951年。

傅乐成：《傅孟真先生年谱》，台北：文星书店，1964年。

杜维运、黄进兴编：《中国史学史论文选集》，台北：华世出版社，1976年。

白寿彝：《学步集》，北京：生活·读书·新知三联书店，1978年。

陈寅恪：《元白诗笺证稿》，上海：上海古籍出版社，1978年。

陈寅恪：《金明馆丛稿二编》，北京：生活·读书·新知三联书店，2001年。

陈寅恪：《陈寅恪集·书信集》，北京：生活·读书·新知三联书店，2001年。

陈寅恪：《陈寅恪集·诗集》，北京：生活·读书·新知三联书店，2001年。

蒋天枢：《陈寅恪先生编年事辑》，上海：上海古籍出版社，1981年。

陈乐素、陈智超编校：《陈垣史学论著选》，上海：上海人民出版社，1981年。

陈智超主编：《陈垣全集》第23册《书信》，合肥：安徽大学出版社，2009年。

顾颉刚编著：《古史辨》（一）、（二）、（五），上海：上海古籍出版社，1982年。

崔述撰、顾颉刚编订：《崔东壁遗书》，上海：上海古籍出版社，1983年。

顾颉刚：《当代中国史学》，沈阳：辽宁教育出版社，1998年。

顾颉刚：《顾颉刚日记》第二卷、第四卷、第八卷，台北：联经出版事业公司，2007年。

顾颉刚：《顾颉刚书信集》卷一，北京：中华书局，2011年。

罗根泽编著：《古史辨》（四）、（六），上海：上海古籍出版社，1982年。

吕思勉、童书业编著：《古史辨》（七），上海：上海古籍出版社，1982年。

吕思勉：《吕著史学与史籍》，上海：华东师范大学出版社，2002年。

吕思勉：《吕思勉读史札记》（增订本），上海：上海古籍出版社，2005年。

吕思勉：《先秦史》，上海：上海古籍出版社，2005年。

吕思勉：《吕著中国通史》，上海：华东师范大学出版社，2005年。

吕思勉：《吕思勉论学丛稿》，上海：上海古籍出版社，2006年。

狄白瑞著、李弘棋译：《中国的自由传统》，香港：香港中文大学出版社，1983年。

朱维铮编：《周予同经学史论著选集》，上海：上海人民出版社，1983年。

梁启超：《清代学术概论》、《中国近三百年学术史》，朱维铮校注：《梁启超论清学史二种》，上海：复旦大学出版社，1985 年。

章太炎：《訄书》（重订本），收入《章太炎全集》（三），上海：上海人民出版社，1984 年。

"汤用彤先生纪念论文集"编辑委员会编：《燕园论学集》，北京：北京大学出版社，1984 年。

杨树达：《积微翁回忆录》，上海：上海古籍出版社，1986 年。

赖泽涵主编：《三十年来我国人文及社会科之回顾与展望》，台北：东大图书公司，1987 年。

余英时：《历史与思想》，台北：联经出版事业公司，1987 年。

余英时：《论戴震与章学诚》，北京：生活·读书·新知三联书店，2005 年。

柳诒徵：《中国文化史》，上海：中国大百科全书出版社，1988 年。

柳诒徵：《国史要义》，上海：华东师范大学出版社，2000 年。

蒋大椿主编：《史学探渊——中国近代史学理论文编》，长春：吉林教育出版社，1991 年

金毓黻：《静晤室日记》，沈阳：辽沈书社，1993 年。

汤一介选编：《汤用彤选集》，天津人民出版社，1995 年。

俞振基编著：《蒿庐问学记：吕思勉的生平与学术》，北京：生活·读书·新知三联书店，1996 年。

刘师培：《刘申叔遗书》，南京：江苏古籍出版社，1997 年。

朱自清：《朱自清日记》，《朱自清全集》第十卷，南京：江苏教育出版社，1997 年。

胡适：《胡适论学近著》第一集，济南：山东人民出版社，1998 年。

胡适著、欧阳哲生编：《胡适文集》（2）、（7），北京：北京大学出版社，1998 年。

胡适著、曹伯言整理：《胡适日记全编》第 5 册、第 6 册，合肥：安徽教育出版社，2001 年。

冯友兰：《三松堂自述》，北京：人民出版社，1998 年。

冯友兰：《中国哲学史》，上海：华东师范大学出版社，2000 年。

杨宽：《战国史》（增订本），上海：上海人民出版社，1998 年。

张耕华：《人类的祥瑞——吕思勉传》，上海：华东师范大学出版社，1998 年。

吴宓著、吴学昭整理：《吴宓日记》第六册（1936-1938 年），北京：生活 · 读书 · 新知三联书店，1998 年。

浦江清：《清华园日记》（增订本），北京：生活 · 读书 · 新知三联书店，1999 年。

张品兴主编：《梁启超全集》第二册，北京：北京出版社，1999 年。

陈祖武：《清代学术拾零》，长沙：湖南人民出版社，1999 年。

张杰、杨燕丽选编：《追忆陈寅恪》，社会科学文献出版社，1999 年。

邓广铭：《邓广铭学述》，杭州：浙江人民出版社，2000 年。

罗志田编：《20 世纪的中国与学术 · 史学卷》，济南：山东人民出版社，2001 年。

路新生：《中国近三百年疑古思潮研究》，上海：上海人民出版社，2001 年。

柳曾符、柳佳编：《劬堂学记》，上海：上海书店出版社，2002 年。

贺麟：《五十年来的中国哲学》，北京：商务印书馆，2002 年。

周忱选编：《张荫麟先生纪念文集》，上海：汉语大词典出版社，2002 年。

欧阳哲生主编：《傅斯年全集》第一卷、第三卷，长沙：湖南教育出版社，2003 年。

李方桂著，王启龙、邓小咏译，李林德校订：《李方桂先生口述史》，北京：清华大学出版社，2003 年。

徐复观：《中国思想史论集》，上海：上海书店出版社，2004 年。

杜正胜：《新史学之路》，台北：三民书局，2004 年。

钱伟长：《钱伟长文选》第五卷，上海：上海大学出版社，2004 年。

陈其泰主编：《20 世纪中国历史考证学研究》，北京：北京师范大学出版社，2005 年。

汪荣祖：《史家陈寅恪传》，北京：北京大学出版社，2005 年。

汪荣祖：《史学九章》，北京：生活 · 读书 · 新知三联书店，2006 年。

李红岩编选：《素痴集》，天津：天津百花文艺出版社，2005 年。

萧公权：《宪政与民主》，北京：清华大学出版社，2006 年。

陈启云：《治史体悟——陈启云文集（一）》，桂林：广西师范大学出版社，2007 年。

陈启云：《儒学与汉代历史文化——陈启云文集（二）》，桂林：广西师范大学出版社，2007 年。

何佑森：《清代学术思潮——何佑森先生学术论文集》，台北：台大出版中心，2009 年。

康有为著、姜义华、张荣华编校：《新学伪经考》，北京：中国人民大学出版社，2010 年。

张京华：《古史辨派与中国现代学术走向》，厦门：厦门大学出版社，2009 年。

陈勇、谢维扬主编：《中国传统学术的近代转型》，上海：上海人民出版社，2011 年。

陈勇主编：《民国史家与史学》，上海：上海大学出版社，2014 年。

朱希祖：《朱希祖日记》，北京：中华书局，2012 年。

刘巍：《中国学术之近代命运》，北京师范大学出版社，2013 年。

杨天石主编：《钱玄同日记》（整理本），北京：北京大学出版社，2014 年。

《徐复观全集》，北京：九州出版社，2014 年。

徐复观：《论智识分子》，《徐复观全集》第 14 册。

徐复观：《无惭尺布裹头归·交往集》，《徐复观全集》第 25 册。

四、报刊资料

《中央日报·文史副刊》

《大公报·史地周刊》《大公报·文学副刊》

（天津）《益世报·读书周刊》

《国闻周报》

《联合报》（台北）

《思想与时代》

《燕京学报》

《清华学报》

《清华周刊》

《史地学报》

《史学杂志》

《史学与地学》

《文史杂志》

《禹贡》半月刊

《责善》半月刊

《国学季刊》

《图书集刊》

《东方杂志》

《学思》

《中央周刊》

《中国青年》

师大《历史教育》（季刊）

《历史语言研究所集刊》

《新亚学报》

《民主评论》

《人生》半月刊（香港）

《传记文学》（台北）

《华冈学报》

《史学汇刊》（台北）

《书目季刊》（台北）

《台大历史学报》

《思与言》

《孔孟学报》（台北）

后　记

　　本书是我承担的教育部人文社会科学项目"钱穆与20世纪中国史学"的最终研究成果，也是我多年来研究钱穆史学的一个成果结集。1989年，我考入华东师范大学中国史学研究所读硕士研究生时，开始接触钱穆的著作。从1994年在《中国文化研究》春之卷上发表第一篇研究文章《从钱穆的中西文化比较看他的民族文化观》算起，迄今已有23年了。在这20多年里，我撰写了《钱穆传》（人民出版社2001）、《国学宗师钱穆》（北京大学出版社2007）两部学术传记，还发表了30多篇研究文章，呈现在读者面前的这部《钱穆与20世纪中国史学》的书稿，便是选择我这些年来研究钱穆史学方面的文字汇集而成的。

　　本书所收的文章，曾在《史学理论研究》《史学史研究》《学术月刊》《中国图书评论》《暨南学报》《上海大学学报》等学术刊物上发表过，谨向这些期刊及编辑表示感谢。由于篇幅的限制，初发表时均在不同程度上作了压缩。此次收入书中，有的恢复了原貌，有的则在原来的基础上作了比较大的增补和改写。其中变动较大者为《"疑非破信，乃立信"》一篇，是由《疑古与考信——钱穆评古史辨派的古史理论》（《学术月刊》2000年第5期）、《和而不同：民国学术史上的钱穆与顾颉刚》（《暨南学报》2013年第4期）两文合并而成。《论钱穆的历史思想与史学思想》（原刊《史学理论研究》1994年第2期）收入本书时增写了"重史心、史德的史家素质论"一节，《不知宋学，则无以评汉宋之是非——钱穆与清代学术史研究》一文，发表在《史学理论研究》2003年第1期上时仅1.5万字，收入本书时已增至3万多字，篇幅扩大了一倍以上。又，书中之文有些主题相互关联，在以单篇论文发表时，文字难免有重复之处，本次收入时对重复部分尽量作了删削。所以，收入书中的一些文章已非旧作的重版，其内容与初刊时多有不同，这里特向读者加以说明。

在本人长期的钱穆研究过程中，得到了业师吴泽教授、袁英光教授、桂遵义教授耐心而细致地指导，也得到了钱穆先生哲嗣清华大学钱逊教授，中国社科院近代史研究所蒋大椿研究员，《中国社会科学》杂志社李红岩研究员，上海社科院历史所罗义俊研究员，华东师范大学胡逢祥教授、邬国义教授、路新生教授、王东教授，北京师范大学瞿林东教授、李帆教授、张越教授、周文玖教授，上海财经大学盛邦和教授、徐国利教授，上海师范大学汤勤福教授、张文建教授，武汉大学谢贵安教授，湖南师范大学朱发建教授，湖南科技学院张京华教授，同济大学田亮教授，上海大学朱学勤教授、陶飞亚教授，江南大学徐兴海教授，四川师范大学王川教授，云南民族大学郭飞平教授，淮北师范大学李勇教授，台湾东吴大学黄兆强教授，台湾"中研院"史语所廖伯源研究员、近史所张寿安研究员、潘光哲研究员，香港树仁大学区志坚博士，香港中文大学刘国强教授、张学明教授、黎明钊教授等人的帮助，在此一并表达我最诚挚的谢意。

本课题研究得到教育部人文社会科学规划基金项目的立项支持（项目编号：12YJA770008），又到了上海大学中国史"高原学科"的经费资助。九州出版社周春女士为本书做了精心编校，提出了不少有价值的建议。研究生孟田、杨俊楠、周龙飞、冯清华、戚荣达、宫成等人在书稿的校对上也出过不少力，蜀中书法名家杨俭朴先生的题签为本书增色不少，在此一并表示感谢！

陈　勇

2017 年 5 月 31 日于沪上学思斋